Die Mörderfackel

**Armin Reins fragt die besten Texter, wie sie das Mittelmaß
in der deutschen Werbung bekämpfen.**

Die Mörderfackel

DAS LEHRBUCH DER TEXTERSCHMIEDE HAMBURG

 Verlag Hermann Schmidt Mainz

Danke

Mein Dank gilt allen Menschen, die durch ihre Unterstützung dieses Buch möglich gemacht haben.

Ich danke Veronika Claßen. Für die Interviews mit Michael Conrad und Holger Jung. Und überhaupt.

Ich danke den Verlegern Karin und Bertram Schmidt-Friderichs für ihr grenzenloses Vertrauen in mich und ihre wundervolle Leidenschaft für schöne Bücher. Von mutigen Unternehmern wie ihnen müsste es in Deutschland viel mehr geben.

Ich danke Anna Stüler von Trojan Books für ihre professionelle Unterstützung.

Ich danke Detlef Gerlach von der Texterschmiede. Für Rat, Tat und nimmermüden Beistand.

Ich danke dem Team vom Verlag Hermann Schmidt Mainz. Insbesondere Sabine Walter für ihr Verständnis für Kreative und ihre Geduld m t mir.

Ich danke allen Kunden, dass sie so mutig waren, sich mit ihren Anzeigen diesem Lehrbuch zu stellen.

Ich danke allen beteiligten Autoren für ihr fantastisches Engagement in dieses zeit- und nervenraubende Projekt. Ich hoffe, ihr hatte: Spaß daran, es uns allen einmal richtig zu zeigen.

Ich danke allen Dozenten der Texterschmiede. Besonders denen, die hier nicht zu Wort kommen. (Gibt es eine zweite Mörderfackel, seid ihr die Ersten, die ich interviewen werde, versprochen.)

Armin Reins

ANDRÉ AIMAQ,
MATTHIAS BERG,
THILO VON BÜREN,
VERONIKA CLASSEN,
MICHAEL CONRAD,
FEICO DERSCHOW,
FRANK DOPHEIDE,
ANDREAS GRABARZ,
PEER HARTOG,
CHRISTOPH HATTEMER,
GUIDO HEFFELS,
CARSTEN HEINTZSCH,
ERIK HEITMANN,
KAY HENKEL,
WOLF HEUMANN,

MATHIAS JAHN,
HOLGER JUNG,
AMIR KASSAEI,
ANDRÉ KEMPER,
HARTWIG KEUNTJE,
STEFAN KOLLE,
HUBERTUS VON
LOBENSTEIN,
MARCEL LOKO,
JOCHEN MOHRBUTTER,
OLAF OLDIGS,
JOCHEN PLÄCKING,
KARSTEN RUDDIGKEIT,
WOLFGANG SASSE,
BURKHART VON
SCHEVEN,

MATTHIAS SCHMIDT,
MARC SCHWIEGER,
REINHARD SIEMES,
CHRISTOPH
STEINEGGER,
SEBASTIAN TURNER,
STEFAN VONDERSTEIN,
OLIVER VOSS,
MICHAEL WEIGERT,
GREGOR WÖLTJE,
DIETRICH ZASTROW UND
STEFAN ZSCHALER.

Inhalt

Warum.

Armin Reins, Freier CD

Für die meisten ist das Schreiben eine langweilige, widerwärtige und manchmal sogar unglückliche Sache, die irgendwie erledigt werden muss. Meistens ist man gar nicht begeistert, einen Stift über das Papier bewegen oder eine Taste nach der anderen auf dem Mac drücken zu müssen. Und selbst wenn man dann, nach vielen Mühen, etwas zu Papier gebracht hat, ist man nur selten richtig glücklich damit. Dass jemand am Schreiben selbst Freude hat, erscheint ausgesprochen ungewöhnlich.

Dieses Buch soll glücklich machen.

Wer vor der Aufgabe steht, etwas schreiben zu müssen, wird von einer Art Panik erfasst, sodass der Beginn der Arbeit jedesmal wieder auf die letzte Minute verschoben wird. Ein unendlich komplizierter und eigentlich sinnloser Ritus wird vollzogen – ziemlich ähnlich den Verrenkungen eines Hammerwerfers, wenn er wie ein Brummkreisel durch den Ring hüpft, seinen Arm anspannt und endlich zur eigentlichen Wurfbewegung übergeht. Die Stifte müssen in einer ganz speziellen Ordnung sortiert sein. Das Powerbook muss in bestimmter Weise zärtlich gestreichelt werden und gegen die Sonne ausgerichtet sein. Kaffee muss getrunken oder nicht getrunken werden, das Fenster muss geöffnet, angelehnt oder ganz geschlossen werden. Der Stuhl muss etwas höher oder niedriger gestellt werden, näher an den Schreibtisch herangezogen, weiter abgerückt oder ganz und gar durch einen neuen Stuhl ersetzt werden. Die jetzt gerade neu entdeckte und sich merkwürdig anfühlende Stelle im Genick muss sorgsam im Badezimmerspiegel betrachtet werden. Das Mädchen hinter dem Fenster auf der anderen Seite der Straße muss noch einmal vorsorglich beobachtet werden. Noch einmal ein Blick in den »Donnerstag-Kicker« wegen der HSV-Aufstellung am Samstag. Ein Anruf bei der oder dem Liebsten: »Ja, mir geht es gut, ich denk an dich.« Bei diesem sinnlosen Ritus verrinnt die Zeit, bis zu guter Letzt der Beginn der Arbeit wirklich nicht mehr verschoben werden kann. Es ist Zeit, mit dem Schreiben anzufangen.

Jeder Werbetexter, Schriftsteller, Drehbuchautor, ja auch der Verfasser von einfach zu lesenden Gebrauchsanweisungen muss dieses fürchterliche Sich-im-Kreise-Drehen mitmachen. Bis er z.B. eine einzige weiße Seite Text für eine Damenbinde abgesondert hat. Oder ein Treatment für einen TV-Spot für ein Artischocken-Präparat. Oder eine Anleitung, wie man eine XYZ-Maschine bedient, ohne dabei die Geduld oder einen Daumen zu verlieren.

Dieses Buch soll nützlich sein.

Ich wollte mit den erfolgreichsten und besten Werbetextern in Deutschland über dieses auf der ganzen Welt gleiche Problem reden. Ob sie es eventuell gelöst haben. Ob sie in ihrem reichen Erfahrungsschatz etwas hüten, was aufstrebenden Textern helfen könnte, mit weniger Widrigkeiten zu besseren Arbeitsergebnissen zu kommen. Ob sie vielleicht eine kleine Zauberapparatur erfunden haben, die den Gedankenfluss freier fließen lässt. Ob sie vielleicht doch die so begehrten Rezepturen besitzen, das weiße Blatt freudvoller zu füllen.

Und vor allem wollte ich wissen, wie sie das alles in den Zeiten von Pest und Cholera angehen. Ich wollte von ihnen bewusst keine Arbeiten für Intimfriseure oder Hutgeschäfte sehen. Ich wollte wissen, ob sie in harten Zeiten wie diesen, auf so genannten »schwierigen Kunden« mit »engen Briefings«, überdurchschnittliche Lösungen finden können.

Ich wollte wissen: Wie kommen wir weg von den Niemandem-ernsthaft-wehtun-wollen-Anzeigen? Von den Anzeigen, die der Kunde mit den Worten kauft: »Prima, genau so etwas hatte ich mir vorgestellt.« Von den Anzeigen, die im Test richtig gut abschneiden, weil sie den Testpersonen so herrlich vertraut vorkommen. Von den Anzeigen, die dann on air gehen und – wen wundert's – von niemandem bemerkt werden. (Einer Studie der Havard Business School zufolge sind das 85 %.)

Ich legte also 30 der besten Texter ganz normale deutsche Anzeigen vor und ließ diese analysieren und überarbeiten. Heraus kamen 30 Beispiele, an denen man Schritt für Schritt lernt, wie wir wegkommen von durchschnittlichen Lösungen. 30 Beispiele, die zeigen, dass Werbung nicht so aussehen muss, wie sie heute noch aussieht.

Und damit wir auch gleich hören, wie man Kunden diese bessere Kreation verkauft, habe ich einige der kreativsten »Verkäufer« Deutschlands gefragt, wie so etwas heutzutage geht. Denn ich wollte auch wissen, wie man in unseren Tagen Kunden Mut machen kann, die kein Risiko eingehen wollen. Und die damit das ungeheure Risiko in Kauf nehmen, dass ihre Werbung überblättert, überhört, übersehen wird.

In sehr persönlichen Interviews gewährten mir alle zudem Einblick in ihre Köpfe. Denn ich wollte auch lernen, wie das Wichtigste entsteht: eine Haltung, die dem Mittelmaß trotzt.

Dieses Buch soll stark machen.

Die Mörderfackel ist für alle geschrieben, die morgen in Deutschland bessere Werbung machen wollen.

Für alle, die irgendwo zwischen Flensburg, Gera, Korschenbroich, Berchtesgaden, Appenzell oder Graz sitzen und zweifeln. Zweifeln, ob sie die Freude, die sie beim Schreiben von Schlagertexten, Kurzgeschichten, Liebesbriefen, Märchen oder Gedichten empfinden, auch auf das Schreiben von Werbetexten übertragen können. Die lernen möchten, wie es die Besten in der Branche anpacken.

Für alle Texter – vom Junior bis zum Senior – die sich täglich der inneren Tortur aussetzen: »Wie kann mein Text besser werden?« Oder den noch größeren Schmerzen: »Wie kriege ich diesen besseren Text bei meinem Kunden verkauft?«

Für alle Kreativ-Direktoren, Strategen und Berater, die jeden Tag in den Agenturen dafür kämpfen, dass die stärkste Idee siegt.

Dieses Buch soll Mut machen.

Die Mörderfackel ist für alle Kunden, die Texte beurteilen müssen. Für den Brand Manager, der sich fragt, warum bessere Texte erfolgreichere Texte sein sollen. Für den Werbeleiter, der nicht verstehen will, was es denn bringt, auf eine alternative Headline einen Tag länger warten zu müssen. Für den Marketing Assistant, der sich wundert, warum sich sein Texter mit ihm bis aufs Blut um diese vermeintlich bessere Headline streiten will. Für den Advertising Manager, der seinem Chef erklären muss, warum die Agentur eine kürzere Copy will. Mit einem Benefit statt 17. Also für alle, die Argumente brauchen, warum sie das Risiko eingehen sollen, mit etwas Neuem, Anderem, Noch-nie-da-Gewesenem richtig Erfolg zu haben.

Darum heißt dieses Buch Mörderfackel.

In Süddeutschland nennt man ein Mädchen, das den Männern reihenweise den Kopf verdreht »Mörderfackel«. Die Mädchen dort wissen nämlich von Geburt an, wie man richtig wirbt: Wer nicht auffällt, bleibt unbeachtet. Auffallen allein reicht natürlich nicht aus, es muss auch was dahinter stecken. Aber wer unbeachtet bleibt, kann noch so viele »innere Werte« haben.

In meiner Heimat Friesland ist das übrigens nicht anders. Dort nennt man solche Mädchen allerdings »Butterschnitte«. Aber ganz ehrlich, hätten Sie dieses Buch gekauft, wenn es »Butterschnitte« heißen würde?

Wie.

Armin Reins

Es ist Donnerstag. Vor mir liegt der neue Stern. Auf dem Titel Olli Kahn, unser Held. Ich blättere ihn durch. Ich bin auf der Suche. Auf der Suche nach Anzeigen, bei denen ich sagen würde: bowwow, ist die gut. Gut gedacht und gut gemacht.

Los geht's. Seite 2: »Robert-T-Online«, High Speed für Internet-Fans.« Laut, bunt, voll. Aber ich will nicht »Surfen, bis die Tastatur raucht«. Denn dann ist sie kaputt, oder? Schnell weiter. Seite 6: Vier grüne Becks-Flaschen in Eiswürfeln vor blauem Himmel und Schiff mit grünen Segeln. Na gut, Bierdurst bekomm ich nicht. Aber ich stell mir schon die Frage: Wie haben die nur das Eis so kühl gehalten auf der einsamen Insel? Weiter: Die nächsten Seiten überblättere ich: Armani mania, Visa, Frubiase, West… Nett, schön, ordentlich. Aber hält es mich auf, weiterzublättern? Meine Blick stoppt erst wieder auf Seite 14/15: Barbusige israelische Lesben protestieren gegen die Besatzungspolitik ihrer Regierung. 1:0 für die Redaktion. Seite 21 wieder Werbung: Das neue Sony Erickson zeigt mir plump lächelnde Werbegesichter im MMS-Display. Headline: »Schöne Aussicht!« Finde ich nicht. Weiter. Halt! Was für grandiose Kahn-Bilder von der WM! 2:0 für die Redaktion. Artikel gelesen, gut geschrieben, nach 11 Minuten weiter. Seite 33/34. Mercedes-Benz A-Klasse. Mein Auge atmet auf. Aufgeräumtes Layout, schönes Foto. Ich lese immerhin die Headline: »Auch mit anderen Kleinwagen können Sie zum Großeinkauf fahren. Aber nicht zurück.« In die Copy steig ich nicht ein. Na gut, halber Punkt. 2:0,5. Weiter. Seite 36/37/38/39: Ronaldos Frisur! Aber was für ein Lachen. Und was für eine Headline, obwohl nur 20 Punkt groß: »Wenn Gott tatsächlich existiert, dann muss ich wieder spielen.« Klare Sache: 3:0,5. Weiter. Seite 44/45: Tolle Bilder: Schröder und Stoiber im Schraubstock. Es geht um eine eventuelle Große Koalition. Stern präsentiert sogar das Schattenkabinett. Spannend. Muss ich lesen. 4:0,5. Seite 47. Daimler-Chrysler Bank. Ein Mercedes fährt eine Passstraße hoch. »Was unsere Autos können, kann unser Tagesgeldkonto auch.« Versteh ich nicht, ist Mercedes jetzt eine Bank? Oder ist das ein Finanzierungsangebot? Weiter. Bundeswertpapiere, Douglas (oder Boss?), Ford Fiesta ziehen vorbei »wie ein Schiff in der Nacht.« (Danke, David!). Seite 56. Stopp. Das Drama von Erfurt. O. k., die Story ist eigentlich durch. Aber die Headline hält mich fest: »Dieser Helden-Heise klebt an mir wie Scheiße.« Ich lese die ganze Story in einem Zug. 5:0,5. Weiter. Mazda zoomt vorbei. »Entdecken Sie die Fliehkraft neu«. Ich fliehe. Seite 65. Casio. Die neue Digital-Kamera sieht gut aus. Aber der designte Schriftzug ist kaum zu lesen: »Exilim??« Nix verstehn. Da hilft auch nicht die Kusshand der halb angezogenen Frau dadrüber. Schade, ich such gerade eine Digital-Kamera. Weiter. Seite 67: Honda Jazz. Da laufen Leute neben dem Auto Marathon über eine Brücke. »Take a Walk on the safe side.« Wieso? Nee, die Copy mag ich nicht lesen. Ich lauf weiter. Seite 68: 2. Teil der Hermann-Hesse-Story. Interessiert mich nicht unbedingt, aber die Headline hält mich fest: »Ich pfiff auf die Weiber und war der reine Puritaner.« Klasse. Und die nächsten Schlagzeilen kommen noch besser: »Meine schöne Muse! Komm spiel mit mir, die Nacht ist so lang!« »Sie kann so gewaltsam küssen, dass ich fast ersticke.« »Oh strebe nach Hohem und fliehe die Sünde.« Jetzt reicht's. Verdammt, das muss ich lesen. 6:0,5. Schweren Herzens weiter. (Muss mir Hesse kaufen!) Seite 77: Die Stuttgarter Versicherung in bunt? Nein. Der Elefant sitzt auf einem roten Sofa und wirbt für Alcantara. Headline: »Nur Alcantara stellt Alcantara her.« Gut, dass das mal gesagt wurde. Ist das Sofa aus Elefantenhaut? Bloß nicht drüber nachdenken. Weiter. Seite 78/79. Der neue Audi A4 fährt durch eine kurvige, aber doch relativ unspektakuläre grüne Landschaft. Headline: »FSI Motoren sind dafür gemacht, dauerhaft Höchstleistungen zu bringen. Wenn es darauf ankommt.« Aber wo kommt's denn hier drauf an? Wahrscheinlich bin ich nur ein normaler Autofahrer, aber ich versteh's nicht. Ratlos weiter. Seite 87. Lufthansa. Headline: »Als er sagte, er bräuchte etwas Abstand zu mir, habe ich mich für genau 1.496 Kilometer entschieden.« Nette Headline. Aber warum so klein? Bild aus dem Bildarchiv? Aber die Preise sind phänomenal:

Für 251 Euro nach Nizza? Ich denke nach. Na gut, 6:1. Weiter. Seite 88/89. »Fiat Punto Class. Serienmäßig mit Klimaanlage.« Donnerlittchen, wer hätte das gedacht. Weiter. Seite 93. Stopp! Das Männchen da für Auto Scout 24 ist lustig mit der Brille. »Investieren Sie in Edelmetall.« Gut, merk ich mir. Aber Jungs, wenn Ihr damit Edelmetall beim ADC meint, Fehlanzeige. Oder, Stefan? Weiter. Seite 94/95. BMW C1 über eine 3/4 Doppelseite. Voller Punkt für die Media-Idee. Headline: »Für die einen ist es nur eine Stadt, für die anderen ein Vergnügungspark. Ihn zu fahren ist ein Vergnügen. Ihn zu finanzieren auch.« Halber Punkt Abzug. Mindestens. 6:1,5. Weiter. Seite 97. Headline: »Der Frische-Pflege-Mix.« Nivea for men. Schade, tolles Produkt. Völlig überfrachtetes Layout mit total blöd grinsendem Jüngling. Wollen die mich nicht mehr? Weiter. Seite 98. TV-Today. Lustiges Foto: Nackter Mann zwischen zwei Frauenbeinen. Gedankenblase neben dem Foto: »Im Leben läuft nichts nach Plan.« Sprechblase neben dem Heft: »Abends schon.« Wäre eigentlich eine gute Nivea-for-men-Line gewesen. Könnten die sich nicht mal austauschen? Trotzdem: Neues aus Kalau direkt daneben ist besser – Kostprobe: »Wenn die Kuh den Bulldog schiebt, ist sie in den Lanz verliebt.« Leider besser. 7:1,5. Seite 106: Mmmh, lecker: Bernd Eulers Fotos und Vanya Eulers Rezepte aus Brasilien. Headline: »Oma Ipanemas Triumphküche.« Und dann noch das Caipirinha-Original-Rezept. Mindestens 8:1,5. Leider weiter. 110/111. Ein Sicherheitsschloss hält zwei Radieschen fest. Headline: »Bakterien finden Sie im Kühlschrank. AntiBakteria finden Sie nur bei Bosch.« Und damit ich's wirklich verstehe, steht auf dem Sicherheitsschloss auch noch AntiBakteria. Stellen die Schlösser her? Oder doch nur Kühlschränke? Oh, ich liebe Key Visuals! Ganz schnell weiter. Ich überblättere die knüppelvolle halbe Seite Schwarz-Weiß für den Wirkstoff gegen vorzeitige Hautalterung. Ich überblättere die Sparkassen-Anzeige mit dem Kind auf dem Tresen. Nächster Halt, Siemens S45. Ein Mann im Anzug beim Picknick. Headline: »Gute Nachricht für Workaholics.« Hee, die meinen mich. Also rein in die Copy. »Mit dem Siemens S45i kannst DU…« Wie kommen die darauf, mich zu duzen? Raus aus der Copy. Weiter. Die Samson-Anzeige auf Seite 122 ist eine Long Copy. Na endlich. Warum lese ich sie trotzdem nicht? Headline: »Jede Samson ist einzigartig!« Ach so. Weiter. Über eine Streifenanzeige Wüstenrot mit lachenden alten Menschen und einer Citroën-Anzeige mit – Achtung! – einem Auto! komm ich auf Seite 133 zu einer Anzeige der Evangelischen Kirche. Ich sehe eine Seilbahn und lese: »Wohin wollen Sie eigentlich?« Schade, es gibt in der Kampagne bessere Motive. Aber sie regt zumindest zum Nachdenken an. 8:2. Weiter. Jetzt kommt die Kinovorschau. Seite 138–141. Lese ich immer. Dazu bedarf es noch nicht mal so guter Schlagzeilen wie »Stolzer Sterben« für das neue Vietnam-Epos »Wir waren Helden«. 9:2. Notizen gemacht. Weiter. Hohoho, auf Seite 142 ein ganz böser Klopper: Über einem kindlichen Seifenblasen-Erzeugungsgerät (wie nennt man so was eigentlich richtig?) steht: »Für unsere Leser ist es keine Überraschung, wenn sich Highflyer wie ComRoad als Luftnummern entpuppen.« Für mich wäre es keine Überraschung, wenn Börse Online bald eingestellt wird. Weiter. Seite 143. Das ist sie. Meine Lieblingsanzeige! 3 cm hoch, 20 cm breit. Headline: »Anita, der Spezialist für große Cups gratuliert dem Spezialisten für World Cups zur Vize-Weltmeisterschaft.« Nicht, dass ich das jetzt völlig verstehe. Anita ist wohl ein Hersteller für BHs mit großen Körbchengrößen. Aber warum sind Rudis Mannen Spezialisten für World Cups? Trotzdem: Ich liebe es kryptisch. Hält die grauen Zellchen da oben frisch. Voller Punkt. 9:3. Mit Kopfschmerzen weiter. Seite 146/147: Artikel über den US-Schauspieler Robert Blake, der angeblich seine Frau erschossen hat. Headline: »Die Schlampe und der Strolch.« Yes. 10:3. Weiter. Seite 154. »Was macht eigentlich Manfred Kaltz?« Irre, dass die mein Idol aus den Achtzigern wieder ausgegraben haben. Bananenflanke zum 11:3. Gegenüber: Marlboromänner jagen Pferde durch einen wilden Fluss. Tolles Foto. 11:3,5. Abpfiff.

Hab ich es mir jetzt mit allen deutschen Textern verdorben?

Um es gleich vorneweg zu sagen: Viele der Anzeigen könnten auch von mir sein. (Na gut, ein paar.)

Gut, vielleicht war's eine schlechte Woche für die Werbung. Vielleicht ja auch eine besonders gute für die Redaktion. Ich glaube eher, es war eine ganz normale unserer Zeit. Nirgendwo was ganz Schlimmes. Aber auch nirgendwo was richtig Gutes. Normaler Standard. Mittelmaß. Macht uns das froh?

Fazit: Die meisten Anzeigen haben mich furchtbar gelangweilt. Langweilige Bilder. Langweilige Produktschüsse. Noch langweiligere Headlines. (Über die Copies kann ich nichts sagen, die habe ich nicht gelesen.) Schauen wir uns dagegen die Redaktion an. Kommt es mir nur so vor, oder ist das wirklich so: die Headlines über den Artikeln, Reportagen, Kommentaren, Berichten sind fast immer besser als die Headlines in den Anzeigen. Die Copies (die Damen und Herren Redakteure mögen mir verzeihen) sind deutlich lesenswerter als die Werbetexte in den Anzeigen. Nicht nur im Stern. Haben Sie mal die Heads im Feuilleton der FAZ gelesen? Oder im Sportteil der Süddeutschen? Geschweige denn in der Bild-Zeitung? (Headline heute: »War Hitler eine Frau?«). Täusch ich mich, oder arbeiten die besseren Texter längst in den Redaktionen?

Ich denke, ganz so weit ist es noch nicht. Aber die Zeitschriften-Texter machen ein paar Sachen richtig, die die Werbung leider immer mehr aus dem Auge verliert: Sie unterhalten. Sie überraschen. Sie polarisieren. Sie emotionalisieren. Sie sind relevant. Sie werden immer kreativer. Je härter die Zeiten, desto direkter die Presse. Das lehrte schon Axel Springer. »Grabt tiefer, und wenn ihr nichts findet, dann erfindet was.«

Können wir davon lernen? Müssen wir in der Krise auch tiefer bohren? Wie geht man vor, wenn der Spielraum enger und das Budget knapper wird? Wird alles besser, wenn wir uns wieder mehr auf echte, relevante USPs konzentrieren? Oder gibt es die längst nicht mehr? Müssen wir um unsere Produkte neue Religionen erfinden? Brauchen wir bessere Briefings? Bessere Berater? Bessere Planer? Wie kommt man heute zu besserer Kreation? Und wie bekommt man die verkauft? Sind wir Deutschen eigentlich noch kreativ? Oder sollten wir, wie John Hegarthy es vorschlug, das tun, was wir am besten können, Autos bauen?

Die Methode.

Ich wollte es also wissen. Ich fragte mich: Was geschieht, wenn ich 30 der besten deutschen Texter einmal ganz normale, alltägliche Anzeigen vorlege. Anzeigen, die ich – na sagen wir's einmal freundlich – für verbesserungswürdig halte. Was geschieht, wenn besagte Kreative versuchen, diese Anzeigen zu verbessern? Wie gehen sie dabei vor? Mit welchen Methoden arbeiten sie? Was machen sie mit den Briefings? Gibt es kreative Wege aus dem Einerlei? Ich bat sie also um die Rekonstruierung des Originalbriefings aus ihrer Sicht. Dann bat ich sie um eine Analyse der vorgelegten Anzeige und dann noch um die Erklärung ihrer Überarbeitung.

Natürlich gab ich nicht jedem Kreativen eine andere Anzeige. Ich gab drei Kreativen jeweils die gleiche Anzeige. Erstens, weil ich mir ausrechnete, dass es sicher Spaß machen würde, zu sehen, was Kreative unterschiedlicher Agenturen, unterschiedlicher Schulen, unterschiedlicher Städte, unterschiedlicher Generationen aus derselben Vorlage machen würden. Und zweitens, um zu sehen, zu welch unterschiedlichen Lösungen – ohne Abweichung vom Briefing der Originalanzeige! – sie so kommen würden. Natürlich habe ich ihnen nichts voneinander erzählt. Wir sehen also auf den nächsten Seiten zehn echte Pitches gegen das Mittelmaß. Und wie es bei Pitches so üblich ist, blicken wir von Scribbles über Bildarchivfotos bis zu fertigen Layouts dabei auch ein bisschen in die unterschiedlichen Hexenküchen der Agenturen. Getreu dem Motto: Die Idee entscheidet. Ich habe die Teilnehmer dieser amüsanten Übung natürlich bei der Gelegenheit auch gleich gebeten, uns ein paar ihrer Tipps, Tricks und Kniffs aus ihren Köchern zu verraten, mit denen sie im Alltag aus durchschnittlichen Ideen überdurchschnittliche zaubern. Schließlich sind alle Autoren nicht nur Dozenten der Texterschmiede in Hamburg. Ihre Rähmchen und Nägel aneinandergereiht würden wahrscheinlich von Hamburg bis Berlin reichen.

Viel Spaß also beim Gucken, Lesen, Staunen, Freuen, Vergleichen und Sich-Wundern.

NEU

Hähnchenfilet in Salbei. Und trotzdem auf dem Teppich bleiben.

iglo
4 sterne

Hähnchenfilet in Salbeisauce

ZARTES HÄHNCHENBRUSTFILET MIT PAPPARDELLE
NUDELN IN EINER DELIKATEN SALBEISAUCE

Das müssen Sie probieren!

Das neue Hähnchenfilet in Salbeisauce von IGLO 4 Sterne. Mit zartem Hähnchenbrustfilet, leckeren Bandnudeln, knackigem Broccoli und Zucchini in einer raffinierten Sauce mit Salbei und Rotwein. Also so, wie Sie es in einem guten Restaurant erwarten würden.

Nur, dass Sie sich dabei eben benehmen können, wie Sie wollen.

iglo

So isst man heute.

Probieren?

Iglo

Matthias Schmidt

Scholz & Friends

PRODUKT
Hähnchenfleisch in Salbeisauce, ein neues Tiefkühl-Fertiggericht von Iglo.

WERBEZIEL
Bekanntmachung des Produkts.

AUFGABE
Entwicklung einer Anzeige.

ZIELGRUPPE
Anspruchsvolle Singles ohne Zeit zum Kochen, die bereit sind, 4 Euro 95 für ein Tiefkühlgericht auszugeben.

BOTSCHAFT
Unkompliziert zu Hause essen, so lecker wie in einem guten Restaurant.

PFLICHT
Produktabbildung, Claim »So isst man heute.«

Marcel Loko

Zum goldenen Hirschen

Wir haben ein ganz tolles, neues Produkt für eine jüngere Zielgruppe.

Wir möchten dabei die klassischen, eingefahrenen Wege verlassen und mal was ganz Neues machen. Im Prinzip sind Sie ziemlich frei (schließlich soll es ja etwas Neues werden).

Es gibt da nur ein paar kleine Einschränkungen, die Sie beachten müssen:

1) Zeigen Sie alles, was unser Produkt hat und kann.
2) Versuchen Sie zu zeigen, wie es schmeckt.
3) Zeigen Sie außerdem, nette, junge, fröhliche Menschen (am besten eine hübsche Frau).
4) Erklären Sie unser Produkt (am besten mehrmals, weil unsere debile Zielgruppe das sonst nicht versteht).
5) Sagen Sie mindestens 5-mal wie lecker es ist.
6) Bitte vergessen Sie aber bitte auf keinen Fall unseren neuen Claim und das Logo in die Anzeige zu integrieren.
7) Vergessen Sie bitte auch nicht, dass ganz klar rüberkommen muss, dass es ein neues Produkt ist (Banderole mit »Neu« wäre hilfreich).

Erik Heitmann

DDB

Die Botschaft an den Verbraucher: Man muss nicht selber kochen, um perfekte Qualität zu einem fairen Preis zu genießen.

FORTSETZUNG BRIEFING MARCEL LOKO

8) Natürlich brauchen wir eine Überschrift, die mit »Hähnchenbrust in Salbei« anfängt. Denn das, was groß auf der Packung steht und der erste Satz der Copy sein muss, muss unseren potentiellen Käufern sicher noch einmal erklärt werden (wie gesagt: debile Zielgruppe!).
9) Bitte außerdem nicht vergessen, dass das Produkt sowohl auf der Packung als auch in der Anwendungssituation gezeigt werden muss.
10) Die Frau (am besten schwarzhaarig) muss lächeln! Lächeln kommt immer gut an.

Und nun zur Kür: ein bisschen den Lifestyle unserer Zielgruppe in die Anzeige integrieren. Zu überlegen wäre auch ein Hund im Hintergund ...

Das wär's mit den Einschränkungen. Ansonsten sind Sie völlig frei!

Viel Spaß bei der Kreation!

Matthias Schmidt

Geboren 1970 in
Frankfurt am Main
1989-1991 Ausbildung
zum Bankkaufmann
1993-1998 Studium
Gesellschafts- und Wirt-
schaftskommunikation,

HdK Berlin
Erste Übungen als Student
in Berliner Werbeagen-
turen, u. a. bei Die Brücke
02/1998 Studentische
Aushilfskraft bei
Scholz & Friends Berlin

10/1998 Junior-Texter bei
Scholz & Friends Berlin
02/1999 Senior-Texter bei
Scholz & Friends Berlin
01/2001 CD Text, Familiy-
leiter bei Scholz & Friends
Berlin

06/2001 Goldener Löwe,
Cannes, für Mercedes-Benz
11/2001 Aufnahme ADC
06/2002 Bronzener Löwe,
Cannes, für Mercedes-Benz

ANALYSE

HÄH?-HEADLINE

Diese Überschrift löst beim Betrachter ein »Häh?« aus.
Warum kann die Frau trotz Hähnchenfilet in Salbeisauce auf
dem Teppich bleiben? Kein Problem, erwidert der Texter, der
Zielgruppen-Single werde vor lauter Neugier förmlich in die
Copy hineingezogen, um das Rätsel zu lösen. Dort, im letzten
Satz, stehe nämlich die Lösung.

Wenn der Single aber keine Zeit zum Kochen hat, hat er bestimmt auch keine zum Anzeigen lesen. Außerdem: Hinter
jeder Zielgruppe verbirgt sich ein ganz normaler Mensch. Wie
zum Beispiel Ihre Oma. Wann hat Ihre Oma das letzte Mal eine
Copy gelesen? Sie und Ihr Art Director sollten daher immer
versuchen, die Botschaft in der Kombination aus Headline und
Bild unterzubringen. Für mehr ist einfach keine Zeit.

WORTSPIEL

Ein Wortspiel liegt vor, wenn der Texter damit spielt, dass
eine Formulierung mehrere Bedeutungen hat. In diesem Fall:
1. Die Frau is(s)t in Echt auf dem Teppich. 2. Sie kann das
ganz unkompliziert tun, also auf dem Teppich bleiben. Und
muss Gott sei Dank nicht in einem aufgeregten Szene-Restau-
rant ein Filet vom jungen Hahn auf Salbeispiegel bestellen.
Wortspiele sind nur Wortspiele und ersetzen keine Idee. Sie
wirken einfach hohl. So wie das Wortspiel, das ich in dieser
Anmerkung gemacht habe.

AUGENKNOTEN-GEFAHR

Schauen Sie sich die Anzeige noch einmal an. Was sehen Sie
zuerst? O. k., die Frau sieht gut aus. Dann guckt man sich die
Headline und das Hähnchenfilet an. Und dann? »Neu«, »Das
müssen Sie probieren!«, »So isst man heute.«, »Hähnchenfilet in Salbei« (auf der Packung). Viel zu viele Textelemente
in ungefähr gleicher Punktgröße geben dem Auge keine
Führung, was es als Nächstes angucken soll. Normalerweise
setzen Art Directoren ja alles außer der Headline (die kriegt
6,5 Punkt) einfach in eleganten, aber schwer lesbaren 4,5
Punkt ab. Das wäre hier ausnahmsweise hilfreich gewesen.

BITTE WEGLASSEN: DIE COPY

Auf der Packung links stehen alle Zutaten. Warum also in der
Copy noch mal alles wiederholen? Danach folgt die Auflösung
der Headline. Wäre die Headline klarer, bräuchte man auch
die Erklärung nicht. Und dann bräuchte man auch keine Copy.

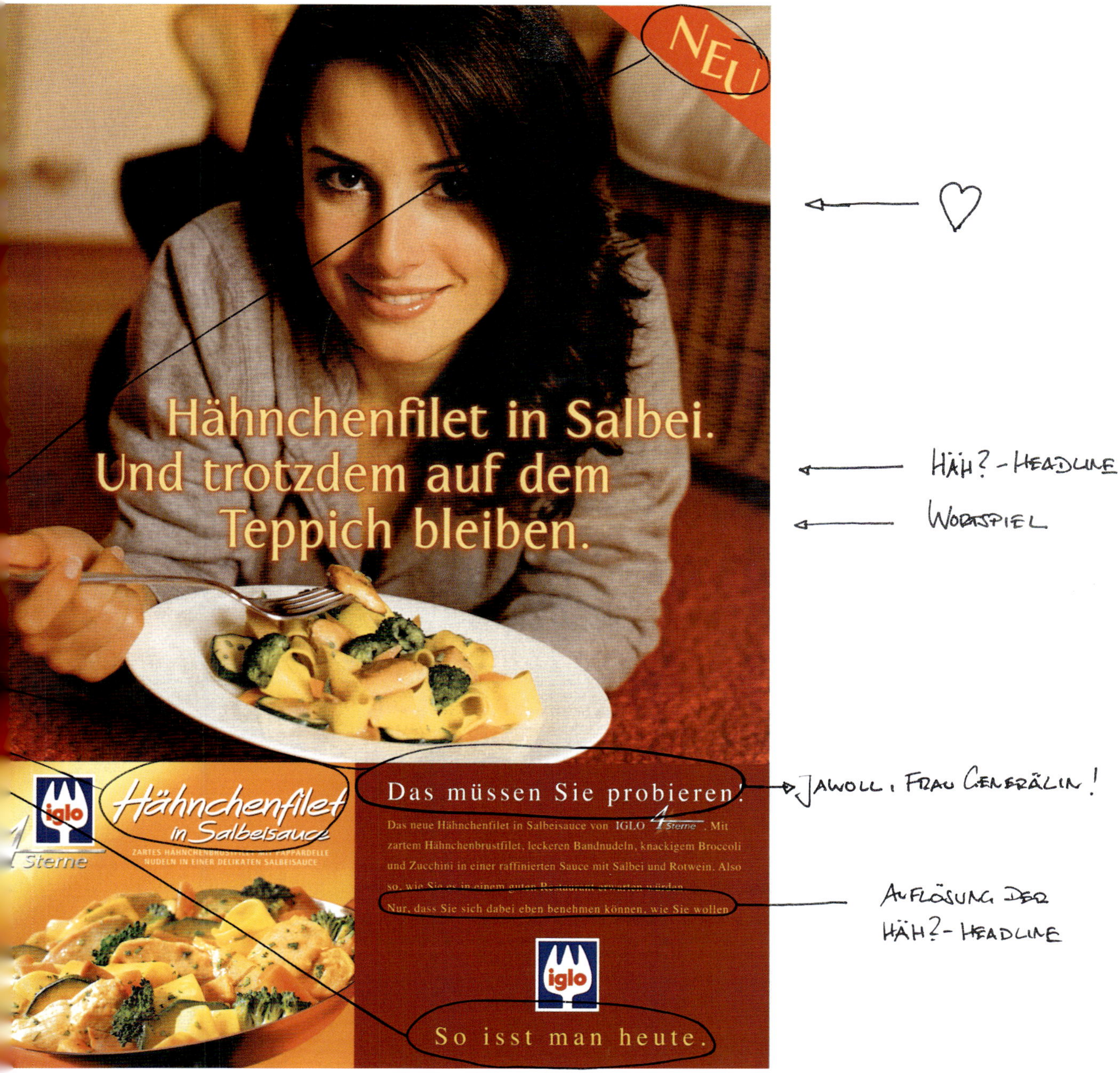
NEU
Hähnchenfilet in Salbei. Und trotzdem auf dem Teppich bleiben.
iglo
4 Sterne
Hähnchenfilet in Salbeisauce
Das müssen Sie probieren!
Das neue Hähnchenfilet in Salbeisauce von IGLO 4 Sterne. Mit zartem Hähnchenbrustfilet, leckeren Bandnudeln, knackigem Broccoli und Zucchini in einer raffinierten Sauce mit Salbei und Rotwein. Also so, wie Sie es in einem guten Restaurant erwarten würden.
Nur, dass Sie sich dabei eben benehmen können, wie Sie wollen.
iglo
So isst man heute.
HÄH?-HEADLINE
WORTSPIEL
JAWOLL, FRAU GENERÄLIN!
AUFLÖSUNG DER HÄH?-HEADLINE

Matthias Schmidt

Schachtelsätze mit über 500 Anschlägen,
Leser, die das alles freiwillig lesen, und ein
Ich-Erzähler mit scheinbar unendlich viel Zeit
zum Schreiben – Felix Krull ist ein Glückspilz,
erst recht aus Textersicht. Hier die ersten
beiden wunderbaren Sätze aus dem Roman
von Thomas Mann:

»Indem ich die Feder ergreife, um in
völliger Muße und Zurückgezogenheit –
gesund übrigens, wenn auch müde, sehr
müde (daß ich wohl nur in kleinen
Etappen und unter häufigem Ausruhen
werde vorwärtsschreiten können),
indem ich mich also anschicke, meine
Geständnisse in der sauberen und gefäl-
ligen Handschrift, die mir eigen ist,
dem geduldigen Papier anzuvertrauen,
beschleicht mich das flüchtige Bedenken, ob ich diesem geistigen Unternehmen nach Vorbildung und Schule
denn auch gewachsen bin. Allein, da
alles, was ich mitzuteilen habe, sich aus
meinen eigensten und unmittelbarsten
Erfahrungen, Irrtümern und Leiden-
schaften zusammensetzt und ich also
meinen Stoff vollkommen beherrsche,
so könnte jeder Zweifel höchstens den
mir zu Gebote stehenden Takt und
Anstand des Ausdrucks betreffen, und
in diesen Dingen geben regelmäßige
und wohlbeendete Studien nach meiner
Meinung weit weniger den Ausschlag,
als natürliche Begabung und eine gute
Kinderstube. (...)«

Thomas Mann

Bekenntnisse des Hochstaplers Felix Krull,
Fischer Taschenbuch Verlag 1989,
Frankfurt am Main

»Diese Headline kauft der Kunde nie.« Kann sein. Aber sie
hat Ihre Aufmerksamkeit erregt. Vielleicht haben Sie gedacht:
»Mann, ist das schwulenfeindlich.« Oder Sie haben kurz
gegrinst. Wenn Sie zur zweiten Gruppe gehören, müsste auch
die Botschaft angekommen sein (siehe Briefing). Werbung,
die wirken soll, muss anders sein. Darum wird sie auch nicht
immer allen gefallen. Wie anders sie sein darf, hängt von der
Marke ab. Vielleicht ist der schwule Oberkellner ja wirklich zu
hart für Iglo. Wie wäre es mit einem »zickigen Szenekellner«?
Darüber muss man mit Iglo diskutieren. Wichtig ist nur, dass
die Idee hinter der Headline alle Kundenmeetings unversehrt
übersteht: die Grundidee. Damit man sie beschützen kann,
muss man sie zunächst identifizieren. Wie lautet sie hier?
»Mit Tiefkühlgerichten von Iglo esse ich wie in einem guten
Restaurant, nur ohne den ganzen Ärger.« Das ist die Grundidee. Sie liefert genügend Stoff für zig Headlines. Aber auch
für Filme, Funkspots, Broschüren und Aufkleber. Denn im
Restaurant gibt es ja nicht nur zickige Kellner, sondern auch
noch schnöselige Tischnachbarn, unverschämte Getränke-
rechnungen, Tische neben der Toilette und, und, und. Besuchen Sie daher fleißig Restaurants, Kaufhäuser, U-Bahnen
und Ähnliches. Damit Ihnen der Stoff für die Werbung nicht
ausgeht.

Ich habe versucht, die Anzeige aufzuräumen. Bild, Headline
und Logo transportieren alles Wesentliche. In der alten
Anzeige war das Hähnchenfilet gleich zweimal zu sehen.
Einmal genügt. Wer noch etwas über die Zutaten wissen
möchte, kann das in der kurzen Copy nachlesen. Den Störer
oben rechts mit »Neu« finde ich bei einer Produktneuein-
führung legitim. Auch wenn man vorher den Art Director mit
mehreren Gläsern Bier gefügig machen muss.

Endlich: Hähnchenfilet in Salbei,
ohne vom schwulen Oberkellner genervt zu werden.

Zu Hause essen wie in einem guten Restaurant:
zartes Hähnchenbrustfilet, leckere Bandnudeln, knackiger Broccoli und Zucchini
in einer Sauce mit Salbei und Rotwein. Jetzt neu im Tiefkühlregal.

NEU

iglo

So isst man heute.

»In der Bank waren eher die verrückteren Leute.«

Armin Reins MATTHIAS, WIE BIST DU EIGENTLICH WERBETEXTER GEWORDEN? **Matthias Schmidt** Ich war Bankkaufmann in Frankfurt. Genau so einer, wie Michael Douglas in »Wall Street«. Aber mir hat es in der Bank keinen Spaß gemacht, und ich wollte unbedingt nach Berlin. Das war Anfang der 90er und ich wollte was Cooles machen im Leben. Ich wusste nicht einmal, wie Werbung überhaupt geht. Ich hatte mich in Frankfurt bei Werbeagenturen beworben. So mit dem Klassiker: einen Teebeutel in den Brief geklebt und daneben geschrieben: »Nehmen sie sich Zeit für meine Bewerbung«. War natürlich nichts. Dann habe ich in Berlin an der HdK studiert. Ich hab gedacht, das hat was mit Öffentlichkeitsarbeit zu tun. Das hab ich auch meinen Eltern erzählt. Erst Stück für Stück hat sich herausgestellt, dass es um Werbung geht und dass ein Bereich davon Texten ist. Währenddessen habe ich mir für eine kleine Agentur Wurstsorten und Mixgetränke ausgedacht. Dann sind die leider Pleite gegangen und ich bin zu Scholz & Friends als studentische Aushilfe. Und dann bin ich hier einfach hängen geblieben. WELCHE VORSTELLUNG HATTEST DU VOM BERUF DES WERBETEXTERS? Ich wusste gar nicht, dass es Werbetexter gibt, nur dass Werbung, egal was man da macht, vom Coolnessfaktor her wohl ein extrem guter Job sein muss. Ich hatte also alle Klischeevorstellungen, von »die Füße auf den Tisch legen« bis zum »Arbeiten im Café«. Heute würde ich sagen: In der Bank waren eher die verrückteren Leute. Wir hatten einen Typ, der kam jeden Tag im Unterhemd in die Bank. Bis sein Chef kam und ihn gezwungen hat, ein Hemd anzuziehen. Solche Typen habe ich in der Werbung bisher nicht kennen gelernt. Nur normale, nette Menschen. WODURCH BIST DU BEEINFLUSST WORDEN, TEXTER ZU WERDEN, HATTEST DU VORBILDER? Die erste Werbekampagne, die mir aufgefallen ist, wo ich sagen würde, das sind geile Texte, war die T+A-Kampagne von Ivica Maksimovic. Wenn du die heute anguckst, die ältesten Motive sind ja auch schon 20 Jahre alt, die sehen immer noch geil aus. Die sind fantastisch geschrieben, und du lachst dich tot. Die haben meine Sprache gesprochen. Das war für mich so der Auslöser, wo ich gedacht habe, Werbung kann interessant sein. IST ES SCHWIERIGER WERBETEXTE ZU SCHREIBEN ALS ANDERE TEXTE? Bevor ich zu Scholz kam hatte ich überhaupt nichts geschrieben. Ich hatte in der Banklehre im »Schriftlichen Ausdruck« eine Fünf bekommen. Und danach, wie gesagt,

Wurstsorten ausgedacht. Als ich dann wirklich Texte schreiben musste, da war ich schon drei Jahre in der Werbung. Weil ich von der HdK kam dachten alle, hier kommt der Supertexter. Ich fand das am Anfang wahnsinnig schwer. Das zielgerichtete Schreiben, das ist reines Handwerk, das musste ich erst lernen. HABEN GUTE TEXTER BESONDERE CHARAKTERLICHE MERKMALE? Wenn ich jetzt mal Sebastian Turner mit Reinhard Siemes vergleiche: so von der Lebenseinstellung her sind die ja wohl ziemlich unterschiedlich. Aber beiden ist zu eigen, dass sie im Leben unterwegs sind. Gute Ideen kommen aus dem Leben und sind einfach gut beobachtet. Auch inszenierte Ideen kommen aus dem Leben und sind nur gut übersteigert. Das Leben für sich nutzen können, vielleicht ist es das. WELCHE FÄHIGKEITEN MUSS EIN TEXTER MITBRINGEN? Du musst belastbar sein und du musst ein gewisses Urvertrauen haben, dich nicht fertig machen zu lassen. Weil jede Idee – jetzt mal ganz gefühlvoll gesagt – ist ein Baby von dir, und es gibt immer Leute, auch wenn sie es nicht böse meinen, die haben halt was gegen deine Idee. Das ist, als wenn sie dir deinen Finger abschneiden. Das ist so, als wenn sie ernsthaft was gegen dich haben. Das muss man lernen zu trennen. Das finde ich nach wie vor wahnsinnig schwer. WAS RÄTST DU EINEM TEXTER, DER BESSER WERDEN WILL? Hör verdammt noch mal auf deinen Bauch. Und wenn du hier am Tisch sitzt und Ideen durchsprichst und du hast das kleinste Unwohlsein, dass da irgendwas nicht stimmt, dann ist es richtig, dass da was nicht stimmt. Immer. WAS SOLLTE EIN WERBETEXTER LESEN? Er sollte einfach verdammt noch mal lesen. Ich bin ein Jahrhundertwende-Fan. Ich mag alle Österreicher. Josef Roth, Musil finde ich großartig. Aber auch Thomas Mann, Anfang dieses Jahrhunderts. Je fremder die Geschichte, je weiter weg von meinem eigenen Leben, desto interessanter und inspirierender. WELCHE AUSSERBERUFLICHEN INTERESSEN HAST DU, UM DIR EINEN UNVOREINGENOMMENEN BLICK AUF DIE DINGE ZU ERHALTEN? In Berlin gibt es viele Möglichkeiten, den Menschen aufs Maul zu schauen. Ich liebe es, durch Kaufhäuser zu gehen, durch Schlussverkäufe. Ich liebe es, allein in der Kneipe zu hocken und zu lauschen. Ich bin wahnsinnig neugierig. Ich habe noch nie eine Idee aus einem Lifestylemagazin heraus gehabt. In der Wallpaper sind Umsetzungsideen drin, aber da ist keine Idee drin. Idee ist, wenn der Hausmeister hochkommt und sagt, Musik ist zu laut. Das ist die Idee. WAS TUST DU, WENN DU NICHT SCHREIBST UND EINFACH NUR ABSPANNEN WILLST? Ich bin ein großer Preußen-Fan, ich treibe mich wahnsinnig gerne in

Schlössern rum und gucke mir alte Bilder an. Alles was Geschichte angeht, finde ich hochinteressant. Ich habe letzten Winter wieder angefangen, meine Modelleisenbahn auszupacken. Ich arbeite gerade an einer neuen Konzeption für meine Anlage. Wenn du so ein Gleis aufschraubst auf eine Spannplatte, dann vergisst du die Welt um dich herum, das ist ein Traum. **WIE STEHST DU ZU DER AUSSAGE, DASS DIE MEISTEN IDEEN FÜR DIE WERBUNG IM PRODUKT SELBST ZU FINDEN SIND?** Im Idealfall ja. Ich fange immer mit dem Produkt an, weil die besten Ideen sind immer im Produkt, keine Frage. Dann fange ich aber an, mich vom Produkt immer weiter weg zu bewegen. Ich bin ein Systemat, das kommt noch aus der Banklehrzeit. Ich überlege mir die Herstellungskette: Tomate wird gepflanzt und am Schluss kommt irgendwie die Spaghettisoße da raus, die im Laden steht. An dieser ganzen Kette überlege ich, was da passieren könnte. Wo kann man es kaufen? Was passiert da, wo ich es kaufe? Was passiert, wenn ich es verwende? Was sind das für Menschen, die es kaufen? Was sind das für Menschen, die es vielleicht nicht kaufen? Was wäre, wenn ich es vielleicht vor 10 Jahren gekauft hätte? Was ist, wenn ich es in 10 Jahren kaufen könnte? So mache ich einen immer größeren Kreis, und irgendwo fallen mir irgendwelche Geschichten ein, die man vielleicht verwursten kann. Ich suche immer nach Geschichten. Aber man findet eigentlich auch nur Geschichten, die man selbst erlebt hat oder vielleicht noch aus Filmen kennt, die man gut fand. **HAST DU EINE TECHNIK, DICH EINEM PROBLEM ZU NÄHERN?** Ich versuche einfach das Produkt zu nehmen und Geschichten aufzuschreiben, die überhaupt noch nichts mit Werbung zu tun haben. Beispiel: Was habe ich selber mit Klopapier erlebt? Da gibt es 120 Geschichten. Vom Klopapier, das am Schuh hängt, wenn man vom Klo kommt, bis zum Rock, der noch in der Unterhose drinsteckt, wenn jemand auf der Toilette war. Und dann nimmt man die Kernbotschaft des Briefings und versucht sie mit einer dieser Geschichten zusammenzupacken. Und oft passiert dann was. Es geht ja immer darum, locker zu bleiben. Es ist wahnsinnig schwer, locker zu bleiben. **HAST DU BEIM ARBEITEN BESTIMMTE RITUALE?** Ich bin einfach der Spießer der Werbung. Ich arbeite im Büro, und hier kommen die Ideen. Und ich greife auf das zurück, was dieser Laden zur Verfügung stellt. Kaffee, Wasser ohne Kohlensäure, eine Kantine, und vielleicht gehe ich mal auf die Terrasse raus. Aber weder mache ich Kopfstände noch heule ich auf dem Klo. Bei mir kommen am Anfang immer Denkgrafikideen raus, wo mein Partner mich in den Arsch treten muss, damit das ein bisschen durcheinander geschüttelt wird und wieder was Lockeres rauskommt. **GIBT ES BEI DIR EINE ROTE LAMPE, DIE ANGEHT, WENN ETWAS SCHLECHTES ENTSTEHT?** Ja, ich habe dann ein schlechtes Gefühl, ich kann dann nicht schlafen. **WENN DU FÜR EINE PRÄSENTATION ZWEI WOCHEN ZEIT HAST, ARBEITEST DU DANN KONTINUIERLICH? ODER WIRST DU ERST IN DEN LETZTEN VIER TAGEN AKTIV?** Ich arbeite kontinuierlich, aber die letzten drei Tage wie ein Verrückter. Wenn ich am ersten Wochenende noch nichts habe, dann habe ich ein Scheißwochenende. **SIEHST DU DICH ALS HANDWERKER, TECHNIKER ODER ALS KÜNSTLER?** Handwerker, absolut. Das ist auch nichts Besonderes, was wir machen, dass muss man auch mal sagen. Ideen haben kann jeder lernen. Das Schwierige ist, das im täglichen Leben auszuüben und mit dem Druck fertig zu werden. **WIE WICHTIG SOLLTEN FÜR JUNGE TEXTER AUSZEICHNUNGEN UND WETTBEWERBE SEIN?** Absolut wichtig, und zwar aus Eitelkeit. Denn die Eitelkeit ist der Hebel, der einem dazu führt, interessantere Sachen zu machen. **WAS ANTWORTEST DU, WENN DEINE TOCHTER ODER DEIN SOHN ZU DIR KOMMT UND SAGT, ICH MÖCHTE WERBETEXTER WERDEN?** Mach halt, aber pass auf, dass du irgendwie nicht abdrehst. Es besteht immer die Gefahr, dass du nur mit Werbern zusammenhängst, deine Freunde vernachlässigst, zu Hause nicht mehr aufräumst und dass du das normale Leben um dich herum nicht mehr mitbekommst.

Marcel Loko

Geboren 1964
Staatsangehörigkeit:
Deutsch, genauer:
Ostdeutsch/Kongolesisch
1983 BWL-, Geschichts-
und Kunstgeschichts-
studium in Bonn

1983 Gründung der Künst-
lergruppe »Club Boccioni«
Kunstperformances,
Inszenierungen usw.
1985 BWL-Studium in Köln
1987 Journalismus bei der
»Welt«, Bonn und WDR, Köln

1989 Diplom
1989 Texter bei
Scholz & Friends
1990 Texter bei
Springer & Jacoby
1995 Gründung von
Zum goldenen Hirschen

TIPPS & TRICKS

WAS INSPIRIERT

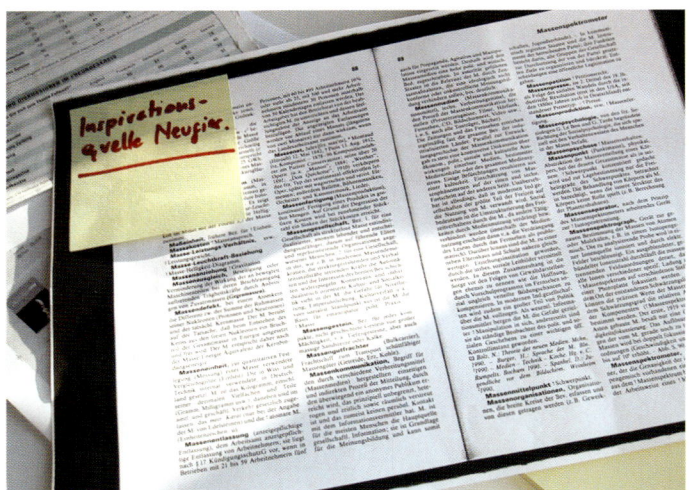

NEUGESTALTUNG

Die Leute geben Dr höchstens 3 Sekunden!

Mach was draus!

»Ich lerne heute immer noch von meinen Juniortextern.«

Armin Reins MARCEL, WIE BIST DU EIGENTLICH WERBETEXTER GEWORDEN? Marcel Loko Zufall. Meine Mutter arbeitete bei der Welt und ich machte dort während meines Studiums ein Praktikum. Die Leute in der Redaktionskonferenz fanden meine Sachen ganz witzig. Da hab ich mir gesagt, BWL ist nichts für mich, ich will was Kreatives machen. Deshalb hab ich mich bei der Agentur beworben, die damals die heißesten Sachen machte. Ich machte bei Springer & Jacoby einen Copytest, und die haben mich tatsächlich genommen. **WELCHE VORSTELLUNG HATTEST DU VOM BERUF DES WERBE-TEXTERS?** Ich wusste eigentlich gar nicht, was man da tut. Mir war nur klar: Man muss wahrscheinlich so ein paar Anzeigen betexten. Ich hab auch nicht gewusst, wie hart man da arbeiten muss. Ich dachte, man kommt um zehn und um 16 Uhr ist der Text fertig, und dann trinkt man ein bisschen Sekt und geht gut essen. **WODURCH BIST DU BEEINFLUSST WORDEN, TEXTER ZU WERDEN, HATTEST DU VORBILDER?** Durch Werbung, die ich superklasse fand. Z. B. die erste Anzeige für Mercedes – das meistgebrauchte Ersatzteil – oder auch der Mercedesfahrer, der mit dem Fahrrad aus der Garage fährt. Da hab ich gedacht, wow, das möchte ich auch machen. Vorbilder hatte ich keine. Ich bin glücklicherweise links- und basisdemokratisch genug sozialisiert, um diese Personenkulte peinlich und unnötig zu finden. Daher kann ich nicht sagen, es gibt jetzt einen, von dem ich besonders viel gelernt hab. Ich lerne heute immer noch von meinen Juniortextern. **IST ES SCHWIERIGER WERBETEXTE ZU SCHREIBEN ALS ANDERE TEXTE?** Es ist banaler. Als Journalist hat man immer diesen investigativen Journalismus à la Watergate-Affäre im Kopf. Man denkt, als Journalist bewegt man immer die Welt so ein bisschen mit. Und als Werber textet man dann – gerade wenn man am Anfang ist – eine Gebrauchtwagen-Anzeige für Mercedes-Benz. Das ist dann schon ein tiefer Fall in Sachen Anspruch und Welt bewegen. Als Journalist schreibt man einen Artikel und der Chefredakteur korrigiert ihn ein bisschen. In der Werbung ist das schwieriger. Mein allererster Job bei Scholz & Friends war es, einen Text für die Deutsche Bank zu schreiben. Da gab es 17 Abstimmungsstufen für jede Copy. 13 beim Kunden und vier in der Agentur. **HABEN GUTE TEXTER BESONDERE CHARAKTERLICHE MERKMALE?** Es gilt das Gesetz der umgekehrten Proportionalität: Je lustiger ich schreibe, desto ruhiger bin ich als Person. Jean-Remy ist da wohl das bekannteste Beispiel. Einige richtig gute Texter, die ich bei S & J kennen gelernt habe, empfand ich allerdings teilweise als sozial ein bisschen gestört. Art Directoren erscheinen mir immer viel mehr am Leben, netter, umgänglicher als Texter. **WELCHE FÄHIGKEITEN MUSS EIN TEXTER MITBRINGEN?** Neugier – wahrscheinlich, was alle sagen. Aber irgendwie stimmt das auch. Man muss sich für alles interessieren. Die Marxisten haben immer gesagt: 100 % ist Sozialisation. Und die Rechtskonservativen haben immer gesagt: 100 % ist Charakter und Vererbung. Heute ist man sich einig, das ist irgendwo in der Mitte. **WAS RÄTST DU EINEM TEXTER, DER BESSER WERDEN WILL?** Die klassische 90er-Jahre-Antwort wäre gewesen: Schreiben, schreiben, schreiben. Ich sage heute: Sei ein Journalist, recherchiere. Weil, wenn du neugierig bist und recherchierst über das, was du schreibst, dann wirst du automatisch besser. Nur, heutzutage ist Texten nicht mehr eine Unmenge von Worten auf eine Seite zu bringen. Es ist im Grunde nichts anderes, als nach einer kreativen Idee zu suchen. Das kann nur ein Bild sein oder eine optische Idee. Es geht heute für den Texter um das Finden der Idee und weniger um das reine Schreiben **WAS SOLLTE EIN WERBETEXTER LESEN?** Er sollte viel lesen – egal was. Das ist auch eine alte Regel, aber die stimmt weiterhin. Auch wenn die Menschen heute viel weniger Werbung lesen im klassischen Sinne. Meine These dazu ist, dass die Leute tendenziell eher einen One-Liner lesen. Überschrift, Bild, Logo müssen die ganze Geschichte erzählen. Und das lerne ich nicht unbedingt durch schreiben, schreiben, schreiben. Das lerne ich eher durch machen, machen, machen. Also, durch Anzeigen machen. **WELCHE AUSSER-BERUFLICHEN INTERESSEN HAST DU, UM DIR EINEN UNVOREIN-GENOMMENEN BLICK AUF DIE DINGE ZU ERHALTEN?** Ich hab in St. Pauli gewohnt und in 'ner spießigen Stadt wie Bonn. Das ist das eigentlich Wichtige. Man muss den Querschnitt kennen. Man muss die Unterschiede innerhalb der Gesellschaft kennen. Man muss deshalb nicht sagen: Wenn meine Verbraucher in Mümmelmannsberg wohnen, dann muss ich genauso denken wie die. Ich glaube, man muss einfach nur wissen, es gibt Hamburg-Mümmelmannsberg und es gibt München-Grünwald. **WAS TUST DU, WENN DU NICHT SCHREIBST UND EINFACH NUR ABSPANNEN WILLST?** Im Fernsehen Fußball gucken, richtig spießig einfach. Natürlich bin ich auch sehr gerne zu Hause bei meiner Frau oder bei Freunden. Ich verreise viel. Aber ich mach jetzt keine abgefahrenen Sachen wie Fallschirmspringen oder eine Band nebenbei. Ich mach auch ein paar künstlerische Projekte. Aber so richtig darüber reden will ich nicht, dazu bin ich zu abergläubisch. **WIE STEHST DU ZU DER AUSSAGE, DASS DIE MEISTEN IDEEN FÜR DIE WERBUNG IM PRODUKT SELBST ZU FINDEN SIND?** Das sehe ich auch so, aber vielleicht einen Tick anders. Ich nehme das Produkt und setze es in Bezug zu dem, der meine Anzeige sehen soll. Ich guck, was das Produkt für ihn aussagen soll. Im Idealfall ist es aus dem Produkt heraus erklärbar. Wenn eine Schokolade nach Pfeffer schmeckt und keiner weiß das, dann mache ich natürlich einen Film, der zeigt, dass jemand Schokolade isst und tierisch hustet. Dann sag ich eben: Jetzt mit Pfeffer. Aber es gibt auch den anderen Weg: Ich erzähle eine wilde Story ums Produkt herum. Oder um den Verbraucher. Aber wenn die dann so komisch gedreht ist, dass man sich hinterher fragt: »Wieso? Was war das denn eben?«, dann hat man ein echtes Problem. Ich meine, z. B. diese x-fach gekrönte Cinemaxx-Kampagne. Ich finde sie ja gut, Jung von Matt hat sie gemacht, deswegen hat sie Gold verdient. Aber wenn die Aussage lautet: 95 Prozent aller Unfälle passieren zu Hause – seien Sie lieber im Kino, dann könnte man auch sagen: Das kann ich auch für den VW Passat machen: Seien Sie lieber im Auto. Wenn Werbung so unspezifisch ist – und hier spricht wahrscheinlich der BWL-Mann in mir –, dann fehlt mir der Produktbezug. Dann heißt es für mich: noch mal rangehen, weitersuchen. **HAST DU EINE TECHNIK, DICH EINEM PROBLEM ZU NÄHERN?** Ich mach das, was man eigentlich nicht machen sollte, ich überleg immer, was interessiert mich jetzt daran, wie würde ich's mir erklären. Genial finde ich den Satz von Denzel Washington in »Philadelphia«: »Halt! Stop! Erklären Sie mir das noch einmal und tun Sie so, als sei ich vier Jahre alt.« Es geht also darum, mit den Augen eines ganz normalen Menschen zu gucken: Was ist daran so interessant? Und dann muss man versuchen, das Gesehene zu dramatisieren. **HAST DU BEIM ARBEITEN BESTIMMTE RITUALE?** Kaffee, jeden Morgen, leider – seit acht bis zehn Jahren. Ohne Kaffee kriege ich das nicht mehr hin. **WENN DU FÜR EINE PRÄSENTATION ZWEI WOCHEN ZEIT HAST, ARBEITEST DU DANN KONTINUIERLICH? ODER WIRST DU ERST IN DEN LETZTEN VIER TAGEN AKTIV?** Ich hab schon an der Uni die Strukturierten bewundert. Ich war immer genau das Gegenteil – mehr so der Typ, wo alle sagten: Der schafft das sowieso nicht, wie will der das überhaupt hinkriegen. Das hat sich inzwischen etwas gebessert. Auch, weil ich nicht mehr allein arbeite. **GIBT ES BEI DIR EINE ROTE LAMPE, DIE ANGEHT, WENN ETWAS SCHLECHTES ENTSTEHT?** Ich nehme

die Beratung immer sehr ernst. Die sind zumindest frei von Eitelkeit und von überzogenem Wissen über Medaille A und Medaille B. Wenn ich merke: Bei denen kickt es nicht – wie soll es dann draußen kicken? Dann ist es vielleicht doch die übliche Werbewichse, an der man sich nur als Werber erfreut. **SIEHST DU DICH ALS HANDWERKER, TECHNIKER ODER KÜNSTLER?** Auf keinen Fall als Handwerker. Weil diese Selbstdisziplin des Handwerkers hab ich halt nicht. Künstler bin ich auch nicht. Ich trag keinen roten Hut mit Karotte. Also irgendwo dazwischen. **WIE WICHTIG SOLLTEN FÜR JUNGE TEXTER AUSZEICHNUNGEN UND WETTBEWERBE SEIN?** Ich finde diese Werberkiste, diese Medaillengeilheit immer peinlich. Auf der anderen Seite sehe ich auch einen Sinn da drin. Denn die jungen Texter kommen selten demütig daher und sagen: Oh, ich möchte lernen. Sondern sie denken: Ich bin eigentlich Popstar, egal welchen Schund ich mache. Deshalb ist es gut, eine Instanz zu haben, wo man sagen kann: Nicht nur ich finde das Scheiße, sondern pack doch diese Anzeige mal neben diese Medaille – und jetzt weißt du, wo der Unterschied liegt. **WAS ANTWORTEST DU, WENN DEINE TOCHTER ODER DEIN SOHN ZU DIR KOMMT UND SAGT, ICH MÖCHTE WERBETEXTER WERDEN?** Ich bin zwar kein Anhänger von »Werbung ist Manipulation«. Aber ich finde es schon wichtig, eine gesunde Distanz dazu zu haben. Deswegen fände ich es gut, wenn meine Kinder sich erst mal umgucken würden und dann erst zur Werbung kommen würden.

LIEBLINGSTEXT

Lieblingstext.

...den Trägheitskräfte durch Anbrin-
den Zusatzmassen **(Gegenmassen).**
Massendefekt, bei einem Atomkern
die Differenz zw. der Summe der Ruhmassen
seiner Nukleonen (Protonen und Neutronen)
und der tatsächl. Kernmasse. Der M. beruht
auf der Tatsache, daß beim Entstehen des
Kerns aus den freien Nukleonen ein Bruch-
teil der Gesamtmasse in Energie umgesetzt
und frei wird. Der M. entspricht daher nach
der Masse-Energie-Äquivalenz der Kernbin-
dungsenergie.

Erik Heitmann

Studium der Zahnmedizin, Germanistik und Philosophie in Frankfurt und Hamburg 1987 Volontariat Hamburger Abendblatt 1989–1999 Texter,

Creative Director Springer & Jacoby, Hamburg Kunden: Mercedes-Benz, Miele, Picco/Tchibo, Panasonic, Gala von Eduscho, Bunte, Oryza,

Alpia, McKinsey & Co. und HEW 2000 freier Creative Director Jung von Matt, Hamburg Kunden: BMW/Mini und Deutsche Bahn

Seit 2001 Executive Creative Director DDB Berlin, Berlin Kunden: Volkswagen AG, Volkswagen Financial Services, Thüringen, Vattenfall Europe

ANALYSE

Tatsächlich wollte uns jemand sagen: Wenn du nicht kochen kannst, gibt es Hilfe. Von Iglo. Aber diese Nachricht geht im Dschungel der Informationen unter. Die wichtigste Regel wurde verletzt: In einer Anzeige ist nur Platz für eine Botschaft.

NEUGESTALTUNG

Sagen wir es doch ehrlich und direkt! Auch wer partout nicht kochen kann, soll ein erfülltes und glückliches Leben haben. Das ist eine schöne und klare Bctschaft. Unter der 0800-Hotline geben wir Ratschläge und weisen kostenlos den Weg zur nächsten Gefriertruhe.

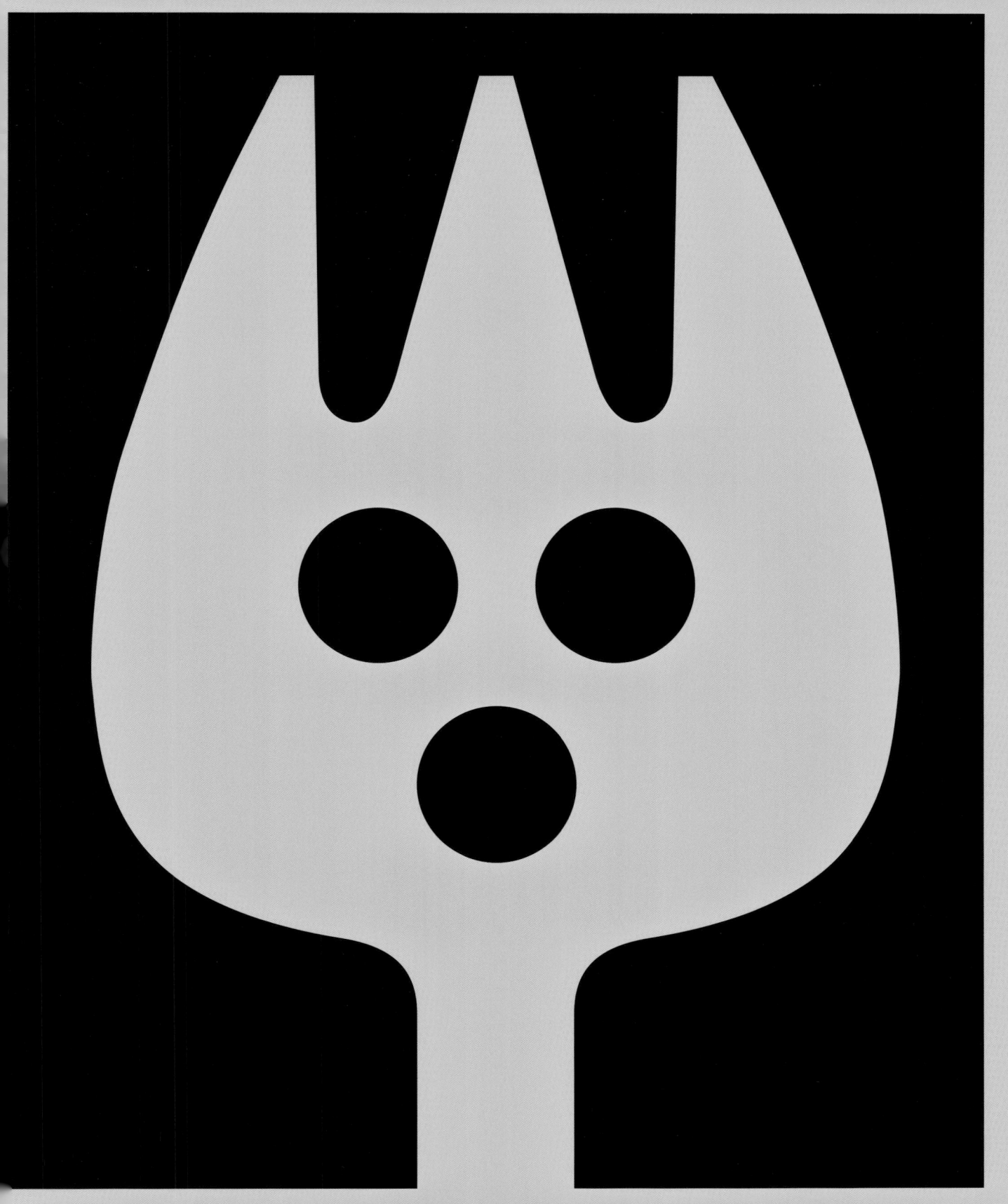

Es gibt Hilfe: 0800-IGLO

»Text kommt von Textur.«

Armin Reins WODURCH BIST DU ALS TEXTER BEEINFLUSST WORDEN, HATTEST DU VORBILDER? **Erik Heitmann** Bei Konstantin Jacoby musste ich gleich die Copy für »Unser meistgebrauchtes Ersatzteil« schreiben [1]. Mit der ersten bin ich dann zu ihm hingewatschelt. Er meinte nur: Langweilig, fang noch mal an. Nach drei, vier Abstimmungen hatten wir eine fertige Copy. Und dann zeigte er die Reinhard Springer, und der meinte: Das ist ja superlangweilig. Jungs, da muss Inhalt rein. So wie hier in der Mauritius-Anzeige [2]. Wir also zurück und alles neu geschrieben. Die ganze Beratung und den Kunden gequält, uns endlich Fakten zu geben. Und dann haben wir rausgekriegt, wie viel Mercedessterne tatsächlich im Jahr verkauft werden. Plötzlich wurde das alles viel interessanter. Das war das Wichtigste, was ich bei Springer & Jacoby lernte, dass man sich wirklich tief in den Inhalt der Sache verstricken muss, um am Ende mit Leichtigkeit davon erzählen zu können. IST ES SCHWIERIGER WERBETEXTE ZU SCHREIBEN ALS ANDERE TEXTE? Viel konzentrierter. Ein Werbetext ist nun mal kürzer als ein Referat. Man kann mit viel mehr Liebe zum Detail daran arbeiten. Die erste Anzeige, die ich gut fand, war für Minox-Kameras [3]. Da stand in der Copy: »Mit 200 Gramm wiegt sie nur so viel wie eine Leberwurst. Aber wer würde sich schon eine Leberwurst um den Hals hängen.« Das darf ein Journalist nicht schreiben. Deshalb bin ich keiner geworden. HABEN GUTE TEXTER BESONDERE CHARAKTERLICHE MERKMALE? Nein, die können nur alle gut schreiben. Sie sind grundunterschiedlich. Ein Konstantin Jacoby ist anders als ein Jean-Remy von Matt. Und der ist anders als ein Rainer Baginski. WELCHE FÄHIGKEITEN MUSS EIN TEXTER MITBRINGEN? Wahrscheinlich ein relativ klares, gut strukturiertes Denken. Texten kommt von Textur – also von Strukturieren. So wie ein Gewebe gewebt wird. Texter müssen schlau sein. Ich glaube, es gibt keine dummen guten Texter. WAS RÄTST DU EINEM TEXTER, DER BESSER WERDEN WILL? Besser werden kommt nur beim Machen. Und man muss sich intensiv mit dem Handwerk beschäftigen. Sich angucken, was die alten Meister so gemacht haben: Bernbach, Gossage. Es hilft auch, Kurzgeschichten zu lesen oder einfach nur gute Witze. Man sollte seinen Sinn für pointiertes Erzählen schulen. Ansonsten: Geh dahin, wo gute Werbung gemacht wird. Da, wo schlechte Werbung gemacht wird, kannst du nichts lernen. Wenn deine Agentur nur irgendwelche doofen Packshots mit »das ist neu, das ist neu« veröffentlicht, dann ahnst du, dass du in der Agentur niemals was lernen kannst. Dann solltest

1) Mercedes-Anzeige

3) Kamera vs. Leberwurst

WENN IHRE FRAU IHNEN MAL WIEDER EIN HEMD OHNE TASCHEN GEKAUFT HAT, KÖNNEN SIE DIE MINOX 35 ZUR NOT AUCH UM DEN HALS TRAGEN.
Dabei werden Sie nicht umhinkommen festzustellen, daß unsere hübsche Camera nicht nur unglaublich klein ist, sondern auch unglaublich leicht. Daß sie weniger wiegt als 200 g Leberwurst, wird Ihnen nicht viel sagen. Wer trägt schon Leberwurst um den Hals. Mehr dagegen, daß auch Ihr Büroschlips nur unwesentlich leichter wiegt. Und für diese 190 Gramm bekommen Sie ziemlich viel Camera. Mit 2,8/35 mm-Vierlinser-Objektiv, elektronischer Belichtungsautomatik, Verschlußzeitanzeige im Sucher, Schärfentiefenanzeige am Objektiv und mit Gegenlichtschalter. Wenn Sie diese kleinste 24 x 36 Kleinbildcamera der Welt gern am Hals haben wollen, schicken wir Ihnen schnell einen Prospekt. **MINOX**

2] Der Text der Mauritius-Anzeige,
die Reinhard Springer so gut gefiel.

Headline:
Mauritius ist verglichen mit allen
anderen tropischen Paradiesen das
teuerste Flugziel. (Gott sei Dank.)

Und darunter stand diese Longcopy:
Keine Charter, keine verbilligten Flüge,
keine Sonderrabatte.

Es wird zwar immer behauptet, Pau-
schalreisen hätten es dem kleinen Mann
ermöglicht, die Welt zu bereisen. Für
Mauritius gilt dies jedoch nicht.

Mauritius, das achttausend Meilen von
Europa entfernt vor der Ostküste
Afrikas liegt, ist von Reisenden mit
schmalem Geldbeutel bisher verschont
geblieben.

Und auch von den Spuren, die sie
zurücklassen.

An dem Tag, an dem Beton und Stahl
im Paradies so wichtig werden wie
Sonne, Sand und Meer, werden auch wir
mit diesen Materialien bauen.

Aber bis dahin verwenden wir weiß
getünchtes Mauerwerk und decken die
Dächer mit getrocknetem Zuckerrohr.
Erst wenn Hotels einmal schöner sind
als Kokospalmen, werden wir sie höher
als diese bauen.

Aber nicht vorher.

Und warum sollten wir die Einwohner
mit Privatstränden verärgern? Hundert
Meilen makelloser Sandstrand sind doch
genug für alle.

Das sind vielleicht alles nur Kleinigkeiten, aber die machen den Unterschied zwischen einem Paradies und
einem verlorenen Paradies aus. Und
zwischen echter Freundlichkeit und
Nationen, die ihre Besucher ausbeuten.

Direkt vor unserer Tür befindet sich das
wärmste Meer der Welt – der mächtige
Indische Ozean. Ein schmales Korallen-
riff bändigt ihn vor Mauritius zu
einer ruhigen Lagune. Während Ihres
Besuches werden Sie sicherlich viel Zeit
am, im, unter oder über dem Meer
verbringen.

Wassersport kostet Sie überhaupt
nichts. Zum einen können Sie sich nach
dem Flugpreis ohnehin nichts mehr
leisten, und außerdem haben Wind-
surfer und Wasserskifahrer bekanntlich
selten ihre Brieftaschen bei sich.

Das sind die Kleinigkeiten, die unsere
Hotels und unsere Insel zu etwas
Besonderem machen.

Finden Sie auch Straßen mit roten und
pupurfarbenen Bougainvillea schöner
als graue Straßen?

Finden Sie auch, dass eine Insel mit
zerklüfteten Bergen und erloschenen
Vulkanen schöner als eine flache
Insel ist?

Würden Ihnen sechs nationale Speisen
nicht auch besser schmecken als nur
eine? (Mauritius ist die Insel mit dem
kosmopolitischen Flair, denn die Einwohner sind eine gelungene Mischung
aus Holländern, Franzosen, Indern,
Chinesen, Kreolen und Briten.)

Und wenn Sie schon wetten, sollten Sie
es dann nicht auf der ältesten Rennbahn
der südlichen Hemisphäre versuchen?

Achtzig Prozent unserer Besucher keh-
ren mindestens einmal nach Mauritius
zurück, viele kommen immer wieder.

Die meisten Leute kommen natürlich
nie.

Wir leben nicht in einer gerechten Welt.

du da nicht sein. Man muss immer sich selbst folgen und authentisch bleiben. Sonst verhudelt man in diesem Nuttengewerbe sehr schnell. Man sollte immer sehr dicht bei sich selber bleiben. Und nicht, wenn die Leute plötzlich sagen: Das ist ja ganz toll, was du schreibst, denken, juchhu, ich bin der Größte. **WAS SOLLTE EIN WERBETEXTER LESEN?** Ich mochte immer Mark Twain und Woody Allen. Dieser kurze, pointierte Stil hat mir immer gut gefallen. Das findet man heute nur noch im »Streiflicht« in der Süddeutschen. Überhaupt: Texter, lest das Streiflicht! Das ist gut geschrieben. Was ich fast mal gesammelt hätte, waren die tollen Bild-Unterschriften von Katja Kessler unter den nackten Mädchen auf der Bild-Titelseite. Pure Realitätsparodie. Du siehst eine Frau mit nackten Titten, die am Poolrand hängt, die starrt durch die Sonnenbrille in den Himmel und dann steht da drunter: sie ist Ufologin. Irre. **WELCHE AUSSERBERUFLICHEN INTERESSEN HAST DU, UM DIR EINEN UNVOREINGENOMMENEN BLICK AUF DIE DINGE ZU ERHALTEN?** Ich hab das Gefühl, dass ich noch nie eine gute Idee im Büro gehabt hab. Ideen kommen mir meistens, wenn ich die Aufgabe hinter mir lasse. Und deshalb versuch ich mir eine gesunde Distanz aufrechtzuerhalten. Man muss sich fürs Leben interessieren, man darf sich nicht selber kopieren. **WAS TUST DU, WENN DU NICHT SCHREIBST UND EINFACH NUR ABSPANNEN WILLST?** Wasser macht mich froh – in jeder Form. Ich trinke es gern, ich schwimme gern, ich geh gern am Wasser spazieren, ich segele gern. Wasser hilft mir. Ich brauch keine Partys und Cocktailempfänge. Ich brauch meine kleine heile Welt. Das sind meine Hundespaziergänge und meine Freunde. Ich hasse es, wenn mich jemand nach 18 Uhr auf meinen Job anspricht. Ich will dann lieber über Autos reden. Autos sind großartig. Ich hab mir meine erste Gehirnerschütterung als Kind zugezogen, weil mein Bruder auf dem oberen Etagenbett einen großen Plan aller Mercedes-Modelle ausgebreitet hatte. Weil ich da nicht drauftreten wollte, bin ich daneben getreten und aus dem Bett gefallen. Und seitdem bin ich fest verknüpft mit der deutschen Automobilhistorie. **WIE STEHST DU ZU DER AUSSAGE, DASS DIE MEISTEN IDEEN FÜR DIE WERBUNG IM PRODUKT SELBST ZU FINDEN SIND?** Ich glaub, dass große Kampagnen-Ideen nicht im Produkt liegen, sondern man muss sich fragen, was für eine Religion hinter dem Produkt steht. Warum wurde dieses Produkt gebaut? Was ist der Lebenserhaltungsansatz, warum es dieses Produkt gibt. Man muss die Nachricht des Herstellers finden. Niemand interessiert sich doch dafür, wie das Produkt gewickelt, gefudelt oder vernäht wurde. Die Leute wollen keine Information, weil wir nicht mehr die Nachkriegsgesellschaft sind und sagen: Oh, es gibt jetzt richtigen Kaffee. Du musst eine Botschaft finden und die dann emotionalisieren. Nur wenn du sie emotional kodierst und sie hat Relevanz, dann kann sie auch leicht gemerkt werden. Das ist so, wie in der Sesamstraße, wo der große gelbe Bibo-Vogel den Leuten die Zahlen von 1 bis 10 erklärt und nicht einfach Charts aufgelegt werden. Und so ein bisschen muss Werbung sein. **HAST DU EINE TECHNIK, DICH EINEM PROBLEM ZU NÄHERN?** Ich suche nach der großen inneren Botschaft. Deshalb gehe ich das auch immer persönlich an. Erst wenn ich weiß, warum mir selber die Botschaft Spaß bringt, kann ich darauf arbeiten. Das ist natürlich ein bisschen egozentrisch, aber so ist es eben. **HAST DU BEIM ARBEITEN BESTIMMTE RITUALE?** Ich behaupte am Anfang immer, dass die Aufgabe unlösbar ist. Damit nerve ich meine ganze Umgebung: Das geht nicht, uns fehlt die Information und überhaupt ist das Timing unrealistisch. Ich brauch das wohl, dieses »am Anfang ein bisschen rumberserkern«, bis ich in die Aufgabe reingeschlüpft bin und ich sie zu meiner persönlichen Aufgabe gemacht habe. **WIE BIST DU EIGENTLICH TEXTER GEWORDEN?** Schrecklich lange Geschichte, willst du die wirklich hören? Nach dem Abi bin ich zur Bundeswehr und hab Presse- und Öffentlichkeitsarbeit gemacht. Da bin ich im Hubschrauber rumgeflogen und hab Fotos geschossen. Dann gab's da einen Medizineignungstest und in dem hab ich so gut abgeschnitten, dass ich einen Studienplatz in Zahnmedizin bekam. Das studierte ich, bis ich rausfand, dass mir manuelles Arbeiten doch nicht so lag. Lieber schreiben. Darum hab ich ein Volontariat beim Hamburger Abendblatt gemacht und gleichzeitig einen Schreibmaschinenkurs. Deshalb kann ich Zehnfinger-Blindschreiben. Dann bin ich nach Frankfurt gegangen, um Germanistik und Philosophie zu studieren. Da machte gerade eine Agentur auf, Baginski, Muth. Und da gab es den Texter Rainer Baginski, der hatte damals Kampagnen gemacht wie Wodka Moskowskaja und Monopol Champagner. Immer sehr textintensiv und sehr intellektuell. Da hab ich mich dann als Praktikant verdingt. Von Rainer Baginski hab ich schnell denken gelernt. Und eines Tages sitz ich dann aber beim Friseur und les in der FAZ eine Anzeige, die eigentlich eine Kundenakquise von Springer & Jacoby war. Headline »Sind Sie sauer genug für Springer & Jacoby?« Da ich sowieso keine Lust mehr auf Frankfurt hatte, bewarb ich mich also um ein Praktikum bei denen. Irgendwie kam es zu einem persönlichen Gespräch mit Konstantin, und der hat sich dann so schön über mich geärgert, dass er mich sofort eingestellt hat. **WENN DU FÜR EINE PRÄSENTATION ZWEI WOCHEN ZEIT HAST, ARBEITEST DU DANN KONTINUIERLICH? ODER WIRST DU ERST IN DEN LETZTEN VIER TAGEN AKTIV?** Ich bin gerne früher fertig. **GIBT ES BEI DIR EINE ROTE LAMPE, DIE ANGEHT, WENN ETWAS SCHLECHTES ENTSTEHT?**

Die Aufgabe ist es, sich bei jeder Lösung ehrlich die Frage zu beantworten: Ist das neu? Ist das überraschend? Mein großer Vorteil ist, ich bin zwar wahnsinnig überheblich, ich bin aber meiner Arbeit gegenüber auch wahnsinnig selbstkritisch. Ich lehne Mittelmaß ab. Ich bin Perfektionist und kann es nicht ertragen, Scheiße gebaut zu haben. **SIEHST DU DICH ALS HANDWERKER, TECHNIKER ODER ALS KÜNSTLER?** Als Kunsthandwerker. **WIE WICHTIG SOLLTEN FÜR JUNGE TEXTER AUSZEICHNUNGEN UND WETTBEWERBE SEIN?** Man kann kein guter Texter sein, ohne Preise zu gewinnen. Man sollte ihnen aber auch nicht wie ein Hund hinterherhecheln. **WAS ANTWORTEST DU, WENN DEINE TOCHTER ODER DEIN SOHN ZU DIR KOMMT UND SAGT, ICH MÖCHTE WERBETEXTER WERDEN?** Ich würde ihnen erst mal einen Copytest geben. Dann sehen wir weiter.

Meine erste Longcopy

▶ Wie gut, daß wir unser Geld nicht mit dem Verkauf von Ersatzteilen verdienen müssen.

Denn bei der sprichwörtlichen Langlebigkeit von Mercedes-Bauteilen läuft der Absatz von Ersatzteilen erfreulich schleppend. Und wir tun alles, damit er in Zukunft noch schleppender läuft: Während eine Auspuffanlage vor ein paar Jahren üblicherweise alle 40.000 km ausgetauscht werden mußte, ist das Doppelte heute die Norm. Ein Keilriemen muß bei einem Mercedes in der Regel überhaupt nicht mehr erneuert werden.

Jedes Jahr lassen sich unsere Ingenieure wieder eine Menge Neues einfallen, was sich erfreulich bremsend auf unsere Ersatzteilverkäufe auswirkt. Schließlich wollen wir nicht der größte Ersatzteillieferant der Welt werden, sondern das beste Auto der Welt bauen. Für dieses Ziel forschen bei uns mehr Ingenieure als bei jedem anderen Automobilhersteller der Welt. Trotz hochmoderner Fertigungsmethoden mit Robotern und Computern kommt bei uns nach guter Mercedes-Tradition immer noch auf 10 Autowerker ein Mann, der nur für Qualitätskontrollen zuständig ist.

▶ An einem Bauteil sind unsere Bemühungen um Langlebigkeit jedoch spurlos vorbeigegangen: am Mercedes-Stern. Obwohl wir ihn genauso sorgfältig herstellen wie alles, wird er öfter verlangt als jedes andere Ersatzteil. Das sagt viel über die Lebensdauer dieser Ersatzteile, aber auch viel über unser Markenzeichen. Manche hängen an ihm mit solcher Inbrunst, daß sie es als Souvenir mitnehmen. Deshalb mußten wir den Mercedes-Stern allein in den letzten zwei Jahren 1.480.521mal erneuern. Womit er tatsächlich unser meistgebrauchtes Ersatzteil ist.

▶ Gegen die Beliebtheit des Mercedes-Sterns können wir nichts tun. Wir möchten aber alle seine Liebhaber darauf hinweisen, daß man den Stern auch ohne größeren Kraftaufwand bei jedem Mercedes-Händler erwerben kann.

Dort finden Sie auch das, was diesen Stern so berühmt gemacht hat – den Mercedes.

**Mercedes-Benz
Ihr guter Stern auf allen Straßen.**

Die eingebaute Weglesesperre.

Armin Reins

Papstbesuch in Chicago. Der Heilige Vater steigt aus dem Flugzeug und küsst die Rollbahn. Ein lautes »Welcome Bing Crosby!« schallt ihm entgegen. Mühevoll antwortet er der fanatischen Menge: »Ich bin nicht Bing Crosby, ich bin der Papst!« Als er in eine Stretch-Limousine steig, dreht sich der Fahrer zu ihm um: »Hi, Mr. Crosby, schön, Sie in meinem Auto zu haben!« Der Papst antwortet verstört: »Ich bin nicht Bing Crosby, ich bin der Papst!« Der Wagen hält vor einem Luxushotel. Der Papst fährt mit dem Lift hinauf zur Präsidentensuite. Der Liftboy erfreut: »Wahnsinn, Bing Crosby in meinem Fahrstuhl!« Der Papst schaut ihn mahnend an: »Junger Mann, ich bin nicht Bing Crosby, ich bin der Papst!« Der Papst öffnet seine Suite. Als er das Schlafzimmer betritt, erblickt er auf dem Bett drei nackte Playboy-Bunnies. Aufgeregt rufen sie ihm entgegen: »Bing Crosby!!!« Der Papst überlegt nicht lange und fängt an zu singen: »I'm dreamin' of a white Christmas.«

Nanu, bis hierhin in einem Atemzug die Copy gelesen? Ich dachte, es gibt die Brasilianisierung der Werbung? Texte werden nicht mehr benötigt, weil sie keiner mehr liest.

Ich glaube nicht an das Ende der Copy. Ich glaube, dass es Texte gibt, die man liest, und welche, die man nicht liest. Weil sie einen interessieren oder nicht interessieren. Ein Foto mit einer Headline darüber wird nicht automatisch mehr beachtet als eine reine Typoanzeige. Auch Bilder können langweilen. Oder können Sie sich erinnern, auf welcher Straße der Toyota Avensis seit drei Monaten in immer derselben Anzeige fährt? Zwei jüngere Beispiele, die deutlich machen, worauf ich hinauswill: Erstens: Die schon zitierte Anzeige für den Kühlschrank von Bosch. Wir sehen ein Sicherheitsschloss an einem Radieschen. Wir denken: Geballter Schwachsinn, ich muss meinen Kühlschrank nicht abschließen. Zweitens: Eine Anzeige für die Shoah-Foundation (1). Eine ganze Seite Text. Klitzekleine Bilder. Ich lese die Copy und sogar die Fußzeile. Ich denke: Gute Sache, was die da machen.

Leute lesen, was sie interessiert – und manchmal ist es eine Anzeige. (Howard Gossage)

Ich höre immer wieder den Satz: »Anzeigen werden nur zwei Sekunden gesehen.« Das ist richtig und doch nicht. Wenn mich eine Anzeige nicht interessiert, kann das Bild noch so einfach sein, dann können da 100 gute Argumente stehen, ich lese sie nicht. Wenn mich aber eine Anzeige im Herz trifft, mich bei meinen innersten Bedürfnissen abholt – um es mit den nicht immer falsch liegenden Menschen bei Procter & Gamble zu sagen –, wenn die Anzeige »meinen Insight packt«, dann kann es auch sein, dass ich sie dreimal lese.

Anzeigen, die beachtet werden sollen, müssen eine Weglesesperre haben.

Im Folgenden möchte ich Suchfelder aufzeigen, mit deren Hilfe man diese Weglesesperre aufbauen kann. Diese Suchfelder sind nicht vollständig, nicht komplett wissenschaftlich belegt. Sie sind auch keine goldenen Regeln für effiziente Copys. Sie sollen einfach eine kleine Checkliste für Texter und Kunden sein bei der Frage: »Wie schaffe ich es, dass meine Anzeige länger als zwei Sekunden betrachtet wird?«

Vor dem Ausdenken.

SUCHFELD 1: Was möchte mein Auftraggeber mit der Anzeige erreichen? Wie oft erleben wir, dass Kunden eine Imageanzeige briefen und uns später die schlechten Verkaufsergebnisse präsentieren? Dass es dem Außendienst um Teilnahmepostkarten geht, dem PM aber um die Markenkernbotschaft? Deshalb: Vorher klären: Welche Reaktion erwarten wir beim Leser? Soll die Anzeige das Produkt bekannt machen? Geht es um den Aufbau oder Ausbau eines Markenimage? Will ich die Verwendungsintensität erhöhen? Oder die Loyalität steigern? Den Wettbewerber abwehren? Response schaffen?

(1) Anzeige Shoah-Foundation

SUCHFELD 2: VERSTEHE ICH DAS PRODUKT? Man kann nur immer und immer wieder ausdrücklich auf den besonderen Reiz hinweisen, der von einem Produkt mit einem klaren Produktvorteil ausgeht. Nur, worin liegt dieser Reiz, wenn es sich um ein Me-Too-Produkt handelt? Deshalb: Sich vorher die Fragen stellen: Habe ich genug Informationen über das zu bewerbende Produkt, über seine Konkurrenten und den Markt? Habe ich das Produkt selbst erlebt? Habe ich mit Produktentwicklern gesprochen? Kenne ich seine Historie, seine Herstellungsweise? Wenn es keinen rationalen Produktvorteil gibt, gibt es dann einen emotionalen Mehrwert? Kann ich um das Produkt einen neuen Gedanken spinnen? Kann ich ihm glaubhaft eine Philosophie, eine Religion, einen Kult anbinden?

SUCHFELD 3: VERSTEHE ICH DIE ZIELGRUPPE? Es geht nicht um: Wie alt? Wie gebildet? Wo lebend? Es geht um: Wie denkt, fühlt, spricht meine Zielgruppe? Welche Wünsche, Bedürfnisse, Sehnsüchte, Träume hat sie? Hat sie eine versteckte Dark side? Worauf ist sie neugierig? (Wie wichtig es ist, die Neugierde zu befriedigen, kann man jeden Tag von der Zeitung lernen.) Kenne ich die Insights der Zielgruppe? (Was bewegt sie? Wovor hat sie Angst? Was hat sie bisher vom Kauf abgehalten?) Was antworte ich, wenn mich der Konsument fragt: Was habe ich davon?

SUCHFELD 4: WAS PASSIERT GERADE IN DER GESELLSCHAFT? Deutsche Bierbrauer wundern sich, warum der Bierkonsum heruntergeht. Aber fragen wir uns selbst: Stimmt das Bild noch aus der Holsten-Bitburger-Paulaner-Werbung, vom ausgelassenen Biertrinken unter Freunden? Wie oft gehen wir mit Kollegen nach der Arbeit ein Bier trinken? Was wird auf After-work-Partys getrunken? Cocktails. Ich wette, dass der Erfolg der ausgezeichneten amerikanischen Budweiser-»What's up?«-Kampagne in einer ganz simplen Beobachtung liegt: Menschen haben heute keine Probleme, allein vor dem Fernseher ein Bier zu trinken. Die Typen in den Bud-Spots machen genau das, was die Zielgruppe macht – alleine mit einem Bud rumzuhängen und dabei cool das Gefühl zu haben, immer zu wissen, was abgeht. Mit anderen Worten, erst einmal prüfen: Was geschieht gerade mit meinem Produkt in der Gesellschaft? Ist der vom Kunden gewünschte Produktvorteil relevant für die Zielgruppe? Kann ich mein Produkt zum Vorreiter eines Trends machen? Was passiert kulturell, politisch, gesellschaftlich, in Mode, Style, Sport usw.?

SUCHFELD 5: DIE ZIELGRUPPE BIN ICH. Gehen Sie sorgfältig mit der ersten Idee um. Sie hat die gleiche Naivität, die Verbraucher haben, wenn sie zum ersten Mal das Produkt sehen. Nie wieder kann man über ein Produkt so unvoreingenommen urteilen, wie im Moment der ersten Kontaktaufnahme. Also: Bevor man das Briefing liest, sollte man immer auf diese frische Stimme in sich hören: Wie finde ich selbst das Produkt? Würde ich es kaufen? Was habe ich für Bilder im Kopf? Beobachten Sie sich selbst mit dem Produkt: Mögen Sie es anfassen, schmecken, riechen? Erscheint es begehrenswert? Der erste Eindruck entscheidet. Jetzt kennt man das Problem der Marke. Dem eigenen Instinkt zu folgen ist besser als dem Briefing zu folgen.

SUCHFELD 6: WAS IST DIE KERNBOTSCHAFT? Kann ich den Produktvorteil in einem Satz mit sieben Worten sagen? Wie lässt er sich begründen? Achtung: Kernbotschaften schreibt nicht der Kunde. Nicht der Planer, nicht der Berater. Kernbotschaften sind eine kreative Leistung. Sie entstehen, wenn sich Art und Text mit den Suchfeldern 1–4 beschäftigt haben. Eine Kernbotschaft besteht immer nur aus einem relevanten Argument.

Die eingebaute Weglesesperre.

SUCHFELD 7: SELBST DRAN GLAUBEN. Ich glaube nicht, dass man etwas verkaufen kann, wenn man nicht den Wunsch hat, die eigene Familie, seine Freunde, die Leute, die man auf Partys trifft, von dem Produkt zu überzeugen. Man kann nicht überzeugen, wenn man nicht selbst an das Produkt glaubt. Gute Texte können nicht einfach so geschrieben werden, weil man seinen Lebensunterhalt damit verdient. Die Zielgruppe ist immer intelligenter als man denkt. Sie weiß ganz genau, ob man ihr etwas aufschwatzen will, an das man selbst nicht glaubt. Man sollte sich fragen: Was macht mir Spaß an dem Produkt? Wenn Sie keinen Spaß daran haben, dafür zu schreiben, hat später niemand Spaß daran, es zu lesen.

SUCHFELD 8: BEGEISTERN SIE SICH FÜR MARKTFORSCHUNG. FRAGEN SIE IHREN AD NACH SEINER MEINUNG. Ein Texter muss nicht nur die Fähigkeit besitzen, Texte zu schreiben, er muss auch in Bildern denken können, die die Aufmerksamkeit der Leute auf sich ziehen. Er muss sich eine Situation ausdenken, die ein neues Bild vom Produkt entwirft. Er muss eine aktive Rolle bei der bildlichen Gestaltung spielen. Er sollte deshalb immer mit dem Grafiker zusammenarbeiten. Texter und AD sollten im selben Raum sitzen und zusammen nach Bildideen suchen und Headlines schreiben. Nicht nur, weil gute Grafiker oft die besseren Headline-Ideen haben. Gehen Sie jeden Mittag mit Ihrem AD essen. Nur hier kann man gut arbeiten.

SUCHFELD 9: ORDNER ANLEGEN. Ich reiße mir oft Anzeigen heraus, die mich wegen ihrer wirkungsvollen Ansprache anmachen. Sei es wegen der Gestaltung, der Headline oder der Copy. Fällt mir auf einem Projekt partout nichts mehr ein, siebe ich das Material durch, nicht etwa mit dem Gedanken, zu kopieren, sondern danach, ob es geeignet ist, bei mir eine Idee auszulösen, die der Lösung der Aufgabe zugute kommt. Ich habe zwei weitere Ordner. Einen für »Witze«. Und einen für »Unglaubliche Geschichten«. (Die Bild-Zeitung ist voll davon. Aus einigen sind sehr schöne TV-Spots geworden.)

SUCHFELD 10: WORT-POOL ANLEGEN. Schreiben Sie alles auf, was Ihnen zu den zwei wichtigsten Produkt-Leistungen einfällt. Schreiben Sie Fragen auf, die Sie sich niemals trauen würden das Produkt zu fragen. Frage Sie sich: Welche Begriffe, umgangssprachliche Ausdrücke, Metaphern oder Redewendungen rund um das Produkt lassen sich wörtlich in ein Bild übersetzen? Welche Wortmetaphern erzeugen Bilder im Kopf? Wie lässt sich der Produktvorteil in einem doppeldeutigen Wortspiel umsetzen? Welche Wortspiele, Redewendungen, Zitate, Reime, Kalauer, Sprichwörter, Sprüche, Alliterationen, Begriffe rund um das Produkt aus der Lautsprache lassen sich als Impulsgeber für neue Headline-Ideen und Copyzeilen benutzen? Verfremden Sie die bisherigen Claims. Versuchen Sie alles Bekannte abzuwandeln, es in einen anderen Zusammenhang zu stellen.

SUCHFELD 11: BAUEN SIE ARGUMENTATIONSKETTEN. Hier geht es nicht darum, fertig ausformulierte Texte zu produzieren, sondern darum, sich grob einen Argumentationablauf zu überlegen. Dabei hilft ein Besuch in der Fußgängerzone. Schon mal einem Bauchhändler zugehört? Wie er eine Gemüseraspel mit zehn perfekt aneinandergesetzten Verkaufs-Argumenten unter die Hausfrauen bringt?

SUCHFELD 12: DIE UMGANGSSPRACHE. Will man die Leute überreden, etwas Bestimmtes zu tun oder zu kaufen, dann sollte man ihre Srache sprechen, die Sprache, die sie jeden Tag gebrauchen und die Begriffe, in denen sie denken. Nichts ist in der Werbung so wirkungsvoll wie der Gebrauch der Umgangssprache, sie macht jeden Text lebendiger, glaubwürdiger, menschlicher. Immer wenn ich bei einer Unterhaltung, im Bus, im Stadion, eine Redewendung höre, die besonders geeignet ist, einen Gedanken lebendig zu machen, dann notiere ich mir diesen Ausdruck und stecke ihn in meinen Ordner.

SUCHFELD 13: MACHEN SIE WITZE ÜBER DAS PRODUKT. Was sind die absurdesten Ideen, die einem zum Produkt in den Kopf kommen? Stellen Sie sich Menschen vor, die dieses Produkt absolut nicht gebrauchen können. Was passiert, wenn man das Produkt falsch anwendet? Welches Produktversprechen kann das Produkt auf keinen Fall halten?

(2) Anzeige Ponds, Beispiel Suchfeld 23

SUCHFELD 14: ENTFERNEN SIE ALLES STÖRENDE. Vermeiden Sie das Texten in Gruppen oder vorm Kunden. Blenden Sie alle ängstlichen Menschen aus.

SUCHFELD 15: RÄUMEN SIE AUF. Den Schreibtisch aufräumen heißt die Gedanken zu sortieren. Es ist schlimm, für den Papierkorb zu arbeiten. Noch schlimmer ist es, im Papierkorb zu arbeiten.

SUCHFELD 16: BESORGEN SIE SICH DAS RICHTIGE HANDWERKSZEUG. Hängen Sie sich das Layout der Anzeige gegenüber an die Wand. Besorgen Sie sich den Duden für sinn- und sachverwandte Worte. Nehmen Sie einen Stapel weißer Seiten und schreiben Sie auf jede Seite eine Headline. Makieren Sie alle brauchbaren Headlines und schreiben Sie diese auf ein weißes Blatt. Fangen Sie wieder von vorne an.

Das Finden der Idee.

SUCHFELD 17: SEIEN SIE EINE MÖRDERFACKEL. Überlegen Sie, was andere in der Kategorie machen, und machen Sie genau das Gegenteil. Greifen Sie gegebene Wahrheiten an. Fragen Sie sich: Was sind die fünf üblichen Regeln des Marktes? Wie kann man durch bewusstes Brechen dieser Regeln auffallen? Schreiben Sie niemals eine Anzeige, die ein Konkurrent machen könnte.

SUCHFELD 18: GIB ANTWORTEN, DIE NIEMAND WILL, AUF FRAGEN, DIE KEINER GESTELLT HAT. (BOB LEVINSON, DDB) Verbinden Sie die Aufmerksamkeit mit dem Produkt. Erzählen Sie Geschichten von überraschenden Produkt-Features. Denken Sie über ungeahnte, emotionale oder rein faktische Verbrauchervorteile nach.

SUCHFELD 19: PERSÖNLICHE ANSPRACHE. Die Haltung, die ich einnehme, wenn ich mich zurückziehe, um eine Anzeige zu texten: Ich stelle mir vor, bei einem Essen neben meinem »Verbraucher« zu sitzen, und er fragt mich um Rat, welches Produkt er kaufen soll. Dann schreibe ich nieder, was ich ihm sagen würde. Ich versuche ihm alle Fakten möglichst interessant darzustellen und wenn möglich auch irgendwie persönlich. Ich schreibe keine Texte für die breite Masse. Ich versuche von Mensch zu Mensch zu schreiben – in der zweiten Person Singular. Ich bemühe mich, ihn dabei nicht zu Tode zu langweilen und alles so wirklichkeitsnah wie möglich zu erklären. Die besten Anzeigen beruhen auf persönlichen Erfahrungen. Das wirkt überzeugend.

SUCHFELD 20: WECHSELN SIE DIE PERSPEKTIVE. Wie sieht man das Produkt aus einer Makro-Mikro-Perspektive? (Wie beschreibe ich eine Pfanne aus der Sicht eines Fischstäbchens?) Finden Sie Situationen, Verwender, die dem Produkt eine neue Bedeutung geben.

SUCHFELD 21: SUCHEN SIE SICH EINEN GEGNER. Durch den Angriff auf einen »erdachten« Gegner wird die eigene Produktleistung nachvollziehbarer. Gegner können sein: attackierte Autoritäten, der Konkurrent, die Verbraucher des Konkurrenten.

SUCHFELD 22 VERGLEICHEN SIE. Durch einen Vergleich mit dem Konkurrenten, der Produktvorteile oder Systeme wird die eigene Leistung hervorgehoben.

SUCHFELD 23: DEMONSTRIEREN SIE DIE PRODUKTLEISTUNG. Nichts ist glaubwürdiger als eine Produktdemo. Beispiel Ponds (2). Wann immer es geht, demonstrieren Sie das Produkt durch Kitchen logic, es wirkt.

SUCHFELD 24: ÜBERTREIBEN SIE. Das Überzeichnen von Produktmerkmalen, Problemsituationen oder Lösungen erzeugt beim Betrachter Aufmerksamkeit und setzt den Produktnutzen einprägsam in Szene. Trockene Details lassen sich populär darstellen. Übertreiben sollten man aber nur mit einem Augenzwinkern. Um es mit Goethe zu sagen: Am Großtun erkennt man die Kleinen.

SUCHFELD 25: ERZEUGEN SIE WIDERSPRUCH. Widersprüche sorgen für Aufmerksamkeit. Sie lösen beim Betrachter Harmoniestreben aus. (»Versteh ich nicht, was ist das?«) Wie lässt sich durch eine widersprüchliche Aussage der Nutzen eines Produktes oder einer Dienstleistung betonen? Wie kann ich durch Provokation, Tabubruch, Political Uncorrectness positives Aufsehen erzeugen? Wie kann man durch Schock den Produktnutzen dramatisieren? Also: Sprechen Sie das Unaussprechliche aus. Schreiben Sie das Unschreibbare. Wie könnte man daraus einen Skandal machen? (Weitere Kreativitäts-Techniken finden Sie im Buch »Kribbeln im Kopf« von Mario Pricken, Verlag Hermann Schmidt Mainz).

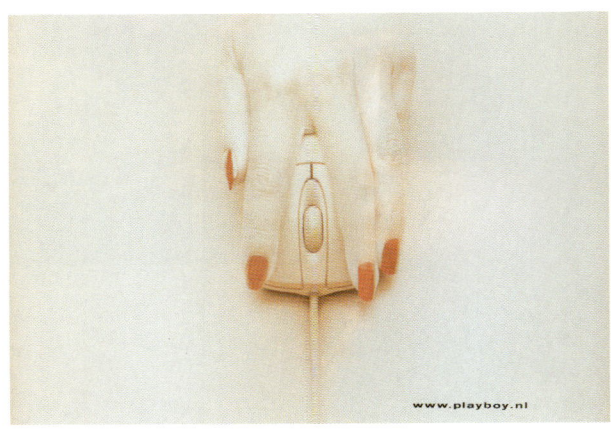

Anzeige www.playboy.nl, Beispiel Suchfeld 25

SUCHFELD 26: ERGÄNZEN SICH HEADLINE, COPY UND BILD? Was entsteht durch das Spiel von Bild und Headline im Kopf des Betrachters? Erzeugt das Spiel Spannung, Motivation? Wie wird das Auge gelenkt? Provoziert die Headline zum Lesen, reizt der Einstieg zum Weiterlesen, verführt die Copy zum Kauf? Bringen Bild und Headline zusammen die Hauptbotschaft rüber? Merke: Ein normales Bild braucht eher eine spannende Headline, ein verschlüsseltes Bild braucht eher eine erklärende Headline.

Das Schreiben von Headlines.

SUCHFELD 27: TRIGGER EINSETZEN. Gibt es Schlüsselworte, durch die der Leser automatisch zum Lesen gezwungen wird? Gibt es Worte, durch die das Produkt eine neue Bedeutung erhält? Gibt es Worte, die positive Irritatation schaffen durch bewusste Störer (sprachlich und bildlich)? Was sind die Reizworte der Kategorie?

SUCHFELD 28: WERFEN SIE NIE IHRE ZWEITBESTE HEADLINE WEG. Sie ist immer noch gut für die Copy.

SUCHFELD 29: NA UND?! Setzen Sie hinter jede Headline ein »Na und?!« Nur wirklich starke Headlines halten diesem Test stand.

SUCHFELD 30: VERMEIDEN SIE SUBHEADLINES. Eine Headline, die eine Subheadline braucht, braucht noch ein wenig Arbeit.

SUCHFELD 31: SCHREIBEN SIE KURZE HEADLINES. 47 % der Sätze in der Bild haben vier Worte und weniger. Laut DPA sind neun Worte die Grenze der Verständlichkeit.

Das Schreiben der Copy.

SUCHFELD 32: COPYWRITER KOMMT NICHT VON KOPIEREN. Versuchen Sie Texte immer neu zu schreiben. Verwenden Sie neue Begriffe, Worte, Formulierungen. Die »Kopierfunktion« des Word-Programms ist Gift für gute Texte. Wer zum 1000sten Mal in einem

WRITTEN, PRODUCED AND DIRECTED BY GOD.

The Weather Network

Anzeige The Weather Network, Beispiel Suchfeld 27

Anzeige EUBOS. Ein Text, der nicht gelesen wird.

Reiseprospekt vom »Seele baumeln lassen« schreibt, sollte sich nicht Texter nennen.

SUCHFELD 33: DIE ERSTE ZEILE DER COPY IST SO SCHWIERIG WIE DIE HEADLINE. Sie soll die Headline erklären, aber nicht zu viel verraten und spannungsvoll zur nächsten Zeile führen.

SUCHFELD 34: GEBRAUCHEN SIE GEWÖHNLICHE WORTE, SAGEN SIE UNGEWÖHNLICHE DINGE. Machen Sie kurze Absätze. Kurzen Sätzen sollten längere folgen. Verwenden Sie Zwischenheadlines. Arbeiten Sie mit geläufigen Worten. Schreiben Sie anschaulich, bildhaft. Nutzen Sie die direkte Rede. Stellen Sie rhetorische Fragen. Verwenden Sie lebensnahe Beispiele.

SUCHFELD 35: TÖTET DIE ADJEKTIVE. Vermeiden Sie schmückende Beiworte. Vertrauen Sie auf starke Verben und rare, kräftige Adjektive.

SUCHFELD 36: BAUEN SIE EINE COPY AUF EINE SERIE VON JA-ANTWORTEN AUF. Wenn der Verbraucher beim Lesen der Copy fünfmal nickt, kauft er vielleicht auch das Produkt. Haben Sie beim Schreiben immer den Verbraucher im Ohr. »Ja, das ist, was ich hören wollte. Mehr, mehr!«

SUCHFELD 37: WECHSELN SIE DIE PERSPEKTIVE. SCHREIBEN SIE DIE COPY WIE ZU EINEM ONKEL, DEN SIE SELTEN SEHEN. 90 % aller schlechten Anzeigen haben eines gemeinsam: sie sind aus der Perspektive des Herstellers geschrieben. Beispiel: EUBOS. Headline: »EUBOS Sensitive Hand Repair & Schutz. Die neue medizinische Handpflege mit dem Doppelnutzen.« »Was hab ich davon?«, fragt sich der Verbraucher. Eine Perspektiv-Änderung und schon hätte die Anzeige eine höhere Aufmerksamkeit: »Wussten Sie, dass sich die Zellen ihrer Hände erneuern können?« Wir sind Problemlöser. Wir sind Helfer. Wir sind Befriediger. Wir sind Unterhalter. Wir sind niemals Hersteller. Beschreiben Sie deshalb nicht, was ein Produkt leistet. Beschreiben Sie die Magie, die es in unser normales Leben bringt.

SUCHFELD 38: EINE GUTE COPY LIEST SICH WIE EIN GUTER WITZ. Sie hat eine Punchline, eine Pointe. Sie verrät nicht zu früh zu viel. Sie verzichtet auf »schmückendes« Beiwerk. Sie ist kurz, knapp, direkt.

SUCHFELD 39: HUMOR. Humor ist ein Kompliment an die Intelligenz des Gegenüber. Und eines der effizientesten Mittel der Kommunikation. Er hebt die Laune, sorgt für ein gutes Gefühl des Lesers gegenüber dem Produkt. Werbung ist wie Medizin, und Humor ist der Zuckerguss auf der Tablette. Es ist nicht schlimm, wenn ein Text nicht gelesen wird. Es ist schlimm, wenn ein Leser sich danach gelangweilt fühlt.

SUCHFELD 40: COPYSCHREIBEN IST WIE REDENSCHREIBEN. Entertainen Sie das Publikum, gewinnen Sie es dafür, Ihre Sicht zu übernehmen. Erzählen Sie dem Leser, was er noch nicht weiß, woran er noch nie gedacht hat.

SUCHFELD 41: DER INHALT IST WICHTIGER ALS DIE FORM. Aber wenn die Copyform dem Leser nicht gefällt, dann liest er sie nicht. Lassen Sie Copys nicht zu Grauwert verkommen. Lassen Sie Copys vom Art Director nicht als Block absetzen.

SUCHFELD 42: DIE VIGNETTE. Bildunterschriften werden mehr gelesen als Copys. Nutzen Sie das für die harten Facts.

SUCHFELD 43: KAMPF DEN HAUPTWORTEN. Streichen Sie alle Hauptworte an. Verwandeln Sie jedes zweite Hauptwort in ein starkes Verb.

Die eingebaute Weglesesperre.

SUCHFELD 44: ERZÄHLE ICH EINE GESCHICHTE? Gibt es einen roten Faden? Versuchen Sie der Copy eine Geschichte zu geben. Menschen lesen gerne Geschichten. Am liebsten über Menschen.

SUCHFELD 45: SCHREIBEN SIE DIE COPY ALS PERSÖNLICHES ERLEBNIS. Packen Sie ein Stück von sich selbst in die Copy. Erzählen Sie eine Geschichte als hätten Sie diese gerade erlebt.

SUCHFELD 46: PASSEN SIE DEN STIL DES TEXTES DEM IMAGE DER MARKE AN. Wie ist die Marke bisher aufgetreten? Gibt es semiotische Mandetories?

SUCHFELD 47: BEVOR SIE EINE COPY ANFANGEN, ÜBERLEGEN SIE, WIE SIE ENDET. Schreiben Sie einen wirksamen »Pay-off«. Hören Sie mit demselben Gedanken auf, mit dem Sie begonnen haben. Was bleibt hängen? Beginnen Sie nie den letzten Abschnitt mit: »So …« Enden Sie mit einem kleinen Joke. Belohnen Sie den Leser für seine Ausdauer. Machen Sie ihm zum Schluss der Copy ein Geschenk.

SUCHFELD 48: KURZ UND GUT. Gegen eine Longcopy kann keiner etwas haben. Nur gegen eine Too-long-Copy. Lange Texte zeigen, dass der Texter nicht seinen Job gemacht hat. Er verpackt darin nur, dass er nicht auf den Kern der Sache gekommen ist. In jeder vollen Copy steckt eine schlanke, die raus will.

SUCHFELD 49: PACKEN SIE NUR EINEN GAG IN EINEN GEDANKEN. Der Leser kann sich auch zu Tode lachen. Und dabei die eigentliche Absicht der Anzeige übersehen. Oder, noch schlimmer: den Absender vergessen.

SUCHFELD 50: DAS ÜBERRASCHENDSTE ARGUMENT GEHÖRT NACH VORNE. 70 % aller, die eine Copy lesen, lesen von ihr nur den ersten Satz.

SUCHFELD 51: WICHTIGE DINGE GEHÖREN IN HAUPTSÄTZE. In Nebensätzen stehen Nebensächlichkeiten. Am besten gibt es keine Nebensätze.

SUCHFELD 52: ZWINGEN SIE DEN LESER NICHT »ZURÜCKZULESEN«. Wer in der Copy über etwas stolpert und deshalb nachlesen muss, steigt aus. Deshalb: Keine Schachtelsätze. Und Fremdworte sparsam einsetzen.

SUCHFELD 53: CLIFFHANGER. Wird die Headline den Wunsch wecken, den ersten Satz zu lesen? Und der erste Satz den Wunsch, den zweiten zu lesen? Und der zweite den dritten? Der Leser darf erst beim letzten Wort des Textes mit dem Lesen aufhören wollen.

SUCHFELD 54: ERZEUGEN SIE EMOTION. Glauben Sie an die Wirkung von Fakten. Aber schreiben Sie diese nicht wie eine Liste herunter. Mit Emotion kann man die unlogischsten Dinge verkaufen. Oder warum kaufen sich Männer einen Porsche?

Nach dem Schreiben.

SUCHFELD 55: **KÜRZEN!** Wenn Sie eine Copy an den Punkt gebracht haben, an dem Sie richtig happy sind, kürzen Sie diese um ein Drittel.

SUCHFELD 56: **NIE ZUFRIEDEN SEIN.** Walter Lürzer: »Herr Reins, das ist nicht schlecht, aber wir wollen doch herausfinden, was daran falsch sein könnte.« Überprüfen Sie Ihre Arbeit und denken Sie dabei an jeden, der auf die Anzeige reagieren könnte (Kunde, Familie, Mitarbeiter, Aktionäre, der Mann, der den Lastwagen der Firma fährt, die Konkurrenz).

SUCHFELD 57: **IST ES EINE GROSSE IDEE?** Eine große Idee muss in einen Satz passen, auf eine Briefmarke, auf einen Bierdeckel. Wenn jemand die Anzeige liest und sagt »Versteh ich nicht«, versuchen Sie es nicht zu erklären. Schreib Sie sie neu. David Ogilvys fünf Kriterien für eine Big Idea:

1. Hat sie mir, als ich sie das erste Mal gesehen habe, den Atem verschlagen?
2. Hätte ich sie am liebsten selbst gemacht?
3. Ist sie einzigartig?
4. Passt sie in die Strategie?
5. Lässt sie sich 30 Jahre durchhalten?

SUCHFELD 58: **HABE ICH DAS GANZE SCHON IRGENDWO GELESEN?** Sollte man einzelne Gedanken, Zeilen, Worte ungewöhnlicher, unterhaltsamer wählen? Sind sie extrem genug?

SUCHFELD 59: **TEXT LAUT VORLESEN!** Was sich nicht gut anhört, nicht gut liest, wird auch nicht gut verstanden.

SUCHFELD 60: **KORREKTUREN NIE SELBST AUSFÜHREN!** Trennen Sie sich bei Korrekturen von Ihrem »Baby«. Lesen Sie die Copy den Kollegen vor. Na, noch nimmer happy? Zeigen Sie Ihre Texte jemandem, der Sie so gern hat, dass er Ihnen die Wahrheit sagt.

SUZUKI
Allrad für Alle!

Sondermodell
Liana 1.6 FOUR GRIP INTRO
76 kW (103 PS), inklusive Allrad
ab € 16.863,-*/DM 32.981,16*

Sondermodell
Wagon R⁺ 1.3 FOUR GRIP INTRO
56 kW (76 PS) inklusive Allrad
ab € 11.326,-*/DM 22.151,73*

Sondermodell
Ignis 1.3 FOUR GRIP INTRO
61 kW (83 PS), inklusive Allrad
ab € 12.111,-*/DM 23.687,06*

Auf das Wetter ist nie Verlass, auf Allrad schon. Denn Allrad bedeutet mehr Grip, mehr aktive Sicherheit, mehr Fahrspaß – bei jedem Wetter, auf allen Straßen, in jeder Situation. Und mit FOUR GRIP by SUZUKI hält Allrad jetzt auch in die Kompakt-Klasse Einzug. Für jeden Geldbeutel. Denn bei den limitierten Sondermodellen INTRO gibt's Allrad jetzt für nur € 444,-*. Sie sehen, auf die Kompetenz von SUZUKI im Kompaktwagen- und Allradbereich ist Verlass.

Allrad für jedes Wetter
nur € 444,-*
Unglaublich günstig!

FOUR GRIP
by SUZUKI

SUZUKI

Unglaublich?

Suzuki

Feico Derschow

Eiler + Riemel

Suzuki ist Spezialist für Klein- und Kompaktwagen. Sie haben in den 70er Jahren den Geländewagen für jeden zugänglich gemacht. Heute machen sie Allradtechnik auch in der Kompaktklasse für den kleinen Geldbeutel erschwinglich. Gestalten Sie eine sehr aufmerksamkeitsstarke Anzeige mit dem Suzuki Fourgrip-Logo im Vordergrund.

Jochen Mohrbutter

McCann-Erickson

Seit Mitte 2001 sind PKW-Neuwagen-Verkäufe in der Kompaktklasse rückläufig. Neue Modelle und PKW-Hersteller, die in diesem Segment noch nicht aktiv waren, drängen auf den Markt. Preisnachlässe und Rabattaktionen bewirken bei der Konkurrenz, dass der Preisabstand, ein wichtiger Vorteil für Suzuki, zu den Niedrig-Preis-Anbietern, immer mehr schmilzt. Suzuki muss einen neuen Vorteil gegenüber der Konkurrenz aufbauen, um einem größeren Absatzeinbruch entgegenzuwirken. Aus diesem Grunde bringt Suzuki seine 3 Kompaktklassen-Modelle als Sondermodell mit Allrad-Antrieb heraus, für eine Zuzahlung von nur 444 Euro.

Das Sondermodell »Intro« für die Kompaktklasse von Suzuki mit seinen 3 Modellreihen Liana, Ignis und Wagon R+ soll in einer 1/1-Seite, vierfarbig, beworben werden. Dabei gilt es, seinen Allrad-Antrieb in Verbindung zum sensationell geringen Aufpreis von nur 444 Euro herauszustellen. Zudem gilt es, die Vorteile von Allrad-Antrieb sowie die große Suzuki-Kompetenz zu kommunizieren

Wolfgang Sasse

KNSK

Entwickeln Sie eine Verkaufsanzeige für die Sondermodelle »Suzuki Intro«. Die limitierten Sondermodelle sind für den besonders günstigen Aufpreis von 444 Euro mit Allradantrieb ausgestattet. Stellen Sie die Vorteile des Suzuki Allradantriebs heraus und etablieren Sie den Begriff »Four Grip« by Suzuki.

Feico Derschow

Geboren 1945 in Haarlem,
Niederlande,
Australier,
Studium: Architektur in Melbourne
1968–70 Architekt und Corporate
Exhibition Designer in Melbourne
1971–76 AD GGK Düsseldorf

1977–79 AD Eiler & Riemel München
1979–80 AD GGK München
1981–84 AD McCann Frankfurt
1985–86 CD RG Wiesmeier-Cognac
1987–89 GF-Creation
Saatchi & Saatchi
1990 Geschäftsführender

Gesellschafter/GF-Creation
Eiler & Riemel
ADC-Mitglied,
diverse Kreativ-Preise
Initiator und Direktor der
Initiative Junger Werbefilm mit
Hennessy-Preis

ANALYSE

Eine Anzeige aus dem Baukasten: Man nehme die Standard-zutaten (Bild, Captions, Slogan, Text, Störer, Logos und Fuß-note), ordne sie in der wahrnehmungspsychologisch richtigen Reihenfolge, achte auf eine ansprechende Gewichtung der Elemente (am besten alles groß) und, damit die unter-schiedlichen Teile nicht auseinander fallen: setze alles auf einen schwarzen Hintergrund. Ein alter Trick: denn das verbindet, beruhigt und veredelt.

Textlich passiert wenig. Der Slogan ist kurz, plakativ und schlicht. Ein Aufruf für das Ende der automobilen Klassenbil-dung: Quattro & Co sind nicht mehr die exklusive Marktnische für betuchte Freaks. Der Text untermauert die Kernaussage sachlich und emotionslos. Eigentlich ist er überflüssig, denn das Wissenswerte steht in den Captions. Und das Wichtigste steht im (Preis-)Störer.

Das Konzept der Anzeige spiegelt die Strategie der Marke wider: Suzuki baut grundsolide, zweckmäßige und zuverläs-sige Autos mit sehr reeller Preis-Leistung. Das ist an sich sehr lobenswert, aber sorgt nicht für Aufsehen. Der Marke fehlt es an Aktualität und Reibungsfläche. Ihre Mitbewerber sorgen mit ausgefallenem Design oder sportlichen Aktivitäten oder außergewöhnlicher Werbung für Aufsehen. Suzuki schlägt sich selbst unter Wert. Die Marke ist in Wahrheit größer als dass sie mit der Riesen-Outlineschrift um Aufmerksamkeit buhlen müsste. Die Autos kleben lieblos ineinander. Man kann kein markantes Design oder Modell erkennen. Der Textblock ist eine formale Graufläche ohne typografisch Lust aufs Lesen zu wecken.

Der Drei-mal-Vier-Preis ist ein Blickfang. Nur beim näheren Hinsehen und Nachdenken weiß man nicht, wofür der Preis stehen soll. Unterhalb der Autoacbildung liest man die Autopreise. Was man für die unglaublich günstigen 444 Euro bekommt, sucht man in der Anzeige vergeblich. Das Stern-chen verweist, wie die Sternchen bei den anderen Preisen, auf die übliche, rechtlich notwendige Fußzeile mit »unverbind-liche Preisempfehlung des Herstellers, Abb. zzgl. Extras, Überführung und Zulassungskosten«. Da flattert normaler-weise dem Hersteller eine Abmahnung ins Haus wegen irreführender Lockvogelwerbung. Oder vielleicht soll »Allrad für jedes Wetter« bedeuten, man bekommt vier Ganzjahres-reifen für 444 Euro? Da tappt der Leser im Dunkeln.

Das interessanteste Teil der Anzeige ist das Fourgrip-Logo. Ein toller, vielversprechender Sticker. Leider klatscht das Ding unaufgelöst am unteren Ende vieler alltäglicher Werbe-Elemente.

Handwritten annotations surrounding the advertisement:

Eine Anzeige aus dem Baukasten:
man nehme die Standard Zutaten, ordne sie in der
wahrnehmungs psychologisch richtige Reihenfolge, achte
auf eine ansprechende Muster-Bildung und damit das
Chaos nicht ganz so schlimm auffällt – alles auf
Schwarz – und schon wirkt der Trick: berührt, bildet,
und wirkt auch noch edel.

Wie ein Blumen bedeck:
Dekorative Grafik aus dem
Schweinebauch abteilung

{ logo / stören / produkt / beschreibung }

warum Rot? Ferrari? Rassig? Störer?

Die Anzeige vermittelt: hier bekommst Du viel fürs Geld. aber auch: kein klares Konzept.

fragliches mageres Betreuungs-

Drei Silber-Klötze – keine Selbst achtung

Das Wetter ist so wie es ist. was soll da verläßlich sein? hier wird die "angst" relativiert: wir wissen seit Quattro allrad braucht keine argumentation.

Das Wichtigste das interessant Die neue Quattro-Marke

Ein gelungene Mischung aus verschiedene Stile und Bestandteile. Die Japaner schaffen immer ihre Ordnung auf kleinster Raum und erfüllen jeden Wunsch. Alles geht – irgendwie.

SUZUKI
Allrad für Alle!

Sondermodell Liana 1.6 FOUR GRIP INTRO 76 kW (103 PS) inklusive Allrad ab € 16.863,-*/DM 32.981,16*

IGNIS

Sondermodell Wagon R+ 1.3 FOUR GRIP INTRO 56 kW (76 PS) inklusive Allrad ab € 11.326,-*/DM 22.151,73*

Sondermodell Ignis 1.3 FOUR GRIP INTRO 61 kW (83 PS) inklusive Allrad ab € 12.111,-*/DM 23.687,06*

Auf das Wetter ist nie Verlass, auf Allrad schon. Denn Allrad bedeutet mehr Grip, mehr aktive Sicherheit, mehr Fahrspaß – bei jedem Wetter, auf allen Straßen, in jeder Situation. Und mit FOUR GRIP by SUZUKI hält Allrad jetzt auch in die Kompakt-Klasse Einzug. Für jeden Geldbeutel. Denn bei den limitierten Sondermodellen INTRO gibt's Allrad jetzt für nur € 444,-*. Sie sehen, auf die Kompetenz von SUZUKI im Kompaktwagen- und Allradbereich ist Verlass.

Allrad für jedes Wetter
nur € 444,-
Unglaublich günstig!

FOURGRIP
by SUZUKI

Marken bewußtsein

Thema ankündigung – Schrei aus der Jungle proletarier modern Bodenhaftung signalisiert: hier Auto anzeige

sonderbar: nur eine Marke als Sondermodell allrad muß über sonderangebot verkauft werden?

warum? weil billig?

Die Kernaussage erscheint wie eine eigenständige Marke

marken ekel – schön versteckt

Die Grafiker haben Dynamik in der Raute (Parallelogramm) gefunden und nur bis zum mittel line durchgehalten. vielleicht war die Anzeige mal ein A5 Handzettel im ersten Leben.

oben vorne intervorten.

3 x 4 schöne Zahl optisch gut – nur scheint sie nicht gut genug – sonst wäre die "schnell auf einBlick" Ecke für illuminierten Blätterer kommentarlos geblieben.

No Idea!!
Reklame ware ohne Seele

NEUGESTALTUNG

Um sich einen Platz im Relevant Set zu erkämpfen reicht es nicht, mit wuchtigen Sprüchen, klobigen Produktabbildungen und mächtigen Logos an die Masse zu appellieren. Denn mit klassischer Werbung kann man kein spannendes Image für eine Marke kreieren. Hier muss man Neugierde wecken mit ungewöhnlichen Ideen. Botschaften, die mit unsere Fantasie spielen. Die Begehrlichkeiten wecken. Die Reaktionen auslösen. Um sich mehr mit der Marke auseinander zu setzen. Um im Internet nachzuschauen und Prospekte anzufordern. Um einen Händler aufzusuchen und um die Autos live zu erleben. Sie zu berühren und zu fahren. Sich die Argumente und die Angebote des Verkäufers anzuhören. Dann schlüpft die Marke, das Auto, ins Relevant Set. Sprich: bei der nächsten Kaufentscheidung ist Suzuki eine Wunschmarke.

Bevor wir nun ein neues Stück Werbung gestalten, überlegen wir erst mal, wie wichtig und interessant die vorgegebenen Inhalte sind. Und wie wir es schaffen, die vielen Elemente so zu bündeln, dass der Leser nicht visuell überlastet wird. Ein Bild muss eine Geschichte erzählen. Ein Text muss die Geschichte aufgreifen, die Fakten konkretisieren und den Leser weiterführen zu den übrigen Teilen der Anzeige, wie zu dem Absender und wo man sich weiter informieren kann. Denn alles kann und soll eine Anzeige nicht leisten. Wir wollen Interesse wecken, um den Leser nicht zu verlieren. Er soll sich durch die Anzeige animiert fühlen, mehr über das Angebot zu erfahren. Hier handelt es sich nicht um ein Stück Seife im Sonderangebot. Ein Auto ist eine Investition. Den Entscheidungsprozess können wir eröffnen, aber nicht gleich abschließen.

Was steckt eigentlich hinter Allrad? Bodenhaftung, Sicherheit, Durchkommen, Spurfestigkeit, Robustheit, Erreichbarkeit von entlegenen Zielen, Abenteuer, Spaß, Überlegenheit, Preis. Eine ganze Menge Ansätze. Bezogen auf die Werte von Suzuki trifft das alles zu, außer dem Preis. Und das ist das Innovative bei Suzuki: Preiswerter Allrad. Das lässt sich nicht zeigen, aber beschreiben.

Eine Anzeige kann nur eine Hauptbotschaft kommunizieren. Alles andere muss sich unterordnen. Nach Priorität geordnet sind das Allrad, Marke und Preis. Also machen wir eine Anzeige, die erst mal sehr neugierig auf Allrad macht. Und weil der schöne Begriff »Fourgrip« die wirklich interessante Botschaft enthält, muss dafür eine spannende Idee her. Für Allradautos wird viel geworben. Und viele Ideen sind schon verbraten. Unsere Idee soll auch nicht für irgendein Allrad werben, sondern muss speziell auf »Fourgrip« hinauslaufen. Der Einfall, vier perfekt nebeneinander laufende Reifenspuren abzubilden, wirkt zunächst sehr verblüffend, schafft viel Aufmerksamkeit und Neugierde.

Die Headline holt den Leser in seiner Verblüffung ab und führt ihn direkt zur Kern-Information. Dabei wird der Text nicht mit dem Holzhammer serviert, sondern mit spielerischem Witz. Das wirkt souverän, ist auf dem Punkt und macht beim Lesen Spaß. Die generelle Aussage der Headline wird schließlich in der Subline konkretisiert. Eine Internet-Adresse kommuniziert das konkrete Angebot und die Möglichkeit, die Information beliebig zu vertiefen.

Mehr Text wäre kontraproduktiv, da wir bewusst durch Reduktion auf Klarheit und Spannung setzen. Mehr relevante Textinhalte sind in der Originalanzeige auch nicht enthalten. Und um auch noch die drei Autos appetitlich abzubilden, bietet das starke Bild keinen Platz, und es würde das zerstören, womit wir den Leser geködert haben. Die Autos werden für die nächste Kommunikations-Stufe aufgehoben. Im Internet (hat fast jeder) kann man eine sehr viel ansprechendere Autoshow ablaufen lassen. Mit allen Infos und Details.

LIEBLINGSTEXT

Hecho totalmente a mano.

»Ich bin halt unersättlich.«

Armin Reins FEICO, WIE BIST DU EIGENTLICH WERBETEXTER GEWORDEN? **Feico Derschow** Schon als australischer Junge wollte ich die Dinge verändern, die um mich herum waren. Deshalb habe ich Architektur studiert. Da hab ich gelernt, die Dinge, die mir im Kopf vorschwebten, mit dem Stift sichtbar zu machen. Ich fotografierte gerne und entwarf autodidaktisch für Clubs Veranstaltungsplakate. Ich habe mich vorgedrängt, die Dinge gestalterisch in den Griff zu bekommen, bevor sie von jemand anderem verunstaltet wurden. Das ist, glaube ich, heute noch meine Macke. Dann war ich auf einer Europareise. In der Schweiz gefiel mir, wie die mit Typografie umgingen. Also versuchte ich ein Praktikum zu bekommen, aber die Schweizer sagten, nein, Sie dürfen hier nicht rein. Dann lernte ich Paul Gredinger kennen, und der meinte, es gäbe auch außerhalb der Schweiz die Möglichkeit, mit guten Gestaltern zusammenzuarbeiten. Er holte mich zur GGK nach Düsseldorf. Dort durfte ich für Wolf Rogosky Peter-Stuyvesant-Motive layouten. Weil die Kampagne rund um den Globus geschossen werden musste und da ich ja gut englisch konnte, haben die mich losgeschickt. Da sitzt du dann am Amazonas, hast ein Päckchen Zigaretten und einen tollen englischen Fotografen und musst dir an Ort und Stelle Motive und Headlines ausdenken. Ich lernte also nie, das zu trennen. Ich schreibe die Dinge so auf, wie ich es im Gefühl habe, wie sie sein sollen. Und dann suche ich mir Sparringspartner. Bessere Texter als mich. Bessere Art Directoren als mich. Damit bin ich durchgekommen, bis heute. WELCHE VORSTELLUNG HATTEST DU VOM BERUF DES WERBETEXTERS? Keine, ich habe sie erst bei der GGK erlebt. Sie hatten einen weißen Tisch mit einem Stapel leerer und einem Stapel vollgeschriebener DIN-A4-Bögen. Letzterer wuchs und wuchs. Über Jahre hinweg. Das war wie ein Mahnmal für den Aufwand an Zeilen, den man treiben musste, um zum Punkt zu kommen, wo du sagst, die geht raus. Ich habe sie bewundert, weil sie letztendlich nur ihren Kopf, einen Stift und ein Blatt Papier hatten. WODURCH BIST DU BEEINFLUSST WORDEN, TEXTER ZU WERDEN, HATTEST DU VORBILDER? Paul Gredinger war übrigens auch ein abgebrochener Architekt. Genauso wie Reinhart Wolf. Dieses Studium öffnet wohl den Sinn für das Gesamtheitliche. Für die Sensibilitäten des Menschen, für die Art und Weise wie er sich ausdrückt, wie er lebt. Architektur-Abbrecher finden deshalb bei mir immer eine offene Tür. Ich bin auch nie Texter geworden, sondern Gestalter. Mein absolutes Vorbild, in allem was er getan hat, war Wolf Rogosky. Der war meine Messlatte. Danach gibt es nur noch einen zweiten, mit dem ich mich jeden Tag unterhalten kann, Fred Riemel. Er ist ein extrem visueller Mensch, ein rastloser, endlos Ideen sprudelnder Quell. Das ist schon ein Luxus hier in der Agentur mit Fred und mit Frank Eiler, auch ein absoluter Bauchmensch, der ein Gespür dafür hat, wo die Dinge Macken oder Probleme haben. IST ES SCHWIERIGER WERBETEXTE ZU SCHREIBEN ALS ANDERE TEXTE? Das Aufschreiben ist nicht das Problem, es ist das Denken. Was musst du sagen, um das zu bewirken, was du bewirken willst. Du hast ein Bild, eine Idee im Kopf, und das willst du so klar und überraschend wie nur möglich in Worte fassen. 90 % des Textens passiert im Kopf. HABEN GUTE TEXTER BESONDERE CHARAKTERLICHE MERKMALE? Sie haben es schwieriger, ein normaler Mensch zu sein. Sie haben irgendwie immer einen Spleen, eine Macke. Sie sind auf eine bestimmte Sache X extrem neugierig. Sie verrennen sich möglicherweise sogar in die Sache. Ich habe manchmal das Gefühl, sie haben es sehr schwer zu überleben. WAS SOLLTE EIN WERBETEXTER LESEN? Ich bin im Moment süchtig nach Ralf Rothmann und Bill Bryson. Auch nach den Geschichten von Martin Suter. Das sind Schicksalsgeschichten, wahnsinnig gut beobachtet und total bildhaft. So, wie jeder gute Werbetexter schreiben muss. Sein schönstes Buch ist »Dunkle Seite des Mondes«. Damit würde ich anfangen, dann bist du gefangen. Da kommt alles drin vor, die Ängste, die Schwächen, die Heroik von Menschen, Zweifel. Alles, wo wir als Werber durch müssen. Ich kenne keinen Menschen in der Werbung, der gut ist, der nicht von Zweifeln geplagt ist. Denn du hast Millionen Euro Verantwortung und musst wissen, wenn du das mit gutem Gewissen deinem Kunden empfiehlst, entscheidest du über sein Schicksal. WELCHE FÄHIGKEITEN MUSS EIN TEXTER MITBRINGEN? Es ist schwer, Qualität zu verkaufen. Denn als Messlatte für Werbung wird meist das Mittelmaß hergenommen. Deshalb musst du auch Entertainer sein, Scharlatan, Hofnarr ... Leider. WAS RÄTST DU EINEM TEXTER, DER BESSER WERDEN WILL? Gehe raus. Ich bin überrascht, dass so wenige Leute gucken, was den Menschen bewegt, wie er tickt. Da hat man jetzt ein Instrumentarium entwickelt, das heißt Planning, man hat Leute eingestellt, damit die Texter bloß zu Hause an ihren Computern bleiben. Ich finde, die müssen das selbst erfahren. Du kommst geläutert, erfrischter, entspannter oder wütender zurück. Weil du selbst gesucht hast. Um besser zu werden, musst du an deiner Zurückhaltung was ändern, nicht an deinen Schreibqualitäten. **WELCHE AUSSERBERUFLICHEN INTERESSEN HAST DU, UM DIR EINEN UNVOREINGENOMMENEN BLICK AUF DIE DINGE ZU ERHALTEN?** Wenn man aus Australien kommt, vom Arsch der Welt, dann guckst du die Dinge ganz simpel an. Ich bin so gierig, dass ich versuche, so viel wie möglich in mich hineinzupacken, dass ich nicht selten verzweifle, dass der Tag zu kurz ist oder dass ich zu spät ins Bett komme. Ich will Bilder gucken, Zeitschriften blättern, Fernsehen, Filme anschauen, reisen. Mein Gott, es ist nun mal so, ich bin halt unersättlich. **WAS TUST DU, WENN DU NICHT SCHREIBST UND EINFACH NUR ABSPANNEN WILLST?** Ich freue mich über die Genüsse des Lebens. Ich esse wahnsinnig gern, beschäftige mich damit, wie Essen gemacht wird. Morgen fahren wir z. B. nach Valleggio sul Mincio. Das ist südlich von Verona. Aus diesem Ort kommen die Tortellini. Du kennst Tortellini nur als Fleischtaschen, dünn gerollter Teig mit so ein bisschen was wie Bolognese drin. In diesem Ort, der Geburtsstätte, kriegst du sie in einer Art und Weise und in einer Varietät, da kannst du nur von träumen. Das sind die Erlebnisse, denen gehe ich nach, wie süchtig. **WIE STEHST DU ZU DER AUSSAGE, DASS DIE MEISTEN IDEEN FÜR DIE WERBUNG IM PRODUKT SELBST ZU FINDEN SIND?** Sie müssen aus dem Produkt bzw. aus dem, was für dieses Produkt spricht, kommen. Man muss gucken, was macht dieses Produkt anders. Aber es geht auch um die Marke. Da muss man gucken, was sind die Elemente der Marke, die man nutzen kann. Eine Werbung, die nicht aus der Marke oder dem Produkt geboren wurde, kann ich

mir einfach nicht vorstellen. Dafür wird man ja letztendlich bezahlt und das nicht schlecht. **HAST DU EINE TECHNIK, DICH EINEM PROBLEM ZU NÄHERN?** Ich versuche, in das Produkt so tief einzusteigen, dass ich mich erst mal darin verliere. Dann versuche ich, aus dieser Situation wieder auf das Wesentliche zu kommen und Dinge wegzuschmeißen. Es ist ein Stück menschliche Schweißarbeit. Ich will wissen, warum sind die Dinge so wie sie sind. Auch aus den schrägsten Dingen gibt es Storys, you can tell. Nimm als Beispiel unsere Victoria-Kampagne. Die hatten uns wirklich gut gebrieft. Aber dann haben wir rausgefunden, dass deren Vertreter sich extrem um ihren Kunden kümmern. Daraus entstand die Idee, uns ganz nah in die Alltagssituationen der Kunden zu versetzen. Letztendlich ist Werbung nur interessant, wenn es den Menschen interessiert. **HAST DU BEIM ARBEITEN BESTIMMTE RITUALE?** Vielleicht, dass ich mich schwer von etwas trennen kann. Ich schleppe Zeug mit mir rum. Ich denke immer, da ist irgendwie noch was drin, was mir helfen kann, ein Problem zu lösen. **WENN DU FÜR EINE PRÄSENTATION ZWEI WOCHEN ZEIT HAST, ARBEITEST DU DANN KONTINUIERLICH? ODER WIRST DU ERST IN DEN LETZTEN VIER TAGEN AKTIV?** Bei mir ist das ein langer Gärungsprozess. Das Umsetzen ist dann das, was weh tut. Deshalb findet das erst zum Schluss statt. **GIBT ES BEI DIR EINE ROTE LAMPE, DIE ANGEHT, WENN ETWAS SCHLECHTES ENTSTEHT?** Wenn ich merke, dass ich bereit bin, Kompromisse einzugehen. Kompromiss-Fähigkeit ist eine der größten Gefahren. Du weißt, es gibt gewisse Dinge, die kriegst du nicht gebacken. Du kennst den Grund, du kennst die Situation. Dann muss man sich peitschen oder peinigen, dass man nicht zu früh zufrieden ist. **SIEHST DU DICH ALS HANDWERKER, TECHNIKER ODER KÜNSTLER?** Gute Werbung ist nicht Kunst, sie hat aber hohe künstlerische Qualitäten, weil sie visuelle und sprachliche Schwingungen aufgreift und weitertreibt. Ich sehe mich als Handwerker, der eine sehr saubere Geschichte daraus machen muss. **WIE WICHTIG SOLLTEN FÜR JUNGE TEXTER AUSZEICHNUNGEN UND WETTBEWERBE SEIN?** Im Prinzip arbeitest du als Werber für die Tonne. Du wirst nicht im Museum aufgehängt, über dich spricht kein Mensch mehr, wenn du nichts mehr machst. Werbung ist vergänglich. Als Architekt bleiben wenigstens Häuser von dir. Deshalb ist es wichtig, dass es Preise gibt. Das steuert den Ehrgeiz, Großes zu leisten. **WAS ANTWORTEST DU, WENN DEINE TOCHTER ODER DEIN SOHN ZU DIR KOMMT UND SAGT, ICH MÖCHTE WERBETEXTER WERDEN?** Bist du dir da ganz sicher oder bist du nur zu bequem, dir was anderes zu überlegen?

WAS INSPIRIERT Gucken, lesen und schmecken.

Jochen Mohrbutter

17.06.1964 Geboren in München
1983 Abitur in Hamburg
1983–1985 Zivildienst
1985–1990 Kommunikations-Design-Studium
an der Fachhochschule für Gestaltung,
Armgartstraße, Hamburg
seit 1990 McCann-Erickson Hamburg

ANALYSE

Die Idee dieser Anzeige basiert auf der Demokratisierung von Allrad-Antrieb, die Suzuki mit diesem Sondermodell leistet. Auf den ersten Blick bietet diese Idee die Möglichkeit, den geringen Aufpreis für Allrad laut und eingängig zu kommunizieren. Ich glaube aber, dass man mit dieser Idee beim Konsumenten einen Fehler begeht: Ein Autokäufer trägt aus seiner Sicht all seine Kohle zum Auto-Händler, um sich ein tolles Auto zu kaufen. Auch wenn er es ahnt, möchte er doch nicht unbedingt dabei schon wissen, dass »sein« neues Auto eigentlich ein »Jedermanns«-Auto ist, welches sich nun Hinz und Kunz leisten können, und somit Allrad-Antrieb überhaupt nichts Besonderes darstellt. Fahrspaß als emotionaler sowie Fahrsicherheit als rationaler Benefit wird in keinster Weise dramatisiert.

Die Headline nimmt den Demokratisierungsgedanken 1 zu 1 auf, indem sie sich an die Sprache von politischen Parolen anlehnt. Sie ist vielleicht laut und eingängig, schafft es aber nicht, mich emotional für das Thema Allrad in Verbindung mit dem geringen Aufpreis einzunehmen. Das simple Spiel mit den Worten »All(rad)« und »Alle« empfinde ich als platt. Das Layout versucht kraftvoll und laut daherzukommen. Dabei macht es den Fehler, alles so groß wie möglich zu machen, ob Logos, Headline, Autos, Störer oder sonstige Textbausteine. Alles ist gleich gewichtet, sodass der Betrachter einfach auf eine vollgepfropfte Seite schaut, die wenig einladend erscheint.

TIPPS & TRICKS

17 KLEINE HELFERLEIN

1) Öffnet nicht zu früh euer Word-Programm.

2) Schreibt von Hand auf leere Zettel oder leere Buchseiten.

3) Schreibt und schreibt und schreibt und beurteilt erst hinterher. Wer gleichzeitig schreibt und wertet unterbindet seinen ungefilterten Gedankenstrom.

4) Prüft, ob euch irgendetwas in eurem Gesichtsfeld unterschwellig stört oder ablenkt.

5) Schreibt nicht unter Einfluss von Alkohol oder Drogen. Es macht vielleicht den Anschein, dass das Texten damit leichter geht, aber das liegt nur an der verminderten Fähigkeit zur Selbstkritik.

6) Habt immer Zettel und Stift dabei, wenn ihr unterwegs seid, und sei es nur auf die Toilette. Gute Ideen kommen ganz oft, wenn man gerade nicht am Schreibtisch sitzt.

7) Blendet beim Schreiben Kunden und Kundenberater aus, aber nicht das Briefing. Die latente Präsenz von ängstlichen oder unsympathischen Menschen wirkt meist nur hemmend.

8) Informiert euch über das Produkt. Benutzt es. Fahndet im Internet über Wissenswertes oder Anekdoten.

9) Habt den Duden für sinn- und sachverwandte Wörter zur Hand. Er kann helfen, Texte ein wenig eleganter zu machen oder ein neues sprachliches Feld aufzumachen.

10) Beobachtet euch zwischendurch selbst: Verkrampft ihr gerade? Presst ihr zu doll? Hakt ihr fest an einer einzigen Idee? Legt Pausen ein, denkt an was anderes, macht euch locker.

11) Fragt euch, was das Produkt nicht kann. Wer es nicht verwenden kann. Wann es nicht verwendet werden kann. Was mit demjenigen passiert, der es nicht verwendet, usw.

12) Legt euch einen Sprachpool für die jeweilige Aufgabe an. Entweder imaginär oder sogar schriftlich.

13) Werdet Wegschmeißer. Befreit euch von fixen Ideen, die ihr irgendwie nicht auf den Punkt bringt. Nur wer loslässt, kann zu Neuem kommen.

14) Eine gute Line braucht wie eine gute Anzeige nur eine Idee. Prüft, was aus der Line gestrichen werden kann, ohne dass Charme und Idee flöten gehen.

15) Lest eurem Gegenüber nicht nur eure Favoriten vor. Ein Zweiter kann oft wertvolle Ansätze zu Ende denken, weil er ganz frisch draufguckt.

16) Testet eure Favoriten kritisch im Layout.

17) Macht den imaginären U-Bahn-Test: Würde euer unbekanntes Gegenüber eure Anzeige verstehen? Macht ihn die Anzeige auf das Produkt aufmerksam? Bekommt er den Kernnutzen des Produkts mit? Würde er das Produkt sympathisch finden?

Jochen Mohrbutter

Bei der Überarbeitung der Suzuki-Anzeige habe ich versucht, den Blickwinkel des Konsumenten einzunehmen. Welche kann für ihn die wichtigste Botschaft sein, damit er sich für diese Sondermodelle von Suzuki interessiert? Wie kann man diese Botschaft interessant und involvierend für ihn verpacken? Und, ganz wichtig, auf welche Botschaft kann er gut verzichten?

Ich meine, die wichtigste Botschaft ist, dass die Allrad-Modelle von Suzuki mit ihrem extrem geringen Aufpreis dem Konsumenten mehr Sicherheit durch größere Bodenhaftung in seinen täglichen Straßenverkehr bringen. Dass Allrad bei weitem nicht nur ein Thema für Off-Road ist.

Diesen Vorteil gilt es nicht oberlehrerhaft herunterzubeten, sondern in einer Art und Weise zu inszenieren, dass er selbst diesen Benefit durch seine eigene Assoziationskraft erfahren kann. Erst wenn wir dem Konsumenten Leerräume geben, die er selbst ausfüllen kann, schaffen wir es, dass er die Botschaft einer Anzeige verinnerlicht. Das heißt in diesem Falle, das Thema Sicherheit nicht plump drüberzuschreiben, sondern so zu inszenieren, dass eine ungewöhnliche Verbindung von Elementen in der persönlichen Addition im Kopf des Konsumenten den Benefit auslöst.

Dabei ist aber entscheidend, sich auf eine Botschaft zu beschränken. Eine Anzeige ist keine Broschüre. Je mehr man reinpackt, umso weniger ist der Konsument noch bereit und fähig aufzunehmen. Folglich habe ich alle Doppler, sich von selber erschließende Botschaften, sowie Dinge, die für Hersteller wichtiger als für Konsumenten sind, wegzulassen. Wenn ich Allrad groß hinschreibe, muss ich nicht noch in der gleichen Größe die englische Übersetzung dazu tun. Wenn ich Sicherheit im täglichen Straßenverkehr inszeniere, muss ich es nicht noch mal erwähnen. Wenn ich den geringen Aufpreis erwähne, muss ich nicht noch dazuschreiben, dass das unglaublich günstig ist. Die Annahme, man müsse das für diese Zielgruppe doch machen, setzt den Konsumenten unnötig herab. Schließlich wissen wir eins ganz genau von unserer Zielgruppe: Jeder von ihnen hat eine Führerscheinprüfung bestanden.

ALLRAD IN DER
KOMPAKTKLASSE

Bei Suzuki nur 444 Euro.

www.suzuki-allrad-kompakt.de

SUZUKI

»Auch im Scheitern liegt eine Megachance.«

Armin Reins JOCHEN, WIE BIST DU EIGENTLICH WERBETEXTER GEWORDEN? **Jochen Mohrbutter** Ich bin ja kein Werbetexter, ich bin nach 7 Jahren Creative Director geworden, unter anderem, weil ich anfing, Headlines und Claims zu schreiben. Man sollte das sowieso nicht trennen. Es gibt ADs, es gibt Texter – am Ende ist es ein Produkt, das heißt Werbung. Von daher müsstest du fragen, warum bin ich Werber geworden? **JOCHEN, WARUM BIST DU WERBER GEWORDEN?** Durch einen puren Unfall. Mit 14 wollte ich Maler werden. Aber die Angst, im Atelier zu vereinsamen oder dem Alkohol zu verfallen, hat mich dazu gebracht, Kommunikationsdesign zu studieren. Ich hab da trotzdem nur gemalt, wollte nie in die Werbung. Irgendwann meinten meine Kollegen in der Mensa, bei der McCann suchen die einen Praktikanten. Da hab ich gedacht, schadet ja nichts, kannst ja mal anrufen. Meine Mappe hatte zwar nichts mit Werbung zu tun, aber die Art Directorin mochte meine Bilder. So hab ich als Praktikant angefangen, sozusagen widerwillig. Es hat mich eigentlich vom ersten Tag an gepackt. Ich dachte mir, dein Gehirn baldowert was aus und Millionen Leute sehen das. Da ist eine Zündung in mir losgegangen. **WELCHE VORSTELLUNG HATTEST DU VOM BERUF DES WERBETEXTERS?** Extrem belesen. Kleine Hobbyautoren, die davon träumen, den großen Roman zu schreiben. Mazda MX5, Nadelstreifenanzug, cooles Hemd, die üblichen Bräute und die normalen Drogenexzesse. Dass es dann nicht so war, war für mich eine positive Überraschung, aber auch Enttäuschung. Sie waren den Drogen normal zugetan, hielten es mit der Promiskuität relativ gelassen. Die negative Überraschung war, dass die meisten Literatur überhaupt nicht interessierte. **WODURCH BIST DU BEEINFLUSST WORDEN, TEXTER ZU WERDEN, HATTEST DU VORBILDER?** Ein »So wie der möchte ich mal werden« gab es nicht. Ich wuchs an den Textern, mit denen ich gearbeitet habe. Z. B. Oliver Hesse. Der konnte gute Headlines schreiben, aber alles, was länger war als drei Sätze, ging gar nicht. Aber er hatte gute Ideen, visuell ein gutes Repertoire. Ich habe von ihm viel gelernt. Nicht nur den Berg hoch zu schieben, sondern auch über die Bergkuppe rüber, in das überraschende Tal. Es gab Situationen, wo er das Storyboard gemalt hat und ich den Text dazu gemacht habe. Das war für uns ein völlig natürlicher Zustand, weil es nur um das Endprodukt ging. **IST ES SCHWIERIGER WERBETEXTE ZU SCHREIBEN ALS ANDERE TEXTE?** Absolut. Texten ist der brachiale Zwang zur Reduktion, der brachiale Zwang, sich z. B. in einem Commercial auf 13 Wörter zu beschränken und trotzdem die Botschaft durchzubringen. **HABEN GUTE TEXTER BESONDERE CHARAKTERLICHE MERKMALE?** Die wirklich guten sind einfach spleenige Leute. Sie trauen s ch, diesen Spleen auszuleben. Sie trauen sich, eine Stunde Scheiße zu reden und an dieser Scheiße zu verzweifeln. Aber es führt sie dann zu dem, was besser als das Mittelmaß ist. **WELCHE FÄHIGKEITEN MUSS EIN TEXTER MITBRINGEN?** Neugierde, Leidenschaft, Leidensfähigkeit, Kritikfähigkeit. Man muss damit leben, dass 90 % der Sachen in der Tonne landen. **WAS RÄTST DU EINEM TEXTER, DER BESSER WERDEN WILL?** Ich würde ihn fragen, ob er die richtigen Aufgaben auf dem Tisch hat. Es gibt Aufgaben, an denen kann man wachsen, und Aufgaben, an denen kann man nicht wachsen. Du kannst auch an öddeligen Produkten wie Spülmitteln wachsen. Viele Texter scheitern an ihrer inneren Terminierung: Blödes Produkt, doofes Mailing, kleiner Tischaufsteller. Sie müssen für sich selbst entdecken, dass es nicht darum geht, wie viele Menschen es sehen oder ob ich als Texter das Produkt ultra sexy finde, sondern ob ich es überraschend inszenieren kann. Hab ich drei Headlines geschrieben, die richtig sind, die dem Kunden gefallen. Oder muss ich noch 20 schreiben, um über den Hügel zu kommen. Da musst du klettern, kraxeln, Steigeisen legen, dich hochhangeln, dich nicht aufhalten an irgendwelchem Frust, den du dir selber setzt. Wir mussten mal für Sagrotan-Tücher Textanzeigen machen. Wir haben nachher so schöne Texte dafür geschrieben, dass wir selbst überrascht waren. Man muss sich auch von der Schere im Kopf befreien: »Das kauft der Kunde sowieso nicht.« Die Kunden sind teilweise wie Kinder, die wollen überrascht werden. Wenn die Werbeagentur kommt, dann ist das für die Kunden in ihrem grauen Alltag der Moment, wo sie sich sagen: Jetzt lass ich mir ein Lächeln auf die Lippen zaubern. **WELCHE AUSSERBERUFLICHEN INTERESSEN HAST DU, UM DIR EINEN UNVOREINGENOMMENEN BLICK AUF DIE DINGE ZU ERHALTEN?** Der größte Fehler ist es, nur zu arbeiten. Der Auftrag lautet: Hab ein Privatleben, hab Freunde außerhalb der Werbung, hab Hobbys, leb diese Hobbys. Geh von mir aus jeden Samstag zum Fußball. Du siehst andere Leute, hörst andere Dialoge. Du kommst raus aus deinem Orbit, der von schönen Zeitschriften, tollen Annuals und schicken Anzügen umgeben ist. Man muss auch gucken, dass man in seinem Arbeitsbereich keine Monokultur erlebt. Ich habe mich immer gewehrt, nur einen großen Etat zu machen.

Das ist tödlich. Man betreut einen Tankstellenetat und denkt nur noch in Super, Diesel, Bleifrei. Irgendwann bist du nur noch eine Zapfsäule. Man sollte darauf achten, dass man unterschiedliche Etats mit unterschiedlichen Problemstellungen hat, die unterschiedliche Medien mit sich ziehen. Wichtig ist auch, mal mit anderen Leuten zusammenzuarbeiten. Andere Rangehensweisen kennen zu lernen. **WAS TUST DU, WENN DU NICHT SCHREIBST UND EINFACH NUR ABSPANNEN WILLST?** Der Tag kann sein wie er will, ich komme nach Hause, mir laufen zwei jubelnde Kinder entgegen. Das ist schon mal eine Maßnahme, die mich zwingt, neue Energien zu empfangen, auch abzugeben. Werbung ist nicht das Wichtigste. Wenn ich ein Bild male – ich male ab und zu noch am Wochenende –, dann vergesse ich komplett. Dann erneuere ich mich selbst. Es ist auch wichtig, in den Urlaub zu fahren. Nach zwei spießigen Sylt-Wochen komme ich gierig wieder in die Agentur. Dann ist man wieder locker. Diese Lockerheit ist extrem wichtig. Wenn einem das innere Lächeln weicht, dann ist keine gute Kreation möglich. **WIE STEHST DU ZU DER AUSSAGE, DASS DIE MEISTEN IDEEN FÜR DIE WERBUNG IM PRODUKT SELBST ZU FINDEN SIND?** Das geht gar nicht anders. Man sieht oft höllenkreative Sachen, da frage ich mich, kommt es wirklich aus dem Produkt? Es gibt jetzt einen Spot für die X-Box von Microsoft. Der ist von Bartle, Bogle, Hegarty in London. Da wird ein Baby aus dem Kreißsaal gespuckt, fliegt im hohen Bogen durch den Himmel, wird immer älter, landet am Ende in einem Sarg. Und dann steht da: »Das Leben ist kurz. Spiel mehr.« Der Spot hat Millionen gekostet, der ist wirklich aufsehenerregend. Aber ich frag mich: Kann man da nicht jedes Spiel drunter packen? Das ist meinetwegen ein toller Spot, aber es ist noch keine tolle Werbung. Viele vergessen, dass wir Werbung machen und uns nicht selbst vergnügen. Wir haben einen Kunden, und wir müssen gucken, dass wir sein Produkt aus dem Regal bringen. Freunde, die nicht in der Werbung arbeiten, erzählen mir oft, dass sie einen geilen Spot gesehen haben, aber sie wissen nicht für welche Marke. Das ist doch unglaublich. **HAST DU EINE TECHNIK, DICH EINEM PROBLEM ZU NÄHERN?** Ich versuche erst mal mit dem Team, mit den strategischen Planern, mit den Beratern, die Zielsetzung zu formulieren. Wenn der Stepp erreicht ist, wo ich sage, ich habe jetzt eine gute Basis, auf der ich arbeiten kann, dann geht es darum, sich einen Pool an Wissen über das Produkt zu schaffen. Wie man dann zur kreativen Lösung kommt? Es ist leider jedes Mal anders. Es gibt diesen Moment auf dem Klo, aber den gibt es auch nach sieben Stunden Brainstorming. Je jünger man ist, umso mehr muss man ausprobieren, umso mehr muss man auf die Nase fallen. Auch im Scheitern liegt eine Megachance. Aber nur, wenn man reflektiert, woran man gescheitert ist. Ich habe mal für einen Pitch in England gearbeitet. Da kannst du den letzten Schrott in interne Meetings tragen und die sind begeistert. Nicht weil sie kritiklos sind, sondern weil sie begeistert sind über die 3 %, die vielleicht Gold sind. **HAST DU BEIM ARBEITEN BESTIMMTE RITUALE?** Ich bin kein Mensch, der sofort eine Headline in den PC hackt oder ein Bild aus dem Internet zieht und damit eine Anzeige zusammenbaut. Der Ursprung von allem ist das weiße Blatt Papier, wo ich eine Idee aufschreibe. Wenn es da nicht funktioniert, dann funktioniert es auch sonst nicht. **WENN DU FÜR EINE PRÄSENTATION ZWEI WOCHEN ZEIT HAST, ARBEITEST DU DANN KONTINUIERLICH? ODER WIRST DU ERST IN DEN LETZTEN VIER TAGEN AKTIV?** Ich genieße es auch, ein, zwei Tage nichts zu tun in der Agentur. Ich brauche keinen Panikdruck. Die besten Sachen von mir sind in einem relativ entspannten Rahmen entstanden. **SIEHST DU DICH ALS HANDWERKER, TECHNIKER ODER KÜNSTLER?** 90 % Handwerker, 10 % Künstler. **WIE WICHTIG SOLLTEN FÜR JUNGE TEXTER AUSZEICHNUNGEN UND WETTBEWERBE SEIN?** Wichtig. Man muss sich der Konkurrenz stellen, um zu sehen, wo man steht. Es geht aber auch darum, diese Qualität zu transformieren auf seine täglichen Kunden. Dann ist man wirklich gut. **WAS ANTWORTEST DU, WENN DEINE TOCHTER ODER DEIN SOHN ZU DIR KOMMT UND SAGT, ICH MÖCHTE WERBETEXTER WERDEN?** Kannst du machen, aber mach erst noch mal was anderes.

Wolfgang Sasse

Geboren 1956 in Monheim am Rhein
Studium der Wirtschafts- und
Gesellschaftskommunikation an
der HdK, Berlin
1985–1987 Junior-Texter bei
Springer & Jacoby, Hamburg

1987–1989 Texter bei KNSK,
Hamburg
1989–1999 CD bei KNSK
seit 1999 GF Creation bei KNSK
Wichtige bisherige Kunden
u. a. Apollo Optik, Atecs,

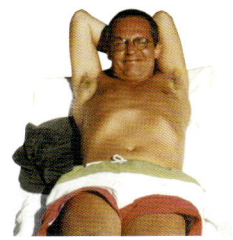

Benson & Hedges, Bristol-
Meyers, Fielmann, Lucky Strike,
Capital, Hörzu, H & M, Let's buy
it.com, Panasonic, SKL, Stern,
Tempo, VASA, Villeroy & Boch,
Wella

ANALYSE

Schelte für alle.

Was gibt es an dieser Anzeige schon auszusetzen? Es ist doch alles drin. So würde vielleicht ein unerfahrener Marketing-leiter urteilen. Ein Kreativer würde ihm antworten: Ja eben. Es ist viel zu viel drin.

In der Tat liegt darin das Problem der Anzeige. Sie enthält zu viele gleichwertige Elemente und zu viele Botschaften auf ein-mal. Der unbedarfte Betrachter erkennt in diesem Durchein-ander nicht einmal den Absender – kommt die Anzeige jetzt von der Firma Suzuki oder von einer Firma mit dem Namen Four Grip?

Noch ein Problem, das sofort ins Auge springt: Die Gestaltung wirkt düster und schwer. Ein Allradsystem für 444 Euro – sollte das etwa eine traurige Nachricht sein?

Beim kritischen Blick auf die Details entdeckt man weitere Probleme. Der Preis ist schön prominent platziert. Ob es sich dabei allerdings um eine Leasingrate, eine Anzahlung oder den Aufpreis für den Allradantrieb handelt, erschließt sich dem Betrachter erst, nachdem er den Copytext gelesen hat.

Wozu es im schlimmsten Fall gar nicht kommt. Denn die kämpferische Headline mag im Fußballstadion für positive Stimmung sorgen – aber in einer Anzeige für Kompaktwagen? Die griffigste Formulierung ist nicht immer auch die überzeu-gendste. Und so manche Leserin, die gerne günstig und sicher von A nach B fahren möchte, wünscht sich vielleicht eine etwas charmantere Heranführung an ihren nächsten Kompaktwagen.

Fehlt noch etwas? Allerdings. Die Idee fehlt. Alle Briefing-punkte sind sauber aufgelistet, und der Kunde kann sie der Reihe nach abhaken. Das hätten Kontakt und Reinzeichnung auch alleine hinbekommen. Wozu gibt es dann überhaupt Kreative? Richtig: Für die Idee. Denn erst die Idee macht aus öder Reklame unterhaltsame Werbung.

Wolfgang Sasse

Zucker für alle.

Bei aller Kritik an der Originalanzeige: Wenn der Kunde für eine Anzeige viel Geld ausgibt und darum auch viel sagen möchte, ist das sein gutes Recht. Wenn der Kontakt problematische Kundenwünsche nicht abschlagen kann, gibt es sicher einen Grund dafür. Und wenn die Kreation dann eine Verkaufs-Image-Aktions-Anzeige entwickeln muss, gehört es eben zu ihrem Job.

Aber gerade darin liegt ja die besondere Herausforderung. Und die bewältigt man Schritt für Schritt. Zuerst wird analysiert, welcher Briefingpunkt der spannendste ist und sich als Aufhänger eignet. In diesem Fall: Suzuki bietet einen günstigen Allradantrieb für die Kompaktklasse.

Dann wird die Aussage in eine kreative Idee verpackt. Wir haben uns für dieses Motiv entschieden, weil das kleine Baby auf charmante und emotionale Weise ins Thema führt: Kleine kommen auf allen Vieren sicher ans Ziel. In Verbindung mit der Headline weiß jeder sofort, worum es geht. Der Copytext greift die Idee ein zweites Mal auf. Er spielt mit dem Motiv und enthält trotzdem alle wichtigen Informationen.

Schließlich folgt der letzte Schritt: Die grafische Umsetzung der Anzeige. Idealerweise werder die Gestaltungselemente so angeordnet, dass der Betrachter von einer Aussage zur nächsten geführt wird. Als Erstes springt die Kernaussage ins Auge. Dann der günstige Preis mit dem Allrad-Logo. Und schließlich die Produkte und der Absender.

Trotz aller handwerklichen Kniffe ist aus der Verkaufsanzeige keine Imageanzeige geworden. Aber doch eine kreative Verkaufsanzeige, die vielleicht den einen oder anderen Betrachter zum Schmunzeln bringt. Und wenn alles klappt, zuletzt sogar den Kunden.

Die Wirklichkeit ist Ansichtssache.

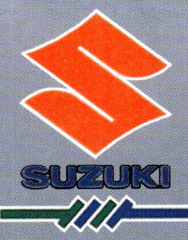

»Ich habe eine absolute Staubsaugermentalität.«

Armin Reins WOLFGANG, WIE BIST DU EIGENTLICH WERBETEXTER GEWORDEN? **Wolfgang Sasse** Das war Zufall. Eigentlich wollte ich nicht in die Werbung, ich wollte zum Film. Deshalb bin ich nach Berlin an die HDK gegangen, um dort Audiovisuelle Kommunikation zu studieren. Da habe ich aber a) festgestellt, dass die Ausbildung nicht unbedingt meinen Erwartungen entsprach und b) habe ich damals ein ADC-Buch in die Hand bekommen und dort eine Anzeige der Landesbausparkasse gesehen. Das war die mit den ganz vielen Klingelschildern und der Headline: »Wir holen sie da raus.« Und das war das erste Mal, dass ich gedacht habe, es geht ja auch anders, Werbung kann ja intelligent sein und Spaß machen. Von dem Tag an habe ich mich umentschieden. Ich wollte unbedingt in die Werbung. WODURCH BIST DU BEEINFLUSST WORDEN, TEXTER ZU WERDEN, HATTEST DU VORBILDER? Vor allem durch die Arbeiten von Springer & Jacoby, die im ADC-Buch waren. Das war auch der Grund, warum ich mich genau da beworben habe, weil das damals die Agentur war, die am meisten Medaillen machte. Und natürlich die Leute dort: Konstantin Jacoby, Jean-Remy von Matt und Werner Knopf, dessen Junior Texter ich wurde. WELCHE VORSTELLUNG HATTEST DU VOM BERUF DES WERBETEXTERS? Keine genaue. Ich war vom typischen Klischeebild geprägt: Leute, die auf Drehs rumhängen, durch die Weltgeschichte reisen, immer viel Geld in der Tasche haben und recht oberflächlich sind. Ich wurde dann aber bei Springer & Jacoby schnell eines Besseren belehrt. Da gab's dann ganz normale, nette Menschen, die ihren Job ernst nahmen. IST ES SCHWIERIGER WERBETEXTE ZU SCHREIBEN ALS ANDERE TEXTE? Wenn man gute Werbetexte schreiben will, dann ist es schwieriger. Wenn man auf der Suche nach neuen Ideen ist, dann reicht es halt nicht, es einfach nur runterzuschreiben, sondern man muss sich quälen. Im Laufe der Zeit gewinnt man zwar ein wenig mehr Gelassenheit, aber diese Qual bleibt. HABEN GUTE TEXTER BESONDERE CHARAKTERLICHE MERKMALE? Vielleicht eine gewisse Grundintelligenz. Aber ansonsten? Nein. Es gibt bei den guten Textern vom Charakter her erhebliche Unterschiede. Es gibt brachialere Texter, die Headlines klotzen können, gewaltige, große Headlines. Und es gibt filigranere Texter, die spielerischer sind. WELCHE FÄHIGKEITEN MUSS EIN TEXTER MITBRINGEN? Er muss grundsätzlich neugierig auf alles sein und Interesse an möglichst vielen Dingen haben. Er sollte ein Mindestmaß an Sprachgefühl haben. Er sollte teamfähig sein, weil man als Texter nur im Team wirklich gute Sachen machen kann. Außerdem ist ein Texter gut bedient, wenn er auch ein visuelles Vorstellungsvermögen hat. WAS RÄTST DU EINEM TEXTER, DER BESSER WERDEN WILL? Grundsätzlich glaube ich, Texten kann man nur durchs Texten lernen. Ich bin eher ein Vielschreiber und empfehle auch den jüngeren Kollegen, erst einmal viel zu schreiben. Wenn man alles im Kopf macht, ohne es aufzuschreiben, dann setzt man oft schon die Schere an. Hilfreich ist auch die Beschäftigung mit guter Werbung, um ein Gespür dafür zu kriegen, wie andere Kreative Probleme lösen. Gerade am Anfang ist das elementar wichtig, weil die ersten Jahre einen prägen, in der Art zu arbeiten, zu denken, Probleme anzugehen, mit anderen Leuten umzugehen. Von daher ist es für Leute, die neu in den Job gehen, enorm wichtig, sich jemanden zu suchen, der sich einen Namen im Bereich Werbung/Text gemacht hat und den Willen und die Zeit hat, sein Wissen weiterzugeben. WAS SOLLTE EIN WERBETEXTER LESEN? Lesen ist enorm wichtig, und zwar alles. Von gut geschriebenen Romanen, über Sachbücher, Zeitungen, Magazine bis zur Bild-Zeitung – Texter sollten möglichst viele unterschiedliche Sachen lesen. Weil man a) damit den Speicher füllt, aus dem man dann irgendwann zehren kann und b) sieht, wie unterschiedlich Sprachlösungen sein können. WELCHE AUSSERBERUFLICHEN INTERESSEN HAST DU, UM DIR EINEN UNVOREINGENOMMENEN BLICK AUF DIE DINGE ZU ERHALTEN? Zum einen halte ich mich aus diesen Werber-Inzirkeln raus. Ich bin nicht der Typ, der dahin geht, wo alle hingehen. In meinem Freundeskreis sind zwar Werber, aber auch Leute aus allen möglichen anderen Berufen. Das Zweite sind meine Kinder und deren Interessen. Das gibt mir Input in 1000 Richtungen. Wahrscheinlich ist es das, was mich jung hält. WAS TUST DU, WENN DU NICHT SCHREIBST UND EINFACH NUR ABSPANNEN WILLST? Ich versuche mir Zeit zu verschaffen, denn Zeit ist das wichtigste Gut für einen Werber. Der Job ist anstrengend, und oft hängen auch Wochenenden drin. Ich versuche möglichst viel Zeit für mich selbst zu haben. Fürs Motorrad fahren, tauchen oder reisen, lesen, Musik hören. WIE STEHST DU ZU DER AUSSAGE, DASS DIE MEISTEN IDEEN FÜR DIE WERBUNG IM PRODUKT SELBST ZU FINDEN SIND? Die Ideen für die Werbung sind nicht im Produkt zu finden, sondern die Bestandteile, die in den Ideen dann verbraten werden. Es gibt Ausnahmen, wo ich die Idee auch wirklich im Produkt finde, Lucky Strike war ein solcher Fall. Es ist natürlich immer einfacher, wenn

WAS INSPIRIERT

man etwas Griffiges hat, wie eine echte Produkt-Leistung oder einen starken Markenkern. Meistens muss man sich allerdings aus anderen Bereichen bedienen. Denn wenn es ein generisches Produkt ist, dann muss es über die Kommunikation Besonderheiten bekommen. Dann muss man sich angucken: Wo bewegt sich die Konkurrenz? Was wird da kommuniziert, welche Felder sind belegt? Man muss sich intensiv mit der Zielgruppe beschäftigen: Wie kann ich für die Leute etwas Grundgenerisches neu aufladen? Aber bevor man eine Welt besetzt, muss ich wissen, ob sie für das Produkt und die Zielgruppe eine Relevanz besitzt. Die neue Camel-Kampagne finde ich z. B. total daneben. Weil es ihr nicht gelungen ist, eine neue Welt zu besetzen, die stimmig mit dem Produkt einhergeht. Wenn ich nur austauschbare Lifestylewelten über ein Produkt stülpe, dann habe ich die Aufgabe verfehlt. Ohne Emotion geht es in den seltensten Fällen. Ich meine, es mag sicherlich Produkte geben, wo ich kopflastige Werbung machen kann. Wo ich Argumente habe, mit denen ich rationale Einstellungen verändern möchte. Aber ansonsten denke ich, dass jede Form von guter Kommunikation auch berühren muss. **HAST DU EINE TECHNIK, DICH EINEM PROBLEM ZU NÄHERN?** Ich überprüfe zuerst mal, ob das Briefing, das auf dem Tisch liegt, relevant ist. Das heißt, ich sehe mir das Produkt genau an. Ich habe eine absolute Staubsaugermentalität. Ich gucke mir alles an, was ich dazu finden kann und versuche, die Kernbotschaft herauszufiltern. Dann probiere ich alle Gedanken zuzulassen, die mir einfallen. Das heißt, alles aufzuschreiben, Ideen mit Headlines zu sammeln und dann zu versuchen, diese Sachen in Form von Scribbles mit Kollegen zu diskutieren. Wobei ich dagegen bin, gleich alles »feingeleckt« zu machen. Es ist eine Untugend, an Sachen schon in frühen Stadien rumzufummeln. Lieber sich fragen: Gibt es noch eine bessere Idee und dann erst ans Finetuning gehen. Nicht jede Typovariante einer Headline

gehört gleich ins Layout. Diese Papierverschwendung ist grauenvoll. **HAST DU BEIM ARBEITEN BESTIMMTE RITUALE?** Ich bin kein Ordnungsmensch, bei mir sieht es eher chaotisch aus. Ich habe meine kleinen Zettelchen, die überall liegen. Selbst zu Hause habe ich einen Block, falls mir dort was einfällt. **WENN DU FÜR EINE PRÄSENTATION ZWEI WOCHEN ZEIT HAST, ARBEITEST DU DANN KONTINUIERLICH? ODER WIRST DU ERST IN DEN LETZTEN VIER TAGEN AKTIV?** Eigentlich ist bei uns erklärtes Ziel, immer die berühmten 24 Stunden vor der Präsentation mit allem fertig zu sein. Wir setzen uns vom Briefing an Zeitstufen, an denen wir uns fragen, wo wir stehen. Auf der anderen Seite ist es so, dass es dann doch auf den letzten Metern eng wird. Aber ohne diesen gewissen Druck arbeite ich auch nicht so intensiv. **GIBT ES BEI DIR EINE ROTE LAMPE, DIE ANGEHT, WENN ETWAS SCHLECHTES ENTSTEHT?** Jeder läuft Gefahr, durchschnittlich zu bleiben. Und zwar immer dann, wenn er sich zu früh mit Sachen zufrieden gibt. Darum ist die Auseinandersetzung mit anderen wichtig. Ich glaube, dass durch gemeinschaftliches Arbeiten Ergebnisse immer verbessert werden können. **SIEHST DU DICH ALS HANDWERKER, TECHNIKER ODER KÜNSTLER?** Also als Künstler überhaupt nicht. Ich denke, das ist so eine Mischung aus Leidenschaft, Handwerk und Technik. **WIE WICHTIG SOLLTEN FÜR JUNGE TEXTER AUSZEICHNUNGEN UND WETTBEWERBE SEIN?** Ich weiß nicht, wer das gesagt hat: Jeder Award ist nur die Sahne auf einem starken Kaffee. Nicht Selbstzweck, sondern Belohnung dafür, dass ein Job möglicherweise ganz gut gemacht worden ist. **WAS ANTWORTEST DU, WENN DEINE TOCHTER ODER DEIN SOHN ZU DIR KOMMT UND SAGT, ICH MÖCHTE WERBETEXTER WERDEN?** Die sollen was Anständiges lernen (lacht). Ich könnte es mir schon vorstellen, aber ich würde darauf achten, dass sie dann in eine vernünftige Agentur gehen, zu einem guten Mentor.

»Man muss immer wieder das Fernglas umdrehen.«

Interview mit Jochen Pläcking, DDB

Armin Reins HERR PLÄCKING, SIE WAREN ZUERST TEXTER, DANN AUF KUNDENSEITE UND SIND NUN VERANT-WORTLICH FÜR EINE GANZE AGENTURKETTE. WORIN LIEGEN DIE ENTSCHEIDENDEN UNTERSCHIEDE? **Jochen Pläcking** Das Erste, was ich getan habe, ich hab als Kunde keinen Text mehr selbst geschrieben. Kein einziges Wort. Das Gute ist, man weiß, was es bedeutet, zu texten. Man kennt die Angst vor dem weißen Blatt Papier. Man kennt das Problem der schlechten Briefings und Re-Briefings. Das macht viel aus im Gespräch mit Kreativen. Ein Beispiel: Als ich noch Texter war, kam ich zu meinem Kunden Hans Joachim Richter bei Fiat. Er stand am Telefon, knallrot im Gesicht, stinksauer und brüllte ins Telefon: »In einer Stunde will ich das hier noch mal auf dem Tisch haben!!« Was war los? Die Agentur Leo Burnett textete Funkspots, die dringend waren, weil ein neues Finanzierungs-angebot blitzschnell auf den Sender musste. Die kriegten das nicht so schnell auf die Reihe. Richter knallte den Hörer auf. Da hab ich zu ihm gesagt: »Wissen Sie, was der Texter jetzt macht? Dem haben Sie gerade einen Text abgeschossen, der rennt jetzt erst mal um den Block. Wenn Sie Glück haben, ist er in einer Stunde wieder so weit, dass er anfangen kann zu texten. Rufen Sie den noch mal an und sagen Sie ihm, er soll die Texte morgen früh bringen. Denn der Text, den Sie in einer Stunde kriegen, ist noch schlechter.« Das hat er gemacht. Er hat sich nachher bei mir bedankt, denn am nächsten Morgen hat er richtig gute Texte gekriegt. Als ich später dort Kunde war, kamen die Texter gerne selber. Weil ein Texter kann einem anderen Texter – und so haben sie mich damals gesehen – tausendmal mehr Dinge über einen Text erzählen als das ein Kontakter kann. Der Kontakter fragt sich: Erfüllt der Text das Briefing? Nur, wenn man dann in die Tiefe des Textes einsteigt, dann kann der Kontakter die Antworten nicht geben, weil er sich die Gedanken nicht gemacht hat. Deswegen ist es immer besser, der Kunde stimmt mit dem Texter selber die Texte ab. Das bedeutet aber, dass der Kunde den Texter sehr sensibel anfasst, sehr ernsthaft mit ihm arbeitet. Mit rüder Machtdemon-stration oder mit »will ich nicht so« oder mit »das kann ja meine Großmutter besser« schockiert man Texter. Ich glaube, das ist einer der Gründe, warum aus der Arbeit mit mir gute Texte herauskamen. Man hat, wenn man auf einem Managerstuhl sitzt, tausend andere Dinge zu tun. Man bekommt einen Text auf den Tisch mit einem Layout dazu und muss beurteilen: Ist der gut oder schlecht? Dazu hat man eine Viertelstunde Zeit. Das ist knallhart. Wenn man genau weiß, der Texter saß da drei, vier Tage daran und du hast selber nur eine Viertelstunde Zeit, ihn zu bewerten. Eine Präsen-tation dauert, wenn sie lang ist, zwei Stunden. Es wird eigentlich nur über die Schlagzeile gespro-chen. Die Copy? Über die reden wir später. Dann kommt ein Booklet auf den Tisch, da sind vier, fünf Copies drin. Jetzt muss ich auf den Punkt entscheiden. Ich muss den Kinken in dem Gedanken finden. Man ist natürlich immer geneigt, schnell den Füller zu nehmen und die Verbesserungsvor-schläge zu machen. Manchmal hab ich damit auch gedroht – das geb ich gerne zu. Da sagte ich: Wenn ihr das jetzt nicht auf die Reihe bringt, dann mach ich's selber. Sie haben's immer auf die Reihe gekriegt. Ich hab's nie selber gemacht. Aber es ist leichter, schnell umzuformulieren, als eine Anmer-kung hinzuschreiben. Das ist eine der größten Hürden, über die man springen muss. Wenn man als Kunde ein Briefing hat, dann hat man meist schon selber Ansätze im Kopf, wie man das umsetzen würde. Wenn dann eine andere Idee auf den Tisch kommt, dann braucht man die Souveränität zu sagen: Hey, die Idee ist der bessere Weg. Man muss über seinen eigenen Schatten springen. Das können viele Kunden nicht. Denn erst einmal ist der Kunde frustriert, dass nicht die Idee kommt, die er sich vorgestellt hatte. BEGINNEN WIR MIT IHREM TEXTERLEBEN. WIE SIND SIE WERBETEXTER GEWORDEN? In der Schule war ich Schülerzeitschriften-Redakteur. Wir haben eine Presseagentur für

Schülerzeitschriften aufgezogen und damit in Baden-Württemberg ungefähr 100 Schülerzeitungen mit Artikeln versorgt. Außerdem war ich ein Weltmeister im Liebesbrief schreiben. Und 'ne Anzeige ist auch nix anderes. Begonnen habe ich mit einer Ausbildung zum Werbekaufmann. Später war ich auf einer Werbefachschule. Dann hab ich mich bei einer Agentur in Stuttgart beworben. Da hatte ich ein spannendes Telefongespräch mit dem Chef. Er sagte: »Wir haben ihnen zwei Jobs anzubieten. Sie kriegen für beide das gleiche Geld, 860 Mark im Monat, brutto – wollen sie Kontakter oder Texter werden?« Da hab ich gesagt: »Texter.« Ich dachte mir: Hab ich noch nie gemacht. Wenn's nicht klappt, kann ich immer noch Kontakter werden. So bin ich Texter geworden.

GAB'S VORBILDER DAMALS? Ja, Helmuth Schmitz war mein klares Vorbild. Der hat damals in Amerika die VW-Werbung als Werbeleiter verantwortet. Und zusammen mit der jungen DDB in New York (Bill Bernbach als Texter, Helmuth Krone als AD) realisiert. Das war Ende der 40er, Anfang der 50er Jahre. (Think small). Anfang der 60er kam Schmitz dann als CD zur neu gegründeten DDB nach Düsseldorf. Interessanter Weg – umgekehrt wie meiner. Der war zuerst Kunde und dann Kreativer. Ich hab ihn noch kennen gelernt. Er hat die Bill-Bernbach-Philosophie in Deutschland umgesetzt: Intelligente, humorvolle Werbung, produktorientiert, auf Augenhöhe mit dem Verbraucher. Also schlicht das, was wir heute als gute Werbung bezeichnen. Alle GGK's, S & J's, JvM's, KNSK's tun nichts anderes. **HABEN GUTE TEXTER BESONDERE CHARAKTERLICHE MERKMALE?** Irgendwo sind sie alle Tiere. Sie sind alle sehr emotionale Menschen. Jeder zeigt das anders. Brigitte Fussenegger war meine Chefin bei Leonhardt & Kern. Brigitte war für mich total faszinierend, denn die hat eigentlich immer getextet. Hat sich ständig Formulierungen aufgeschrieben, die ihr eingefallen sind oder die sie gehört hat, und sie meistens später verwendet. Sie war Juristin von Beruf und kam in den Werbetext, weil sie Texte gegenlesen musste. Das fand sie so ätzend, dass sie die gleich richtig formuliert hat. Und dann hat die Agentur sie eingestellt. Sie war wahrscheinlich eine der besten Texterinnen in Deutschland. Brigitte war auf eine liebenswürdige Art beknackt. Die war immer vier Wochen vor dem Präsentationstermin fertig. Sie hat aber auch immer verlangt, dass man zwei Monate Zeit für eine Präsentation hat. Unter dem hat sie's gar nicht gemacht. Ich war immer der Mann der letzten Nacht. Ich hab meine Kollegen oft – und ich entschuldige mich da heute pauschal – zur Weißglut getrieben. Ich entsinne mich noch an einen Pitch um Becker-Autoradio. Da hab ich in der Nacht vor der Präsentation noch keine Copies gehabt. Uli Weber fragte mich: »Jochen, hast du deine Texte?« Ich darauf: »Ja, ich hab sie.« Er verdutzt: »Wo sind sie?« Ich zeigte auf meine Birne: »Hier.« Die Texte waren hinterher gut. Ich hab sie alle in einer Nacht runtergeschrieben. Zwölf Longcopy-Texte auf Anschlag. Die sind beim Kunden durch wie »geschnitten Brot«. Ich hab immer mit der Hand geschrieben, weil ich genau so schnell denke wie ich mit der Hand schreibe. Das ist heute noch so. Ich habe auch Klaus-Erich Küster als Texter erlebt. Und KEK war das andere Extrem. Der hat mich kurz vor einen Mordversuch getrieben. Den hätte ich als Kunde fast erwürgt, weil er in der Nacht vor einer Vorstands-Präsentation die Kampagne, die ich mit der Agentur erarbeitet und abgestimmt hatte, noch umgeschmissen hat. Auch wenn er Recht am Ende hatte. Ich kenne bei Textern viele Wahnsinnige. Dazu gehören Mathias Kersten, auch Erik Heitmann, den ich sehr schätze. Der Output ist das Thema. **WELCHE FÄHIGKEITEN MUSS MAN MITBRINGEN, UM EIN GUTER TEXTER ZU WERDEN?** Uli Weber hat mir mal gesagt: »Wenn du bei Leonhardt & Kern arbeiten willst, dann musst du dir eines merken: Wir fangen da an, wo andere aufhören.« Der Kampf, immer besser zu sein, der macht Menschen wahnsinnig. Mancher sagt: Hey, warum hören die nicht auf? Aber das Ergebnis nachher zeigt einem, warum nicht. Man muss sich ständig neu motivieren. Vor allem, wenn ein Kunde immer wieder alles abschießt. Rechthaber, die drauf beharren: dies ist die beste Lösung und diese Lösung müssen Sie jetzt kaufen, haben in unserer Branche nicht viel verloren. Die scheitern. Es geht

»Man muss immer wieder das Fernglas umdrehen.«

um den Kampf, um die beste Lösung. Und um die Frage: Ab wann macht man den Kompromiss. **HABEN SIE EINE BESTIMMTE METHODE, SICH EINEM PROBLEM ZU NÄHERN?** Ich lese immer wahnsinnig viel über das Thema, das ich zu beschreiben habe. Ich hol mir alles, in Bibliotheken, in Zeitschriften. Überall. Wie ein Schwamm. Ich hab mir richtige Archive angelegt für Kunden. Ich hab alles in meinen Kopf gesammelt. Dann fang ich an zu schreiben. Was ganz wichtig ist, ich versuche immer, mir körperlich die Zielgruppe vorzustellen, mit der ich gerade kommuniziere. Ich stell mir vor, an den musst du jetzt einen Brief schreiben, den der zu begreifen hat. Dann finde ich die Sprache, die ich brauche, und die Diktion, die ich brauche, und den Aufbau, den ich brauche. **HABEN SIE BEIM SCHREIBEN RITUALE?** Den leeren Tisch. Ich darf durch nichts abgelenkt sein. Ich hab früher immer mit Bleistift getextet. Ich hatte immer fünf bis sechs gespitzte Bleistifte vor mir liegen, dazu einen weißen Block und einen Radiergummi. Ich hab immer gemerkt, wenn ich nicht angefangen hab zu radieren, dann war der Text gut. Manchmal werden Texte in der Wut geschrieben – das sind oft die besten. Wenn man auf den letzten Drücker schreibt. Das ist wie ein Geburtsvorgang. **WAS KANN EIN TEXTER TUN, UM KREATIVE TEXTE DEM KUNDEN ZU VERKAUFEN?** Es ist wichtig, dass man eine saubere, klare Hinführung macht, weshalb man diese kreative Lösung gefunden hat. Aber keine lange. Der Verbraucher hat nachher auch keine Erklärung vor sich. Wichtig ist, dass man die Texte beim Kunden laut vorliest und damit die Faszination, die dieser Text beinhaltet, rüberbringt. Ich habe sie immer rezitiert als wenn ich ein Schauspieler wäre. Wenn sich ein Text nicht rund vorlesen lässt, dann ist er auch nicht rund. **WAS ERWARTET EIN KUNDE VON EINEM GUTEN TEXTER?** Dass ich spüre, dass der Texter sich mit dem Thema wirklich auseinander gesetzt hat. Dass er nicht oberflächlich in die Sache eingestiegen ist. Und ich erwarte von ihm, dass er keine handwerklichen Fehler im Text hat. Ich sprech jetzt nicht von der deutschen Sprache, sondern von Inhalten. Wenn Sachverhalte nicht gestimmt haben, dann bin ich immer ziemlich sauer geworden. Da war ich gnadenlos. Da hab ich immer viele schockiert. Nicht jeder Texter verträgt Kunden. Denn nicht jeder Kunde ist sensibel. Ich hatte eine Freundin, die war Textildesignerin. Die war einmal bei einer Außendienst-Konferenz dabei. Die hat ihren Job aufgegeben. Die hat das nicht ertragen, wie da über ihre Arbeit gesprochen wurde. **KÖNNEN SIE AUS KUNDENSICHT NOCH EINMAL BESCHREIBEN, WAS FÜR EINEN KUNDEN EIN GUTER TEXT IST?** Ein guter Text zieht mich sofort rein. Es geht um den Gesamtaufbau einer Anzeige. Ich finde immer Anzeigen gut, wo das Bild und die Schlagzeile mir verschiedene Dinge sagen. Wo ich gezwungen bin, in die Copy einzusteigen. Die Copy muss dann so geschrieben sein wie ein Krimi. Ich muss reingesaugt werden in diesen Text. Es gibt unheimlich viele Texte, da lese ich den ersten Satz und lese nicht weiter. Es müssen Mechanismen im Text stecken, die mich zwingen, ihn zu Ende zu lesen. **DIE KUNDEN, DIE ICH KENNE, SAGEN IMMER, DAS PRODUKT MUSS IM VORDERGRUND STEHEN. DAS HABEN SIE JETZT NICHT ERWÄHNT.** Das ist selbstverständlich. Nur die Frage ist – wenn ich z. B. einen Fernseh-Spot schreibe – wann kommt mein Produkt vor. Das Produkt ist immer der Hero, es kann aber auch die Pointe sein. Das Produkt kann auch erst in der 29. Sekunde eines 30-Sekunden-Spots auftauchen. Und der Spot kann trotzdem unheimlich erfolgreich sein. Das ist so eine typisch deutsche Eigenschaft, dass alle immer meinen, Benefit und Reason why müssen in jedem Spot drin sein. Da muss überhaupt nichts. Wenn der Spot interessant ist, dann schaut man sich den immer wieder gerne an. Das ist eine ganz wichtige Geschichte. Es gibt ja wahnsinnig viele Spots, die hast du einmal gesehen und beim zweiten Mal gehst du aufs Klo. Aber es gibt andere Spots, die willst du immer wieder sehen. Und das sind meistens die, die eine schöne Geschichte erzählen. Das Produkt ist natürlich – dafür wird ja die Werbung gemacht – das Wichtigste. Aber mir geht's um die Qualität der Werbung. **BEURTEILEN SIE DOCH BITTE EINMAL DIESE ANZEIGE FÜR KÄRCHER. WAS SAGT DER JOCHEN PLÄCKING VON HEUTE DAZU?** Au! Ich finde es faszinierend – die geben Millionen für Werbung aus und es kommen

Anzeige für Kärcher Wasserfiltersauger

immer solche Anzeigen dabei heraus. Vom Text her saugt mich die Anzeige nicht an. Sie zeigt ein Produkt ohne Menschen, ohne Anwendungen. Sie hat einen Flash oben drin mit »Neu«. Dann sagt sie mir: »Nie mehr Staubbeutel.« Dann zeigt sie mir irgendeinen Schnitt durch das Produkt. Dann sagt sie »Gefiltert 99,9 % aller Artikel über 0,3.« Und dann kommt noch »eine Wohltat für Allergiker«. Dann seh ich da eine Laus oder eine Milbe oder was das ist. Und natürlich noch einen Stempel »Aquaselect« – was immer das bedeutet. Unten kommt »der neue Wasserfiltersauger von Karcher«. Das ist ja eigentlich das Briefing. Obendrüber steht: »Wasserfiltersaugen.« Dann geht's in die Copy: »Staubsaugen ohne Filterbeutel – die reinigende Kraft des Wassers bindet den Staub sicher.« Das wäre zwar eine schlechte Schlagzeile, aber immer noch eine bessere als die, die obendrüber steht. Sie sagt mir immerhin, um was es geht: »Staubsaugen ohne Filterbeutel.« Das ist eine viel bessere Aussage als »Wasserfiltersaugen«. Das ist eine typische Ingenieursanzeige. Da werde ich von einem Ingenieur gebrieft und ich muss sie an einen Ingenieur verkaufen. Der Ingenieur will alles wieder sehen, was er in das Produkt hineingedacht hat. Und es ist wahrscheinlich auch alles drin. »Dank Aquaselekt, ein völlig neues Filtersystem von Karcher, gehört die Beutelprozedur zur staubigen Vergangenheit.« Das ist der USP von dem Produkt. Aber das steht hier in 8 Punkt magerer Schrift auf Grau. »Ein eingebauter Hepa-Hochleistungsfilter« – wen interessiert das? – »hält auch Feinstäube, Milben und Sporen zurück.« Das wäre eine interessante Botschaft gewesen: »99,9 % aller Partikel werden zurückgehalten.« Die Anzeige ist grottenschlecht. Sie ist total verwirrend. Sie stoppt mich in keinster Weise. Die Anzeige wird zu 99,999 % überblättert, hat also überhaupt keine Werbewirkung. Man hat nicht herausgearbeitet, um was es hier wirklich geht. Die Message an den Kunden. Der Kunde spielt hier überhaupt keine Rolle. Bis auf die Aussage: »Eine Wohltat für Allergiker.« Dies ist eine faule Anzeige. Faul im Sinne von »nicht fleißig«. Weil man nicht herausgearbeitet hat, was das Produkt wirklich kann, und sich auch nicht die Mühe gemacht hat, dem Kunden das zu sagen. **WER WAR FAUL, DER KUNDE ODER DIE AGENTUR?** Ich würde sagen: Hier war die Agentur faul. Und zwar in zwei Fällen. Einmal war der Berater faul, dass er seinen Kunden nicht von so einer Katastrophenanzeige abgeraten hat. Aber auch der Texter war faul. Weil er sich nicht aufgelehnt hat gegen seinen Berater. Denn der wirkliche USP dieses Produktes ist offensichtlich »Staubsaugen ohne Filterbeutel«. Und das ist hier der erste Satz der Copy in 8 Punkt auf Grau. »Die reinigende Kraft des Wassers bindet den Staub sicher.« Da hätte man eine faszinierende Anzeige draus machen können. Aber so denkt man: »Staubsauger, kenn ich« – und blättert weiter. Das Design von dem Produkt ist noch das Beste an der ganzen Anzeige. Ich glaube, die Technik ist hervorragend. Das ist ein geniales deutsches Produkt, wie so oft. Nur dieses typische deutsche Unternehmen mit seinem hervorragenden Produkt und seiner hervorragenden Qualität ist produktverliebt bis zum Gehtnichtmehr. Dabei haben die es geschafft, dass ihr Markenname zum Verb geworden ist. Ich höre ständig: Ich muss mal wieder die Terrasse kärchern, oder: ich kärcher mein Fahrrad. Und in Frankreich gibt es sogar das Wort Kärcherisie. Aber wo sie nicht mit umgehen können, sind Emotionen. **WARUM ENTSTEHEN SOLCHE ANZEIGEN? WAS WÜRDEN SIE BESSER MACHEN?** Da sitzt beim Kunden ein Ingenieur und sagt: Jawoll, ich erkenne mein Produkt wieder. Genau so will ich das. Ich hab alles drin, was dieses Produkt kann. Aber er hat keine Ahnung davon, dass damit

»Man muss immer wieder das Fernglas umdrehen.«

die kommunikative Wirkung total im Eimer ist. Die Anzeige sieht aus, als hätte die Agentur kein Briefing bekommen. Die haben der Agentur das Produkt in die Hand gedrückt, mit einer Betriebsanleitung, und haben gesagt: Mach mal 'ne Anzeige. Dabei wäre das nicht schwer gewesen. Es ist doch ein wunderbares Produkt. Bei dem Gedanken – die reinigende Kraft des Wassers – da seh ich doch schon unglaubliche Bilder vor mir. Man hätte wahnsinnig viel machen können. Es ist doch verrückt: Kein Mensch erwartet, dass in einem Staubsauger Wasser drin ist. Ich persönlich habe mir schon überlegt, ob ich mir das Produkt kaufe. Es hat doch einen Riesenvorteil: Es ist viel sauberer als jeder andere Staubsauger. MAL ANGENOMMEN, IHRE KREATION WÜRDE SAGEN: DER KUNDE WILL SO EINE ANZEIGE, WIR GEHEN DAMIT MORGEN RÜBER. WAS WÜRDEN SIE SAGEN? Dann würde ich sagen: Das tut ihr nicht – oder ich geh mit. Wahrscheinlich würde ich mitgehen zum Kunden. Weil ich nicht möchte, dass so eine Anzeige von unserer Agentur erscheint. Ich würde versuchen, den Kunden drauf aufmerksam zu machen, dass so eine Kommunikation nicht funktioniert. Das ist herb, das ist hart, das kann man den eigenen Leuten nicht überlassen. Gute Agentur-Chefs müssen das selber machen. WIE GEHEN SIE DANN BEI SO EINEM KUNDEN VOR? Es kommt drauf an, mit wem man dort spricht. Wenn es der Werbeleiter ist, dann würde ich sagen: Lass uns versuchen, gemeinsam gute Werbung zu machen. Wenn der das aber nicht kann und nicht will – viele Leute sind ja auch angstgetrieben, sie haben einen Chef, der ist Ingenieur und der will so was sehen –, dann muss ich zu diesem Chef gehen und ihm sagen: Es geht nicht, wir können für Sie keine Werbung machen. Aber wir würden es gerne tun. Und das habe ich bei Leonhardt & Kern gelernt – man muss auch in der Lage sein, einem Kunden zu kündigen. Es kann für die Reputation einer Agentur absolut schädlich sein, zu bestimmten Dingen gezwungen zu werden. Wenn es beim Kunden niemand einsieht, dass so eine Anzeige nicht funktioniert, dann muss man auch sagen können: Schade, wir sind die falsche Agentur. UND WENN SIE DIESEN KUNDEN UNBEDINGT GEWINNEN MÖCHTEN? Gerade wenn's ein Kunde ist, der von Kommunikation wenig versteht, würde ich versuchen, ihn in die Prozesse der Veränderung mit einzubinden. Ich würde ihm unterschiedliche Wege aufzeigen, aber ihm immer nur einen empfehlen. TESTEN? Um Gottes willen. Ich bin gegen Pre-Tests. Ich glaube, dass man sehr genau wissen muss, mit wem man zu kommunizieren hat, wer die Zielgruppe ist, für wen man eine Anzeige machen muss. Man kann danach testen: Wie hat's die Zielgruppe aufgenommen? Aber vorher, nein. Testpersonen, vor allem, wenn man neue Ideen bringt, lehnen neue Ideen ab. WIE BEGEISTERT MAN SO EINEN KUNDEN FÜR KREATIVE WERBUNG? Ich würde versuchen, ihm eine Anzeige zu machen, wie wir sie für richtig halten würden. Ich würde ihm eine Geschichte erzählen: Stellen Sie sich vor, Sie kaufen sich den Spiegel für 2,80 Euro am Kiosk und blättern ihn durch. Jede zweite Seite ist da eine Anzeige. Das haben Sie heute akzeptiert, aber eigentlich stören Sie die Anzeigen beim Lesen. Sie wollen die Artikel lesen und haben das Geld auch nur für die Hälfte des Heftes bezahlt. Und da sind jetzt jede Menge Anzeigen drin von Leuten, die Ihnen in irgendeiner Form was sagen wollen. Und was machen Sie? Wie reagieren Sie, was fällt Ihnen auf? An was bleiben Sie hängen? So würde ich ihm meine Geschichte erzählen. Dann leg ich ihm seine Anzeige hin und sag: Diese Anzeige ist in dem Heft drin. Die gefällt Ihnen wahnsinnig, weil alles, was Sie in das Produkt hineingedacht haben, ist in der Anzeige. Nur, die Sekunde der Wahrheit ist eine andere. Sie kaufen Stereo-Anlagen, Sie kaufen Autos, Sie kaufen Oberhemden, Sie kaufen Anzüge. Sie kaufen Versicherungen, Sie kaufen Anlagemöglichkeiten. Die sind alle im Spiegel und wollen Ihnen was verkaufen. Aber an welcher Anzeige bleiben Sie hängen? Und warum bleiben Sie dran hängen? Ich würd ihm diesen Mechanismus, der in seinem eigenen Kopf ist und jeden Tag abläuft, zeigen und sagen: Wie würden Sie auf diese Anzeige reagieren? Ich denke, diese Prozesse des Konsumierens von Werbung, die muss man dem Kunden klar machen. Das hat ja auch was mit Media zu tun. Um eine

Kurzvita

Jochen Pläcking wurde 1945 in Schwelm/ Westfalen geboren. Seine Karriere begann er als Praktikant im renommierten Stuttgarter Druckerei- und Verlagsunternehmen Cantz. In der Zwischenzeit sind über 30 Jahre Erfahrung in der Werbung hinzugekommen. Nach der Lehre als Werbekaufmann bei Witzgall studierte er an der Werbefachschule, Hamburg, wurde dann Texter, Etatdirektor, Managing und Creative Director und Partner in verschiedenen Werbeagenturen wie Heinz Feil, FDS, Pro Market, DEWE und Leonhardt & Kern. 1987 wurde er als Direktor Marketing Kommunikation bei Fiat. Sein Verantwortungsbereich umfaßte die Marken Fiat und Lancia. Hier wurde er vom ADC zum ersten Mal als »Kunde des Jahres« geehrt.
Ab 1990 war Jochen Pläcking in der Funktion des Vice President Marketing Kommunikation, Personenkraftwagen, für die Daimler-Benz AG tätig. Für seine Arbeit wurde er zum zweiten Mal zum »Kunden des Jahres« ernannt.
Zu Beginn des Jahres 1999 folgte Jochen Pläcking einer Berufung zum Senior Vice President DDB Europe und Chairman & CEO der deutschen DDB-Holding COM Communication Management GmbH nach Düsseldorf.

Anzeige bewusst wahrzunehmen, muss man sie sechsmal gesehen haben. Und ich beschreibe ihm auch noch mal die Zielgruppe. Diese Anzeige spricht eine absolut neutrale Zielgruppe an. Weder Frauen noch Männer, einfach Leute, die was Neues kaufen sollen. Dem Kunden kann man da gar keinen Vorwurf machen. Der Kunde ist Ingenieur, hat ein tolles Produkt. Die Agentur macht ihren Job nicht. Weil sie die Kernbotschaft nicht herausfindet. Wenn wir an den Kunden Kärcher rangehen würden, gäbe es erst mal eine klare Markendefinition. Aus der Markendefinition gibt's dann kommunikative Umsetzungen, die in einem Satz enden. Und aus diesem einen Satz heraus entsteht dann eine Kampagne. Das ist hier alles nicht geschehen. Das ist ein gedrucktes Briefing. Als Texter sollte man auf solchen Briefings nicht arbeiten. Wenn das Planning seinen Job nicht gemacht hat, sollte man die Arbeit einstellen. Für einen Kreativen ist der Planer eine riesige Hilfe. Denn man braucht den Gartenzaun um das weiße Blatt Papier. Man entgleitet so oft und rennt in irgendwelche Ecken, aus denen man nicht wieder rauskommt. Wenn ein Planer vorher das sauber eingegrenzt hat, dann ist das sehr, sehr hilfreich. WAS MACHT MAN, WENN DER KUNDE SAGT: DAS ARBEITET ABER? Dann sag ich: Das glaub ich nicht. Denn, das wissen wir, dass sie nicht arbeitet. Die mag verkaufen, klar. Das kann am Preis liegen, das kann an der Distribution liegen, das kann an einer genialen Produktidee liegen. Es gibt oft Produkte, die schlechte Werbung machen, die wir alle kaufen, weil das Produkt halt gut ist. Es gibt auch Werbung, die wird einfach durch Werbedruck reingeprügelt. Aber ist das erfolgreich, wenn ich Millionen von Mediageldern in die Leute prügeln muss, damit sie mein Produkt kaufen? Ich glaube, eine einfache, starke, kreative Idee kann das viel besser und billiger. Ich weiß nicht, wer mit einer Anzeige ein ganzes Staudammprojekt gestoppt hat. Eine Firma wollte mal den Grand Canyon aufstauen. Für ein Kraftwerk. Da sind natürlich die amerikanischen Intellektuellen im Kreis gelaufen. Und dann hat einer sich hingesetzt und hat eine Anzeige getextet, die in New York erschienen ist. Das Argument von den Staudammleuten war, wenn der Grand Canyon unter Wasser steht, dann könnte man viel näher an die Felswände rankommen. Die Schlagzeile der Anzeige war: Wenn man die Sixtinische Kapelle unter Wasser setzt, kommt man auch viel näher an die Fresken ran. Mit dieser einen Anzeige wurde dieses Staudamm-Projekt gestoppt. Es zeigt einfach, dass man mit einer starken kreativen Idee Emotionen wecken kann. WIE VERMEIDET MAN, DASS MAN UNTER DER MESSLATTE DURCHLÄUFT? In der Agentur sind's die Kollegen. Es gibt immer den Wettbewerb innerhalb der Agentur. Der ist härter als der mit dem Kunden. Der Wettbewerb in der Agentur zwingt einem zu Qualität. Ansonsten: Man muss immer wieder das Fernglas umdrehen. Man muss immer wieder versuchen, den Abstand zur Sache zu kriegen, und es beurteilen als wenn man es gar nicht selber geschrieben hätte. Das machen viele nicht, dass sie sich selbstkritisch sehen. Vielleicht auch nur mal Luft schnappen, um dann wieder neu anzufangen. Alles wegzuschmeißen, noch mal neu anzufangen, das ist das Wichtigste und das Schwierigste. WENN SIE EINEN SOHN ODER EINE TOCHTER HÄTTEN, DIE WERBETEXTER WERDEN MÖCHTEN, WAS WÜRDEN SIE DENEN RATEN? Das, was mein Vater mir gesagt hat und was ich vielleicht hätte tun sollen: Mach erst eine kaufmännische Ausbildung und werde dann was du willst. Wenn einer die Berufung zum Texter hat, dann soll er das machen. Dann sollte er zur Texterschmiede gehen. Das ist die einzige Ausbildungsstätte, die Texter wirklich ausbildet. Hochschulen produzieren nur Germanisten. Das sind keine Texter. Dazu muss man nicht unbedingt in Deutsch einen Zweier gehabt haben. Man muss lateral denken können. Und das kann man versuchen zu lernen, auch wenn das schwer ist.

Selber schuld?

Quelle

Michael Weigert

weigertpirouzwolf

Entwickeln Sie eine Anzeige für den neuen Quelle-Katalog. Die Anzeige soll die Idee der Quelle-Kampagne aufgreifen. Das heißt: Integration eines oder mehrerer Quelle-Mitarbeiter als Presenter.

KERNBOTSCHAFT
Auf den neuen Quelle-Katalog kann man einfach nicht verzichten.

REASON WHY
Der Quelle-Katalog ist der Klassiker unter den Versandhauskatalogen – seit 75 Jahren ist er Inbegriff einer ganzen Produkt-Kategorie.

WEITERE BESTANDTEILE
Bestellnummer
Internet-Adresse
Hinweis auf günstige Quelle-Preise vs. Euro-Preise.

Oliver Voss

Jung von Matt

Machen Sie eine Anzeige mit einer Bestellpostkarte, damit die Leute unseren Katalog anfordern.
Und: Sagen Sie, dass der Katalog gratis zu haben ist.
Und: Erwähnen Sie, dass wir 75 geworden sind.
Und: Zeigen Sie die Telefonnummer, unter der man ihn bestellen kann.
Und: Eine Internet-Adresse muss auch noch rein.
Und: Copy brauchen wir auch noch.
Und: Unser Logo.
Und: Es wäre nett, wenn Sie ein billiges Foto machen könnten.
Und: Unser Finanzchef möchte gern mal als Model in einer Anzeige auftauchen.

Guido Heffels

Heimat

Der Quelle-Jubiläums-Katalog mit den interessanten Angeboten zum 75. ist erschienen. Machen Sie das bitte unter allen Menschen bekannt und sagen Sie denen bitte auch, wie sie an so ein Ding kommen. Per Telefon oder direkt bei Quelle.

Ah, ja, und da wir gerade auch eine TV-Kampagne zum 75. draußen haben, möchten wir auch gerne eine visuelle Verknüpfung zur TV-Staffel.

Michael Weigert

Geboren 20.03.1960
1979 Abitur
Studium Germanistik,
Philosophie
1985–1990 Texter
Scholz & Friends Hamburg

1991–1992 Texter
Springer & Jacoby
1992–1997 CD und GF
Scholz & Friends, Hamburg
1998 GF/Inhaber
weigertpirouzwolf

ANALYSE

Die Anzeige hat m. E. keine Stopping-Power, weil sie keine Idee hat – in einem Anzeigentest würde sie einen unterdurchschnittlichen Recall-Wert erhalten.

Warum?
Zunächst ist die Anzeige im Gesamteindruck ziemlich langweilig. Der Quelle-Mitarbeiter als Presenter des neuen Katalogs ist zudem unglaubwürdig, denn natürlich empfehlen Quelle-Mitarbeiter ihren Katalog – es wäre mehr als überraschend, wenn ein Quelle-Mann einen Otto-Katalog empfehlen würde.

Zudem wird der Katalog durch das Foto des Mitarbeiters überlagert – der Hero der Anzeige (der neue Katalog) muss sich die Aufmerksamkeit mit einem fremden Gesicht teilen. Das lenkt vom eigentlichen Thema ab – die Botschaft kann nicht ungehindert durchdringen.

Da die Anzeige keine visuelle Idee hat, müsste zumindest eine packende Headline das Motiv aufpäppeln. Die hier gewählte Headline ist dazu nicht in der Lage. Sie hat keinen Kick, keinen Witz, keine Originalität. Zudem ist sie nicht umgangssprachlich genug, um authentisch zu wirken.

Die Copy ist m. E. ebenfalls missverständlich, da nicht klar und deutlich gesagt wird, ob Preise erhöht wurden. Eine klare Aussage zum Euro wird vermieden. So wird eher Misstrauen geschürt.

TIPPS & TRICKS

... möchte ich eigentlich nicht geben. Das hört sich so väterlich an und so alt fühle ich mich noch nicht.

MÄNNER
TRÜFFEL SCHWEINE
BEATLES BILD → BEGEISTERUNG
OHNE... LUFTKRIEG.
FROHER ... KATALOG.
... DIE NACH ... THEATER

UNGLAUBWÜRDIG WEIL REICHE LEUTE
NATÜRLICH EMPFEHLEN.

... ÖLE ...
... KATALOG ...
SCHWARZ BESTELLEN ZU ...

MEIN LIEBLINGSTEXT

Lieblingstexte habe ich eigentlich nicht, ich kann
Ihnen 3 Bücher nennen, die ich mehrmals
gelesen habe:

Raymond Chandler
»Der lange Abschied«

David Sedaris
»Nackt«

Douglas Adams
»Der lange, dunkle Fünfuhrtee der Seele«

NEUGESTALTUNG

Mein Vorschlag für die Katalog-Anzeige ist denkbar einfach.

Über eine visuelle Idee wird die Attraktivität und die Unverzichtbarkeit des Quelle-Katalogs dramatisiert. Stärker kann man nicht zeigen, dass im Katalog unzählige Angebote versteckt sind, die man einfach haben muss.

Die Optik der Post-it-Zettel ist dabei gelernt. Durch die Übertreibung (jede Seite hat ein Post-it) wird die Attraktivität des Katalogs überhöht – die Anzeige bekommt durch diese Verfremdung und Überhöhung ihre Aufmerksamkeit und Sympathie.

WICHTIG

Hero der Anzeige ist einzig und allein der neue Katalog – und wo man ihn bestellen kann. Mehr braucht man nicht zu kommunizieren.

»Meine Eltern haben mir früher immer Hampeltröpfchen gegeben.«

Armin Reins MICHAEL, WIE BIST DU EIGENTLICH WERBETEXTER GEWORDEN? **Michael Weigert** Ich studierte mehr recht als schlecht Germanistik, eigentlich nur so zum Alibi, dass man von der Straße weg ist. Machte Musik nebenher. Ein Freund aus einer Düsseldorfer Agentur erzählte mir, dass Werbung ganz nett ist. Da bin ich mit ein paar Liedtexten von mir zu Troost gegangen. Und die haben mich genommen. WELCHE VORSTELLUNG HATTEST DU VOM BERUF DES WERBETEXTERS? Ich bin nicht in die Werbung gegangen, um was besser zu machen. Es war eher so 'n Flug ins Dunkle ohne Radar. Bei Troost gab es Leute wie Bernd Kreutz, der Yello erfunden hat. Der war eigentlich Art Director, ein totaler Egomane, der nur alleine gearbeitet hat. Oder Rainer Baginski, zur damaligen Zeit ein Werbe-Star. Und Burkhard Apholz, mein Chef, ein ehemaliger GGK-Texter, dem ich sehr viel zu verdanken habe. Das waren die, die es dort rissen. Der Rest waren Dinosaurier aus den 70ern, die sich jeden Tag um vier Uhr zum Weißwein in der Kantine trafen und den Abend einläuteten. WODURCH BIST DU BEEINFLUSST WORDEN, TEXTER ZU WERDEN, HATTEST DU VORBILDER? Vier Wochen nachdem ich angefangen hatte mussten 30 Leute gehen. Denn durch Etatgewinne, die gar nicht eingefahren wurden, aber schon als gewonnen verbucht waren, brach auf einmal die ganze Finanzierung wie ein Kartenhaus zusammen. Das bedeutete, dass wir relativ viel Zeit hatten. Ich durfte deshalb eine Hauszeitung machen. Hört sich jetzt nicht so kribbelnd an, aber ich bekam dafür beim Junior des Jahres eine Auszeichnung. Da hat sich bei mir zum ersten Mal Qualitätsbewusstsein herausgeschält. Mein Chef hat mich morgens bis abends gnadenlos geschliffen. Richtig los ging es aber erst bei Scholz & Friends in Hamburg. Durch Gerald Heinemann, Randolf Nolte, Wolfgang Schönholz, Ewald Wolf, Olaf Oldigs und viele andere gute Leute war da ein Klima, in dem man eigentlich nicht untergehen konnte, wenn man halbwegs drei Sätze hintereinander schreiben konnte. IST ES SCHWIERIGER WERBETEXTE ZU SCHREIBEN ALS ANDERE TEXTE? Glaube ich nicht. Es war einfach nur anders. Man hatte natürlich, wie jeder, der anfängt, erst mal einen wahnsinnigen Frust, wenn man in Meetings saß und dachte: Scheiße, ich bin der Einzige, dem überhaupt nix einfällt, und alle anderen sind viel, viel besser. Aber nach und nach merkte man dann, dass man sich mit einem gewissen Erfahrungsschatz der Sache besser nähern kann. HABEN GUTE TEXTER BESONDERE CHARAKTERLICHE MERKMALE? Ich glaub nicht, dass es einen bestimmten Charakter gibt, der sich besonders zum Texter eignet. Die größten Gegenpole sind wohl Gerald Heinemann, mein Chef bei Scholz, und Jean-Remy von Matt, mein Chef bei Springer & Jacoby. Jean-Remy ist ein ganz ruhiger, eher autistischer, nie aus der Rolle fallender Typ. Gerald ist ganz anders. Der braucht Publikum, funktioniert alleine überhaupt nicht. WELCHE FÄHIGKEITEN MUSS EIN TEXTER MITBRINGEN? Man muss extrem aufmerksam und neugierig sein. Man muss mitkriegen, was passiert. Nicht nur gesellschaftlich, auch politisch. Gut, man muss auch schreiben können, aber das ist Handwerk. Man muss die Fähigkeit haben – ich glaub, das kommt erst mit der Zeit – zu abstrahieren, sich in andere Leute reinzudenken. Nicht glauben, dass das, was man selber gut findet, auch das ist, was dem Produkt, was den Leuten gefällt. Jemand, der 20 ist und Texter werden will, dem kann man eigentlich nur sagen: Nimm dir zwei Jahre lang einen Rucksack und fahr durch die Welt. Du brauchst Lebenserfahrung, sonst kannst du dich in viele Marken nicht reinversetzen. WAS RÄTST DU EINEM TEXTER, DER BESSER WERDEN WILL? Lass dich inspirieren, von Situationen, von Büchern. Verbessere deinen Wortschatz. Versuche, mit guten Leuten zusammenzuarbeiten. Und für Texter ist es wahnsinnig wichtig, in einer Texteragentur zu sein. Texteragenturen sind für mich Agenturen wie Grabarz, Jung von Matt oder Springer & Jacoby. Wo die Texter den Stil der Agentur prägen. Als Texter in eine Bilderagentur zu gehen ist tödlich. Da verliert man den Spaß an der Arbeit. WAS SOLLTE EIN WERBETEXTER LESEN? Ich finde, dass jeder, der schreiben will und muss, viel lesen sollte. Ich glaube nicht, dass es eine Bestsellerliste für Texter gibt. Aber es gibt Klassiker, die jeder Texter gelesen haben sollte: »Per Anhalter durch die Galaxis«, »Nackt« von David Sedaris oder – wie heißt der Kollege mit der Radiotrinkerin? – Max Gold. Es schadet auch nicht, wenn man Geschichtskenntnisse hat. Oder Ahnung von Kultur. WELCHE AUSSERBERUFLICHEN INTERESSEN HAST DU, UM DIR EINEN UNVOREINGENOMMENEN BLICK AUF DIE DINGE ZU ERHALTEN? Es ist immer gut, wenn man den Bekanntenkreis nicht nur aus Werbeleuten rekrutiert. Man muss auch mal bei Wal-Mart einkaufen und nicht immer nur bei Kruizenga. Und man muss sich – so weh das tut – Bärbel Schäfer angucken oder Vera in Tränen. Man muss gucken, dass man unterwegs ist zwischen den Welten. Man muss die Augen offen halten. Es passieren unheimlich viele

Situationen, die man lustig findet. Man vergisst nur, sie aufzuschreiben. Mit Erwin Kisch gesagt: »Augen aufmachen, Stift rausholen, aufschreiben.« Ich habe auch so 'n kleines Büchlein, wo ganz viele Begebenheiten drin sind. **WAS TUST DU, WENN DU NICHT SCHREIBST UND EINFACH NUR ABSPANNEN WILLST?** Ich geh viel mit meinem Hund spazieren. Und: Ich hab überhaupt kein Dekadenzgebaren. Ich interessiere mich weder für Wein noch für besonders gutes Essen noch für Luxushotels. Ich bin einfach »ein ganz normalen Jung« aus Düsseldorf. **WIE STEHST DU ZU DER AUSSAGE, DASS DIE MEISTEN IDEEN FÜR DIE WERBUNG IM PRODUKT SELBST ZU FINDEN SIND?** Da gibt's diesen schönen Satz: Befrage das Produkt, bis es gesteht. Ich glaube, dass die kreativsten, schärfsten und auch effizientesten Sachen aus dem Produkt heraus kommen – außer, es ist ein totales 08/15-Produkt. Aber selbst dann kann man immer was in der Geschichte der Marke, in der Philosophie finden. **HAST DU EINE TECHNIK, DICH EINEM PROBLEM ZU NÄHERN?** Mir fällt relativ viel auf dem Fahrrad ein. Oder wenn ich auf dem Sofa liege. Ich habe festgestellt, dass ich immer zuerst alleine arbeite, mir erst mal meine eigene Meinung bilde. Und erst dann den Austausch mit Partnern suche, auf die ich mich verlassen kann. Denn, nur die bringen einen weiter und quetschen immer noch mehr aus einem heraus. Man sollte natürlich viel übers Produkt wissen. Denn sehr oft befinden sich im Produkt kleine Anekdoten, und daraus kann man dann etwas Interessantes machen. Ein gutes Beispiel ist Coke bei 3 Grad. Da hat irgendjemand in einem Produktblatt mal gelesen, dass Coca-Cola bei 3 Grad am besten schmeckt. Und dann haben die 'ne ganze Kampagne daraus gemacht. Und natürlich sollte man, wenn's um Toastbrot geht, in den Supermarkt gehen und mal gucken, wo steht's denn, was kostet es denn, wer kauft's denn, wie schmeckt's denn. **HAST DU BEIM ARBEITEN BESTIMMTE RITUALE?** Ewald behauptet, dass ich, wenn ich in einer Denkphase bin, immer viel rumlaufe. Meine Eltern haben mir früher immer Hampeltröpfchen gegeben. Ich kann mich relativ schwer zwei Stunden ins Zimmer setzen und konzentriert nachdenken. Ich muss durch die Flure laufen und knuspere dabei immer weiter an der Aufgabe herum. **WENN DU FÜR EINE PRÄSENTATION ZWEI WOCHEN ZEIT HAST, ARBEITEST DU DANN KONTINUIERLICH? ODER WIRST DU ERST IN DEN LETZTEN VIER TAGEN AKTIV?** Natürlich kommen die ersten leichten Schockwellen schon am Anfang. Aber das richtige Erdbeben kommt immer erst drei, vier Tage vorm Schluss. **GIBT ES BEI DIR EINE ROTE LAMPE, DIE ANGEHT, WENN ETWAS**

WAS INSPIRIERT

SCHLECHTES ENTSTEHT? Man läuft eigentlich zu 70 Prozent immer unter der Latte durch. Wenn die Karre in der Grütze steckt, kriegst du sie auch nicht mehr raus. Ich habe eigentlich immer das Gefühl, wenn ich in eine Präsentation gehe, dass es nicht richtig gut ist. Dann beruhigen mich zwar alle: Es ist gut, es ist gut. Aber ich frage mich ständig, was hätten wir besser machen können? Was sagt jetzt die Branche? Das ist bei mir so eine Art Lampenfieber, schrecklich. **SIEHST DU DICH ALS HANDWERKER, TECHNIKER ODER KÜNSTLER?** Als Zweckkünstler. **WIE WICHTIG SOLLTEN FÜR JUNGE TEXTER AUSZEICHNUNGEN UND WETTBEWERBE SEIN?** Wahnsinnig wichtig. Wenn du Läufer bist, dann willst du irgendwann die 100 Meter unter 10 Sekunden laufen. Und wenn du Texter bist, dann willst du irgendwann mal ausgezeichnet werden. Deswegen sind diese Wettbewerbe wichtig, um seine eigene Klasse abzutesten. Deshalb ist es auch wahnsinnig wichtig, die ganze Agentur zum ADC hinzukarren. Nicht wegen der Party, sondern damit die Leute sich die Ausstellung angucken und sich fragen: Ist denn das, was ich gemacht hab, wirklich so gut? Damit der eine oder andere nach Hause kommt und sich sagt: Ey, nächstes Mal muss ich die Schraube wohl 'ne ganze Umdrehung weiterdrehen. **WAS ANTWORTEST DU, WENN DEINE TOCHTER ODER DEIN SOHN ZU DIR KOMMT UND SAGT, ICH MÖCHTE WERBETEXTER WERDEN?** Mach'et Otze.

Oliver Voss

Geboren am 07.07.1966
in Remscheid
Abitur in Köln
1986–1988 Juniortexter,
Rahmel & Partner, Köln

1989–1991 Texter, Werbe-
agentur Robert Pütz, Köln
1992–1993 Texter, Deutsch
Advertising, New York
1994–1996 Texter,

Jung von Matt, Hamburg
1996–1998 Texter,
Wieden & Kennedy,
Amsterdam
1998 Geschäftsführer,

Jung von Matt/Isar,
München
2001 Geschäftsführer,
Jung von Matt/Alster,
Hamburg

ANALYSE

Die Anzeige ist überladen.
Es steht zu viel drin.
Manches sogar zweimal.
So wie ich beim Ausdenken die schlechten Ideen in den
Papierkorb schmeiße und nur die guten übrig lasse, so
schmeiße ich auch aus dem Kundenbriefing die schwachen
und unwichtigen Punkte raus und lasse nur das Wichtigste
stehen.

LIEBLINGSTEXT

Is it love?

NEUGESTALTUNG

WAS ICH GEÄNDERT HABE
Ich habe mit dem Wichtigsten angefangen:
Eine Anzeige mit einer Bestellpostkarte.
Dann hab ich mich gefragt: Was kann man weglassen?
Gratis? Wenn es um einen Quelle-Katalog geht, gehen die
Leute sowieso davon aus.
75 Jahre? Unwichtig. Außerdem steht es ja auf dem Katalog.
Telefonnummer? Wofür gibt es die Karte?
Internet-Adresse? Meinetwegen. Aber klein.
Auf die Rückseite der Karte.
Logo? Ist doch schon riesig auf der Postkarte.
Copy? Nur, wenn sie der Idee hilft. (Siehe unten.)
Billiges Foto? Okay. (Teuer darf es sowieso nie sein.)
Finanzchef als Model? Auch okay. Aber dann bitte mit wüten-
dem Gesicht. Und dem Spruch: »Nein! Nicht bestellen!« Und
mit einer wütenden Copy: »Wenn es nach mir ginge, würde
dieser Katalog nicht erscheinen! Die Preise sind viel zu
niedrig. Da verdienen wir ja nix dran. Wenn Sie mir einen
Gefallen tun wollen: blättern Sie weiter.«

NEIN!
Nicht bestellen!

"Wenn es nach mir ginge, würde dieser Katalog
nicht erscheinen!
Die Preise sind viel zu niedrig.
Da verdienen wir ja nix dran.
Wenn Sie mir einen Gefallen tun wollen:
blättern Sie weiter."

Oliver Voss

»Ein gewisser Hang zur Schizophrenie ist auch nicht falsch.«

INTERVIEW

Armin Reins OLIVER, WIE BIST DU EIGENTLICH WERBETEXTER GEWORDEN? Oliver Voss Ich war Lokal-Redakteur bei der »Werbepost«, einem Anzeigenblatt in Bergheim bei Köln. Für die hab ich geschrieben und fotografiert, was so am Wochenende passiert ist: Kaninchenzüchtervereinstreffen, Feuerwehrfeste, Lokal-Derbys der Fußballmannschaften. Montagmorgens musste ich dann alles abgeben. Fertig entwickelte Fotos und fertige Texte. Ich bekam 25 Pfennig für jede Zeile. Das hab ich ein Jahr lang gemacht. Irgendwie war in meinem Freundeskreis dann Werbung angesagt. Ich hab mich davon anstecken lassen und ein Praktikum in einer Agentur gemacht. Da erfuhr ich, dass es Texter gibt. Das hab ich dann versucht, bin aber bei meiner ersten Werbeagentur, bei der Westag in Köln, nach vier Monaten gefeuert worden. Mein CD meinte, ich hätte absolut kein Talent und ich sollte es bitte nicht noch mal versuchen. Ich hab's aber weiter versucht, und so bin ich's dann auch geworden. **WELCHE VORSTELLUNG HATTEST DU VOM BERUF DES WERBETEXTERS?** Ich dachte, der Texter sitzt im stillen Kämmerlein und schreibt seine Sachen so vor sich hin. Bei Rahmel+Partner und Pütz in Köln war das auch so. Der Pütz hat immer gesagt, er fände es blöd, wenn wir im Rudel texteten. Erst bei Jung von Matt habe ich erlebt, dass es sehr inspirierend ist, wenn man sich was zusammen ausdenkt. **WODURCH BIST DU BEEINFLUSST WORDEN, TEXTER ZU WERDEN, HATTEST DU VORBILDER?** Michael Schirner. Die einfache Sprache und das Übertragen der Prinzipien der Kunst auf die Werbung. Das hat mir ungeheuer imponiert, weil ich mich auch für Kunst interessiert habe. Und die Plakativität der Ideen, die Rigorosität, mit der er alles Unwichtige weggelassen hat. Ich erinnere mich, dass ich nach Düsseldorf gefahren bin und vor der Agentur stand, mich aber nicht getraut hab, zu klingeln. Das war für mich damals wirklich eine Gottheit, die unerreichbar schien. **IST ES SCHWIERIGER WERBETEXTE ZU SCHREIBEN ALS ANDERE TEXTE?** Viel schwieriger. Da hab ich plötzlich einen kleinen Mann im Ohr, den Kunden. Der quasselt mir dauernd rein. Als Journalist konnte ich schreiben was ich wollte: konnte mich lustig machen über Leute oder sie loben und kritisieren. Um mit der Institution Kunde klarzukommen, um die zu verstehen, dazu brauchte ich einige Jahre. Dass man sich in einem Rahmen bewegt, der nicht nur bestimmt ist durch den eigenen Anspruch, sondern durch die Hoffnung des Kunden, mit der Anzeige was zu bewirken.

HABEN GUTE TEXTER BESONDERE CHARAKTERLICHE MERKMALE? Ich glaube, alle können in Strukturen denken und Dinge gewichten. Sie sind eher introvertiert und haben eine wahnsinnige Kondition, wenn es ums Ausdenken von Ideen geht. Sie haben tierische Nehmer-Qualitäten, sind richtige Stehaufmännchen. **WELCHE FÄHIGKEITEN MUSS EIN TEXTER MITBRINGEN?** Ausdauer, Kritikfähigkeit, auch ein einigermaßen großes Ego sollte man haben. Man sollte leicht exhibitionistisch veranlagt sein. Ein gewisser Hang zur Schizophrenie ist auch nicht falsch. Um sich in Menschen hineinversetzen zu können. **WAS RÄTST DU EINEM TEXTER, DER BESSER WERDEN WILL?** Man muss sich gute Lehrer suchen, das ist das Wichtigste. Und man muss ausdauernd sein. Ich glaub nicht, dass Talent sehr viel damit zu tun hat. Ich hatte nach meiner Einschätzung kein Talent als ich angefangen hab. Ich hab's mir einfach beigebracht oder beibringen lassen. Und: Weitermachen. Weitermachen. Weitermachen. Weitermachen. Das hat was mit Brutalität zu tun. Ich sag den Leuten immer: Schreibt mehr, dann habt ihr den doppelten Ausstoß. Dann kommt auch mehr dabei raus. Das ist im Prinzip wie im Fußball. Wenn du 40 Freistöße trainierst, geht auch mal einer rein. **WAS SOLLTE EIN WERBETEXTER LESEN?** Die Klassiker. Ich halte nicht viel von neuer Literatur wie »Generation Golf«. Ich finde das, was die Großen geschrieben haben, ist immer noch zehnmal mehr wert, um sein Vokabular und seinen Stil zu schulen, zu variieren. Ich würde auch empfehlen, möglichst viele Drehbücher zu lesen. Aus denen kann man super viel lernen. Wie man Geschichten erzählt und Dialoge entwickelt. **WELCHE AUSSERBERUFLICHEN INTERESSEN HAST DU, UM DIR EINEN UNVOREINGENOMMENEN BLICK AUF DIE DINGE ZU ERHALTEN?** Einfach nicht stehen bleiben. Sich nicht mit dem zufrieden geben, was man hat. Ich hab jetzt gerade einen Kurzfilm gedreht. Man muss sich in allem weiterentwickeln, gucken, was für neue Musik läuft, was für neue Filme es gibt. Einfach neugierig bleiben, interessiert bleiben, bescheiden bleiben. Werbung machen ist nicht der dollste Job der Welt. **WAS TUST DU, WENN DU NICHT SCHREIBST UND EINFACH NUR ABSPANNEN WILLST?** Kunst interessiert mich, Literatur interessiert mich und Film interessiert mich. Dann interessiert mich aber auch das Nichtstun. Ich bin ein großer Nichtstuer. Die Zeit vertrödeln hat Charles Bukowski irgendwann mal gesagt. Das ist eine meiner Lieblingsbeschäftigungen – einfach so den Tag verstreichen lassen. Herrlich. Wenn ich nichts tue, hab ich immer das Gefühl, superviel Zeit zu haben. **WIE STEHST DU ZU DER AUSSAGE, DASS DIE MEISTEN IDEEN FÜR**

DIE WERBUNG IM PRODUKT SELBST ZU FINDEN SIND? Es kommt drauf an, ob man Produkt- oder Markenwerbung macht. Bei Produktwerbung, so wie z. B bei Sixt, da geht's um 99-Euro-Angebote. Wenn ich aber Werbung für den Mini mache, kommt »Is it love?« aus dem Gefühl heraus, das ich dem Auto entgegenbringe. Es ist praktisch die Marke Mini, die dem Verbraucher diese Frage stellt. Natürlich führt es letztendlich auf das Produkt zurück, aber es hat sehr viel mehr mit den Gefühlen zu tun, die sich drumherum ranken. Oder bei Nike, für die ich zwei Jahre in Amsterdam gearbeitet habe. Ich fragte damals meinen CD: »Was ist denn eigentlich Nike?« Und er hat geantwortet: »Das, was du meinst, was es ist.« Leichter ist das dummerweise nicht. Denn, man muss ja auch noch darauf kommen, Angela Merkel eine komische Frisur aufzusetzen, um dann zum Schluss zu sagen: Wir haben Cabrios. Vielleicht kommen Ideen heute nicht mehr aus dem Produkt heraus, sondern die Ideen enden im Produkt.

HAST DU EINE TECHNIK, DICH EINEM PROBLEM ZU NÄHERN? Ich setze mich mit einem Zettel in ein Café und beginne mit jemandem zusammen einfach immer weiterzuspinnen. Ich probier, das Produkt wie einen Menschen kennen zu lernen. Bei mir geht das sehr stark durch den Bauch. Ich probier einfach zu erspüren, was mir das Produkt sagt und was es anderen Leuten sagen könnte. **HAST DU BEIM ARBEITEN BESTIMMTE RITUALE?** Ich schreib mit einem Montblanc-Füller. Den hab ich heute nicht dabei, das macht mich schon den ganzen Tag nervös. Ich entwickle alles nur handschriftlich. Ich brauch das Papier. Ich muss malen können. Meist male ich erstmal das Format der Anzeige auf und schreib dann da irgendwas rein, immer sehr zur Belustigung meiner Art Directoren. Wenn ich aus der Mittagspause komme, hab ich meist Tischdecken oder Bierdeckel dabei mit Ideen.

GIBT ES BEI DIR EINE ROTE LAMPE, DIE ANGEHT, WENN ETWAS SCHLECHTES ENTSTEHT? Das beurteile ich mit dem Bauch. Das fühle ich. Natürlich, man kann sich fragen: Hab ich das schon mal gesehen? Gibt's so was Ähnliches? Ist das wirklich neu? Aber letztendlich ist es doch das Kribbeln im Rückgrat, was mir dann sagt: O.k., Treffer, das machen wir jetzt!

WENN DU FÜR EINE PRÄSENTATION ZWEI WOCHEN ZEIT HAST, ARBEITEST DU DANN KONTINUIERLICH? ODER WIRST DU ERST IN DEN LETZTEN VIER TAGEN AKTIV? Ich arbeite jeden Tag. Es macht mir auch nichts, acht Stunden am Tag über ein Projekt nachzudenken. Oder länger. Ich find das herrlich. Ich brauche eigentlich keine kreativen Pausen in einer Phase des Ausdenkens. Wenn es noch nicht gut ist, muss ich weitermachen oder der Termin muss verschoben werden. **SIEHST DU DICH ALS HANDWERKER, TECHNIKER ODER ALS KÜNSTLER?** Als Handwerker. Die Definition von Kunst ist für mich, dass kein Logo auf der Leinwand sein darf. Wir sind Leute, die man bucht, um auszuführen. Da gibt's keine Kunst. **WIE WICHTIG SOLLTEN JUNGEN TEXTERN WETTBEWERBE UND AUSZEICHNUNGEN SEIN?** Wichtig. Weil es ihnen zeigt, wo die Latte hängt. Das ist so ein Gewissen, das über einem schwebt und dem man gerecht werden muss. Mir hat das geholfen, weil ich die Hoffnung hatte, mal ins ADC-Buch zu kommen. Der Wettbewerb macht einen einfach heiß, wie beim Dauerlauf. **WAS ANTWORTEST DU, WENN DEINE TOCHTER ODER DEIN SOHN ZU DIR KOMMT UND SAGT, ICH MÖCHTE WERBETEXTER WERDEN?** Hätte ich nichts dagegen. Ich würde meinen Kindern raten, das zu machen, was sie machen wollen.

WAS INSPIRIERT

Hier ist ein Foto von mir – allerdings ist nur mein Oberschenkel zu sehen (rechts unten, im grauen Anzug). Stattdessen zeigt es das, was mich inspiriert: Freunde. Und zwar einen meiner besten: Niklas. Wir sind gerade auf der Gumball 3000 Party in London, trinken Cranberry Vodkas, essen ein Sandwich mit Pommes frites und schreiben ein neues Kapitel der »Rude Boy Entertainment«-Saga.

Guido Heffels

Geboren 21.12.1965 in
Mönchengladbach
1988 Abitur in Mönchengladbach
Studium Visuelle Kommunikation/
Grafik an der FH Düsseldorf,
Studienabschluss als
»Diplom-Designer«
1990–1992 Texter, Hesse Design-
agentur, Düsseldorf
1993 Januar bis September Texter,
Baader, Lang, Behnken, Hamburg
1994 Texter, Springer & Jacoby,
Hamburg
ab Januar 1996 Creative Director
Springer & Jacoby
ab 1998 Mitglied des Art Directors
Club für Deutschland (ADC) e. V.
ab 01.07.1999 Gründer, Geschäfts-
führer und Creative Director,
»Heimat« Werbeagentur, Berlin
»Heimat« gewählt zur Newcomer-
Agentur des Jahres 2001

ANALYSE

Hooligans in der Werbung

Menschen, die bei mir zu Hause einfach die Tür eintreten und pöbelnderweise reinschlendern, bekommen grundsätzlich weder eine Tasse Tee noch Gebäck gereicht. So kommt leider der Herr in dieser Anzeige daher. Pöbelnd [1] und altväterlich zugleich: »Wer diesen Katalog nicht anfordert, ist selber schuld.« Dazu grinst er [2] wissend und hält lässig die Hand [3] in der Hosentasche. Kurz: Knigge nicht gelesen. Nicht mal vorgestellt, aber schon in Bin-Laden-Tonalität drohen. So nicht, mein unhöfliches Vögelchen.

Das Altväterliche ließe ich im Zweifel noch zu, wenn ich denn mit dem Herrn verwandt wäre. Bin ich aber nicht. Genauer gesagt: Ich kenne diesen Mann nicht mal. (Erst bei der Über-arbeitung fiel mir auf, dass dieser Herr ja der Presenter aus den TV-Spots ist.)

War es im ersten Moment noch die Drohgebärde, so lässt mich im zweiten die Headline [1] selbst grübeln.

Woran bin ich denn schuld, wenn ich diesen Katalog [4] nicht ordere? Da keine Antwort, nicht mal assoziativ, vorhanden ist, muss ich mir meinen eigenen Reim machen.

Das ist gefährlich.

Bin ich schuld, dass mein Papierkorb nach der Nicht-Bestellung und dann auch Nicht-Lektüre des Katalogs leer bleibt, das Müllaufkommen Berlins dadurch ernstlich sinkt und darauf ein Müllmann seinen Job verliert? Das würde mich betroffen machen.

Ebenfalls betroffen machen würden mich folgende Drohun-gen: »Wer diesen Katalog nicht anfordert, ist am nächsten Weltkrieg schuld.«, »Wer diesen Katalog nicht anfordert, wird impotent.« oder »Wer diesen Katalog nicht anfordert, muss ohne Abendessen ins Bett.« All das würde mich aufhorchen lassen. Oha, dann lieber schnell bestellen. Wer ist schon gerne am nächsten Weltkrieg schuld. Da kann man ja nicht mal mehr ungeschoren über die Straße gehen.

TIPPS & TRICKS

Ja, die gibt's.

MEIN LIEBLINGSTEXT

Wenn ich mein Leben noch mal von vorne anfangen könnte, ... würde ich mir ein paar echte Probleme anschaffen und keine eingebildeten.

Sinngemäß aus einer alten Harley-Davidson-Anzeige

Die Eulen sind nicht das, was sie scheinen.

Twin Peaks

Bonusvariante: »Wer diesen Katalog nicht anfordert, ist schuld, wenn ich bei Quelle entlassen werde.« Dafür müsste der Herr mit der Brille in Fielmann-Optik aber ein wenig bedröppelt gucken.

Die Unterzeile (5) im blauen Balken verwirrt mich dann völlig: Gratis! (Das ist doch ne echte Botschaft! Warum kommt die so spät.) Jetzt überall bei Quelle. (Ich dachte doch, ich könnte den Katalog per Karte anfordern. Jetzt soll ich plötzlich bei Quelle vorbeischauen) 0180-53100 (Ja, Freunde, was denn nun? Anrufen oder bei Quelle. Oder erst bei Quelle anrufen und dann abholen.)

Trotz aller Verwirrspiele, das Briefing ist klar: Sagen Sie allen Menschen, dass der tolle Jubiläumskatalog (75 Jahre) erschienen ist. Ganz einfache, weil klare Aufgabe.

Das zu erfüllen, geht bestimmt auch ohne Hooligans.

Danke, Oma. Danke, Tim.

Zunächst versucht man es ja gerne auf Umwegen. Ich habe mir einen ausgebeulten Briefkasten aufgescribbelt. Mit ausgeweitetem Einwurfschlitz. Weil ja der dicke Katalog gar nicht in die handelsüblichen Briefkästen passt. Dazu sollte es eine faktische Subline geben. Quelle-Katalog, Bestellformalitäten etc. pp.

Aber schnell war ich wieder weg davon, weil das ungehörig dem Kunden gegenüber ist. Da arbeitet die Quelle-Katalogredaktion bestimmt ein halbes Jahr an so einem Ding und dann zeigt man es gar nicht. Das kommt zurück. Und zwar zu Recht.

Dann fiel mir ein, dass da ja eine aufgeklebte Karte auf der Anzeige war. Da könnte man mit herumspielen. Weil es sich bei dem Abnehmen der Karte ja um das Prinzip des Wegnehmens handelt. Man könnte beispielsweise fiesen, linkischen, unangenehmen Zeitgenossen damit den Katalog entreißen. Scharping fällt mir ein. Oder Jürgen Drews. Oder, oder, oder. Unter der Karte zeigen wir dann den armen Tropf, wie er beleidigt oder sonstwie blöd guckt. Aber letztendlich ist das auch nur ein Gag. Hat wenig mit dem Produkt zu tun. Schlimmer: Der Gag überlagert die Produktbotschaft. Auch das kommt postwendend zurück. Mit Sicherheit.

So geht's nicht weiter. Das Zufallsprinzip war noch nie ein guter Ratgeber. Zumindest kann man sich nicht wirklich darauf verlassen. Blöd, wenn die Deadline naht.

Was tun? Ich habe nicht mehr als das Produkt in der Hand. Hat dieses Produkt eine Botschaft aus sich heraus? Oder muss ich irgendwas erfinden, damit es »sexy« daherkommt? Was ist die »Wahrheit« dieses Produkts?

Fakt ist: Der Quelle-Katalog ist so etwas wie die Bibel der deutschen Direktbesteller. Er steht seit Jahren (75 an der Zahl) für interessante, günstige Waren aller Art. Meine Oma kannte ihn schon und deren natürlich auch. Kein anderes Warenhaus kann das von seinem Katalog sagen. Ergo, wir halten fest: Wir können bei dem Produkt von einer hohen Bekanntheit und einer nicht minder hohen Nutzwertkenntnis (geiles Wort, sofort merken und beim nächsten Kundenmeeting auftrumpfen) ausgehen. Probleme des Produkts sind mir unbekannt.

Guter Kunde, gutes Produkt.

Doch der Kunde lebt ja nicht vom Selber-gut-Finden, sondern davon, dass andere ihn gut finden. Also schnell die Konsumentenbrille aufgesetzt.

Der Adressat der Kampagne will eigentlich von Werbung gar nichts wissen. Für ihn zählt die Information. Sei es ein günstiger Preis, die Neuerscheinung oder gar viele für ihn interessante Angebote. Wenn man ihm dies dann noch charmant rüberbringt, lässt er sich bestimmt auch nicht lumpen und bestellt. Umso besser, dass Quelle bei ihm traditionell einiges an Goodwill voraussetzen kann.

Fakt: Wenn ich etwas von Gewichtigkeit zu sagen habe, dann hört man mir auch zu. Und das habe ich allerdings. So banal es sich auch anhören mag, diese Botschaft lautet: Der neue Quelle-Katalog ist da. Mit vielen lohnenswerten, interessanten Angeboten.

Dabei fällt mir gerade wieder meine Oma ein, die beim Quelle-Katalog immer Eselsohren in die Seiten mit den interessanten Angeboten gemacht hat. Das sah dann recht lustig aus, wenn sich der Katalog an einer Seite dann aufgrund der vielen Eselsohren anhob.

(Jetzt geht's in meinem Kopf Schlag auf Schlag:) Bei den Eselsohren fällt mir ein, dass man das ganz toll mit dem Kundenwunsch kombinieren kann. Groß das Produkt zeigen, dann übertrieben viele (also jede Seite umknicken) Eselsohren rein machen. Die 75-Jahre-Botschaft steht ja schon auf dem Titel, braucht folglich nicht wiederholt zu werden.

Als Verknüpfung zum TV-Spot lege ich den Katalog auf den gelbgoldenen Fond. Der Presenter muss leider nach Hause gehen. Der hat im TV bei mir schon keinen Punkt gemacht, also tschüss! Unter diese virtuelle Textidee schreibe ich dann sachlich die Bezugsquellen drunter.

Der Büchlein-Titel für die Präsentation) lautet dann: »Wer was gegen diese Anzeige sagt, beleidigt meine Oma.«

Puh, das war's. Jetzt bitte ich noch Tim, mir das irgendwie zu photoshoppen. Anrufen? Ne, ich geh hin zu ihm, bloß keine Chefallüren. Sonst kommt der mir mit der Gewerkschaft.

Oha, er findet die Idee gut.

Gut, wenn man eine Oma hat. Und einen Tim.

»Verdauung kann man erzwingen, Texte nicht.«

Armin Reins GUIDO, WIE BIST DU EIGENTLICH WERBETEXTER GEWORDEN? Guido Heffels Ich wollte ursprünglich schöne Bücher und Design machen. Dann merkte ich, dass ich mir grundsätzlich von meinen Eltern und anderen Leuten nie was sagen ließ. Und dass ich ergo mit meiner Art doch ganz gut in der Werbung aufgehoben wäre. Ich habe dann Grafikdesign studiert. Aber ich war höchstens Mittelmaß. Irgendwann hat mich Klaus Hesse von der gleichnamigen Düsseldorfer Agentur gefragt, ob ich nicht einen Texter kennen würde, der ihnen eine Broschüre schreiben könnte. Da habe ich gedacht, so schwer kann das ja wohl nicht sein, das mache ich selber. Diese Broschüre ist gedruckt worden. Seitdem bin ich Texter und rede allen Art Directoren mit rein. WELCHE VORSTEL-LUNG HATTEST DU VOM BERUF DES WERBETEXTERS? Ich dachte am Anfang, dass ein guter Texter sich dadurch auszeichnet, dass er gute Texte und Headlines schreibt. Heute würde ich sagen, ein guter Texter ist erst mal ein guter Denker. Der Rest kommt von allein. WODURCH BIST DU BEEINFLUSST WORDEN, TEXTER ZU WERDEN, HATTEST DU VORBILDER? Im Studium habe ich viel von Jürgen Mandel gelernt. Dann hat mich mein erster Chef, Klaus Hesse, geprägt. Der sagte so Sätze, die ich immer noch im Kopf hab, wie: »Wenn du was zu sagen hast, schreibe es hin, dann hast du eine gute Headline. Wenn du nichts zu sagen hast, hast du ein Problem.« Viel gelernt habe ich auch von Ulli Leschak bei S & J. Wenn ich ihm meine Texte vorlegte und vehement dafür kämpfte und er mich nur ein bisschen mitleidig anlächelte, dann wusste ich, da gehe ich noch mal ran. Ansonsten habe ich mir meine Vorbilder aus anderen Bereichen gesucht. In seiner Radikalität finde ich Jello Biafra, den Sänger der ehemaligen Dead Kennedys, sehr begnadet. »Don't hate the media. Become the media.« Und überhaupt: Die Leute aus der Untergrund-Szene haben mir sehr imponiert, weil sie die Dinge mit anderen Augen sahen, subversiver und nicht so imperialistisch und überheblich wie es die normale westliche Welt tat. »Holiday in Cambodia« von den Dead Kennedys – das ist natürlich auch hochgradig zynisch gewesen. Aber das waren eben vor 20 Jahren Schlagzeilen, bei denen ich mir gesagt habe, heidewitzka. Dockers (bzw. Levi's) wollten das Lied mal als Soundtrack für einen Commercial. Und Biafra hat nur gesagt, einen Scheiß tue ich. Denn das ist das, wogegen wir immer waren. Das hat mir imponiert. Eine Seele lässt sich nicht kaufen.

IST ES SCHWIERIGER WERBETEXTE ZU SCHREIBEN ALS ANDERE TEXTE? Werbetexten hat den Nachteil, dass man es für andere Leute macht, und deren Zielen muss man in irgendeiner Weise gerecht werden. Natürlich muss man erst einmal sich selbst gerecht werden, sonst kann man den Text gar nicht verkaufen. Aber dieses auftragsgebundene macht es für einen Werbetexter schwierig. Denn man muss auf den Punkt und den Termin genau eine Lösung auf den Tisch legen. Das ist wie beim Lieferservice. HABEN GUTE TEXTER BESONDERE CHARAKTERLICHE MERKMALE? Ich halte grundsätzlich jeden in der Werbung, der es länger als drei Jahre ausgehalten hat, für hochgradig neurotisch. Aber ich arbeite gerne mit Leuten, die ein Rad ab haben, das finde ich das liebenswerte an der Branche. Das spart dem Staat viel Geld, wenn er die Werbung fördert, statt die Leute in die Klapsmühle zu stecken. WELCHE FÄHIGKEITEN MUSS EIN TEXTER MITBRINGEN? Ich glaube, dass man neugierig sein muss. Man muss Spaß daran haben, mit Leuten zu reden, man muss Spaß haben, bei Menschen Reaktionen hervorzurufen. Das heißt nicht, dass man arrogant oder laut sein muss. Man kann auch ganz leise sein und damit etwas bei Menschen auslösen. WAS RÄTST DU EINEM TEXTER, DER BESSER WERDEN WILL? Ganz viel lesen! Ich kenn allerdings nur ein interessantes Werbebuch, das hieß in der deutschen Übersetzung »Flauschig weich wird selbst die Leiche«. Ein Buch über die 70er-Jahre-Werbung in den USA. Eine Story daraus habe ich noch im Kopf: Wie ein Juniortexter in einer Agentur, die lange über Panasonic nachgedacht hat, im Meeting sagt, ich habe einen guten Claim dafür: »Von den tollen Leuten, die euch Pearl Harbor beschert haben.« Bang! Genial, aber unverkäuflich. Darum bin ich in der Werbung, um mich an so was zu erfreuen. Manchmal sollte man sich einfach ein Buch nehmen, das man sich eigentlich nie kaufen würde. Einfach aufgrund der Titelgestaltung oder des Titels. Sich mal drauf einlassen, was denn da auf einen so zukommt. Anfangen würd ich mit Karim Bendi, weil der eine gute Sicht auf die Welt gibt. Oder all die irischen Autoren. Man sollte auch Faust gelesen haben. Oder die Bibel. Da kann man ganz viel draus lernen. Gut ist auch die TAZ: Als Möllemann in NRW 9,8 % bekam, wo alle damit gerechnet hatten, dass er gerade mal über 5 % kommt, hieß die Schlagzeile: »Möllemann verpasst absolute Mehrheit.« Echt brillant. WELCHE AUSSERBERUFLICHEN INTERESSEN HAST DU, UM DIR EINEN UNVOREINGENOMMENEN BLICK AUF DIE DINGE ZU ERHALTEN? Man sollte einmal in der Woche mit seinen Eltern telefonieren, das bringt einen sehr schön runter

WAS INSPIRIERT

www.alternativetentacles.com
www.bild.de
www.radioeins.de/sendungen/elektro_beats/miller.jsp
www.radioeins.de/sendungen/peel/playlist.jsp
www.davidlynch.com

auf ein normales Niveau. Und man sollte abends früh ins Bett gehen. **WAS TUST DU, WENN DU NICHT SCHREIBST UND EINFACH NUR ABSPANNEN WILLST?** Ich bin ab und zu gerne alleine zuhause. Geh alleine spazieren, alleine ins Kino. Dann bin ich zu nichts verpflichtet, das genieße ich. Und natürlich ist für mich immer wichtig, dass Borussia Mönchengladbach gewinnt. **WIE STEHST DU ZU DER AUSSAGE, DASS DIE MEISTEN IDEEN FÜR DIE WERBUNG IM PRODUKT SELBST ZU FINDEN SIND?** Ja, Punkt. **HAST DU EINE TECHNIK, DICH EINEM PROBLEM ZU NÄHERN?** Ich versuche erst mal alles über das Produkt zu erfahren, mir das Briefing mehrmals durchzulesen. Dann lege ich alles weg und versuche mit dem zu arbeiten, was ich im Kopf habe. Das ist nämlich genau das, was bei einem normalen Menschen im Hinterkopf hängen bleibt. Es gibt noch eine andere Technik, die ich gerne anwende. Ich versuche erst mal, das Produkt zu verarschen, erst mal was Negatives drüber zu schreiben oder hochgradig zynische Sachen drüber zu reißen. Darin steckt auch Wahrheit. Und auf Grundlage dieser Wahrheit kann man dann seine eigene Wahrheit für dieses Produkt schaffen. Es ist schon Jahre her, da gab es eine Anzeige für die Bundeswehr. Das Bild war relativ belanglos, ein Schüler schrieb was auf ein Blatt Papier. Aber die Headline daneben war »Wir verteidigen auch das Recht, negativ über uns zu schreiben.« Das fand ich phänomenal – und es war die Wahrheit. **HAST DU BEIM ARBEITEN BESTIMMTE RITUALE?** Beim Nachdenken gehe ich gern aus der Agentur raus. Oder ich räum mein Büro auf. Bloß nicht mit dem Kopf durch die Wand denken. Kurz: ich gestehe mir zu, ein undisziplinierter, launischer Mensch zu sein. Je nach Laune darf es auch mal diszipliniert sein: Bin ich besonders guter Laune, schreib ich mit einem ganz teuren Füller auf ein Blatt Papier. Da schreibt man nicht so viel Blödsinn nieder wie mit einem Kuli. Manchmal setze ich mich auch direkt vor den Computer und lass alles raus, oder ich lege mich auf den Boden. Wie ich eben so drauf bin, genau so muss ich es machen. Und wenn ich merke, dass heute nicht der Tag ist, um darüber nachzudenken, mache ich irgendwas ganz anderes. Verdauung kann man erzwingen, Texte nicht. **GIBT ES BEI DIR EINE ROTE LAMPE, DIE ANGEHT, WENN ETWAS SCHLECHTES ENTSTEHT?** Wenn ich meine, dass ich so halbwegs auf dem richtigen Weg bin, erzähle ich das irgendwem in der Agentur. Und wenn sich da nichts rührt oder wenn da so ein »Hä?« mir entgegengeworfen wird, dann stimmt da irgendwas nicht. Das Allerschlimmste ist, wenn die Leute denken: Wofür bekommst du eigentlich das Geld hier? **WENN DU FÜR EINE PRÄSENTATION ZWEI WOCHEN ZEIT HAST, ARBEITEST DU DANN KONTINUIERLICH? ODER WIRST DU ERST IN DEN LETZTEN VIER TAGEN AKTIV?** Menschen fangen erst richtig an zu denken, je knapper der Termin ist. Das ist wie eine Droge. Die letzten drei Tage vor der Präsentation, da arbeitet der innere Motor auf Hochtouren. Dann ist man viel radikaler im Wegschmeißen von Ideen. Sonst schleppt man über Wochen Ideen mit und sagt sich, ja, da steckt was drin, obwohl man genau weiß, es steckt nur Scheiße drin. **SIEHST DU DICH ALS HANDWERKER, TECHNIKER ODER ALS KÜNSTLER?** Kunden haben immer Terminprobleme. Und über einen Termin mit einem Künstler zu reden ist schwierig. Deshalb sind wir wohl Handwerker. Ich glaube, Kunden wollen den Mix haben. Sie wollen mal den künstlerisch-abgehobenen und mal den professionell, terminlich exakten Agenturmenschen. **WIE WICHTIG SOLLTEN FÜR JUNGE TEXTER AUSZEICHNUNGEN UND WETTBEWERBE SEIN?** Wenn man von sich überzeugt ist, sollte man für sich selbst schreiben, seinen Stil finden und Wettbewerbe als notwendiges Übel sehen, ansonsten entwickelt man sich nicht. Was international ausgezeichnet wird, das hat selten mit großen Kampagnen, das hat mit »Wer macht das schönste Bilderrätsel?« zu tun. Wenn man das als höchstes Ziel in seinem Texterdasein ansieht, dann funktioniert das ein paar Jahre, aber irgendwann wird man merken, dass man von seinem Auftraggeber für die Führung einer Marke bezahlt wird. Da geht es nicht um eine lustige Anzeige, die man in den Lübecker Nachrichten einmal schaltet. Und überhaupt: Picasso hat seine Bilder auch nicht für irgendeinen Wettbewerb gemalt. Die Orden kamen dann später. **WAS ANTWORTEST DU, WENN DEINE TOCHTER ODER DEIN SOHN ZU DIR KOMMT UND SAGT, ICH MÖCHTE WERBETEXTER WERDEN?** Wenn ich in deinem Alter schon gewusst hätte, was ich werden will, dann stimmt in meinem Leben was nicht.

Von Cannes nach Kotzen

Die alltägliche Reise einer Idee

Von Kristina Erdmann, Nils Busche und Stefan Zschaler, Leagas Delaney

Diese Anzeige fühlt sich, wie viele andere frisch geborene Ideen, in Cannes wie zu Hause. Sie ist überraschend, intelligent und emotional. Sie erfüllt ganz nebenbei die Anforderungen des Briefings. Und sie will eigentlich gar nicht weg aus Cannes. Doch die üblichen Verdächtigen vermiesen der genialsten Idee in schöner Regelmäßigkeit den Aufenthalt. Und schicken sie auf eine qualvolle Reise. Oft genügt schon ein Creative Direktor mit vorauseilendem Gehorsam, und die Idee muss Cannes sofort verlassen:

Die Route des Creative Direktors lautet: Der Verbraucher muss sehen, was er morgen kaufen soll. Und damit der Verbraucher das auch übermorgen noch weiß, sorgt richtig große Werbung für ein richtig großes Branding. In dieser Verfassung trifft die Idee auf den Kundenberater. Doch auch der hat seine Einstellung zu Werbung. Er befördert die Idee während nur eines Meetings nach:

Von Cannes nach Kotzen

Kundenberater kennen die Wünsche von Kunden am besten, sonst hätten sie ja den Namen »Kunde« nicht im Berufstitel. Und Kundenberater wissen: Triste Vorstädte, grauer Asphalt und lange Blechlawinen sieht der Konsument jeden Tag. Man sollte ihm lieber zeigen, wie wundervoll sein Leben nach dem Kauf der Produkte des Kunden aussehen könnte. Die Strategie scheint schlüssig. Und so macht sich die Idee sogleich auf den Weg nach:

Kitschendorf
Schaffe heile Produktwelten.

JUST TO THE TREE.

JUST TO THE BENCH.

JUST TO THE FLOWER.

HE NEXT TREE.

JUST TO THE BENCH.

adidas
FOREVER SPORT.

FULL-FOREFOOT SUPREME G

Jeder reiseerfahrene Marktforscher wird es bestätigen: Der Konsument nimmt Werbung nur flüchtig wahr. Wie leicht kann eine feinsinnige oder intelligente Botschaft unverstanden bleiben. Ein heiteres und einfach verständliches Wortspiel jedoch wird der Konsument schnell erkennen und sympathisch finden. Bepackt mit diesen Eindrücken schickt man die Idee nach:

Kunden sind stolz auf ihre neuesten Produkte. Und damit der Konsument mitbekommt, wie neu das neue Produkt ist, sollte er mit einem ausführlichen Text und einem auffälligen Störer auch ja auf die Neuheit hingewiesen werden. Gegen neue Argumente ist man als alte Idee machtlos und lässt sich ohne nennenswerten Widerstand verfrachten nach:

Neustadt
Überzeuge mit Neuheiten.

Starbach

Nutze die Überzeugungskraft
von Testimonials.

Die Frau des Vorstandes des Kunden golft zufällig mit einem berühmten Menschen. Und hat ihn beim 17. Loch als Werbeträger verpflichtet. Der Vorstand meint, dass diese Gunst der Stunde und die Strahlkraft eines berühmten Testimonials genutzt werden müssen. Was soll eine kleine, geniale Idee gegen so große, mächtige Allianzen noch ausrichten? Also nimmt sie die Umleitung über:

Der Vertriebschef sieht die Werbung. Aber keine Händleradressen. Die Idee ist ihm eigentlich völlig scheißegal. Er meint, wenn man schon so viel Geld für Werbung ausgibt, dann muss der Kunde wenigstens schnell sehen können, wo er seine EC-Karte auf den Ladentisch legen kann. Sonst überlegt er sich's womöglich noch anders. Die Idee ist müde und hat endlich das ihr vorbestimmte Ziel erreicht. Der Weg scheint frei nach:

Kaufbeuren
Biete dem Konsumenten
Bezugsadressen.

Der Mediaexperte gönnt der Idee keine Business-Class. Die Idee kann doch auch bequem als 1/1-Format zum Konsumenten reisen. Nicht enttäuscht sein, die schöne Doppelseite muss zwar ausfallen, dafür können wir sie doppelt so oft in den einschlägigen Zeitschriften bewundern. Übrigens, Kotzen ist kein Vorort von Effie.

»Ich gehe wahnsinnig gerne in den Supermarkt.«

Interview mit Stefan Zschaler

Armin Reins STEFAN, WIE BIST DU EIGENTLICH WERBETEXTER GEWORDEN? **Stefan Zschaler** Ich bin Texter geworden, weil ich nicht wusste, was ich nach dem Abitur machen sollte. Ich liebte Schreiben, obwohl ich in der Schule in Deutsch nicht gut war. Auf Werbung bin ich gekommen, weil meine Mutter ein Schreibbüro hatte. Da musste ich in vorgefertigte Werbebriefe Adressen eintippen. Ich habe diese Briefe gelesen und fand die relativ stupide getextet. Da dachte ich mir, das kriegst du auch hin. Ich habe dann in Stuttgart auf der Fachhochschule für Medien »Wirtschaftsingenieur für Werbung« studiert. Da gab es ein freiwilliges Fach, das hieß Werbetext, und danach wusste ich zum ersten Mal in meinem Leben, was ich gerne machen möchte. WELCHE VORSTELLUNG HATTEST DU VOM BERUF DES WERBETEXTERS? Ich dachte, das ist ein Beruf für gescheiterte Existenzen. Ich war später erschrocken, wie wenig Spinner dabei sind. Wie wenig kreative Leute sich da tummeln. WODURCH BIST DU BEEINFLUSST WORDEN, TEXTER ZU WERDEN? Ich bin an den Beruf sehr blauäugig rangegangen. Was sich schlagartig bemerkbar machte, als ich anfing mich zu bewerben. Ich habe mich mit einem netten Brief vorgestellt. Aber alle wollten so ein Ding namens Mappe sehen. Was ich nicht hatte. Zur gleichen Zeit suchte »Die Crew« in Stuttgart einen Junior Kontakter, und ich dachte mir, bewerb dich da, denn in kleinen Agenturen müssen ja auch die Kontakter texten. Mein großes Glück war, dass ich auf Gerhard Mutter getroffen bin. Er hatte mich ja eigentlich als Junior Kontakter eingestellt. Aber abends und nachts habe ich nebenher mit dem Art Director der Agentur Kampagnen gemacht. Die Crew arbeitete damals viel mit Freelancern. Eines Tages habe ich deren Zeug in die Tonne geworfen und meine Texte zu Gerhard Mutter getragen: »Wie finden Sie eigentlich diese Arbeiten so?« Da meinte er, die finde er eigentlich ganz gut. Da sagte ich: »Die sind von mir, und ich möchte jetzt Texter werden.« Und er hat mich dann zum Texter gemacht. Meine Ideale waren damals immer die Kampagnen von Springer & Jacoby. Aber zunächst war ich bei der McCann in Frankfurt und bei Boebel, Adam. Da wollte ich fast aufhören, da dachte ich, irgendwie packst du es hier nicht. Aber dann habe ich doch Glück gehabt und bin bei Springer & Jacoby untergekommen. Erst da hatte ich mein Coming out. HABEN GUTE TEXTER BESONDERE CHARAKTERLICHE MERKMALE? Große Leidenschaft und eine gewisse Verbohrtheit. Das ist etwas, was ich heutzutage stark vermisse. Ich hatte damals den Beruf gefunden, den ich liebte. Und war sehr froh darüber. Ich habe nie einen Gedanken daran verschwendet, Creative Director zu werden. Ich habe heute oft das Gefühl, dass die Karriereplanung sehr früh einsetzt. Die Lust an diesem Beruf geht dabei verloren. Ein Konstantin oder Jean-Remy, die haben Lust am Formulieren, Lust am Headline schreiben, Lust am Anzeigen ausdenken. Die sind besessen. Und das zeichnet beide so aus. WELCHE FÄHIGKEITEN MUSS EIN TEXTER MITBRINGEN? Neugierde, Lesefreudigkeit, Offenheit und einen gesunden Menschenverstand. WAS RÄTST DU EINEM TEXTER, DER BESSER WERDEN WILL? Er soll sich auf jede sich ihm bietende Möglichkeit stürzen, sich was auszudenken, auch wenn er nicht gebrieft wird. Man braucht Leitbilder. Nur über Diskussionen mit Leuten, von denen man etwas hält, lernt man, wie man zu guten Ideen kommt. Wenn man besser werden will und das Gefühl hat, das Umfeld stimmt nicht, dann muss man das Umfeld verlassen. Ich habe das oft bemerkt, dass Leute in Umfeld A sehr gute Ideen haben und in Umfeld B nicht. Das merke ich auch an mir selbst. In manchen Umfeldern habe ich keine Ideen und in manchen Umfeldern habe ich laufend Ideen. Ich bin eher ein Typ, der seine Ruhe braucht. Ich möchte alleine sein. WELCHE AUSSERBERUFLICHEN INTERESSEN HAST DU, UM DIR EINEN UNVOREINGENOMMENEN BLICK AUF DIE DINGE ZU ERHALTEN? So profan das klingt: Ich gehe wahnsinnig gerne in den Supermarkt, a) weil ich gerne einkaufe und b) weil es den Sinn für die Basis schärft. Die besten Ideen sind

Kurzvita

Geboren am 30.10.1960
Von 1981 bis 1985
Studium an der
FH Medien, Stuttgart.
Zwischen 1985 und 1991
Texter bei Crew, Stutt-
gart, McCann, Frankfurt,
Boebel, Adam/BBDO,
Frankfurt.
Ab 1992 CD/GF bei
Springer & Jacoby,
Hamburg.
Von 1995 bis 2000
CD/GF bei Jung von
Matt, Hamburg.
Seit 2000 GF Kreation
bei Leagas Delaney
Hamburg.
Von 2000 bis 2002 im
Vorstand des Art
Directors Club.

Ideen, die nicht abgehoben sind, sondern die darauf Rücksicht nehmen, wie Leute wirklich ticken. Ich suche bei Neugeschäften gerne das Gespräch mit Leuten in der Entwicklung. Mich wundert es immer, wie sehr das verkümmert ist. Wenn du zum Kunden sagst: »So, jetzt würden wir gerne mit ihrem Produktentwickler sprechen«, dann reagieren die oft völlig verunsichert. Dabei liegen dort die Ideen nur so rum. WAS TUST DU, WENN DU NICHT SCHREIBST UND EINFACH NUR ABSPANNEN WILLST? Ich spiele mit meinen Kindern. Kinder sind ein genialer Jungbrunnen für Input, weil sie diese simple Sicht haben. Es gibt so nette Geschichten und Dialoge, da muss man laut lachen, weil man merkt, wie einfach und treffend sie Zusammenhänge sehen. Mit dieser Sicht begebe ich mich an komplizierte Konstrukte und suche dann danach, wie man sie leicht auflösen kann. Ich habe manchmal auch extreme Depressionsphasen. Dann zweifle ich an mir. Inzwischen kann ich damit umgehen, und ich weiß sogar, dass die für mich wichtig sind. WIE STEHST DU ZU DER AUSSAGE, DASS DIE MEISTEN IDEEN FÜR DIE WERBUNG IM PRODUKT SELBST ZU FINDEN SIND? Wenn »Produkt« bedeutet: das ganze Umfeld, Unternehmen, Mitarbeiter, Konkurrenten, Marktsituation, dann würde ich eindeutig ja sagen. Wenn »Produkt« alleine die Machart bedeutet: Zahnpasta macht Zähne sauber, dann nein. Heute muss man die Dinge emotionaler angehen. Das gehört auch zum Produkt: Was für Gefühlswelten entstehen, wenn ich es benutze? Liegt da irgendwas Verborgenes drin, was andere noch nicht haben? HAST DU EINE TECHNIK, DICH EINEM PROBLEM ZU NÄHERN? Ich bin ein großer Frager und gehe den Leuten auch mal auf den Wecker. Nicht aufhören zu fragen. Das ist mühsam, deshalb machen es auch nicht mehr so viele. Ich brauche einen Sparringspartner, der mit meiner Art keine Probleme hat. Ich denke, dass ich in der Zusammenarbeit nicht so einfach bin. Gerne verschlossen oder muffelig, was gar nichts mit demjenigen zu tun hat, der gerade im Raum ist, sondern weil ich leider diesen miesepetrigen Gesichtsausdruck vom lieben Gott mitbekommen habe. Mit Hermann habe ich eine Art der perfekten Zusammenarbeit gefunden. Da spürt man, es geht nicht darum, wer die bessere Idee hat, sondern man sucht zusammen den besten Gedanken. Wer den hat, ist letztlich egal. HAST DU BEIM ARBEITEN BESTIMMTE RITUALE? Ich muss mich in einen Schreibrausch begeben. Ich muss über irgendein kleines Erfolgserlebnis etwas bei mir auslösen. Dann hacke ich nur noch runter. Dabei kommt teilweise gutes Zeug raus. Es ist, als ob ich im Kopf einen Pfropfen habe. Wenn ich den löse, kommen alle Gedanken raus. Manchmal gelingt es mir nicht, diesen Pfropfen zu lösen, dann merke ich, wie ich rumstochere und die Lösung nicht finde. Ich muss mich in diese Situation versetzen, diesen Pfropfen zu lösen, und das geht nur unter Druck. GIBT ES BEI DIR EINE ROTE LAMPE, DIE ANGEHT, WENN ETWAS SCHLECHTES ENTSTEHT? Neulich ging es um Navigationssysteme. Da stand die Headline: »Wissen, wo's langgeht.« Die war sogar schon beim Kunden. Ich habe dann versucht, ein Veto einzulegen. Das fand ich einfach zu nahe liegend. Obwohl der normale Werber sie vielleicht lustig findet, aber bei mir gehen dann die Warnlampen an. SIEHST DU DICH ALS HANDWERKER, TECH-NIKER ODER ALS KÜNSTLER? Handwerker. Viele Leute können in irgendeiner Form schreiben. Damit du ein guter Texter wirst, brauchst du aber ein gewisses Grundtalent. Das ist beim Handwerker auch so. Es gibt Leute, die können einen Tisch bauen, und es gibt Leute, die können geniale Tische bauen. WIE WICHTIG SOLLTEN FÜR JUNGE TEXTER AUSZEICHNUNGEN UND WETTBEWERBE SEIN? Es hilft, weil man merkt, da gibt es Instanzen, die mutige, ungewöhnliche Sachen bewerten. Dann guckt man sich die an und verbessert sich daran. Was mir aber missfällt, ist diese Karrieremedaillenjagd. Da geht's nicht mehr darum, wer's wirklich gemacht hat, sondern nur, dass man mit draufkommt. Das ist schlimm. WAS ANTWORTEST DU, WENN DEINE TOCHTER ODER DEIN SOHN ZU DIR KOMMT UND SAGT, ICH MÖCHTE WERBE-TEXTER WERDEN? Schön, mache es, ich helfe dir. Ich habe dem Beruf sehr viel zu verdanken. Ich bereue keine einzige Minute.

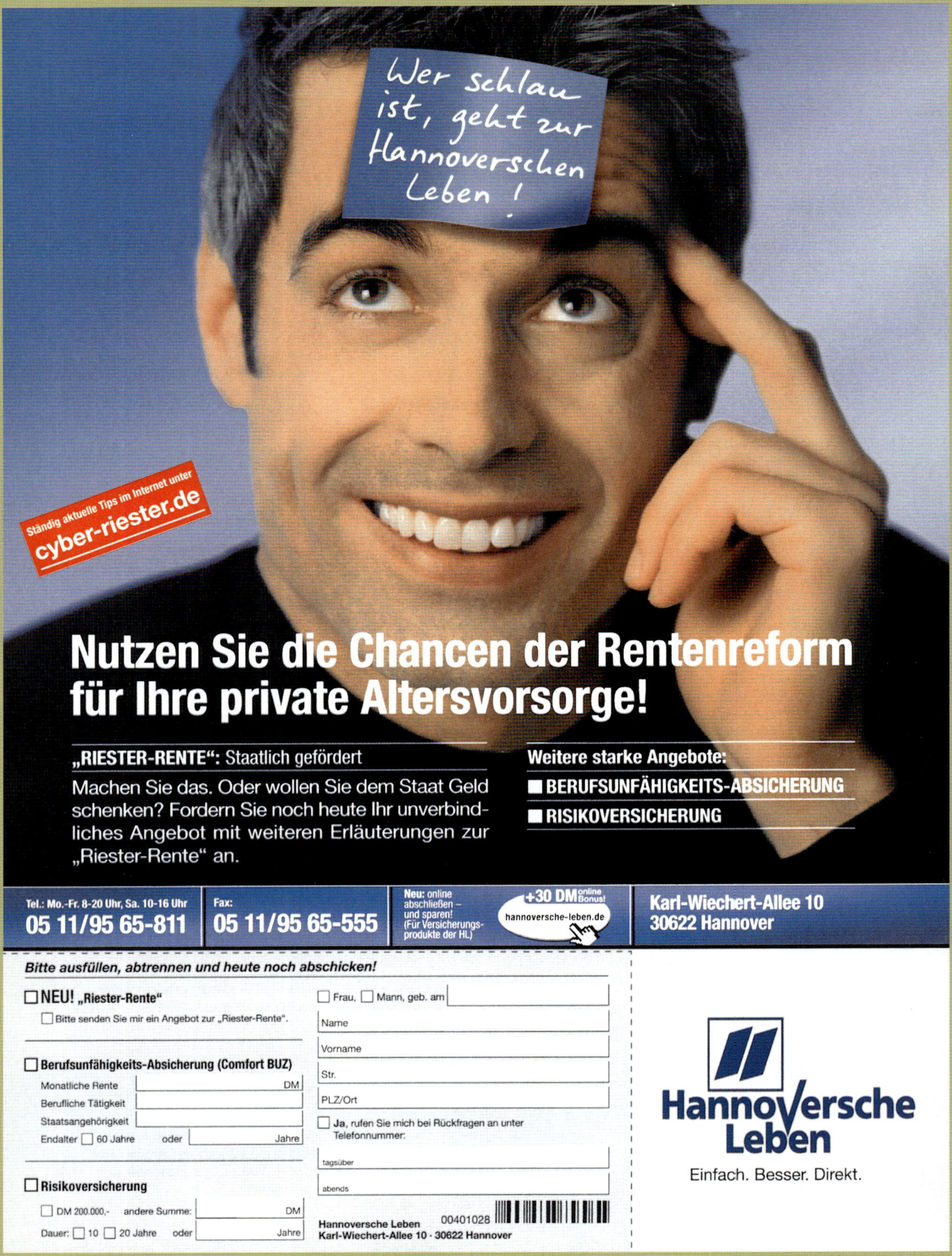
Wer schlau ist, geht zur Hannoverschen Leben!
Ständig aktuelle Tips im Internet unter
cyber-riester.de
Nutzen Sie die Chancen der Rentenreform für Ihre private Altersvorsorge!
„RIESTER-RENTE“: Staatlich gefördert
Machen Sie das. Oder wollen Sie dem Staat Geld schenken? Fordern Sie noch heute Ihr unverbindliches Angebot mit weiteren Erläuterungen zur „Riester-Rente“ an.
Weitere starke Angebote:
BERUFSUNFÄHIGKEITS-ABSICHERUNG
RISIKOVERSICHERUNG
Tel.: Mo.-Fr. 8-20 Uhr, Sa. 10-16 Uhr
05 11/95 65-811
Fax:
05 11/95 65-555
Neu: online abschließen – und sparen! (Für Versicherungsprodukte der HL)
+30 DM online Bonus!
hannoversche-leben.de
Karl-Wiechert-Allee 10
30622 Hannover
Bitte ausfüllen, abtrennen und heute noch abschicken!
NEU! „Riester-Rente“
Bitte senden Sie mir ein Angebot zur „Riester-Rente“.
Berufsunfähigkeits-Absicherung (Comfort BUZ)
Monatliche Rente DM
Berufliche Tätigkeit
Staatsangehörigkeit
Endalter 60 Jahre oder Jahre
Risikoversicherung
DM 200.000,- andere Summe: DM
Dauer: 10 20 Jahre oder Jahre
Frau, Mann, geb. am
Name
Vorname
Str.
PLZ/Ort
Ja, rufen Sie mich bei Rückfragen an unter Telefonnummer:
tagsüber
abends
Hannoversche Leben
Karl-Wiechert-Allee 10 · 30622 Hannover
00401028
Hannoversche Leben
Einfach. Besser. Direkt.

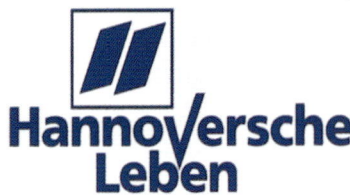

Schlau?

Hannoversche Leben

Marc Schwieger

Scholz & Friends

Die Hannoversche Leben bietet ein Modell zur privaten Altersvorsorge an. Junge Menschen (ca. 30+) sollen aufgefordert werden, die Chancen der Rentenreform für ihre private Altersvorsorge in Kombination mit dem Angebot der Hannoverschen Leben zu nutzen bzw. sich Informationsmaterial zu beschaffen. Die Tonality sollte modern, clever und dynamisch sein.

Karsten Ruddigkeit

Vasata/Schröder

Aktivieren Sie potenzielle Kunden, ihre Altersvorsorge bei der HL abzuschließen.

Unsere Kernzielgruppe sind clevere Berufstätige.

Die Tonalität sollte frisch, dabei aber seriös sein.

Bieten Sie alle Response-Wege an, die wir unseren Kunden zur Verfügung stellen.

Integrieren Sie weitere Produkt-Angebote der HL.

Gregor Wöltje

.start advertising

Alle reden über die »Riester-Rente«. Fordern Sie die Leser auf, sich bei der Hannoverschen Leben die nötigen Informationen abzuholen. Bieten Sie dem Interessierten Möglichkeiten zum Dialog (Coupon, Telefonnummer, Web-Adresse).

Weisen Sie außerdem auf unsere anderen starken Angebote hin: Berufsunfähigkeits-Absicherung, Risikoversicherung.

Marc Schwieger

Marc Schwieger studierte Litera-
turwissenschaften, Geschichte,
Philosophie und Linguistik.
Während des Studiums textete er
bei M-S-B+K u. a. für IBM und Der
Spiegel. Nebenbei arbeitete er
als Autor u. a. für Spiegel TV und
Radio Hamburg. Seit 1994 ist er
bei Scholz & Friends. Als Texter,
CD, Familyleiter, European CD war
er u. a. verantwortlich für West,
Cabinet, Appolinaris, Gore Tex,
Tchibo, Mobil Oil. 1998 wurde
er zum GF Creation ernannt.
Er verantwortet Kunden wie
Tchibo, Europcar, R1 national,
Davidoff national, Reemtsma
international, AWD, Buena Vista
und das Deutsche Schauspielhaus
in Hamburg. Seit März 2001 ist er
Sprecher der Geschäftsführung.

ANALYSE

**Wer viel zu sagen hat,
sollte nicht alles auf einmal sagen wollen.**

NACHTEILE DER ANZEIGE

Das Layout ist aufgrund der zahlreichen Gestaltungselemente
sehr unruhig. Weitere Layoutelemente wie Abreißcoupon,
Telefon- und Faxnummer verstärken zusätzlich den Eindruck
des Unaufgeräumten. Trotz der vielen Textaussagen wird der
Benefit des Angebotes nicht deutlich. Der Inhalt ist wenig
unterhaltsam und hat keine klare Aussage. Er scheint im
Gegensatz zum Claim »Einfach. Besser. Direkt« zu stehen.

Das Bildmotiv soll lustig und intelligent erscheinen, wirkt
jedoch hilflos, da die kommunizierte Cleverness durch den
Zettel an der Stirn des Mannes ins Lächerliche gezogen wird.

VERBESSERUNGSVORSCHLÄGE

Das Layout sollte insgesamt klar und übersichtlich gestaltet
sein. Die Vielzahl der unterschiedlichen Response-Möglichkeiten muss reduziert werden. Die Unterteilung des Textes
(ggf. in Headline, Subline und Copy) kann deutlicher struktu-
riert werden.
Am wichtigsten: Die Anzeige braucht eine klare Text-Bild-
Idee, um den Produkt-Benefit zu kommunizieren.

1) »Wer schlau ist, geht zur Hannoverschen Leben.«
Mag sein, aber wenn jemand schlau ist, lässt er sich dann
einen Zettel auf die Stirn kleben?

2) »cyber-riester.de«
Ist das Geld nur virtuell?

3) »Nutzen Sie die Chance der Rentenreform für Ihre private
Altersvorsorge!«
Eine völlig allgemeine Aussage, die den besonderen Vorteil
der Hannoverschen Leben nicht deutlich macht.

4) »Machen Sie das.«
Was soll ich machen? Wir sehen es jeden Tag in der
Zeitung: Erst kommt die Schlagzeile und dann kommt der
Text. Und weil er ernst genommen werden will, hat der
Text einen eigenen Einstieg. Alles andere ist Text-Spielerei.
Kleiner Tipp für gute Copys: Die zweitbeste Headline ist oft
der erstbeste Einstieg.

5) »Weitere starke Angebote«
Hier gibt es weitere Produkthinweise, die der Betrachter in
durchschnittlich 1,5 Sekunden auch noch aufnehmen soll.

Marc Schwieger

»Ich könnte nie in einem Club
Mitglied sein, der Leute wie
mich aufnimmt.«

Groucho Marx

Dieser Satz beschreibt sehr schön
das Wechselspiel zwischen Distanz
und Identifikation, das jeder Kreative in der Werbung beherrschen
sollte. Denn Selbstverliebtheit
auf der einen und Desinteresse an
der Zielgruppe auf der anderen
Seite sind die größten Gefahren,
die guter Kreation drohen.

NEUGESTALTUNG

KLARE BILD-TEXT-MECHANIK
Das Briefing ist auf den Endbenefit »Finanzielle Sicherheit
im Alter« reduziert. Die Bildidee spielt mit überraschenden
Klischees, die wir alle vom Älterwerden im Kopf haben. Das
Motiv macht neugierig, die Auflösung erfolgt jedoch erst im
Copy-Einstieg. Auf eine erklärende Headline wird bewusst
zugunsten der Spannung verzichtet.

**KONZENTRATION AUF EINE KLAR FOKUSSIERTE
RESPONSE-MÖGLICHKEIT**
Wir verzichten auf die verschiedenen und teilweise umständ-
lichen Response-Möglichkeiten per Fax und Couponversand.
Stattdessen werden nur die Infoline sowie die Homepage
hervorgehoben.

PLAKATIVITÄT DER GESAMTAUSSAGE
Die Anzeige soll sich ausschließlich auf ein Produktangebot
zur »Riester-Rente« konzentrieren. Alle weiteren Produkthinweise (Berufsunfähigkeits-Absicherung, Risikoversicherung)
lenken ab und wirken schnell aufdringlich. Ein klares Layout
mit prominenter Platzierung des Logos und einer aufgeräum-
ten Textgestaltung liefern die nötige Plakativität.

Text: Michaela Wenzel, Art: Silke Schneider

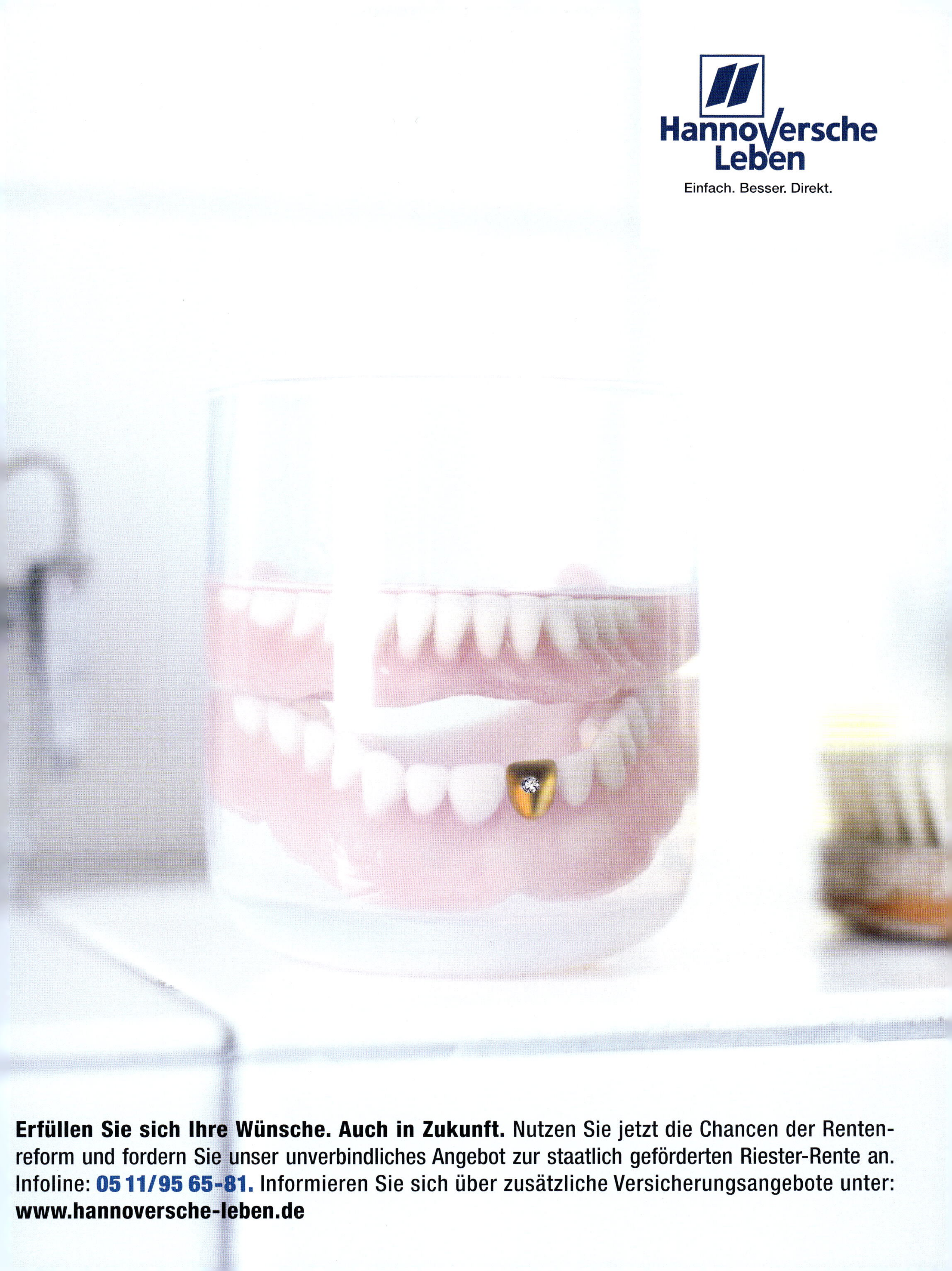

Erfüllen Sie sich Ihre Wünsche. Auch in Zukunft. Nutzen Sie jetzt die Chancen der Rentenreform und fordern Sie unser unverbindliches Angebot zur staatlich geförderten Riester-Rente an.
Infoline: **05 11/95 65-81.** Informieren Sie sich über zusätzliche Versicherungsangebote unter:
www.hannoversche-leben.de

»Ich arbeite Corega-Tabs-mäßig.«

Armin Reins MARC, WIE BIST DU EIGENTLICH WERBETEXTER GEWORDEN? Marc Schwieger Erster Hinweis: In der 4. Klasse habe ich für eine Hausarbeit über Norderney eine Eins bekommen. Nicht weil ich besonders intelligent getextet hatte, sondern weil ich als Einziger einen Folder mit Wickelfalz gebastelt hatte. Wahrscheinlich der Grund, warum ich später so gut im Direktmarketing wurde. Zweiter Hinweis: Ich habe in den friedensbewegten frühen 80ern Kabarett gemacht. Und dabei festgestellt, dass man mit intelligenten One-linern sehr viel auslösen kann. Beispiel: »Die deutsche Rüstungsindustrie liefert nicht in Spannungsgebiete, sondern in solche, die es werden wollen.« Das führte immer zum klassischen Lacher. Wobei der Kabarettwitz ja nur dann gut ist, wenn er zumindest halb im Hals stecken bleibt. Das sind zwei Geschichten, die in der nachträglichen Betrachtung mir deutlich machen, dass ich mit der pointierten Zuspitzung von Text und Bild – im Sinne von Reaktionen auslösen – sei es ein Lachen, ein Kaufimpuls oder eine Imageveränderung – das doch sehr früh konnte. Nach der Schule habe ich dann Geschichte, Literaturwissenschaften, Linguistik und Philosophie studiert. In die Werbung bin ich jedoch durch die Astra Brauerei gekommen. Ich musste da nämlich das Leergut von den halbvollen Flaschen trennen. Ich bin aber am Band eingeschlafen und wurde in die noch langweiligere Abteilung versetzt, wo man rote von grünen Kisten trennen muss. Da hab ich dann vor lauter Langeweile angefangen, auf den Kisten rumzutrommeln. Und da hat man mich rausgeschmissen. So musste ich auf eine andere Art Geld verdienen. Der Freund einer Freundin, mit der ich damals in einer WG zusammen wohnte, hatte gerade in der Werbung ein bisschen gejobbt. Der meinte: Wenn du dich vorstellen willst, brauchst du eine Mappe. Da hab ich meine damaligen Kabarett-Texte genommen und mich bei M-S-B+K, bei Wolfgang Kracht beworben. So fing es an. Ich hab dort auf Stundenbasis meine ersten Texte geschrieben. **WELCHE VORSTELLUNG HATTEST DU VOM BERUF DES WERBETEXTERS?** Ich bin in einer Generation groß geworden, die sich zwischen der Noch-Prägung durch die 68er und der Schon-Prägung durch die Freak- und Friedensbewegung der 70er bewegte. Die aber noch nicht die hemmungslosen Freuden des Hedonismus entdeckt hatte. Ich bin ein Bastard aus Sozialdemokratie und Sozialpädagogik. Insofern hatte ich von Werbetextern – abgesehen von dem wunderschönen Film »Will Success spoil Rock Hunter« von Frank Tashlen – relativ wenig Vorstellung. Ich hab es mir als einen Job vorgestellt, in dem man viel schreibt. Dass es so viel mit Denken vor dem Schreiben zu tun hat, war mir vorher nicht klar. **WODURCH BIST DU BEEINFLUSST WORDEN, TEXTER ZU WERDEN, HATTEST DU VORBILDER?** Ich hatte keine Vorbilder, weil ich Werbung auch nicht als eine personifizierte Geschichte erlebt hab nach dem Motto: Oh, dieser Text ist bestimmt von dem und dem. Ich müsste jetzt lügen, dass Bertolt Brecht mein Vorbild war, weil er ja auch mal Werbung gemacht hat. Ich hatte nur einen Wunsch, nicht wieder rauszufliegen wie bei der Brauerei. **IST ES SCHWIERIGER WERBETEXTE ZU SCHREIBEN ALS ANDERE TEXTE?** Als ich meine Magisterarbeit über »Der Versuch, mit Mitteln der hoch theoretischen Filmsemiotik zu beschreiben, warum wir vor dem Fernseher sofort erkennen, ob es ein Dokumentarfilm oder ein fiktiver Film ist«, meiner Freundin zum Lesen gab, sagte sie, ich soll aufpassen, dass ich meine Magisterarbeit nicht texte. So wie das Lesen in der Uni-Bibliothek mit dem Lesen abends im Bett nichts zu tun hat, so gibt es auch unterschiedliche Arten des Schreibens. Das Werbetexten hat mit Kabarett mehr zu tun als mit dem Schreiben an der Uni. Weil es auf den Effekt zielt, und das wissenschaftliche Schreiben vor Komplexität nicht zurückschreckt, sondern sie versucht abzubilden und damit notwendigerweise auch mal einen Satz bildet, der vielleicht erst beim dritten Mal zu verstehen ist. **HABEN GUTE TEXTER BESONDERE CHARAKTERLICHE MERKMALE?** Alle haben eine einfache Vorstellung davon, wie man Kreativität steigert. Mein persönliches Motto: Wem mehr auffällt, dem fällt auch mehr ein. Deswegen gibt es darunter viele Schräg- und Quereinsteiger. **WELCHE FÄHIGKEITEN MUSS EIN TEXTER MITBRINGEN?** Ich fürchte, dass man überdurchschnittlich intelligent sein muss. Es geht weniger um den Spaß an der Sprache, sondern um den Spaß am Effekt. Denn was wir machen ist Effekte auslösen. Folgender Witz, der eigentlich total politisch unkorrekt ist, sagt viel über das Handwerk aus: Frage: Was ist schlimmer als ein Baby in einer Mülltonne? Antwort: Ein Baby in zwei Mülltonnen. Dabei lernt man, dass durch die Umkehrung zweier Begriffe und der damit verbundenen Änderung der Verbform, ein Tabu brechender Effekt ausgelöst wird. Daran muss man Spaß haben. **WAS RÄTST DU EINEM TEXTER, DER BESSER WERDEN WILL?** Als Texter sollte man sich einem Thema erst einmal schreibend nähern. Man lernt auch viel durch Kopieren. Ich musste in meinem Praktikum Pseudokunst in ganzseitigen Anzeigen in der FAZ verkaufen. Ich sollte neue Headlines schreiben. Da hab ich mir erst mal die davor erschienenen angeguckt und die neue Information relevant eingearbeitet: »Elfenhaft knospende Frühlingsgefühle.« Kopieren heißt nicht kupfern, sondern abgucken, wie's geht. **WAS SOLLTE EIN WERBETEXTER LESEN?** Alles, was das Hirn reizt, hilft. Alles, was Spaß bringt. Ich habe mich entschieden, neue, deutsche Literatur zu lesen. Ich finde deutsche Literatur deswegen interessant, weil man da keinen Übersetzungseffekt hat. Man liest authentische Dialoge, unverfälscht. **WELCHE AUSSERBERUFLICHEN INTERESSEN HAST DU, UM DIR EINEN UNVOREINGENOMMENEN BLICK AUF DIE DINGE ZU ERHALTEN?** Ich bin fast DDR-haft früh Vater geworden. Insofern hab ich sehr früh ein anderes Zentrum gefunden, einen starken zweiten Identifikationsbereich. Bewusst parallel zur Werbung. Und dann hab ich einen sehr ausgeprägten Verdacht gegen dieses 80er-Jahre-Helikopter-Gefühl. Mich hat der Image und Identifikation anbietende Teil der Werbung nie interessiert. **WAS TUST DU, WENN DU NICHT SCHREIBST UND EINFACH NUR ABSPANNEN WILLST?** Ach, ich hab Familie – das hilft. Es bringt mir Spaß, mit unserem Sohn Moritz Mathe-Hausaufgaben zu machen. Oder mit Lynn Deutschgeschichten oder ihr Flöten. Dabei kann ich abschalten. Zumindest meistens. **WIE STEHST DU ZU DER AUSSAGE, DASS DIE MEISTEN IDEEN FÜR DIE WERBUNG IM PRODUKT SELBST ZU FINDEN SIND?** Eine große Geschichte, die in deutscher Werbung nicht wirklich durchgeholt wird, ist die Tatsache, dass es einen fundamentalen Unterschied macht, ob ich ein Produkt bewerbe, das per se eine hohe Begehrlichkeit hat oder ob ich etwas bewerbe, wo ich den Leuten erst mal einreden muss, dass sie sich dafür interessieren sollen. Insofern geht es mehr um den Verständnisraum, den ein Produkt im Kopf der bestehenden oder der gewünschten Zielgruppe auslösen soll. Dazu muss man viel über das Produkt wissen. Man muss wissen, wie die Leute bisher mit dem Produkt umgegangen sind. Wo ich sie überraschen kann. Wo ich ihre Erwartungen treffen muss. Und wo ich sie brechen muss, damit ich sie überhaupt erreiche. **HAST DU EINE TECHNIK, DICH EINEM PROBLEM ZU NÄHERN?** Ich arbeite Corega-Tabs-mäßig. Erste Phase: Wenig lesen und dann sofort loslegen. Zweite Phase: Noch mal nachlesen. Ich arbeite in einer ständigen Feedbackschleife mit mir selbst. Das ist wenig magisch, hat leider wenig von Schamanentum. **HAST DU BEIM ARBEITEN BESTIMMTE RITUALE?** Momentan leide ich sehr darunter, dass ich keinen Druckbleistift greifbar habe. Der letzte von Manufaktum ist weg. Deshalb muss ich

jetzt mit so einem blöden Rollerball schreiben. Das nervt mich. Das heißt, Druckbleistift ist sehr wichtig. **WENN DU FÜR EINE PRÄSENTATION ZWEI WOCHEN ZEIT HAST, ARBEITEST DU DANN KONTINUIERLICH? ODER WIRST DU ERST IN DEN LETZTEN VIER TAGEN AKTIV?** Ich bin ein sprunghafter Arbeiter, aber ich schieb nicht alles unbedingt auf den letzten Moment. Ich halte auch nichts von diesem vom Schülerzeitungsmachen abgeguckten Adrenalinschub. Das »Am-Ende-noch-mal-alles-Ändern« halte ich für eine Masche, sich selbst wichtig zu machen. Ich kann wunderbar damit leben, das Gefühl zu haben, dass die Kampagne, die ich morgen präsentiere, schon vorgestern fertig ist. **GIBT ES BEI DIR EINE ROTE LAMPE, DIE ANGEHT, WENN ETWAS SCHLECHTES ENTSTEHT?** Also, ich bin ganz sicher, dass ich noch nie Mittelmaß produziert hab, ohne es zu wissen. Denn wenn sich etwas beim zweiten Mal lesen schal anhört, werf ich es brutal weg. **SIEHST DU DICH ALS HANDWERKER, TECHNIKER ODER KÜNSTLER?** Als Handwerker mit Abend-Studium. **WIE WICHTIG SOLLTEN FÜR JUNGE TEXTER AUSZEICHNUNGEN UND WETTBEWERBE SEIN?** Ach, wenn man das als Triebfeder für die eigene Eitelkeit nimmt, dann finde ich das vollkommen in Ordnung. Es ist nur ein Spotlight, aber ein sehr wichtiges und sehr angenehmes Spotlight. **WAS ANTWORTEST DU, WENN DEINE TOCHTER ODER DEIN SOHN ZU DIR KOMMT UND SAGT, ICH MÖCHTE WERBETEXTER WERDEN?** Wäre eine Möglichkeit. Würde mich genauso wenig schockieren, als wenn sie – was auch immer – werden wollen. Bank-Kaufmann – o. k. – nee – Bankkaufmann wär schon bitter.

Zum Thema Inspiration gilt für mich nur ein Motto: Wem mehr auffällt, dem fällt auch mehr ein. Also Augen auf und nicht immer nur mit Werbern reden.

Karsten Ruddigkeit

Geboren 03.12.1971
in Reinbek

1988–1991
Ausbildung zum
Bankkaufmann bei
der Commerzbank

1991–1993
Verschiedenes
1994 Text-Praktikum
BBDO Hamburg

1995–1996 Junior-
Texter KNSK, BBDO
1997–1999 Texter
Springer & Jacoby

2000–2002 CD Text
Vasata/Schröder

ANALYSE

Mit einer kreativen Idee hat diese Anzeige noch nicht viel zu tun. Vielmehr ist es ein zusammengewürfelter Haufen aus Buchstaben, Telefonnummern, minderstarken Symbolen und einem Photoshop-Gebiss. Wahrscheinlich bin ich von dreißig Kritikern der dreißigste, der mit dem Tennisball-Prinzip kommt, aber man kann es nicht oft genug sagen: Wenn ich jemandem einen Ball zuwerfe, wird er ihn fangen. Werfe ich einen ganzen Haufen Bälle, dann fängt derjenige keinen einzigen. Hier wird man gleich mit einer Ballmaschine beschossen.

Begibt man sich dann tiefer in die Info-Wüste hinein, stößt man auf einen alten General, der müde rumbrüllt: »Nutzen Sie! Machen Sie! Fordern Sie!« Aber der Betrachter wird hören: »Blättern Sie um!« Denn befehlen lässt sich niemand gerne etwas. Oder definiert sich die Kernzielgruppe am Ende doch über Unteroffiziere? Wahrscheinlich nicht.

Weiter mit den Details. Nehmen wir uns mal die erste von den beiden Headlines vor. (Moment mal, wieso stehen denn da eigentlich zwei Headlines?) Also: »Wer schlau ist, geht zur Hannoverschen Leben!« Nein, wer schlau ist, macht das nicht. Zumindest nicht frei drauf los. Denn wer schlau ist, stellt Fragen. Zum Beispiel: Warum soll ich denn zur HL? Was bieten die mir denn, was andere nicht zu bieten haben? Die Antwort bleibt dem Leser schuldig. Genauso schuldig bleibt dem Leser die Antwort darauf, mit wem der gute Mann denn wohl diese lustige Kopf-Scharade spielt. Wahrscheinlich allein. Weil wohl niemand mit ihm dieses langweilige Spiel spielen will. Soll wohl suggerieren »clever«. Weil Kopf ja immer für clever steht. Das kann ich aber nur vermuten. Verstehe ich einfach nicht.

Die zweite Headline wirft zwar auch eine Frage auf, nämlich: »Warum soll ich mich eigentlich ausgerechnet jetzt um meine Altersvorsorge kümmern?« Aber da finde ich die Antwort kurze Zeit später in der Copy: Kein Geld verschenken. Herzlichen Glückwunsch! Das ist doch endlich mal eine Aussage. Da geht vielleicht noch was. (Vielleicht zeigt man Menschen, die Herrn Eichel Geld in die Unterhose stecken ...? Vielleicht.) Die eben erwähnte kurze Zeit später ist in der Kommunikation nicht wirklich eine kurze Zeit. Schaffe ich es nicht, in den ersten 1–2 Sekunden einen Anker in das Hirn des Betrachters zu werfen, werde ich es nicht mehr schaffen. Bei dieser Anzeige wird es wohl kaum jemand bis zur Copy schaffen. Dazu kann ich den Leser nur bewegen, wenn ich mit Headline oder Bild neugierig auf mehr mache.

Was fehlt, ist das Bild, die Geschichte. Da unterscheidet sich der Yuppie nicht vom Kleinkind und die Hausfrau nicht vom Bankdirektor: Die Leute wollen Botschaften in Geschichten verpackt sehen. Die Bibel funktioniert so, Star Wars funktioniert so, Pumuckel funktioniert so und mit der Werbung ist es da nicht anders. Je trockener und langweiliger das Thema ist, desto raffinierter muss logischerweise meine Geschichte sein. Unser Thema gehört sicherlich zu den langweiligeren. Dazu kommt noch die unglaubliche Angebotsvielfalt. Was auf den ersten wie ein unverfängliches Response-Element daherkommt, entpuppt sich als regelrechtes Angebotsgewitter. Zwei dezente Bullet-Points hatten ja bereits angedroht, dass die Hannoversche Leben noch mehr »starke« Angebote hat. So langsam weiß ich nicht mehr, was die von einem wollen. Berufsunfähigkeit? Risiko? Rente? Riester? Hier dreht es sich offensichtlich um alles, was die zu bieten haben, und mir dreht es sich im Kopf. 7 Fliegen mit einer Klappe sollen also geschlagen werden. Als krönender Abschluss dann noch der Claim: Einfach. Besser. Direkt. Ja, warum nimmt sich das denn niemand für die Kommunikation zu Herzen. In diesem Sinne: an die Arbeit!

TIPPS & TRICKS

Werbung ist keine Mathematik. Es gibt kein Richtig und kein Falsch. Auch gibt es keine Regeln, die besagen, was gute Werbung ist, es gibt lediglich einige Prinzipien, die man befolgen sollte. Viele davon stehen in diesem Buch.

1. TIPP

Regeln brechen, Prinzipien folgen. Damit Kreation außergewöhnlich wird, muss man weit über die Grenzen des Normalen hinaus. Das ist zwar nicht einfach, aber man kann es trainieren. Versprochen ist, dass die Reise zu den Ideen, die es noch nicht gibt, sehr viel Spaß macht.

2. TIPP

Gierig nach Neuem sein. Es ist nicht selbstverständlich, dass da jemand ist, der einem alles abverlangt. Nicht jede Agentur, nicht jeder CD oder Berater ist motiviert, die allerbeste Kreation zu machen. Wirklich verlassen kann man sich da nur auf sich selbst.

3. TIPP

Sich selbst Druck machen. Das persönliche Aushängeschild ist die Mappe. Da gehören aber nur Arbeiten rein, hinter denen man wirklich steht. Findet einer die Mappe nicht gut, nicht gleich abschrecken lassen. 10 Creative Directoren können 6 verschiedene Meinungen haben.

4. TIPP

Bei der Mappe ist jeder sein eigener CD. Die Wahl der Agentur sollte man sich gründlich überlegen. Viele Agenturen geben vor, eine Philosophie zu haben, aber nur wenige haben auch wirklich eine.

5. TIPP

Sich die Philosophie erklären lassen. Und zwar bevor man unterschreibt. Wenn man sich mit der Agentur-Idee nicht identifizieren kann, nicht unterschreiben. »Das wird schon nicht so schlimm« oder »Die meinen das nicht ernst« sind Irrtümer.

NEUGESTALTUNG

Wenn mehr Informationen in eine Anzeige müssen als eine Anzeige eigentlich vertragen kann, gibt es 3 Möglichkeiten:
1) Man gibt auf und ordnet sich dem Pragmatismus unter.
2) Man überzeugt die Beratung, den Kunden zu überzeugen, er solle es doch bitte lassen, so etwas zu wollen.
3) Man beklagt sich über den Berater, weil er den Kunden nicht überzeugen konnte, so etwas zu wollen und macht dann das Beste daraus.

Zunächst habe ich bei dieser Aufgabe erst mal Abschied genommen. Und zwar von der Vorstellung, dass am Ende eine Anzeige im klassischen Sinne dabei herauskommt. Damit meine ich eine Anzeige, die sich ungefähr so zusammensetzt: starkes Visual, kurze Headline (wenn überhaupt), Logo und das war's. Vielmehr musste ich mich mit dem Gedanken anfreunden, dass eine Anzeige entstehen wird, die eher den Gesetzen des Direktmarketings folgen wird.

Bei der Anzeige für die Hannoversche Leben überwiegt offensichtlich der Wunsch, Response und Angebotsvielfalt zu kommunizieren gegenüber dem Wunsch, einen einzigartigen Produktvorteil herauszustellen. Deshalb habe ich das Thema Response zum zentralen Thema der Anzeige gemacht. Das heißt, nicht halbherzig irgendwo einen Coupon verstecken, sondern offensiv auf dieses Thema zugehen. Mangelnde Konsequenz ist einer der Gründe, warum viele Anzeigen so mittelmäßig sind.

Zur Technik: Wenn man es genau nimmt, ist das hier eine klassische Bild/Headline-Mechanik. Nur, dass das Wichtigste am Bild eben nicht das Bild selbst ist. Vielmehr sind es die Coupons in Verbindung mit der Schere. Die Headline selbst ist recht unspektakulär. Dafür ist das Thema dann auch zu komplex. Wortspielereien, Metaphern oder Analogien hätten das Thema vernebelt. Headlines sollten aber zumindest das Thema klar adressieren.

Ungewöhnlicher als die Headline-Formulierung ist sicher die Idee an sich. Also mit etwas Banalem wie einer Schere etwas gegen eine komplexe Sache wie das so genannte Rentenloch zu unternehmen. Was die zitierten Risiken angeht, steht der

Blumentopf prototypisch für unberechenbare Gefahren. Auf der einen Seite kann man sagen: Klischee. Andererseits führt aber genau das dazu, dass man sofort versteht, worum es geht. Würde die Idee der Anzeige einzig und allein auf dem Blumentopf aufbauen, wäre das sicher zu gewöhnlich. Aber hier ist ja die Grundidee eine andere. Mit dem Rentenloch ist das so eine Geschmackssache. Kann man als blöden Kalauer werten, o. k. Ich halte es da mit Harald Schmidt: Auch solche Witze müssen sein. Viele lustige Sachen verlassen die Agenturen nur mit dem Hausmüll. Das ist oft schade. Es darf natürlich nicht immer alles platt sein, aber wenn eine Idee grundsätzlich Hand und Fuß hat, kann man sich so etwas schon mal erlauben.

Weiter mit der Anzeige. Dem guten Mann die Beine abzuschneiden, ist sicher ein wenig böse, aber dramatisieren heißt eben: übertreiben, überziehen, übersteigern. Außerdem lieben die Menschen das Drama. Das gewöhnliche, normale Leben interessiert eben keinen. Da muss es schon um Leben und Tod gehen. Wie langweilig wären Hollywoodfilme, wenn sie 1:1 unseren Alltag zeigen würden. Deshalb sind Slice of Life-Geschichten ja oft auch so unerträglich. Glückliches Pärchen in sauberer Wohnung sitzt auf dem Sofa und füttert sich mit Sahnejoghurt. Derartige Dinge berühren niemanden.

Eine epische Copy braucht diese Anzeige nicht mehr. Das Thema sollte eigentlich klar geworden sein. Wer mehr wissen will, kann Unterlagen per Coupon anfordern. Und davon gibt es ja genug. Wenn man nun das Bild mit den Tennisbällen noch einmal heranzieht, dann fliegen jetzt sicher noch einige Bälle durch die Anzeige. Aber jetzt kommen sie nicht mehr alle auf einmal, und vielleicht macht es jetzt ja auch ein wenig mehr Spaß, damit zu spielen.

Noch kurz zur Ideenaufbereitung: Wenn man eine einfache Idee hat, dann kann man sie auch mit einfachsten Mitteln präsentieren. Funktioniert eine Idee im Scribble nicht, funktioniert sie auch layoutet nicht. Wie man Ideen dann außergewöhnlich umsetzt – das steht dann vielleicht im nächsten Buch.

MIT DER SCHERE GEGEN RENTENLOCH UND RISIKEN!

Info-Coupons in einen Briefumschlag und in die Post damit:
Karl-Wiechert-Allee 10, 30622 Hannover

Wenn Ihnen schnell nicht schnell genug ist:
Tel.: 0511/ 95 65 - 811   Fax: 0511/ 95 65 - 555
(Mo. - Fr. von 8 - 20 Uhr / Sa. von 10 - 16 Uhr.)

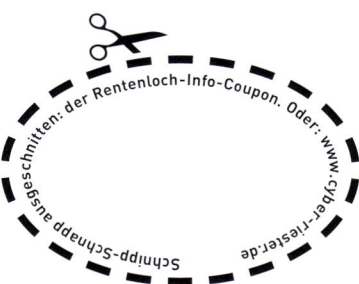

Schnipp-Schnapp ausgeschnitten: der Rentenloch-Info-Coupon. Oder: www.cyber-riester.de

Hannoversche Leben
Einfach. Besser. Direkt.

Machen Sie einen Extra-Schnitt:
Online abschließen und 15 Euro kassieren.

»Und auf einmal riecht das.«

Armin Reins KARSTEN, WIE BIST DU EIGENTLICH WERBETEXTER GEWORDEN? Karsten Ruddigkait Ich bin einer der wenigen Realschüler in der Werbung. Hab dann Fach-Abi nachgemacht und – Irren und Wirren – Bankkaufmann gelernt. Dann hab ich im Ski-Urlaub, abends auf der Hütt'n, so rumgealbert. Da waren Leute aus Agenturen und die meinten: Typen wie du gehören in die Werbung. Und dann hab ich gedacht: Ja, wenn ihr meint, dass das so ist, dann ist das wohl so. Und dann hab ich mich für 300 Mark als Textpraktikant bei BBDO versklavt. Ich hatte damals 'ne lange Matte und 'ne rote Nylonhose und ein weites Leinenhemd. Sah ein bisschen aus wie Errol Flynn. Und Wolf Keyenburg, mein Texter, war das komplette Gegenteil. Fragte mich, wie es denn mit meiner Orthografie aussehen würde. Und ich sagte: »Hm?« Und er sagte: »Ja, Rechtschreibung.« Ich sagte: »Ja, genau, das haben sie bei uns in der Schule auch immer gesagt.« Er legte wirklich sehr viel Wert auf präzises Handwerk. Was ich nicht wirklich erfüllte, weil ich wusste, dass ich irgendwie an der Grenze zur Legasthenie war. Und der hat sich meiner angenommen, mich dann so mehr und mehr da reingetreten. **WELCHE VORSTELLUNG HATTEST DU VOM BERUF DES WERBETEXTERS?** Die Frau von meinem Cousin, die war bei Schwarzkopf. Die erzählte mir von diesem Model mit der Schere und dem langen, gelockten Haar. Und dann sagte sie, die wäre total nett. Und dann dachte ich: Ja, Gott, wenn man da so Leute kennen lernt – das wär' dann schon schick. Also Werbung war für mich damals mehr so am Strand stehen und einfach mal draufhalten und fotografieren und dann einen Satz hinschreiben. Glücklicherweise hab ich dann festgestellt, dass das doch ganz anders ist. Obwohl ... ich hab als Praktikant gleich im ersten Monat einen blöden Follow-up-Film für Dornkaat drehen dürfen. Mit Thorsten Wacker auf Hallig Langeness. Also, die Mohrrüben hingen mir schon relativ früh vor der Nase. Da bin ich auf eigene Kosten hin mit meinem kleinen Fiat Panda. Ja, der Film war doll: Irgendwelche Männer wollen zum Schiff. Und das legt an und dann kommt der Schiffer und nimmt sie mit. Und dann saufen die zusammen einen. Damals war ich noch der Meinung, jede Idee, die umgesetzt wird, ist 'ne gute Idee. Wenn der Kunde sie gut findet, dann ist sie wohl auch irgendwie gut. **WODURCH BIST DU BEEINFLUSST WORDEN, TEXTER ZU WERDEN, HATTEST DU VORBILDER?** Wolf Keyenburg hat mir schon sehr viel beigebracht. Dann kam Söhnke Busch. Er ist ein Mensch, der mir vorgemacht hat, was es heisst, Grenzen zu überschreiten. Irgendwann war ich in der Lage, ihm auf seinen Reisen im Kopf zu folgen. Ich glaube, das passiert nur selten. Aber letztendlich gehen die Vorbilder von der Werbung weg. Garry Larsen z. B. in seinen Absurditäten, wie er mit Konventionen bricht. **IST ES SCHWIERIGER WERBETEXTE ZU SCHREIBEN ALS ANDERE TEXTE?** Nee, es ist nur zielgerichteter. Wobei ich am Anfang nur einfach viele Sachen aus meinem persönlichen, humoresken Umfeld zitierte. Diese Frotzeleien, die man so mit Freunden hatte, und die Sprüche, Witze, Anekdoten, die man sich so hin und her warf oben auf der Baumhöhle. Ich hab schon immer Geschichten erfunden. Die konnte ich direkt umsetzen in der Werbung. **HABEN GUTE TEXTER BESONDERE CHARAKTERLICHE MERKMALE?** Disziplin. Sich nicht in die Hose machen. Die können wirre Ideen kontrollieren und auf den Punkt bringen. **WELCHE FÄHIGKEITEN MUSS EIN TEXTER MITBRINGEN?** Durchhaltevermögen, Ausdauer. Dieses Abklopfen bis der Diamant schön ist. **WAS RÄTST DU EINEM TEXTER, DER BESSER WERDEN WILL?** Machen, machen,

MEIN LIEBLINGSTEXT

I was once with a man at the seaside. As we walked, he noticed two sets of footprints.
»Whose are those?« he inquired. »They are yours,« I replied. »this is the path of your life.«
»And who do the other footprints belong to?« »They are mine,« I answered. »I was there through the course of your life.«

As we strolled along, I pointed to a stretch on the sandy shore where one set of footprints appeared to stumble.
»There,« I said, »that's when your wife became very sick. You see, I was with you even then.«
»And what about here?« wondered the man, picking out a portion of the beach where there was only one, deeper, set of footprints. »That's when your wife died.«
»Well, where were you then?« cried the man in anguish. »Where were you when I needed you most?«

»At that point,« I whispered, »I was carrying you.«

God

machen. Es geht gar nicht anders. Setz dich mit der Materie auseinander. Und da, wo du denkst, dass du es niemals schaffen könntest, versuchst du den Grenzsprung. Also, noch weiter sich voranwagen in das, was man dann letztendlich ungewöhnlich nennt. Das kann man nur ausprobieren. Das muss man wollen. Wenn man es nicht will, dann wird man's nie hinkriegen. **WAS SOLLTE EIN WERBETEXTER LESEN?** Douglas Adams. »Per Anhalter durch die Galaxis«, »Das Restaurant am Ende des Universums« oder auch »Die letzten ihrer Art«. Irgendwann hatte ich Hummeln bei mir im Schuppen. Da hab ich gedacht: Setz dich mal mit Hummeln auseinander. Weil: muss ich die jetzt töten? Ich hab mir ein Hummel-Buch gekauft »Der Hummelstaat«, Unterzeile: »Überlebensstrategien einer jahrtausendealten Spezies.« Das fand ich superspannend. Dann hab ich dieses Buch gelesen und es war so was von schlecht. Dabei stand im Klappentext: »Einer der besten Tierbuchautoren überhaupt.« Und dann hab ich gedacht: Leck mich am Arsch, das ist doch so was von öde. Dann bekam ich von Douglas Adams das Buch »Die letzten ihrer Art« in die Hand. Wo er sich mit einem Reporter um die Welt macht, um vom Aussterben bedrohte Tierarten zu finden. Wo er feststellt, dass ein Vogel, Kakapo heißt der glaube ich, vom Aussterben bedroht ist, weil sein Brunftlaut – so ein Wupwupwup – einen Frequenzgang hat, den das Weibchen nicht orten kann. Das sind dann so Absurditäten. Das finde ich an Douglas Adams Klasse, dass er einfach allein durch diese Stilistik jedes Thema brillant hinbekommt. **WELCHE AUSSER-BERUFLICHEN INTERESSEN HAST DU, UM DIR EINEN UNVOREIN-GENOMMENEN BLICK AUF DIE DINGE ZU ERHALTEN?** Ich hab irgendwann die Konsumbremse gezogen. Also, ich wollte nie, nie zynisch werden. Das war ganz wichtig für mich, weil ich gesehen hab, dass ganz viele Werber zynisch werden. Und Zynismus find ich destruktiv. Ich will auch nie in der Isestraße enden mit einem Chablis für 100 Euro. Das macht so unfrei. Ich hab immer versucht, vor diesem Degenerierten Halt zu machen. **WAS TUST DU, WENN DU NICHT SCHREIBST UND EINFACH NUR ABSPANNEN WILLST?** Ich mach Musik, hab 'ne Band – »The Story«. Na ja, wir sind vier Texter. Und alle vier, fünf Wochen merke ich, dass ich wieder den Kontakt zu meiner Familie suche. Dann nehm ich auch kein Handy mit. Da weiß niemand, wo ich bin. Dann sitz ich da im Wintergarten und Mutter kocht Sauerkraut mit Pellkartoffeln. Und das ist einfach die absolute Ruhe. **WIE STEHST DU ZU DER AUSSAGE, DASS DIE MEISTEN IDEEN FÜR DIE WERBUNG IM PRODUKT SELBST ZU FINDEN SIND?** Das glaub ich ganz bestimmt. The Copywriters Journey. Das Produkt als das unentdeckte Land, wo man sich Strategien einfallen lassen muss. Dieses: Wie kann ich ein Produkt entdecken, das man gar nicht anfassen kann, wie z. B. eine Dienstleistung? Wir hatten mal den Kunden Kommunalverband Ruhrgebiet. Da haben wir auch gedacht: Ruhrgebiet, das kann man ja nicht anfassen. Das ist irgendwie so ein Gremium, ungreifbar groß. Dann haben wir gesagt: Nützt nichts, müssen wir hin. Das Team eingepackt in 'nen Kleinbus und sind ins Ruhrgebiet gefahren, vier Tage. Wir haben da irre Dinge erlebt. Und auf einmal riecht das. Auf einmal lebt das. Man braucht Faszination, Begeisterung für das Produkt, man muss das Produkt richtig mögen. Wenn ich das Produkt nicht mag, dann hab ich Schmerzen. **HAST DU EINE TECHNIK, DICH EINEM PROBLEM ZU NÄHERN?** Ja, so 'ne unausgesprochene Methode. Jedes Produkt erzählt immer 'ne kleine Geschichte. Ob es die Geschichte von der Seife ist, die mir die Hände sauber macht, oder ob es die Geschichte von der Tütensuppe ist. Ich versuche die Geschichten immer absurder werden zu lassen. Das Handwerk lässt es zu, dass man relativ schnell auf eine Lösung kommt, wo der Kunde sagt: Nicht so verkehrt. Dann aber von dieser sicheren aus starten und die Reise weitermachen, darum geht es. **HAST DU BEIM ARBEITEN BESTIMMTE RITUALE?** Ich bastele gern. Ich hab Schere und Kleber. Meine Scribbles sind weltberühmt. Wenn ich 'n Feuerwehrmann male, dann kriegt der einfach hier so 'ne Knöpfe, dann kriegt er hier so 'ne Schulterklappen. Auf einmal hat man einen prima Feuerwehrmann. Und dann kriegt er noch 'n Schlauch in die Hand. Und dann spritzt er. Ich bin sehr visuell. Mit geschlossenen Augen kann ich auch denken, weil da der Blick weiter ist. **GIBT ES BEI DIR EINE ROTE LAMPE, DIE ANGEHT, WENN ETWAS SCHLECHTES ENTSTEHT?** Ich hab die äußere Stimme. Ich hab 'n Art Director, Sönke Busch, mit dem ich seit Jahren zusammenarbeite. Und das ist halt so mein Alter Ego, mein schlechtes Gewissen, mein Filter, wo ich absolut drauf vertrau. **WENN DU FÜR EINE PRÄSENTATION ZWEI WOCHEN ZEIT HAST, ARBEITEST DU DANN KONTINUIERLICH? ODER WIRST DU ERST IN DEN LETZTEN VIER TAGEN AKTIV?** Je länger ich im Job bin, desto entspannter gehe ich mit der Aufgabe um. Das ist die Erfahrung, die man gemacht haben muss. Das ist so wie beim Schwimmen, dass man merkt, man kann nicht untergehen. **SIEHST DU DICH ALS HANDWERKER, TECHNIKER ODER ALS KÜNSTLER?** Als alles drei. Definitiv. **WIE WICHTIG SOLLTEN FÜR JUNGE TEXTER AUSZEICHNUNGEN UND WETTBEWERBE SEIN?** Man kann sich ruhig einen Cannes-Löwen als Messlatte hinhängen. Man muss irgendwie schon wissen, wo die Latte hängt. **WAS ANTWORTEST DU, WENN DEINE TOCHTER ODER DEIN SOHN ZU DIR KOMMT UND SAGT, ICH MÖCHTE WERBETEXTER WERDEN?** Einfach drauflos. Dieses Ideen-Machen – das hilft einem im ganzen Leben weiter. Also, ich hab gestern eine Mail geschrieben an so 'n Mädchen. Und da merkte ich auch: Na klar, es fällt einem leichter, intelligent zu wirken.

Gregor Wöltje

Nach dem Abitur an der Milton Academy in Boston studierte Gregor Wöltje Architektur. Danach arbeitete er als Freier Journalist, Kolumnist und Designberater u. a. für Philip Morris. 1992 gründete er mit Claudia Langer die Agentur .start advertising, die 1999 in eine AG umgewandelt wurde. Als Vorstandsvorsitzender trägt er die Gesamtverantwortung für die Bereiche Strategie und Kreation sowie für die strategische Unternehmensführung. Er gewann bisher diverse Kreativ- und Effizienzpreise und saß als ADC-Mitglied in nationalen wie internationalen Jurys.

ANALYSE

1) Die Anzeige wird nicht bemerkt.
   Sie hat keine Headline, die mich interessiert oder berührt. Sie hat kein Bild, das mich interessiert oder berührt. Sie hat viel zu viele gleichgewichtige Bildelemente.

2) Die Anzeige wird nicht verstanden.
   Ich verstehe nicht, warum ich mir über die »Riester-Rente« der Hannoverschen Leben Gedanken machen soll. Ja ich verstehe nicht mal, warum ich mir überhaupt über eine Riester-Rente Gedanken machen soll.

3) Die Anzeige lädt nicht ein, sondern stößt ab.
   Merkwürdig. Eine Versicherung, die »einfach, besser und direkt« sein will, präsentiert sich mit einer Anzeige, die »kompliziert, schlechter und umständlich« ist.

MEIN LIEBLINGSTEXT

Mein Lieblingstext ist nicht von einem Texter oder Schriftsteller, sondern von einem Art Director. Tibor Kalman, der geniale Gestalter, hat ihn als Brandbrief zum Zustand unserer Branche verfasst. Er ist schonungslos und aufrüttelnd und macht doch Hoffnung. Hoffnung auf gute kreative Arbeit, die vielleicht ein bisschen dazu beitragen kann, die Welt zu ihrem Guten zu verändern.

fuck committees (I believe in lunatics)

It's about the struggle between individuals with jagged passion in their work and today's faceless corporate committees, which claim to understand the needs of the mass audience, and are removing the idiosyncrasies, polishing the jags, creating a thought-free, passion-free, cultural mush that will not be hated nor loved by anyone. By now, virtually all media, architecture, product and graphic design have been freed from ideas, individual passion, and have been relegated to a role of corporate servitude, carrying out corporate strategies and increasing stock prices.
Creative people are now working for the bottom line.
Magazine editors have lost their editorial independence, and work for committees of publishers (who work for committees of advertisers). TV scripts are vetted by producers, advertisers, lawyers, research specialists, layers and layers of paid executives who determine whether the scripts are dumb enough to amuse what they call the »lowest common

denominator«. Film studios put films on front of focus groups to determine whether an ending will please target audiences.

All cars look the same. Architectural decisions are made by accountants. Ads are stupid. Theater is dead. Corporations have become the sole arbiters of cultural ideas and taste in America. Our culture is corporate culture. Culture used to be the opposite of commerce, not a fast track to »content«-derived riches. Not so long ago captains of industry (no angels in the way they acquired wealth) thought a part of their responsibility was to use their millions to support culture. Carnegie built libraries, Rockefeller built art museums, Ford created his global foundation. What do we now get from our billionaires? Gates? Or Eisner? Or Redstone? Sales pitches. Junk mail. Meanwhile, creative people have their work reduced to »content« or »intellectual property«. Magazines and films become »delivery systems« for product messages. But to be fair, the above is only 99 percent true.

I offer a modest solution: find the cracks in the wall. There are a very few lunatic entrepreneurs who will understand that culture and design are not about fatter wallets, but about creating a future. They will understand that wealth is a means, not an end. Under other circumstances they may have turned out to be like you, creative lunatics. Believe me, they're there and when you find them, treat them well and use their money to change the world.

Tibor Kalman, New York, June 1998

Gregor Wöltje

TIPPS & TRICKS

SUCHT, WO ANDERE NICHT SUCHEN.
Alleinstellung ist das A und O in einem Werbemarkt, wo Produkte und Kampagnen sich immer mehr angleichen. Das Suchen fängt ganz vorne bei der Arbeit an. Was kann ich über das Produkt sagen, das andere nicht sagen können? Wo liegt das unentdeckte Geheimnis der Marke?

FINDET, WAS ANDERE NICHT FINDEN.
Es gibt viele Eigenschaften, die eine Marke von einer anderen unterscheiden. Die Frage ist: Was davon ist relevant? Was interessiert die Zielgruppe? Nur relevante Geschichten bewegen uns. Sprecht mit der Zielgruppe und seht, was sie berührt.

MACHT, WAS ANDERE NICHT MACHEN
Die außergewöhnlichste Idee geht kaputt, wenn sie stinknormal umgesetzt wird. Wie wird aus einem Layout ein aufregendes Layout? Wie setzt man eine nette Treatment-Idee in einen spektakulären Film um? Die Exekution ist die halbe Miete.

LERNT, WAS ANDERE NICHT LERNEN.
Findet heraus, ob eure Werbung etwas bewirkt. Wenn sie zu wenig bewirkt, ändert sie. Wenn sie nichts bewirkt, fangt neu an. Unsere Kunden haben einen Anspruch darauf, dass unsere Arbeit etwas bewegt. Und wir haben einen Anspruch darauf, genau zu wissen, was sie bewegen soll.

NEUGESTALTUNG

Alle Versicherungen und Banken haben bereits über die Riester-Rente gesprochen. Die Bilder und Botschaften gleichen sich: Man sieht viele gut gelaunte Frührentner, die sich an Traumstränden oder in Traumautos tummeln und mir ein Luxus-Altenteil versprechen, wenn ich mich jetzt für ihre Riester-Rente entscheide.

Man muss also davon ausgehen, dass die Menschen, die sich wirklich intensiv mit ihrer Altersvorsorge beschäftigen, bereits Lösungen haben. Es geht also jetzt um die, die das Thema hartnäckig ignorieren. Entweder weil ihnen die Vorsorge egal ist oder weil ihnen die Werbung dafür noch nicht ins Auge gesprungen ist.

Da wollen wir Abhilfe schaffen, indem wir laut und provozierend ins Gedächtnis rufen, wie unangenehm es sein kann, wenn man im Alter nicht genug Cash zur Verfügung hat. Dann muss man sich nämlich entweder bescheiden oder sich eine Altersbeschäftigung suchen.

Genau das hat unsere Protagonistin »Edith« offensichtlich getan. Denn sie verkauft jetzt ihren Körper unter der Kategorie »alt und knackig«.

Die Idee ist natürlich serienfähig, denn man kann sich ja auf vielen seltsamen Wegen im Alter Geld verschaffen oder auf genauso seltsamen Wegen Geld sparen. Denkbar sind also Geschichten über eine Senioren-Bankräuber-Bande, eine Rentnerin, die ihre Katzen verspeist oder ein Ehepaar, das sich grundsätzlich als blinder Passagier seine Kreuzfahrten verschafft. Geschichten wie das Leben (oder die »Bild«) sie schreiben könnte. Immer mit einer Prise schwarzem Humor und einem sehr einfachen, merkfähigen Layout.

»Bloß nicht selbstreferentiell werden.«

INTERVIEW

Armin Reins GREGOR, WIE BIST DU EIGENTLICH WERBETEXTER GEWORDEN? Gregor Wöltje Ich bin eigentlich Architekt. Ich hab aber nebenbei aus Jux und Dollerei Klatsch-Kolumnen für Prinz, Tempo geschrieben. Dadurch hab ich den Spaß am Schreiben entdeckt, allerdings nie wirklich eine klassische Texterausbildung genossen. Ich hab als Sommerjob zwischen den Semestern Sponsoren akquiriert. Das hat alles nicht funktioniert. Dann hab ich zu Claudia, meiner Frau, gesagt: Sponsorensuche ist Kacke, Mode ist Kacke, Messe ist nicht gut, lass uns Werbung machen. Dann haben wir das so von Null weg gemacht. Ich war nie Texter. Ich habe auch nie angestellt in einer Agentur gearbeitet. Ich bin ein nichtausgebildeter autodidaktischer Creative Director. **WELCHE VORSTEL- LUNG HATTEST DU VOM BERUF DES WERBETEXTERS?** Wir wollten einfach eine Agentur gründen, so wie wir denken, wie eine Agentur sein muss. Über einzelne Disziplinen habe ich mir nie ein Bild verschafft. Wir haben die ersten Jahre keinen Kreativen in der Agentur gehabt, außer mir und Leuten von außen. Wir haben uns immer mit Leuten auseinander gesetzt, die eigentlich keine Werber sind. Wir haben am Anfang teilweise verrückte Jobs mit Leuten wie den Tomato-Jungs gemacht. Wir haben viele Projekte, Konzepte, Filme gemacht, wo gar kein Texter, gar kein Art Director im klassischen Sinne drauf gebraucht wurde. Das find ich sehr spannend, diese Art der Zusammenarbeit. Auch mit Leuten, die quasi keine Schulausbildung hatten. Das weicht sich natürlich auf, wenn eine Agentur größer wird. Aber das war so das Bild. Das Bild hatten wir anfangs im Kopf. Und nicht eines von einzelnen Disziplinen. **WODURCH BIST DU BEEINFLUSST WORDEN, TEXTER ZU WERDEN, HATTEST DU VORBILDER?** Ich hab ein echtes Vorbild – und das ist Tibor Kalmann. Und der war kein Texter, sondern Gestalter. Eigentlich war er ein richtig aufregender, brutaler Denker, ein echter Freigeist. Es gibt ein Essay von ihm, das heißt: Fuck committees. Da geht's darum, wie man mit Kunden umgeht. Fast alles, was er geschrieben hat, ist brillant geschrieben, brillant gedacht. Er ist für mich einer der wenigen, die den Spagat hingekriegt haben zwischen: ja, ich arbeite kommerziell – aber: nein, ich versuche auch, aus der Welt noch einen besseren Platz zu machen. Und das mit Spaß und Freude und nicht irgendwie dröge. Er hat gesagt: Alles, was die Menschen ernst nehmen, möchte er möglichst lächerlich darstellen; alles, was andere lächerlich finden, möchte er möglichst ernst behandeln. Diesen steten Widerspruch fand ich super spannend. **IST ES SCHWIERIGER WERBETEXTE ZU SCHREIBEN ALS ANDERE TEXTE?** Nein. Angenehmer. Weil kürzer, weil oft im Faktischen etwas entrückter, weil man Wörter schöpfen kann, weil man es verbiegen kann, wenn man es möchte. Unangenehmer nur, weil es zweckgebunden sein muss und man es länger hindengeln muss. **HABEN GUTE TEXTER BESONDERE CHARAKTERLICHE MERKMALE?** Was alle Guten eint, ist der Mumm, die Sachen wegzuschmeißen, wenn sie »gut« sind. Und zu gucken, ob man sie noch »sehr gut« kriegt. Ich kenne eine Menge Leute, die den Mumm haben, Schlechtes wegzuschmeißen, was nicht so wahnsinnig schwierig ist. Aber Leute, die wirklich Mumm haben, auf die letzte Sekunde auch eine Sache, die eigentlich schon gut ist, nochmal komplett neu zu machen, das sind die Besten. **WELCHE FÄHIGKEITEN MUSS EIN TEXTER MITBRINGEN?** Alle guten Texter können aus einem großen Erlebnisraum schöpfen. Egal, ob es jetzt die kleine Begebenheit in der U-Bahn ist, der Streit mit der Freundin. Sie können Dinge nacherzählen. Sie können Texte und Klischees verarbeiten, sich in andere Menschen reinarbeiten. Es gibt Leute, die sehr gut schreiben können, aber nichts nacherzählen können. Das heißt, sie können sehr intelligent schreiben. Aber sie werden nie einen Werbetext schreiben, der mich persönlich reinzieht. Weil sie mein Leben nicht kennen, sondern nur ihres. Wir haben hier in der Agentur eine ganze Menge Texter aus dem Praktikantenstand heraus befördert, die vorher nix gemacht haben, aber sie konnten erzählen. Ein guter Texter ist im Herzen auch Proll, versucht Dinge so wahrzunehmen wie andere Menschen sie wahrnehmen. **WAS RÄTST DU EINEM TEXTER, DER BESSER WERDEN WILL?** Geh raus. Guck dir die Menschen an. Egal, ob du im Kino bist, in der U-Bahn, im Auto. Hör zu, wenn sie was erzählen. Beispiel Funk-Spot. Die klingen oft wie geschrieben und nicht wie gehört. Setz dich ins Restaurant und lausch, was die am Nebentisch sagen und wie sie es sagen. Speichere es. Jede einzelne Geschichte wirst du benutzen können. Irgendwann. Jeden Scheißdialog. Zwei Vertriebsheinis an der Bar? Wunderbar – irgendwann kann man daraus eine Geschichte, einen Film machen. **WAS SOLLTE EIN WERBETEXTER LESEN?** Im Moment finde ich die Bild-Zeitung wieder sehr stark. Sehr lesenswert. Nicht wegen dem Inhalt, einfach wegen der Diktion. Uschi Glas in zehn verschiedenen Headlines zehn Tage lang durch die Prärie zu jagen: Respekt. Kann man was lernen. Klassische Literatur? Ich bin da vorbelastet, Deutsch-Leistungskurs.

Im literarischen Text sehe ich nicht so eine wahnsinnig praktikable Hinleitung zu dem, was wir hier im Werbetext zu verbrechen haben. **WELCHE AUSSERBERUFLICHEN INTER-ESSEN HAST DU, UM DIR EINEN UNVOREINGENOMMENEN BLICK AUF DIE DINGE ZU ERHALTEN?** Ich bin kein Werber im Herzen. Ich hab mich dem nie wirklich sooo tief verpflichtet gefühlt, obwohl ich Werbung geil finde. Ich hab mich dem nie so nah gefühlt, weil ich nicht darin aufgewachsen bin. Es ist gut, eine gewisse Distanz dazu zu behalten. Ich merk das gerade bei jungen Leuten. Da gewinnen sie zwei, drei Medaillen und ihr tragisches Werberschicksal beginnt: Sie drehen sich nur noch um das kurze Highlight ihres Lebens. Meine Bitte dann: Bloß nicht selbstreferentiell werden. Sich immer fragen: Gibt's noch mal einen ganz andern Flugwinkel? **WAS TUST DU, WENN DU NICHT SCHREIBST UND EINFACH NUR ABSPANNEN WILLST?** Ich verzehre Filme. Ich hab eine sehr umfangreiche DVD-Sammlung, seitdem ich Kinder habe. Ich verzehre Musik. Ich habe zigtausend Platten um mich herum – von Klassik über neue E-Musik bis zu Heavy Metal. Alles. Aber eigentlich bin ich stinkefaul. Als Grundvoraussetzung. Faulheit ist eine gute Sache. Alles wieder auf Null fahren. Weil du dann diese Ruhepunkte kriegst. Faulheit macht effizient. Weil man sich Gedanken darüber macht: Wie krieg ich das schnellstmöglich hin, statt noch fünf Runden zu drehen **WIE STEHST DU ZU DER AUSSAGE, DASS DIE MEISTEN IDEEN FÜR DIE WERBUNG IM PRODUKT SELBST ZU FINDEN SIND?** Bei einem Produkt, das noch ein Produkt ist, ja; so wie die Flasche Wasser, die hier steht. Bei Produkten und Marken, die nicht mehr anfassbar sind, ist das was anderes. Beispiel Energie. Da ist aus dem Produkt eigentlich nicht mehr viel zu holen. Man muss ein Unternehmen oder eine Dienstleistung genauso durchre-cherchieren wie ein Produkt. Wie geht das Unternehmen an Leistungen, an Menschen, an Kunden heran? Dann baut man daraus ein Vorwärtsversprechen, das ein komplettes Unternehmen hinter sich herziehen kann. **HAST DU EINE TECHNIK, DICH EINEM PROBLEM ZU NÄHERN?** Ich recherchiere selbst. Ich glaube keinem Briefing. Ich versuche Produkte auszuprobieren, zu sehen, zu erleben. Und danach liegen zu lassen. Und dann relativ frei zu assoziieren. Oft über den Weg: Was würde keiner sagen über dieses Produkt. Suchen, wo andere nicht suchen. Was ist der Aspekt, der noch relevant genug ist, dass er erzählenswert ist, aber noch so unique ist, dass ihn noch keiner erzählt hat. **HAST DU BEIM ARBEITEN BESTIMMTE RITUALE?** Musik hören. Musik hören. Musik hören. Laut. Während des Schreibens und während des Denkens. Abends brummt's hier manchmal aus dem vierten Stock mächtig raus. **WENN DU FÜR EINE PRÄSENTATION ZWEI WOCHEN ZEIT HAST, ARBEITEST DU DANN KONTINUIERLICH? ODER WIRST DU ERST IN DEN LETZTEN VIER TAGEN AKTIV?** Am ersten Tag mit ganz großem Enthusiasmus. Dann liegt's. Drei Tage. Dann wieder zwei Tage: hoher Schub rein. Dann: verstanden. Dann sacken lassen, sacken lassen, sacken lassen. Und dann erst wieder mit dem Druck des Vollenden-müssens fertig machen. **GIBT ES BEI DIR EINE ROTE LAMPE, DIE ANGEHT, WENN ETWAS SCHLECHTES ENTSTEHT?** Ich zeige es meiner Frau. Das ist schon die erste Alarmanlage. Die hilft meistens. Ich zeige viel. Auch gerne mal unserem Koch oder Leuten, die nicht in die Kampagne involviert sind: Macht das Spaß, verstehst Du's, kommt das rüber? **SIEHST DU DICH ALS HANDWERKER, TECHNIKER ODER KÜNSTLER?** Künstler ist das falsche Wort. Aber das trifft es am ehesten. Aber eigent-lich ist mein Job Denker. **WIE WICHTIG SOLLTEN JUNGEN TEXTERN WETTBEWERBE UND AUSZEICHNUNGEN SEIN?** Wichtig. Ich hab mich lange gegen die Rituale des ADC gewehrt. Aber es ist wichtig, um sich zu messen. Um sich zu inspirieren. **WAS ANTWORTEST DU, WENN DEINE TOCHTER ODER DEIN SOHN ZU DIR KOMMT UND SAGT, ICH MÖCHTE WERBETEXTER WERDEN?** Krisensicherer Beruf. Volle Unterstützung. Suchen wir ständig.

WAS INSPIRIERT

»Texten ist ein Spiel. Wie Fußball. Man lernt es auf der Straße.«

Veronika Claßen

Herzlich willkommen bei »Kollegen schreiben für Kollegen«. Zu wem schreibe ich hier eigentlich? Ich nehme mal an, ich schreibe zu jüngeren Menschen. Menschen, die keine Zeit haben. Weil sie in die Werbung wollen.

Gut, dann bin ich ein netter Mensch. Das heißt, ich schreib mal lieber gleich an den Anfang, was die letzten zwanzig Jahre so gebracht haben. Das ist nicht nur entgegenkommend, sondern auch typisch für die Werbung: Am Anfang steht das Ende. Das Ende der Überlegungen. Dadurch, dass das Ergebnis nicht da steht, wo es hingehört, muss man es selber auflösen. Hier also die wichtigsten Ergebnisse:

1. Es ist alles Biologie.
2. Wenn du kein Philosoph bist, kannst du kein Würstchen verkaufen.
3. Wer nichts falsch macht, macht nichts richtig. Das ist die nationale Katastrophe.
4. Ideen sind Verdauungsreste. Das ist das andere Ende von »Es ist alles Biologie«.

Das war's.

Natürlich verstehen Sie, was ich meine. Sie können jetzt woanders reinlesen. Danke. Und tschüs.

Puh. Jetzt sind wir unter uns. Was ich diese Leute liebe, die das Leben abkürzen wollen.

Die gleich fragen, wie werde ich erfolgreich und wie viel verdient man dann? Als Texter bist du Lieblingsopfer.

Texter zu sein ist sowieso geküsst. Es gibt Berufe, da hat man seine Ruhe, wenn man die ausübt. Fleischereifachverkäuferin. Urologe. Fußballreporter bei der ARD. Und es gibt einen Beruf, da hat man einfach keinen Frieden. Texter. Weil es einfach alle quält, diese Frage zu stellen: Wie kommen Sie denn zu Ideen? Dahinter steckt ein bisschen Mitleid, gepaart mit Angst: Morgen kann schon alles vorbei sein. Und ein bisschen Bösartigkeit schwingt auch mit: Sie Unnormal. Wollen Sie allen Ernstes behaupten, dass Sie heute schon wissen, dass Sie morgen wieder Ideen haben?

Liebe Leute, damit haben wir schnell gespielt. Sie wollen mir doch nicht allen Ernstes unterjubeln, dass Ideenhaben unnormal ist oder die Ausnahme. Wie bitte schön kommen Sie denn zu »keine Ideen«? Sie wollen mir doch nicht etwa weissmachen, dass Sie beim Spülen ans Spülen denken? Oder beim Anblick eines roten Ferrari an Autos?

Alles, was Sie jetzt noch tun müssen, ist das, woran Sie wirklich denken, denken. Und dann: aufschreiben. Das ist kinderleicht.

Werbung ist ein Kinderspiel. Ich bin der lebende Beweis.

Meine Eltern waren meine Kunden. Sie hatten ein Lebensmittelgeschäft und waren Produzenten: Produzenten von Würstchen. Den Endverbraucher begrüßte ich mit vier Jahren mit »Guten Tag zusammen«. Und die erste Media-Belegung war unsere Schiefertafel. Die Schiefertafel im Schaufenster unseres Geschäfts.

Angefangen habe ich damit, unsere Würstchen interessant zu machen. Das Ganze passierte noch bevor ich schreiben konnte. Das heißt, am Anfang habe ich mir Sachen ausgedacht und eine des Schreibens mächtige erwachsene Person musste das dann auf die Tafel bringen.

Ich hatte also im zarten Alter von vier schon meine ADs. Ich wusste natürlich nicht, dass man das Werbung nennt, wenn man die Würstchen seiner Eltern mit Fantasie und Flunkereien interessant macht. Ich habe aber von Anfang an gemerkt, dass mir das Spaß macht, aus schlaffen braunen Frankfurtern die ersten »Borussen-Knacker« zu machen.

In Gladbach kam das an.

Was man tun musste, um jede Woche etwas auf die Tafel zu bringen? Ganz einfach: Leute bespitzeln. Die Ohren aufmachen, wenn sich unterhalten wurde, und ganz genau hinhören, wenn man ganz schnell weghören sollte. Einfach alles aufschnappen. Für mich war das ein Spiel.

Texten ist ein Spiel. Es ist keine Wissenschaft.

Wenn Sie studiert haben, lassen Sie sich jetzt dadurch nicht verdrießen. Man studiert ja nicht für einen Beruf, sondern für sich. Also, studieren ist nicht falsch. Sie können nur aus dem Studium keinen entscheidenden Vorteil für sich ableiten. Das ist alles. Wenn Sie das nicht stört, stört Ihr Studium auch weiter nicht.

Wenn Sie also aus etwas Normalem etwas Interessantes machen wollen, was wir als Berufsbezeichnung Texter nennen, dann haben Sie es ohnehin gut getroffen. Für diese Tätigkeit können Sie einfach alles gebrauchen, ausnutzen, verwerten.

Es ist für unsere Tätigkeit nichts vergebens, nichts vertane Zeit.

Alles können wir gebrauchen. Studium und Malteserhilfsdienstfahrertätigkeit, Zeiten als Dompteur und Zeiten als Dekorateur, alles. Denn:

Nur wer was erfahren hat, kann was erzählen.

Nur wer was in sich reinstopft, scheidet was aus. Sie verstehen. Guter Schüler, gutes Abi, zielstrebig studiert: das geht in unserem Tätigkeitsbereich nur, wenn Sie ansonsten wenigstens ein bisschen abartig veranlagt sind. Oder Schweizer sind. Denn um ein Produkt zu verkaufen (und das ist die wahre Beschreibung unseres Berufs), musst du es in Zusammenhang setzen zu etwas, was Menschen interessiert. Was interessiert Menschen und was interessiert Menschen nicht?

Menschen interessieren sich nicht für Produkte.
Menschen interessieren sich für Menschen.

Denn: Menschen sind auch nur Tiere. Menschen interessieren sich für die eigene Art.

Schon folgt: Was Menschen interessiert, ist naturgegeben. Oder anders gesagt:

Es ist alles Biologie.

Das ist die wichtigste Lektion. Ja ja ja. Es geht nur darum:

Wie kriege ich Brüste und wann?

Wer guckt da drauf?

Habe ich den Längsten?

Sieht das jede?

Kriege ich die Schönste?

Das will die Natur schließlich so wegen der Vermehrung. Die Schönste ist biologisch gesehen nichts anderes als die vom Äußeren her Fortpflanzungsversprechendste.

Kriege ich den Reichsten?

Das will die Natur schließlich so wegen der Vermehrung. Der Reichste bietet biologisch gesehen lediglich die größte Sicherheit für die eigene Brut.

Wie bleibe ich lange schön?

Das ist nichts anderes als die Daseinsberechtigung als Weibchen.

Wie behalte ich lange den Längsten? Alternativ: Wie bleibe ich lange reich?

Das ist nichts anderes als die Daseinsberechtigung als Männchen.

Wie kriegt die Menschheit mit, dass ich die Schönste beziehungsweise der mit dem Längsten bin?

Das ist biologisch gesehen wichtig wegen der Hackordnung im Rudel und zur Vermeidung von zu vielen Kräfte raubenden Terrain-Kämpfen mit Jungtieren.

Wie kriegt die Menschheit mit, dass meine Ableger die Dollsten sind?

Das ist wichtig wegen des Ansehens im Rudel.

Wie garantiere ich meiner Brut die besten Startvoraussetzungen im Überlebenskampf?

Das ist entscheidend für die eigene Absicherung im Alter.

So, Kollegen, das war's. Wer noch was weiß, was die Menschheit umtreibt, soll mich anrufen. Ich grüße an dieser Stelle Procter & Gamble und denke oft und gerne an das schöne Wörtchen »Insight«. Aber warum soll man nicht Menschen hinter Glasscheiben beobachten, wenn Konrad Lorenz sein Leben lang Wildgänsen zuguckte. Ist ja beides lehrreich. Aber das genügt noch nicht. Man muss das Tier auch lieben, das man studiert. Und schon sind wir bei der nächsten Erkenntnis:

Alles ist Biologie. Und wer das weiß, ist Philosoph.

Hervorragend. Dann sind Sie jetzt so weit wie ich mit vier. Dann können Sie jetzt Würstchen verkaufen. Nur ein Philosoph kann Würstchen verkaufen. Sie denken, Sie verkaufen Wiener Würstchen mit den Worten: Wie wär's mit einem Wiener Würstchen? Sie Werbefachmann.

Wiener Würstchen verkaufen geht so: Sie wissen, welches Gemüse es gerade auf dem Markt gibt. Sie wissen, dass der Straßenfeger »Die weiße Frau« an drei Abenden in der Woche im Fernsehen läuft. Sie wissen, dass Eintopf vorgekocht werden kann und aufgewärmt am besten schmeckt. Gut.

Was Sie aber vor allem wissen, ist, dass eine deutsche Hausfrau im Jahre 1961 unter normalen Umständen »Die weiße Frau« nie und nimmer ganz gucken kann. Weil sie in die Küche geht und die Suppe holt und nach der Suppe die Teller abräumt und in die Küche geht und den Braten holt und in die Küche geht und die Schüssel mit dem Leipziger Allerlei holt und in die Küche geht und die Kartoffeln holt. Schlecht.

Und jetzt kommen Sie mit Eintopf. Mit Wiener Würstchen.

Auf der Tafel steht: Wer diese Woche keinen Eintopf kocht, verpasst das Beste.

Und frau versteht. Der Eintopf wird vorgekocht. Die Wiener Würstchen bitte nur ziehen lassen. Wiener Würstchen machen Kinder froh und Männer satt. Und frau kriegt endlich mal mit, wer der Mörder ist.

What a bloody genius you are.

Das war jetzt einfach. Zu Sauerbraten kommen wir später. Wer also weiß, was die Welt im Innersten zusammenhält, kann auch seinen Vater unterstützen, wenn der als liebstes Hobby hat, neue Würstchen zu erfinden. Und schon schneiden wir das nächste Kapitel an:

Es gibt nichts, was sich nicht verkaufen lässt.

Mein Papa hat immer etwas Neues ausprobiert. New product development. Manchmal wurde das anders als erwartet. Flüssig statt fest zum Beispiel.

Da war diese Leberwurst. Was machen Sie als Vierjährige aus flüssiger Leberwurst, wenn Sie auch morgen noch im Kindergarten gut angesehen sein wollen? Ich machte daraus »Feine Leber-Creme«.

Was die Leute nicht kennen, ist neu. Was neu ist, muss aber noch lange nicht gut sein. Es sei denn, es ist etwas Besonderes. Was ist was Besonderes? Was aus dem Ausland kommt. Und wo isst man besonders lecker? In Belgien zum Beispiel. Also hieß Papas flüssige Leberwurst nicht nur »Feine Leber-Creme«, nein, sie kam auch noch aus Brüssel. Und war etwas teurer. Dafür hat man als Kind ein untrügliches Gespür. Positionieren muss schließlich nicht gelernt werden.

Das Zeug ging weg wie nix. Da war ich fünf. Natürlich müssen Sie lange Marketing studieren, bis Sie meine ganze Erziehung aufgeholt haben. Die Feinheiten lernt man aber nur an der Front, sprich an der Theke. Denn nicht umsonst heißt die nächste Weisheit:

Ein Studierender ist immer besser als ein Studierter.

Ist doch klar, oder? Studierend ist Partizip Präsenz, also das Mittelwort der Gegenwart, und zeigt an, dass du aktiv bist. Studiert ist Partizip Perfekt, also das Mittelwort der Vergangenheit, und zeigt an, dass du mit was abgeschlossen hast.

Wer mit was abgeschlossen hat, ist draußen.

Wenn du nicht lebst, bist du weg vom Fenster.

Das gilt für den Menschen wie für den Texter. Worüber regt sich Deutschland gerade auf? Sie wissen das nicht? Worüber wollen Sie dann schreiben? Wer den Griffel schon aus der Hand gegeben hat, der kann nicht mehr schreiben. Also:

Erst leben, dann schreiben. Erst schreiben, dann was drüberschreiben.

Ich erinnere mich noch gern an einen meiner Chefs, der halb verzweifelt, halb bewundernd zu mir sagte: Du textest nie. Jawohl. Und er fuhr fort: Man hat den Eindruck, du unterhältst dich immer. Jawohl.

Texteln ist wie drexeln. Schrecklich. Wenn ich mal kurz was dazu sagen darf: Fangen Sie bloß nie an zu texteln. Grausam ist das. Schreiben Sie alles runter, was Ihnen einfällt. Zum Würstchen wie zum Direktanlagebrief. Sie können das auch nur in Ihrem Gehirn schreiben, wenn Sie ein gutes Gedächtnis haben. Das ist wurscht. In achtundneunzig Zeilen steckt irgendwo die Headline. Schreiben Sie die einfach zum Schluss raus. Aber fangen Sie nie an, Wörter zu einer Headline zu kombinieren.

Die Kombination von Wörtern ist kein Gedanke.

Nur wenn Sie oben was hinschreiben, was normalerweise unten steht, entsteht oben der Eindruck von »Aber hallo. Da hat aber einer neu gedacht«. So geht Headline oder Kopfzeile.

Sie können eine Kopfzeile nicht erzwingen, nur rausverdauen. Damit sind wir beim nächsten Kapitel:

Wer zu viel denkt, schießt daneben.

Das ist wie beim Fußball. Ja ja ja. Alle, die mich kennen, haben schon längst ihre Fingernägel abgefressen und sich gedacht: Wie, heute kein Vergleich mit Netzer und der Fohlenelf? Aber ja doch. Vieles, was sich wie gequirlte Schiete liest, ist Denkmüll.

Zu viel Gedachtes. Wenn du den Leuten was beibringen musst, geh zum Bund.

Viele Auftraggeber sind nicht damit zufrieden, dass man ihr Produkt liebt und deshalb kauft. Nein, man soll es verstehen, begreifen, kapieren. Wir schreiben auf den Rettungsring »Rettungsring« drauf. Und es reicht nicht, dass wir wissen: bei Grün kannste gehen.

»Texten ist ein Spiel. Wie Fußball. Man lernt es auf der Straße.«

Nein, sicherheitshalber ist da ein Männchen, das geht, und das ist grün. Wir sind das Land der »Hast-du-mich-verstanden-Menschen«. Das ist eine nationale bombastisch gute Charaktereigenschaft fürs Autobauen und eine nationale bombastische Katastrophe fürs Schreiben. Wir lieben es nicht nur, Witze zu erklären. Nein, wir müssen Witze erklären. Sonst wissen wir ja nicht, dass man den Witz verstanden hat. Sie haben gelacht, ja gut. Aber haben Sie den Witz auch begriffen?

Die Lektion der Lektionen für unsere Nation heißt deshalb auch:

Lebe unsicher. Lebe gefährlich.

Es kann sein, dass ein durchschnittlich veranlagter Mensch während 30 Jahren seines Lebens durchaus mitbekommen hat, dass Rama eine Margarine ist, die man zum Frühstück isst und die vor allen Dingen in der Familie auf den Tisch kommt. Dann lass die Leute das einfach mal zurückspielen nach 30 Jahren, dass sie das wissen. Und gib ihnen Situationen, in denen sie das selber denken: Rama, Familienmargarine. Zum Beispiel im Supermarkt: Knackiger Mann verfolgt von zwei Mädels. Er kauft Rama, ihre Reaktion: »Vergiß es, der ist verheiratet.«

Zum unsicheren Leben gehört auch, sich nicht beliebt zu machen. Sie sind aber so erzogen worden, dass Sie allseits beliebt sein sollen? Sie sind schon allseits beliebt? Keine Angst:

Es ist nie zu spät, sich unbeliebt zu machen.

Unbeliebt machen kann man sich bei Kollegen und Kunden. Dann fangen wir mal an.

Über Folgendes lassen wir nicht mit uns reden:

> Als Texter findest du raus, was am Produkt interessant ist.
> Als Texter bist du Art Director.
> Als Texter bestimmst du, wie was gesagt wird. Der Kunde sagt höchstens, was.
> Als Texter denkst du nicht in Media, sondern wie du die Idee am besten rüberkriegst.
> Zu: Was ist interessant am Produkt?

Du darfst eine Feuchtigkeitscreme bewerben. Endlich. Es gibt ja auch erst sieben Millionen. Die Chemiker haben sich ganz was Bahnbrechendes ausgedacht: Die Feuchtigkeit hält zum ersten Mal nicht elfeinhalb Stunden in der obersten Hautschicht, sondern elfdreiviertel. Endlich. Der Berater findet das auch Klasse.

Stop. Du fängst an, die siebzehn Seiten Labor-Analyse zu lesen. Dann steht auf Seite neun was von Algen. Und du schreibst »Das Neueste in der Schönheitspflege war schon immer da. Allerdings 110 Meter unter dem Meeresspiegel.« Die Chemiker sagen: Das ist nicht unsere Errungenschaft. Und du sagst: Egal, aber es hört sich gut an, klingt glaubwürdig, liegt in der Zeit. Und außerdem kommt es darauf an, wie ich es umsetze.

Den Effie holst du mit dem Berater ab.

Zu: Wer ist der Art Director?

Ikea. Du schreibst: Bei uns klappt alles – zusammen. Ein Kalauer für Ikea Gartenmöbel.

Für die Kampagne mit dem Elch.

Macht der Art Director daraus: Bei uns klappt (Headline) – alles zusammen (gestürzt am Rand).

Stop. Der Kalauer muss leben. Die Menschheit will grölen.

Bei Ikea Kaarst klappt die Aktion, weil die Leute wie die Bekloppten sagen: Na, bei Ihnen klappt heute wegen des Andrangs alles zusammen, wa? Genau. Sagt auch der WDR bei der Staumeldung bezüglich verstopfter Ikea-Abfahrt Kaarst.

Die Dankesworte vom Kunden nimmst du mit deinem AD entgegen.

Zu: Wer sagt hier, wie was gesagt wird?

Condor. »Die Headline ist die Copy« – Kampagne auf gelbem Condor-Grund mit den Urlaubs-wunderfotos oben. Du schreibst in der Copy was von Lambada. Der Kunde mag aber Lambada nicht. Ein Tanz kann es schon sein, wie wär's mit Tango? Nein.

Die Leute tanzen diesen Sommer Lambada. Nein, sagt der Kunde. Das ist zu proll. Tanzen die Leute aber, sagt Wolfgang Leihener, der Art Director. Nein, sagt der Kunde, das ist nicht Lufthansa. Ist ja aber auch Condor, sagst du. Nein, sagt der Kunde. Lambada ist zu low. Lambada ist es aber, sagst du. Sagt dein Vorgesetzter: Müsst ihr euch um solche Kleinigkeiten mit dem Kunden kloppen?

Stop. Lambada ist es. Oder ein anderer Text.

Du freust dich, dass dein Vorgesetzter mit auf der ADC-Urkunde für den Lambada-Text draufsteht.

Zu: Wer sagt hier, in welchem Medium das Produkt am besten rüberkommt?

Du sollst einen Wecker bewerben. In Print. Neue Technik. Man kann ihn abwinken.

Sagst du: Das ist ein Film. Für Leute, die das Aufstehen hassen. Sagt Media: Ist aber Print gebucht.

Sagst du: Kann auch ganz kurz sein, der Film. Sagt Wolfgang Köppel, der Berater: Wir sollten Film machen. Sagt Media: Ist aber Print gebucht. Sagst du: Wir stellen den Film mal vor.

Stop. Kunde erkennt Vorteil von Idee in Film. Film mit Hund, der Wecker abwinkt, wird gedreht. Media bucht TV.

Media freut sich mit dir über Effie und Cannes-Löwen.

Natürlich ist man nicht immer erfolgreich, wenn man sich unbeliebt macht. Aber man macht zumindest seinen Job und entwickelt seinen Charakter. Dazu gehört auch:

Warte nicht aufs Briefing.

Wenn du einen Kunden hast, dann denke immer und überall daran, was man für diesen Kunden noch so alles anstellen kann. Wo du noch mit einer frohen Botschaft für ihn auf die Straße gehen kannst. Ein neuer Tier-Film kommt nächstes Jahr in die Kinos? Wie wäre es mit Kino-Plakaten für Chappi? Vor dem Vogelpark Walsrode, gibt es da Plakatflächen? Und schon hängt da der Trill Falkner. Kann man im Schwimmbad Unterseiten von Sprungturmbrettern bekleben? Schon steht da: Trinken Sie lieber Fanta als die Brühe im Becken.

Wer sich das Leben schon mit Texten verdingen will, sollte sich zuoberst eins ins Poesie-Album schreiben:

Ich schreib für mich.

Sie können Standards übernehmen: Unter einer bestimmten Latte wollen Sie nie und nimmer durchlaufen? Gut so. Der wichtigste Standard beim Schreiben ist aber der, dass Sie selbst es wieder lesen wollen, was Sie geschrieben haben. Oder wiederhören wollen. Oder wiedersehen wollen. Das ist das Härteste.

Dafür können Sie aber auch etwas machen, was Menschen in anderen Berufen so ohne Weiteres nicht möglich ist:

Sie können Ihr Hobby überall einfließen lassen.

Wenn Sie sich also für etwas interessieren, dann gibt es keinen Grund, nicht immer und überall darauf zu sprechen zu kommen. Schließlich kennen Sie sich da aus.

»Texten ist ein Spiel. Wie Fußball. Man lernt es auf der Straße.«

Nehmen wir mal an, Sie interessieren sich für Fußball.

Ihre Agentur soll einen Film für einen Stromanbieter machen. Groß und eindrucksvoll. Wer sich für Fußball interessiert, hat Fußballer im Team. Und schon entsteht ein Film, der in einem Fußball-stadion spielt. Der Platzwart bedient die Lichtanlage: Licht, Licht, Licht. Und dazu wird eingeblendet: Fußball ist ein Sport, bei dem 22 Mann gegen einen Ball treten, und am Ende siegen immer die Deutschen. Gary Linneker. Und dann kommt: Wir sorgen dafür, dass die Welt das sieht. Preussen Elektra.

Ihre Agentur soll einen Film für ein Waschmittel machen. Wer sich für Fußball interessiert, hat Fußballer im Team. Und schon werden die Mütter der Nationalspieler eingeladen und in Mannschaftsaufstellung abgefilmt. Dazu hört man: Wir wollen, dass unsere Jungs sauber spielen. Und zur Packung auf dem grünen Rasen liest man: Sunil. Waschen wie die Weltmeister.

Sie sehen, geht alles. Womit wir wieder beim Anfang wären:

Texten ist ein Spiel. Wie Fußball. Man lernt es auf der Straße.

Spielen Sie. Behalten Sie sich das Gefühl. Spielen Sie. Erst recht, wenn es mal wieder ernst wird in Deutschland. Spielen Sie.

Das schreibe ich vor allem für die, die in zwei Jahren Europameister und 2006 Weltmeister werden wollen.

Und jetzt geht endlich auf die Straße.

»Es bleibt in der Rübe nur da was hängen, wo vorher das Herz dran war.«

Interview mit Veronika Claßen

Armin Reins VERONIKA, WIE BIST DU EIGENTLICH WERBETEXTERIN GEWORDEN? **Veronika Claßen** Ich wusste nicht einmal, dass es den Beruf gibt. Da ich aber ein Geschäftskind bin, wusste ich, wie man verkauft. Ich habe als Kind keinen Spielzeugladen gehabt, ich habe in einem richtigen Laden gespielt. Und ich habe immer geschrieben. Berühmtberüchtigte Aufsätze: »Traumhochzeit in Amsterdam«, »Leben wie ein Popstar: Der Fußballer mit der Matte und der Schlaghose« – und das im zweiten Schuljahr. Meine Lehrer haben daraufhin meine Mutter vorgeladen: Wo hat das Kind denn diese Themen her? Bei uns wurde jeden Morgen beim Frühstück die Rheinische Post und die Bild von unseren Verkäuferinnen und Gesellen laut vorgelesen und kommentiert. Da hatte das Kind das her. Ich habe für die Schülerzeitung Interviews gemacht. Und ich habe meinen ersten Groschen-Roman geschrieben, da war ich 12 Jahre alt. In ein Schulheft. Das habe ich für 50 Pfennig reihum zum Lesen gegeben. Nach dem Abi habe ich erst mal alles studiert, was mich interessiert: Theater-, Film- und Fernsehwissenschaft, Kunstgeschichte, Philosophie. Dann Grafik-Design in Braunschweig an der HfBK. Und irgendwann holte Professor Bremeier dort Heinz C. Prahl von der MPW Univas, um uns Arter auch im Bereich Text zu schulen. Das hat mich dann infiziert. Eines Tages fand ich in der Bibliothek eine Anzeige in der Fachpresse: Burda suchte eine Textchefin. Und weil ich nicht wusste, was eine Textchefin macht, habe ich eine Bewerbung losgeschickt: Bewerbe mich als Springer bei Burda. Das fand Klaus Hullmann, der damals Chefredakteur und Werbeleiter war, wohl so komisch, dass er mich eingeladen hat. Ich bekam Montagmorgen um halb neun einen Anruf in unserer WG und bin am nächsten Tag runtergefahren. Ich wusste nicht genau, wo Offenburg liegt. Die haben mich tatsächlich eingestellt. Ich wusste nicht, was auf mich zukommt. Ich hab mir gesagt: Ich probier das mal, ein Heft zu schreiben. Schreiben ist wie sprechen, wie atmen, wie gucken, wie fühlen. Was sollte groß passieren? FINDEST DU DAS SCHREIBEN VON WERBETEXTEN SCHWIERIGER ALS DAS SCHREIBEN ANDERER DINGE? Wenn ich schreibe habe ich nie im Kopf, dass ich Werbetexte schreibe. Schreiben ist immer einfach und nie einfach. Natürlich möchte ich, dass sich um Gottes willen niemals ein Mensch langweilt, wenn er was von mir liest. Aber das gilt immer. Sonst komm ich nicht in den Himmel. HAST DU DAS GEFÜHL, DASS SICH GUTE TEXTER CHARAKTERLICH UNTERSCHEIDEN VON ANDEREN TEXTERN? Ich habe ihre Stimme im Ohr: So wie sie reden, so denken sie, und so schreiben sie auch. Küster joggt durch die Worte, liebt es faktisch, faktisch, faktisch, kaltschnäuzig, was kann man noch wegstreichen? Fred spuckt die Wörter, verkürzt Gedanken. Bei ihm ist alles inkl., Detmar hat einiges von Fred und viel von der Ruhrpottsprache, das ist so, verstehse, zack. Wenn ich ihre Texte lese, dann höre ich sie. Gute Texter nehmen sich selbst wichtig. Sie sagen, das bin ich, das ist meine Sprache, lies. Eine autistische Begabung. Ansonsten können sie charakterlich die herrlichste Bandbreite aufweisen. Von Bär bis Schwein. WELCHE FÄHIGKEITEN MUSS EIN JUNGER TEXTER MITBRINGEN, WENN ER IN DIE WERBUNG GEHT? Sich für Gott und die Welt interessieren. Meine Mutter hat mir tausend Mal gesagt, dass es ganz schwierig wird für mich, im Leben klarzukommen, weil ich mich für alles und nichts interessiere. Für die Werbung ist das gut. Werbung ist ein Auffangbecken für Leute, die sich nicht auf ein Gebiet konzentrieren können. WAS SAGST DU ZU EINEM JUNGEN TEXTER, DER ZU DIR KOMMT UND SAGT: VERONIKA, ICH WILL BESSER WERDEN? Mach's jeden Tag. Leide so lange,

»Es bleibt in der Rübe nur da was hängen, wo vorher das Herz dran war.«

wie es nicht gut ist. Und geh noch mal ran. **SOLLTEN DEINER MEINUNG NACH WERBETEXTER VIEL LESEN, UND WENN JA, WAS SOLLTEN SIE LESEN?** Also, wenn du einem Menschen sagen musst, du musst, das geht nicht. Wegen dem Mandelkern, dem Amygdala. Die emotionale Bewertung durch die Mamillarkerne, die ist wesentlich für den Transfer elektromagnetischer Neutronenkreise aus den sensorischen Arealen in die Areale, die für die Proteinsynthese notwendig sind. Das heißt für ihre Aufnahme ins Gedächtnis. Es bleibt in der Rübe nur da was hängen, wo vorher das Herz dran war. Das ist der Happen Biologie, den du brauchst, um zu kapieren, wie das geht, dass du dich an was erinnern kannst, an Werbung zum Beispiel oder an WM-Spiele. Wer sich für Fußball interessiert, kauft sich automatisch den Kicker. Und das Buch »Hennes Weisweiler über Strategie«. Und wer sich für Politik und Wirtschaft interessiert, kauft sich Spiegel, Stern, Wirtschaftswoche. Und Jeremy Rifkin »The Age Of Access«. Wer sich für das Leben interessiert, liest Joseph O'Connor »Inishowen Blues« oder »The Last Of The Irish Males«. Wer sich für Mode interessiert, guckt die italienische Vogue oder den Fashion Channel und liest alles, was Karlchen von sich gibt. **WAS TUST DU, UM DIR EINEN UNVOREINGENOMMENEN ZEITGEMÄSSEN BLICK AUF DIE DINGE ZU ERHALTEN?** Was ist das? Ich bin nie unvoreingenommen. Ich komme aus Gladbach. Da weißt du, wer die Guten und wer die Bösen sind. **ABER IST DAS NICHT GEFÄHRLICH, KLISCHEES MIT SICH RUMZUSCHLEPPEN?** Wie willst du denn sonst klarkommen im Leben? Wenn ich nicht voreingenommen bin und wenn ich nicht meine eigene Meinung habe, was haben dann die Menschen von mir? Die können ja nur mit mir was anfangen, wenn sie gegen irgendwas prallen und sich wehtun. **DIE FRAGE IST JA ANDERS GEMEINT. IST ES NICHT GEFÄHRLICH, WENN MAN IMMER ZU JEDER SACHE EINE FESTE MEINUNG HAT? IST ES NICHT VIEL WICHTIGER, DASS MAN NAIV, UNVOREINGENOMMEN AN SACHEN HERANGEHT?** Man kann seine Meinung doch ändern. Das ist doch das Herrliche: Ich kann heute denken: Grün. Weil ich bestimmte Erfahrungen gemacht habe. Und heute Nachmittag mache ich eine andere Erfahrung und denke: Türkis. Ich bin voreingenommen offen. **WAS MACHST DU, WENN DU KEINE TEXTE SCHREIBST? WIE KOMMST DU ZU NEUEN ENERGIEN?** Der Mann an meiner Seite hält mich auf Trab. **DANKE. MEINST DU, DASS DIE MEISTEN IDEEN FÜR DIE WERBUNG IM PRODUKT SELBST ZU FINDEN SIND?** Selbst wenn es heute noch etwas Neues gibt, ist die Frage: Wie relevant ist das für die Leute? Die meisten Ideen für die Werbung stecken im Menschen drin. Dabei meine ich nicht nur die neun Ur-Dinge, die die Menschheit interessieren, seit sie auf diesem Planeten rumhüpft. Ich meine die tausend Alltagssituationen, die uns immer wieder andere Möglichkeiten geben, auf Produkte neu draufzugucken. **HAST DU EINE BESTIMMTE TECHNIK, DICH EINEM PROBLEM ZU NÄHERN?** Ich bau »es« oder »sie« oder »ihn« in meine Welt ein. Und dann guck ich mal, wer darauf reagiert und wie. **WENN DU 14 TAGE ZEIT HAST FÜR EINE AUFGABE, ARBEITEST DU KONTINUIERLICH AN DER SACHE ODER GEHST DU IN DEN LETZTEN DREI, VIER TAGEN DARAN?** Ich beschäftige mich intravenös die ganze Zeit damit. Ich schreibe meine Gedanken auf tausend Zettel. Zettels Traum. Arno Schmidt hätte seinen Spaß daran. **HAST DU SPEZIELLE RITUALE BEIM ARBEITEN?** Der Tisch muss leer sein. Drumherum kann sich dafür alles auf dem Boden stapeln. **HAST DU IM LAUFE DEINER 20 BERUFSJAHRE MÖGLICHKEITEN ENTWICKELT ZU VERMEIDEN, DASS DU ETWAS SCHLECHTES SCHREIBST?** Ich lese mir alles laut vor. Und ich gebe es meinen Kollegen zu lesen. Und wenn es ganz wichtig ist, gebe ich es dem Mann an meiner Seite zu lesen. Der ist sehr kritisch. **KORRIGIERST DU DEINE SACHEN SELBER? ODER GIBST DU SIE ANDEREN ZUM KORRIGIEREN?** Beides. Ich schreibe ohne Ende, dann gebe ich es anderen, dann schreibe ich wieder. **KANNST DU DAMIT UMGEHEN, WENN MAN DIR SAGT, DAS IST NICHT GUT?** Lustig ist das nicht, wenn die mir sagen: Das ist Essig. Aber es ist dann eben so. Manchmal hab ich auch eine andere Auffassung. Aber ich gebe es Leuten, die es gut beurteilen können. Dann fängt der ganze Mist eben wieder von vorne an. **SIEHST DU DICH EHER ALS HANDWERKER, TECHNIKER ODER KÜNSTLER?** Ein Künstler bin ich nicht. Wenn man sich mit Menschen unterhält, was ist man dann? Ein Unterhalter.

Kurzvita

Jahrgang 57.

AUF WELCHEM WEG ICH WURDE, WAS ICH BIN.

Zum Studium der Theater-, Film- und Fernsehwissenschaft ging es über die A52 von Mönchengladbach nach Köln. Anschließend auf der A2 nach Braunschweig zum Grafik-Design. Auf der A7 und A5 zu Burda nach Offenburg zum Volontariat. Dann wieder die A5 zur A3, Ausfahrt Düsseldorf Innenstadt, zu MPW Univas, texten. Dann die A1 hoch nach Hamburg zu McCann, texten. Dann nur den Neuen Wall ein paar Meter weiter zu Baader, Lang, Behnken, texten. Dann die A7 und A5 runter nach Frankfurt zu Michael Conrad & Leo Burnett, erst Innenstadt, dann letzte Ausfahrt Rödelheim, texten und das Geschäft führen. Das Ganze wieder zurück: zu Lintas und zu D'Arcy, texten und das Geschäft führen.

Soundtrack:
Highway to hell.
Und:
On the road again.

Das bin ich. Und von Geburt an ein Geschäftskind, das gerne verkauft. Gut verkaufen ist wie gut texten: Du musst ein Stück dafür schreiben.   WIE WICHTIG SOLLTEN JUNGEN TEXTERN WETTBEWERBE UND AUSZEICHNUNGEN SEIN? Man möchte wissen, wie gut man ist. Lob macht Mut und stark. Für mich persönlich zählt nur Lob von guten Leuten. Ich lass mich nicht von jedem loben.   WENN DU EINEN SOHN ODER EINE TOCHTER HÄTTEST, DIE ZU DIR KOMMEN UND SAGEN: MAMA, ICH WILL WERBETEXTER WERDEN. WAS WÜRDEST DU DANN SAGEN? Frag Papa.

Dieses Buch ist vergriffen. Zu Recht. Falls Sie es mal in einem Antiquariat entdecken, schätzen Sie sich glücklich und lesen Sie das erschütternde Kapitel: Borussia Mönchengladbach/HSV Krieg und Frieden – Szenen einer Fußballehe

Bei ernsthaftem fußballerischem Interesse schickt Ihnen Veronika Claßen das Drama auch in Kopie zu.

Ihre Anfrage richten Sie bitte an:
Veronika Claßen
Herbert-Weichmann-Straße 13
22085 Hamburg

Oder senden Sie ein Mail an:
office@veronika-classen.de

REIF FÜR GESCHMACK?

Wer gibt sich schon mit unreifen
Dingen zufrieden?
Für alle, denen das Beste gerade gut genug ist,
realisiert der INKU-Fachberater mit ausgereiften
Ideen ein geschmackvolles Raum-Ambiente.
Mit Bodenbelägen,
Tapeten
und Stoffen.
Über 250 mal in Deutschland
und auch in Ihrer Nähe.

www.inku-fachberater.de
Hotline 0711/9492-438

01824

Geschmack?

INKU

Andreas Grabarz

Grabarz & Partner

Solche Aufgaben in solchen Formaten sind nicht einfach. Vor allem, wenn man es mit einer Dienstleistung als Produkt zu tun hat. Wie soll man eine Fachberatung für Raum-Ambiente abbilden? Und dazu noch eine, die sich lediglich um Bodenbeläge, Tapeten und Stoffe kümmert, aber offensichtlich nicht um Leuchten, Lichtsysteme und Wandfarben? Obendrein scheint es sich auch noch um einen Verband von Fachberatern zu handeln – kommunikativ also eigentlich nur um ein Logo –, das den angeschlossenen Fachgeschäften Markenkompetenz verleihen soll. Schwierig.

Kay Henkel

Huth + Wenzel

Gehen wir mal davon aus, dass der Kunde seine Vorgaben in der eingesetzten Anzeige wiederfand (ansonsten wäre sie ja auch nicht erschienen) und nehmen wir weiter an, dass die Agentur das Briefing ernst genommen hat, dann müsste am Anfang ungefähr Folgendes gestanden haben:

DAS MARKETINGZIEL
Die INKU Fachberater bekannt machen und Traffic bei ihnen generieren.

DAS WERBEZIEL
Die INKU Fachberater als ideenreiche Inneneinrichter für anpruchsvolle Kunden positionieren.

DAS VERSPRECHEN
Wer sich geschmackvoll einrichten will, ist beim INKU Fachberater an der richtigen Adresse.

DIE FALLEN
INKU Fachberater repräsentieren nicht die Design-Avantgarde. Achtung, der Geldbeutel ist schmal, aber die Hausfarbe rot!

Christoph Hattemer

Heuer & Sachse

Freilegen des Briefings.

DER SPINDOCTOR FÜRS ZUHAUSE.

KURZE VERMESSUNG
Im Nachrichtenmagazin Focus erschien die links abgebildete Anzeige für den »INKU-Fachberater«.

ZUM HINTERGRUND
Die INKU AG ist laut eigener Website einer der größten Raumausstatter Europas und vertreibt über seine Fachberater (im Süden und Osten Deutschlands sind es ca. 250 selbständige Raumgestalter, Malermeister, Spezialisten für Bodenbeläge, Dekoration etc.) ein Sortiment an hochwertigen Teppichen, Laminaten, Parkettböden, Tapeten, Stoffen sowie diverses Zubehör. INKU unterstützt diese angeschlossenen Fachberater durch Werbeaktionen, zu denen auch die nebenstehende Anzeige gehört. Zielgruppe dürften alle sein, die das Thema »Raumgestaltung« nicht kostenbewusst mit Baumarkt-Produkten in die eigenen Hände nehmen, sondern im Fachhandel einkaufen und mit anfallenden Arbeiten Fachleute beauftragen – und mithin bereit sind, für ein angemessenes qualitatives Niveau mehr Geld auszugeben.

Andreas Grabarz

Studium Politikwissenschaft und VWL
Seine Texterstationen bei Wilkens Ayer (1986)
und Brindfors (1989) beschreibt er mit »Lehrjahre sind keine Herrenjahre«. Seine Agentur-
gründung Grabarz & Partner (1993) entlockt ihm
ein »Herrenjahre sind Lehrjahre«.

Was er gelernt hat? Mit Kunden wie Brigitte,
DEVK, Ikea, Jet, Jever oder VW seine Agentur
zum Wachsen zu bringen. Und obendrein
zahlreiche Auszeichnungen zu gewinnen. Seit
Jahren wird Grabarz & Partner zu den kreativen
Agenturen dieses Landes gezählt.

ANALYSE

Die vorliegende Anzeige – sorry, liebe Kollegen – hat die Aufgabe leider nicht gelöst.
Die Headline zum Bild leitet mich in eine vollkommen andere Richtung. Es wird sich hier wohl um was Kulinarisches handeln, denke ich. »Reif für Geschmack? Na dann guten Appetit wünscht Ihr INKU-Fachberater für Obst, Gemüse und andere Delikatessen.«
Dazu das Bild von Claudia Batani, die mal wieder für Mon Cheri auf der Suche nach den besten Piemont-Kirschen ist.
So denke ich und blättere schnell weiter.
Gestoppt hat mich leider nichts. Weder das Bild noch die Headline.

Weiter im Text: »Wer gibt sich schon mit unreifen Dingen zufrieden?« ist sicher als Versuch zu deuten, zwischen Headline und Bild eine Anknüpfung zu finden, die in die Copy führt.
Kurzer Exkurs: Generell habe ich meine Probleme mit Fragen als Copy-Einleitung. Dadurch vermeidet man es, eine Aussage zum Produkt zu treffen. Und in der Regel sind diese Fragen (wenn sie nicht Teil der gesamten Idee sind) überflüssig und banal. Exkurs Ende.

In der Copy erfahre ich dann endlich, worum es geht. Nämlich um »ausgereifte« Ideen für ein »geschmackvolles Raum-Ambiente«. Jetzt schließt sich der Kreis zur Headline und zum Bild. Der Rest sind erklärende Fakten.
Zu guter Letzt bekomme ich noch einen Slogan serviert. Er addiert leider nichts dazu, was mir hilft, INKU besser zu verstehen. Oder eine Positionierung von INKU zu erfahren. Oder eine Haltung von INKU. Oder eine Vision. Oder ein Leistungsspektrum. Oder die Idee von INKU. Oder ...
Man kann ihn auch weglassen, es schadet nicht. Im Gegenteil.
Zusammengefasst: Die Bild/Headline-Idee führt mich in die Irre. Sie stoppt mich nicht/hat keine Relevanz für mich und ich will erst gar nicht lesen, was INKU mir erzählen will. Alles andere, was danach zu lesen ist, ist ein Versuch, diese Idee auf INKU zu drehen (unreife Dinge ... ausgereifte Ideen ... geschmackvolles Raum-Ambiente ... Kirsche ... Reif für Geschmack ...). Dadurch wird die Idee leider auch nicht verständlicher.

Eine Anzeige zu verreißen ist ganz leicht. Sie besser zu machen schon schwieriger. Ich hab es versucht. Einfach umblättern. Wer diese wiederum in der Luft zerfetzen will, ist herzlich dazu eingeladen: andreas.grabarz@grabarz.de.
Ich freu mich drauf.

Danke nein.
Kein Appetit.

Piemont Kirsche ?

Klassiker:
Wortspiele ersetzen
eine Idee.

Gysi? PDS?
SPD ?

Andreas Grabarz

NEUGESTALTUNG

Ausgangspunkt ist die Originalanzeige. Also ein Bild (von einer Frau), eine Headline zum Bild, eine weiterführende Copy, Logo.

Ich habe der Versuchung widerstanden, etwas ganz anderes zu machen, weil ich INKU nicht genug kenne und viel mehr wissen müsste als ich der Anzeige entnehmen kann. (Als Erstes würde ich INKU fragen, was genau das Angebot ist und was ich davon habe. Aber auch, was sie mit der Anzeige erreichen wollen. Warum sie überhaupt Anzeigen machen. Und ob einmal eine Doppelseite nicht besser wäre als mehrere kleine Anzeigen usw.)

WAS IST DER GRUNDGEDANKE?

Wohnungen haben eine Seele. Sie sind freundlich, sie sind warmherzig, sie können aber auch genau das Gegenteil sein. Es hängt davon ab, wie man sie behandelt, wie die Atmosphäre in einer Wohnung ist. Jeder kennt das: Ich betrete eine Wohnung und empfinde sie als kalt, distanziert, geschmackvoll oder geschmacklos, als gemütlich, als einladend oder abschreckend. Es reicht eben nicht aus, nur Möbel zu platzieren. Atmosphäre entsteht durch das geschmackvolle Zusammenspiel von Details. Durch Stoffe, Bodenbeläge, Gardinen, Tapeten oder durch Farben. Und da wir alle keine Inneneinrichter sind, ist es gut, dass es INKU gibt. Denn dann hat die liebe Seele ihre Ruh.

HEADLINE/BILD

»Können Wohnungen hassen?«, dazu das vom Hass verheulte Gesicht einer Frau.

Wenn ich am Thema Wohnen interessiert bin, bleibe ich hängen. Das Bild ist nicht nett und lieb, sondern polarisierend. Bin ich interessiert, will ich auch wissen, was dahinter steckt. Bin ich nicht interessiert, blättere ich weiter. Nur die Anzeige überblättern, weil ich sie gar nicht wahrgenommen habe, tue ich nicht. Die Spreu trennt sich vom Weizen. Der erste, der größte Job ist getan.

DIE COPY

Sie ist auf die Idee geschrieben. Und sie ist aus Nutzensicht geschrieben. Keine Wortspiele, sondern die Beantwortung der Frage: Was habe ich davon, was habe ich von INKU? Der Stil der Sprache ist erzählerisch. So, als ob mir INKU etwas sagt. Darum auch die direkte Ansprache. Dadurch wird alles ein wenig persönlicher, hinter INKU steckt ja auch eine persönliche Beratungsleistung.

Die Fakten, wie ich INKU erreichen kann, sind ein zusätzliches Angebot. Hier kann ich mich näher informieren, wenn ich durch die Anzeige neugierig geworden bin. Der zweite Job ist getan.

Danke an Jan Knauss und Ralf Nolting, die mir beim Machen sehr geholfen haben.

LIEBLINGSTEXT

»Entwicklung tut weh.«

Steht in unserer Agentur-Philosophie.

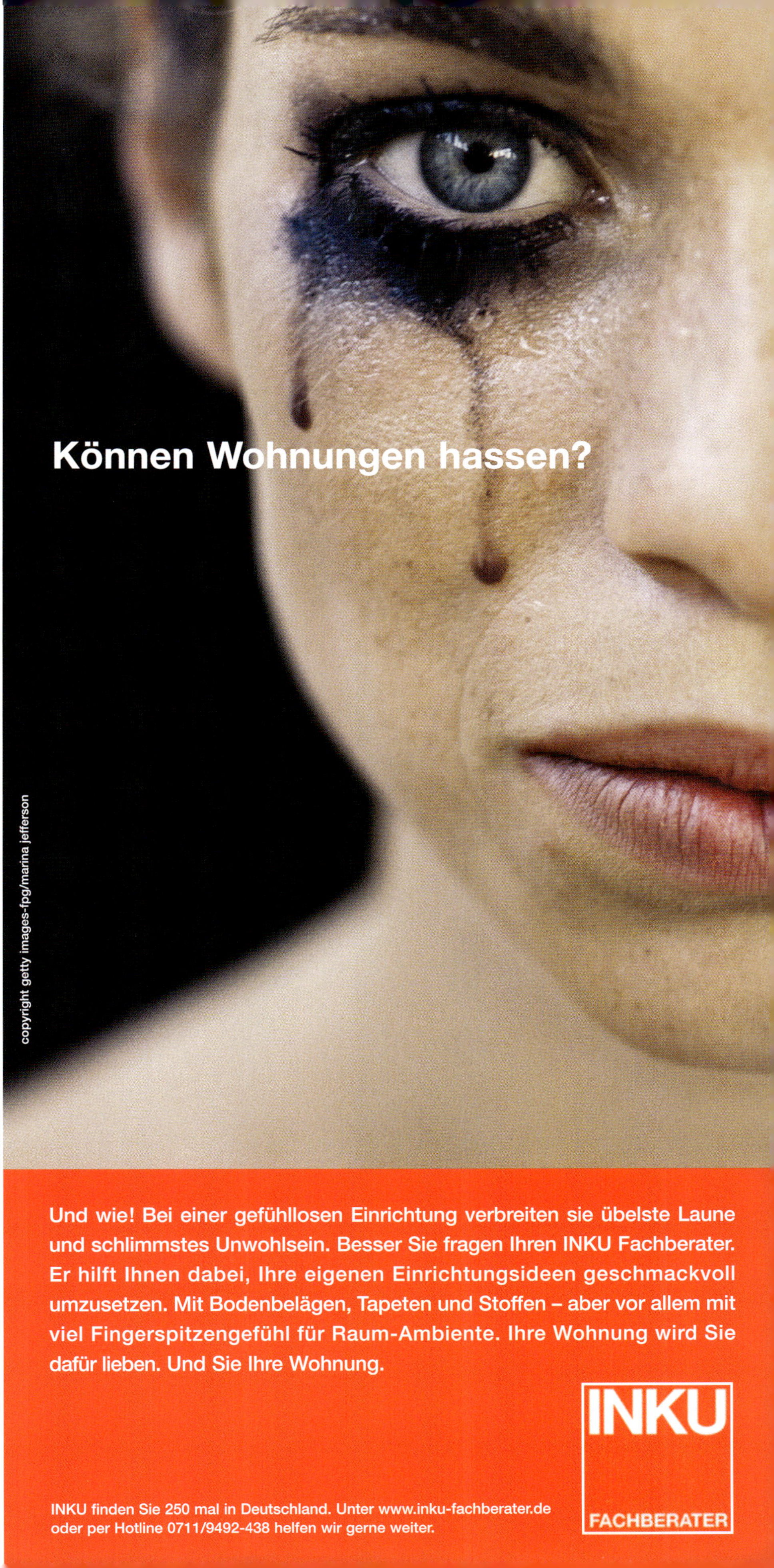

copyright getty images-fpg/marina jefferson

Können Wohnungen hassen?

Und wie! Bei einer gefühllosen Einrichtung verbreiten sie übelste Laune und schlimmstes Unwohlsein. Besser Sie fragen Ihren INKU Fachberater. Er hilft Ihnen dabei, Ihre eigenen Einrichtungsideen geschmackvoll umzusetzen. Mit Bodenbelägen, Tapeten und Stoffen – aber vor allem mit viel Fingerspitzengefühl für Raum-Ambiente. Ihre Wohnung wird Sie dafür lieben. Und Sie Ihre Wohnung.

INKU
FACHBERATER

INKU finden Sie 250 mal in Deutschland. Unter www.inku-fachberater.de oder per Hotline 0711/9492-438 helfen wir gerne weiter.

»Gute Leute schneiden sich die Ohren ab.«

Armin Reins ANDREAS, WIE BIST DU EIGENTLICH WERBETEXTER GEWORDEN? **Andreas Grabarz** Ich habe Politik und Volkswirtschaft studiert und musste das Studium finanzieren. Durch eine Freundin, die Produktionsassistentin war, bekam ich eine Statistenrolle in einem Bitburger-Spot. Da gab's für zwei Stunden in der Nacht 200 Mark bar auf die Kralle. So viel wie für acht Stunden im Hafen malochen. Da dachte ich mir, Werbeagenturen haben viel Geld. Also habe ich ungefähr 50 Briefe rausgeschickt, um sie davon zu überzeugen, dass sie mich brauchen. Darauf kam ein Rücklauf von 50 %. Das war mein erstes erfolgreiches Mailing. Die Lintas biss an. Ich durfte auf der Poststelle was eintüten. Die wollten mich aber nicht bezahlen, weil irgendwas mit meiner Steuerkarte war. Deshalb hab ich nach der Hälfte meinen Job abgebrochen. Das Geld durften die gerne behalten. Die restlichen 5 Mark habe ich einem Penner geschenkt. Dann bin ich zu Wilkens. Da war ich Mädchen für alles. Hab Klos geschrubbt, war Hausmeister, saß als Abendpförtner am Empfang. Dann hab ich Jörg Lathwesen, den Chef, so lange genervt, bis er vollkommen fertig in meine Pförtnerloge gekommen ist und fragte: »Was wollen Sie?« Ich sagte dann, ich wollte ein Text-Praktikum. Er: »Wieso?« Ich darauf: »Ich kann das und ich möchte einen Deal vorschlagen. Ich mache mein Praktikum, da brauchen Sie nichts für zu bezahlen. Einzige Bedingung, das geht nur bis 16.30 Uhr, weil dann muss ich mein Geld in der Pförtnerloge verdienen.« Darauf hat er sich eingelassen. Und dann ging das alles ganz schnell. Nach drei Wochen habe ich einen Arbeitsvertrag gekriegt. Nach anderthalb Jahren bin ich vom Juniortexter zum Creative Supervisor befördert worden. WELCHE VORSTELLUNG HATTEST DU VOM BERUF DES WERBETEXTERS? Werbung, so wie Klein Fritzchen sich das vorstellt, wie ich sie kennen gelernt habe als Klein Fritzchen, fand und finde ich auch heute noch schrecklich. Deshalb bin ich in die Werbung gegangen, weil ich das ändern wollte. Natürlich auch ein bisschen, weil es einer der wenigen Jobs ist, wo man seine Ideen umsetzen kann und dafür auch noch Geld bekommt. Wenn ich der Meinung bin – und das ist gut

für den Kunden –, dass morgen auf der Außenalster auf einem Ponton ein Elefant Handstand macht, dann findet das statt. Das fand ich faszinierend. WODURCH BIST DU BEEINFLUSST WORDEN, TEXTER ZU WERDEN, HATTEST DU VORBILDER? Ich bin aufgewachsen als kleiner Junge mit der Werbung, die läuft und läuft und läuft. Da wusste ich aber nicht, wie Werbung funktioniert. Ich habe mich einfach nur amüsiert, ich fand das super. Später fand ich Howard Gossage klasse, der die rosa Luft in den Reifen erfunden hat. Es waren zwar nur reine Werbeideen. Aber ich hatte das Gefühl, irgendwer erzählt mir Geschichten, das fand ich großartig. Mein Junior-Leben war eher klassische Erkenntnissuche durch Beobachtung. Gucken: Wie macht der das? Was hast du gedacht? Warum sieht das so aus? Ich habe mir die ADC-Bücher wund gelesen. Warum ist das gut? Warum finde ich das gut? IST ES SCHWIERIGER WERBETEXTE ZU SCHREIBEN ALS ANDERE TEXTE? Eindeutig. Ich habe am Anfang viel zu kompliziert gedacht. Was mir schwer fiel, war die Simplifizierung. Weil ich jedes Mal, wenn ich vereinfacht habe, natürlich gemerkt habe, dass ich etwas weglasse. In dem Moment, wo ich etwas weglasse, habe ich gemeint, sage ich nicht die Wahrheit. Ich hab immer gut gedacht, aber bis ich auf den Kern kam, war es zu kompliziert. HABEN GUTE TEXTER BESONDERE CHARAKTERLICHE MERKMALE? Wenn du mich fragst: was heißt gut, dann sag ich: charakterfest. Teamfähig sein. Sich in seiner Qualität immer in Frage stellen. Gute Leute schneiden sich die Ohren ab. Zweifeln permanent an dem, was sie tun. Und dieser Selbstzweifel ist die Triebfeder sich weiterzuentwickeln. Selbstzweifel zuzulassen heißt, mit Leuten in Kontakt kommen, sich auszutauschen, andere Sachen anzugucken, zu sagen: genial, warum ist mir das nicht eingefallen. Wenn ich nicht sauber bin im Charakter, fange ich an herrisch zu werden, zynisch zu sein, mich abzukapseln, eine Saubacke zu sein, Leute abzukanzeln. Weil ich Verletzbarkeit nicht mehr zulasse. WELCHE FÄHIGKEITEN MUSS EIN TEXTER MITBRINGEN? Leidensfähigkeit. Zu erkennen, dass man eine kleine Wurst ist, das ist ziemlich hart. Man muss damit klarkommen, dass es bis zur absoluten Spitze ein langer, qualvoller Weg ist. WAS RÄTST DU EINEM TEXTER, DER BESSER WERDEN WILL? Guck dir die Sachen von Leuten an, die du gut

TIPPS & TRICKS

1) Gehe in die Agenturen, deren Werbung du gut findest.

2) Finde heraus, wer in diesen Agenturen diese Werbung wirklich gemacht hat, und versuche mit denen zu arbeiten.

3) Zeige deine Ideen anderen.

4) Denke beim Schreiben an die die es lesen sollen. Nicht an deinen Chef oder den Kunden.

5) Vermeide das Wort »man«.

findest. Frage dich warum und sprich mit den Leuten, warum sie das und das gemacht haben.   **WAS SOLLTE EIN WERBE-TEXTER LESEN?** Vor allem sollte er lesen! Besonders Tages-aktuelles. Abendblatt, die Zeit, den Spiegel, von mir aus auch die Bild-Zeitung, aber das ist ja fast schon ein Fachblatt für Texter.   **WELCHE AUSSERBERUFLICHEN INTERESSEN HAST DU, UM DIR EINEN UNVOREINGENOMMENEN BLICK AUF DIE DINGE ZU ERHALTEN?** Ich glaube, dass ich den zeitgemäßen Blick eines 45-Jährigen habe, mit einem relativ weit hinabreichenden Blick in die Sachen die jetzt einen 25- bis 30-Jährigen inter-essieren. Weiter nicht. Wo ich mich reindenken kann, ist in den Nutzen von irgendetwas. Das ist generationsübergreifend. Ich kann mich in den Nutzen einer Quietschente für einen 4-Jährigen einparken.   **WAS TUST DU, WENN DU NICHT SCHREIBST UND EINFACH NUR ABSPANNEN WILLST?** Ich gehe auf den Golfplatz und bin dort vier bis fünf Stunden unter-wegs. In der schönsten Natur, morgens um acht. Und dann liebe ich Rotwein. Besonders Bordeaux, den Gruftiwein. Ich liebe es, Wein zu riechen. Wenn du eine Flasche aufmachst, die von 1985 ist oder so, dann fängt der an, dir zu erzählen, was damals passiert ist.   **WIE STEHST DU ZU DER AUSSAGE, DASS DIE MEISTEN IDEEN FÜR DIE WERBUNG IM PRODUKT SELBST ZU FINDEN SIND?** »Die meisten« könnte vielleicht noch stimmen. Aber es gibt mittlerweile so viel Werbung, wie Nike z. B., die hat mit dem Produkt nicht mehr viel zu tun, sondern mit der Mystifizierung der Marke, mit immateriellen Werten, die im Produkt sind. Bei Nike kommt das Leistungsverspre-chen nicht aus dem Produkt, sondern aus meiner Gedanken-welt, die ich dem Produkt zuordne. Aus der Mission, die das Produkt oder Unternehmen leisten will. Diese Mission musst du schlau, differenzierend und überraschend aufladen. Das ist dann die Suche nach der rosa Luft.   **HAST DU EINE TECHNIK, DICH EINEM PROBLEM ZU NÄHERN?** Ich frage mich zuerst, worum es geht. Ich lerne erst mal das Produkt kennen. Was ist das, was da drin ist. Was gibt es Interessantes, was bisher vielleicht noch keiner entdeckt hat? Dann geht es ans Rausfiltern: Was sind die Schlüsselgedanken, die hinter einem Produkt oder einer Marke stecken? Und aus den Schlüsselgedanken versuche ich schlüssige Strategien und ein schlüssiges Konzept zu formen. Da bin ich dann reiner

Stratege. Die besten Strategen, die wir in Deutschland haben, sind Texter. Schon aus der Not heraus: In England würde das Planning herausfinden: Das ist der größte Hühnerstall in Norddeutschland. Super, dann würden die Ideen nur so aus uns rausprudeln. In Deutschland kommt es in der Regel zum Konsenspapier. Und das heißt Briefing. Das ist häufig einen Zentimeter dick, da kann ein Kreativer nichts mit anfangen.   **HAST DU BEIM ARBEITEN BESTIMMTE RITUALE?** Mein Biorhyth-mus fängt eher am Nachmittag an als am Vormittag. Morgen-Termine hasse ich. Bei der Arbeit selbst gibt es schlicht und einfach das Ritual des großen Blocks. Jeder Gedanke auf ein Blatt. Am liebsten auf A3.   **GIBT ES BEI DIR EINE ROTE LAMPE, DIE ANGEHT, WENN ETWAS SCHLECHTES ENTSTEHT?** Du musst deine Ideen anderen Leuten zeigen, zu denen du Vertrauen hast. Das heißt, man muss stark sein und die Kritik nicht scheuen. Wenn Ralf Heuel zu mir sagt, da geht noch was, Andreas, dann geht da noch was.   **SIEHST DU DICH ALS HANDWERKER, TECHNIKER ODER KÜNSTLER?** Auch wenn es um Abstrahieren und assoziatives Arbeiten geht – Künstler halte ich für absolut überzogen. Wir sind Auftragsarbeiter. Es kommt schlicht und einfach darauf an, wie diese Auftrags-arbeit erledigt wird. Und wenn man fleißig ist, kann man das zu 90 % lernen. 10 % ist das Talent, das die Guten von den Durchschnittlichen ausmachen, mehr nicht.   **WIE WICHTIG SOLLTEN JUNGEN TEXTERN WETTBEWERBE UND AUSZEICH-NUNGEN SEIN?** Sehr wichtig. Kreative sollten sich am Anfang ihrer Karriere nicht darum kümmern, ob das, was sie machen, erfolgreich ist. So nach dem Motto, diese Anzeige hat 100 000 mehr Shampooflaschen verkauft. Das ist schön, wenn das auch so ist, aber das ist Aufgabe der Agenturen, nicht Aufgabe des Texters. Der hat sich darum zu kümmern, ob das eine außergewöhnliche, neue Idee ist. Das ist sein Job. Außergewöhnliche neue Ideen sind, wenn sie gut exekutiert werden, immer preiswürdig.   **WAS ANTWORTEST DU, WENN DEINE TOCHTER ODER DEIN SOHN ZU DIR KOMMT UND SAGT, ICH MÖCHTE WERBETEXTER WERDEN?** Ja, aber ich erzähle dir mal, was dich erwartet.

6) Leg dir etwas zu schreiben neben das Bett.

7) Vergiss nicht, dass Werbung für die meisten Menschen lästig ist.

8) Schau dir immer die ADC-Ausstellung in Berlin an.

9) Suche dir viele Freunde, die mit Werbung nichts zu tun haben.

10) Vergiss alle Tipps und Tricks und mach es besser.

Kay Henkel

Geboren im Jahr der 5ten Fahrer-
weltmeisterschaft von Fangio
aufgewachsen in den blühenden
Landschaften der Rodgau
Monotones
Abi und Uni, Germanistik und
Philosophie: gut für den Horizont,
schlecht für den Bauch

Zwischenspiel an den Renn-
strecken Europas als Schreiberling
und Pressefahne
1) Agentur TBWA: harte Lehre
2) Agentur GGK: harte Fröhlichkeit
3) Lowe, Lürzer: harte Kundschaft
Henkel & Wilhelm als freies
Kreativ-Duo

ab 08/1992 CD-Text Huth + Wenzel,
Ende der Wanderjahre bis zum
nächsten Mal

ANALYSE

EINE GUTE ANZEIGE IST SCHNELL

Schnell, weil einfach. Die INKU-Anzeige ist kompliziert. Das
macht sie langsam. Man muss sie von vorne bis hinten lesen,
damit man kapiert, um was es geht. Die Dramatisierung von
Geschmack läuft in einen Ozean an Interpretationsmöglich-
keiten. Geht's um Essen, Trinken, Kosmetik, Klamotten? Erst
die roten Worte »Bodenbeläge, Tapeten, Stoffe« lenken ins
Ziel »Schöner Wohnen«. Leider zu spät. Die meisten Leser
sind hier schon längst ausgestiegen.

EINE GUTE ANZEIGE HAT EINE IDEE

Womit wir natürlich eine gute Idee meinen. Für diese hier gilt
der hübsche Imperativ: »Nicht alles, was hinkt, ist auch ein
Vergleich!« Was hat Kirschen essen mit Einrichten zu tun?
Sind alle Konsumenten roter Kirschen geschmacklich reifere
Menschen? Überhaupt, wer ist nun reif, die Kirsche, die
Dame, beide? Ist nur das, was rot ist, geschmacklich auf der
Höhe? Was ist dann mit dem kleinen Schwarzen? Insofern
lässt das Motiv vieles offen, ohne viel Interesse und Sympathie
zu wecken. Die Anzeige entbehrt nicht der Fantasie, wohl aber
einer Idee.

EINE GUTE ANZEIGE BESCHÄFTIGT DEN LESER

Durch eine spannende Headline/Bild-Konstellation, durch
einen überraschenden Gedanken, durch ein hammerhartes
Visual. Hier: Fehlanzeige. Die Headline ist eine rhetorische
Frage: Wer würde sich selbst freiwillig als unreif für
Geschmack bezeichnen? Außerdem hat sie keinen Da-bleib-
ich-dran-hängen-Wert. Die Anzeige steckt somit vom Start
weg im Leerlauf fest. Die Copy versucht nun, verlorenen
Boden wieder gut zu machen. Allerdings verliert sie sich
dabei in Platitüden (»Für alle, denen das Beste gerade gut
genug ist.«) oder allzu schlichten Wortspielen (»unreife
Dinge« vs. »ausgereifte Ideen«). Der Nährwert ist bescheiden.
Und das dicke Ende kommt erst: »So rot, so gut!« als Claim
ist die gnadenlose Grenzüberschreitung des Wortspiels zum
Kalauer, sprachlich, inhaltlich und auch noch typografisch.

EINE ANZEIGE, DIE GUTEN GESCHMACK VERKAUFT,
SOLLTE SELBST GESCHMACKVOLL SEIN

Rot ist eine schöne Farbe, aber man kann's auch übertreiben.
Rote Headline, rote Kirsche, rote Copyzeile, rote Claim-
Unterstreichung, rote Ecken an allen Kanten. Wer alles her-
vorheben will, ebnet alles ein und neutralisiert sich ins Aus.
Und schöner wird's dadurch auch nicht. Dabei geht es doch
gerade um Geschmack, um Ästhetik, um Gestaltung. Insofern
stellt die Anzeige gerade das in Frage, was zu bewerben ihre
Absicht ist: guten Geschmack.

TIPPS & TRICKS

GLOBALISIERT EUCH!

Erweitert den Horizont
bis zur Schmerz- und
Scherzgrenze. Nur auf
einem großen Spielfeld
lassen sich neue
Kombinationen finden.
Alles ist interessant,
die Theorie des Klopa-
pierfaltens genauso
wie die Geräuschent-
wicklung des Urknalls.

ZWEIFELT!

Am Briefing, an euch,
am Lob eurer Arbeit.
Zweifeln ist produktiv,
das Drehmoment fürs
Immer-besser-Werden.
Und es geht immer
noch besser. Doch
dann – hört auf zu
zweifeln, entscheidet
euch, denn Deadline
ist Headline.

LEST!

Die Sprache ist euer
Werkzeug, das ihr
beherrschen müsst.
Jede Idee, die ihr
nicht mit Worten aufs
Papier kriegt, ist nicht
vorhanden. Deshalb:
Bild-Zeitung lesen ist
o.k., aber Heinrich
Mann ist auch kein
Pappenstiel.

Headline-Bild-Kombi macht keinen Punkt.

REIF FÜR GESCHMACK?

Headline ohne Haken zum Hängenbleiben.

Kirsche bitte im Dorf lassen! (er Kalauer, ich weiß, soll je auch kein Anreißtext sein.)

Wer gibt sich schon mit unreifen
Dingen zufrieden?
Für alle, denen das Beste gerade gut genug ist,
realisiert der INKU-Fachberater mit ausgereiften
Ideen ein geschmackvolles Raum-Ambiente.
**Mit Bodenbelägen,
Tapeten
und Stoffen.**
Über 250 mal in Deutschland
und auch in Ihrer Nähe.

Bemüht, die Kurve zu kriegen, trotzdem von der Strecke geflogen.

Texter bitte antreten zum Nachsitzen!

Logo ist ok!

So rot so gut!

www.inku-fachberater.de
Hotline 0711/9492-438

01824

Rote Nussecken (spendabel am Feierabend Ende).

Kay Henkel

DAS MOTTO

Alles entschlacken und: Eine Idee muss her. Dabei schneller, klarer und inhaltlich profilierter werden, ohne den spärlichen Raum (13 x 27 cm) zuzukleistern.

DIE AUFGABE

Wir nehmen an, dass INKU aufgrund der finanziellen Möglichkeiten keine ausgedehnte Kampagne einsetzen kann, die mit sichtbarer Frequenz in unterschiedlichen Motiven ein Argument hübsch ans andere reiht. Wäre dem so, hätte man hier schon von Anfang an mehr Gas gegeben (mehr Format, mehr Farbe). Deshalb hat die Anzeige eine doppelte Funktion. Einmal als ein Stück Imagewerbung, das den Absender im Markt positioniert, zum anderen als aktive Verkaufsförderung, die potenzielle Kunden zum INKU-Fachberater lenkt. Ein sinnvolles Motiv muss deshalb eine grundsätzliche Botschaft haben und darf sich nicht in Nebenkriegsschauplätzen verlieren; die grundsätzliche Botschaft vom schöneren, individuelleren, anspruchsvolleren Wohnen.

DAS PROBLEM

Im rekonstruierten Original-Briefing steht als Versprechen lässig »Wer sich geschmackvoll einrichten will, ist beim INKU-Fachberater an der richtigen Adresse.« Das ist richtig, aber der Begriff »Geschmack« ist eine bewährte Falle. Guter Geschmack ist blühender Subjektivismus, jeder hat eine andere Vorstellung davon. Was soll man da zeigen? Und INKU ist auch nicht Vitra, sondern durchaus etwas breiter im Angebot. Der gute Geschmack von INKU lässt sich nicht prototypisch verkürzt dramatisieren. Jedenfalls nicht in einer einzigen Anzeige.

ALSO UMKEHRSCHLUSS

Wir dramatisieren schlechten Geschmack und präsentieren INKU als die Problemlösung. Das verspricht zwar Spaß, aber leider war's das auch schon, denn die Darstellung schlechten Geschmacks polarisiert extrem stark. Gerade in der Zielgruppe von INKU, die wir als den Mainstream der breiten Mitte definieren würden. Adiletten und Blümchentapete fände da der eine oder andere vielleicht gar nicht so übel.

DIE LÖSUNG

Wir verbieten uns alle Ideen, die auf Format oder Farbe angewiesen sind (die strengen Regeln der Herausgeber dieses Büchleins besagen nun mal, dass an Format und Farbigkeit der Vorlage nicht gerüttelt werden darf). Wir verbieten uns außerdem konsequent das Wort Geschmack. Stattdessen übersetzen wir es in Begriffe wie »perfekt einrichten«, »individuell ausgestattet«, »eigener Stil«. Das ist grundsätzlich und konkreter zugleich.

Und die Basisidee kommt buchstäblich aus dem Bauch raus. Eben der dicke Babybauch als U-form des perfekt eingerichteten Zuhauses. Eine zugegeben generische Ansage, die aber eben deshalb so wunderbar dazu taugt, ein Ur-Profil von INKU zu zeichnen. Dazu ist es menschlich und daher zielgruppen-adäquat. Das ohnehin immer wieder spannende Thema »schwangere Frau« wird durch die Headline/Bild-Mechanik auf einmal ziemlich neu und überraschend.

Der Rest ist Handwerk: Sauberes Layout (danke, Martin Schulte), schlanke Copy (mit direkter Abzweigung in den Handel), eine Claim/Logo-Kombination, die auf das Konto Speed einzahlt: Selbst der schnelle Leser bemerkt, was die INKU-Fachberater im Schilde führen – Bodenbeläge, Tapeten, Teppiche.

LIEBLINGSTEXT

Er hat schon ein paar Jährchen auf dem Buckel und stammt von meinem alten Freund und Schleifer Bernd Arnold. Es ist eine Anzeige für das Clarion Autoradio E 981, das in Fachkreisen völlig zu Recht für seine Trennschärfe und Eingangsempfindlichkeit gelobt wurde. Die Headline übersetzt diese technischen Raffinessen in einen beeindruckenden Sender-Salat, ein kräftiges Wort-Bild:

»Achtung, eine Durchsage: / Die Bundestagsdebatte / im Pop Shop / unter der Leitung / des bereits sorgfältig gerupften Hühnchens / muss heute unter Einfluss des Azorenhochs / und durch den Kurssturz der Veba-Aktie / wegen Unbespielbarkeit des Platzes abgesagt werden, / während die deutsche Frühkartoffel, / gestatten Sie eine Zwischenfrage des Abgeordneten Möchtemann / in Köln die Latte getroffen hat / und der Geisterfahrer auf der A 8 mittlerweile / in die mit zwei Knoblauchzehen eingeriebene Salatschüssel / abgebogen ist.«

Wäre nur jede Wohnung so perfekt eingerichtet wie die erste.

Die erste ist von Haus aus individuell ausgestattet. Alles, was später kommt, stellt Sie vor Fragen: Was passt zu mir? Wie kann ich meinen eigenen Stil entwickeln? Mediterran, skandinavisch oder bin ich der Landhaus-Typ? Mit unseren Antworten finden Sie zu sich. Und so finden Sie erstmal zu uns: www.inku-fachberater.de, Hotline 07 11/94 92-438

Foto: Zefa, visual media GmbH

INKU
FACHBERATER

BODENBELÄGE, TAPETEN, STOFFE: DAS PASST.

»Man muss ein Oberflächen-Weitwinkelperspektiven-Gucker sein.«

Armin Reins KAY, WIE BIST DU EIGENTLICH WERBETEXTER GEWORDEN? **Kay Henkel** Durch Zufall. Ich habe Germanistik und Philosophie studiert und während meines Studiums habe ich ein Praktikum gemacht, ein Praktikum der Leidenschaft. Ich habe Presseberichte für ein Rennteam geschrieben. Die PR-Nummer war immer sehr aktionsorientiert, und deshalb habe ich darüber nachgedacht, ob ich nicht auch in der Werbung arbeiten könnte. Damals war das für mich noch dasselbe. Deshalb habe ich mich bei zwei Firmen beworben. Bei BMW in München und bei der TBWA in Frankfurt. Das Schicksal entschied dann, dass BMW ab- und die TBWA zusagte. Damit war per Gottesurteil die Frage geklärt. WELCHE VORSTELLUNG HATTEST DU VOM BERUF DES WERBETEXTERS? Ich hatte null Idee von dem, was ein Texter macht. Ich fand am Anfang Anzeigen schön, die eigentlich so eine Art Antiwerbung sind. Irgendwelche mystisch verspielten Bilder, mit Worten eher sparsam ausstaffiert. Gott sei Dank hatte ich damals einen sehr guten CD, den Bernd Arnold, und der hat mich dann erst mal richtig auf den Topf gesetzt. Der hat mich immer wieder gefragt: Was findest du daran als Texter gut, da steht doch gar nichts. Da habe ich dann angefangen darüber nachzudenken, die Kraft des Wortes vielleicht doch nicht so gering zu schätzen und es nur als schmückendes Beiwerk zu sehen. Bei ihm hab ich angefangen, in Ideen zu denken. WODURCH BIST DU BEEINFLUSST WORDEN, TEXTER ZU WERDEN, HATTEST DU VORBILDER? An Howard Gossage, dessen »Ist die Werbung noch zu retten?« übrigens im Bücherregal meines Vaters stand, fand ich seine Herangehensweise an Werbung gut. Dass Werbung mit W wie witzig geschrieben wird. Wie man's macht, habe ich aber erst bei Bernd Arnold gelernt. Schon deshalb, weil er jemand ist, der die Dinge mit einem quasi heiligen Ernst vertreten kann. Das war dann bisweilen schmerzhaft. Aber man wusste, wo der Hammer hängt. IST ES SCHWIERIGER WERBETEXTE ZU SCHREIBEN ALS ANDERE TEXTE? Ich finde es extrem schwieriger. Werbetexten ist eine ganz spezielle Disziplin, die einem auf die Dauer für alle anderen Disziplinen, für Lyrik und Prosa, wahrscheinlich verdirbt. Weil eine ganz spezielle Schicht im Hirn trainiert wird, und die hat mit dem normalen Schreiben nichts zu tun. Beim Journalismus z. B. überwiegt das Analytische am Schreiben und das Objektivieren von Sachverhalten. In der Werbung ist es genau umgekehrt: Es geht um das Subjektivieren von Sachverhalten, mit einer starken Interessenausrichtung. HABEN GUTE TEXTER BESONDERE CHARAKTERLICHE MERKMALE? Es fällt mir schwer zu sagen, dass es da eine bestimmte Schattierung geben muss, damit man ein guter Texter wird. Das ist völlig unabhängig davon, ob du Werbung machst oder Eisenspäne kloppst. Das Sein bestimmt das Bewusstsein und damit auch den Charakter. Ich glaube, es gibt sehr unterschiedliche Texter. Es gibt die leutseligen und kommunikativen Typen, es gibt die stilleren und introvierteren Typen. Tendenziell geht es wohl ein bisschen dahin, dass die besseren Texter die etwas weniger extrovertierten sind. WELCHE FÄHIGKEITEN MUSS EIN TEXTER MITBRINGEN? Man muss diese Art von kindlicher Neugier haben, selbst für Dinge, die streng genommen eher langweilig sind. Damit man den Kunden zum zwanzigsten Mal mit Fragen bombardieren kann zum Thema Radaufhängung oder der Zusammensetzung von Margarine. WAS RÄTST DU EINEM TEXTER, DER BESSER WERDEN WILL? Seinen Horizont zu erweitern. Wenn man keinen breiten Horizont hat, kann man auch nicht assoziieren, man kann keine Verbindung herstellen zwischen einem Produkt und einer Begebenheit oder z. B. einem historischen Vorfall. Man kann diese ganze Querverbindungssystematik, dieses geistige Netzwerk nicht aufbauen. Man muss sich viel in die Breite interessieren. Man muss ein Oberflächen-Weitwinkelperspektiven-Gucker sein. Und natürlich nicht verbappt. Man darf nicht immer gucken, was könnte dem Kunden gefallen. Ich würde ihm raten: einfach mal machen. Werbung kann so lustig sein. WAS SOLLTE EIN WERBETEXTER LESEN? Lesen ist ganz, ganz wichtig, damit man überhaupt weiß, was Sprache für Möglichkeiten hat. Man muss wirklich viel lesen, um seine Sprache selber qualifizieren zu können. Damit man weiß: Was ist eine elegante Formulierung, was ist keine elegante Formulierung. Das wissen die wenigsten Leute heute. Man sollte wirklich den klassischen Literaturkanon lesen. Wenn der Reich-Ranicki über die Greatest Hits der Literatur schreibt, dann würde ich da mal reingucken und mir einen Überblick verschaffen, wie die Jungs und Mädels denn so schreiben in der Literatur. WELCHE AUSSERBERUFLICHEN INTERESSEN HAST DU, UM DIR EINEN UNVOREINGENOMMENEN BLICK AUF DIE DINGE ZU ERHALTEN? Ich glaube nicht, dass man in der Werbung verglüht. Es kommt natürlich auch auf das Umfeld an. Es gibt Agenturen, die eine höhere Durchschnittstemperatur haben als andere und deshalb die Leute früh verbrauchen. Ich lade meinen Kopf immer wieder auf, indem ich mich mit Sachen beschäftige, die mich interessieren. Sei es jetzt Motorsport oder Technik oder eben Kunst, Literatur oder Architektur. Alles, was meinen Kopf beschäftigt, trainiert Muskeln im Hirn. Von daher kann er nicht so leicht aus der Form geraten. WAS TUST DU, WENN DU NICHT

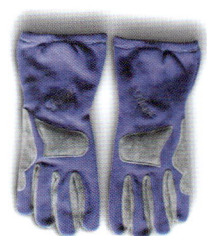

Standhalten
durch Flüchten:
Die Kartbahn ist
die willkommene
Abzweigung in eine
Welt ohne Briefings
und Präsentationen.

WAS INSPIRIERT

Mich inspirieren gute
Bücher über gute
Werbung: früher
Gossage's »Ist die
Werbung noch
zu retten?«, heute
»Momentum« by JvM,
dazwischen Lürzer's
Archiv als Fortset-
zungsroman
(die Interviews!).

Die Alternative ist
Inspirieren durch
Abschalten.
Deshalb: Helm auf,
Visier zu, Kart fahren!

SCHREIBST UND EINFACH NUR ABSPANNEN WILLST? Formel 1 auf Premiere gucken. Deshalb kriege ich ja jetzt das große Heulen, wenn die vielleicht Premiere wieder abstellen und wir wieder in die Steinzeit des Privatfernsehens mit »Sie verpassen nichts, wir machen einen kurzen Boxenstopp in Köln« zurückkehren. Meine andere Abwechslung ist mein kleiner Sohn. Das fordert Körper und Geist. Was im Übrigen auch wieder gut ist fürs Texten, weil manchmal, wenn man richtig hinguckt und richtig hinhört, merkt man an dem Kleinen, wie Kommunikation funktioniert und wie Kommunikation nicht funktioniert. **WIE STEHST DU ZU DER AUSSAGE, DASS DIE MEISTEN IDEEN FÜR DIE WERBUNG IM PRODUKT SELBST ZU FINDEN SIND?** Das ist richtig. Jedes Produkt sucht sich seinen Kunden, weil es etwas hat, was den Kunden interessiert. Die Aufgabe des Werbers ist es, das rauszupuzzeln und das so dramatisch und sympathisch wie möglich zu machen. Wir müssen Sachen ausprobieren und testen und Tütensuppen kochen. Das fällt für mich unter den Aspekt naiv bleiben. Die Leute, die sagen, ich weiß ungefähr, wie das geht, ich weiß auch, wie eine Tütensuppe schmeckt, die sind nicht mehr unvoreingenommen. Die können dem Kunden auch keine überraschenden Fragen stellen. Deshalb können sie auch keine überraschende Perspektive auf das Produkt lenken. **HAST DU EINE TECHNIK, DICH EINEM PROBLEM ZU NÄHERN?** Eigentlich ergibt sich die von selbst, weil wir von den meisten Produkten, die an uns herangetragen werden, eigentlich nichts kapieren. Ich habe z. B. keine Ahnung, wie eine Tütensuppe gemacht wird. Die wenigsten Sachen, die wir auf dem Tisch haben, fallen in meinen Interessenbereich. Aber für die kann ich besser Werbung machen als für Sachen, die ich gut kenne. Ich mache lieber Werbung für ein Auto, was ich nicht fahre, als

für eines, das ich fahre. Die Naivität ist dann einfach größer. Da kann man sich auf Null stellen und alles vergessen, was man eigentlich schon weiß. Ich überlege mir immer grundsätzlich: Was will ich sagen? Was hat der Kunde davon? Ist der Gedanke klar, den ich ausdrücken will? Denn erst wenn mir klar ist, was ich sagen will, ist es kein Problem, dafür eine Umsetzung zu finden. In welcher Form auch immer, ob per Bild, per Wort, per Wort-Bild-Mechanik. Ich muss nur immer wissen: Was wollen wir eigentlich sagen? Und das ist es auch, was ich meine Teams frage: Wisst ihr eigentlich, was wir sagen wollen? **HAST DU BEIM ARBEITEN BESTIMMTE RITUALE?** Ich muss immer ein weißes Blatt Papier vor mir haben. Ich schreibe es zuerst aufs Papier und dann erst in den Computer. Das ist ein Transformationsvorgang. Das ist kein Abschreiben, sondern ein weiteres Umsetzen. **GIBT ES BEI DIR EINE ROTE LAMPE, DIE ANGEHT, WENN ETWAS SCHLECHTES ENTSTEHT?** Ich frage mich, ob das für die Menschen spannend ist, was ich da mache. Und dann fliegen natürlich viele Anzeigen, die nur einen hübschen Spruch haben, gleich in die Tonne. **SIEHST DU DICH ALS HANDWERKER, TECHNIKER ODER ALS KÜNSTLER?** Als keines davon. Für mich heißt der Job Denken & Texten. **WIE WICHTIG SOLLTEN FÜR JUNGE TEXTER WETTBEWERBE UND AUSZEICHNUNGEN SEIN?** Sie sind wichtig wegen der eigenen Sichtbarkeit. Außerdem schmeicheln sie der Eitelkeit. Aber auch Kunden freuen sich über Preise. Mit Hilfe von Preisen kann eine Agentur Kunden in ihren mutigen Tendenzen bestärken und in den zögerlichen bremsen. **WAS ANTWORTEST DU, WENN DEINE TOCHTER ODER DEIN SOHN ZU DIR KOMMT UND SAGT, ICH MÖCHTE WERBETEXTER WERDEN?** Ich würde sicherlich fragen, ob er nicht irgendwas Vernünftiges lernen könnte. Rennfahrer zum Beispiel.

Christoph Hattemer

Geboren 28.04.1964 in Düsseldorf
nach dem Abitur 2 Jahre
Redaktionsvolontariat bei den Ruhr
Nachrichten, Dortmund
während des Studiums (Kommuni-
kations-Wissenschaft, Germanistik,

Politik) Praktikum und freie
Mitarbeit bei Agenta, Wüschne &
Rohwer, Eiler & Riemel
1992–1998 Freelancer und Texter
in Hamburg, u. a. bei Menzel
Nolte, Scholz & Friends,

zum Goldenen Hirschen
seit 1998 als CD, seit 2002 als
Geschäftsführer bei Heuer &
Sachse.

ANALYSE

KRITISCHE MUSTERUNG

Beim flüchtigen Betrachten des Anzeigenmotivs (und mehr
Aufmerksamkeit darf eigentlich keine Anzeige erwarten, erst
recht nicht in diesem Format) wird zunächst nicht klar, wofür
eigentlich geworben wird. Erst im Fließtext erfährt man (dann
allerdings rot hervorgehoben), dass es um Raumgestaltung
in Form von Bodenbelägen, Tapeten und Stoffen geht. Fraglich
bleibt, ob Headline und Bildmotiv überhaupt interessant
genug sind, um den Leser in den weiteren Text zu ziehen.

Denn zum einen sind Wortspiele mit dem Begriff »Geschmack«
arg strapaziert und besitzen kaum noch Aufmerksamkeits-
wert. Zweitens enthält »Reif für Geschmack?« die Andeutung,
der Leser hätte bisher noch keinen Geschmack gehabt und
könnte ihn jetzt endlich bei INKU finden. Ein Anspruch, der
wenig sympathisch wirkt, zumal ihn die grafische Gestaltung
der Anzeige und auch das Bildmotiv nicht stützen, sondern
beides geschmacklich eher überholt wirkt.

Zum guten Schluss wäre (statt »so rot, so gut«) ein Slogan
hilfreich, der Leistung und Angebot des INKU-Fachberaters
noch einmal pointiert zusammenfasst. Immerhin, die
Webadresse und Nummer einer Hotline sind angegeben –
zwei wichtige Elemente, denn dort kann sich der Leser
genauer über INKU informieren. Pluspunkte: das INKU-Logo
und die Markenfarbe prägen sich ein, das ist wichtig für die
Wiedererkennung beim Fachberater vor Ort.

LIEBLINGSTEXT

»Die Nase ist intensiv mit feinwürzigen Noten junger Eiche und einladenden Fruchtaromen. Im Mund ist er sehr elegant,
fleischig, hat eine dichte gute Struktur, weiche Tannine und einen langen Abgang.«

Oligitum Reserva, 1995

HEADLINE KLINGT RECHT VOLLMUNDIG

R E I F   F Ü R
G E S C H M A C K ?

FOTO: DIE 80er LASSEN GRÜSSEN.

Wer gibt sich schon mit unreifen
Dingen zufrieden?
Für alle, denen das Beste gerade gut genug ist,
realisiert der INKU-Fachberater mit ausgereiften
Ideen ein geschmackvolles Raum-Ambiente.
Mit Bodenbelägen,
Tapeten
und Stoffen.
Über 250 mal in Deutschland
und auch in Ihrer Nähe.

INKU
FACHBERATER

So rot so gut!

COPY: DARUM GEHT'S IN DIESER ANZEIGE

CLAIM: INKU? DGB? FERRARI?

www.inku-fachberater.de
Hotline 0711/9492-438

01824

Raum für Verbesserungen

ERSTER SCHRITT: ZIELE FESTNAGELN

Bevor es an die praktische Optimierung geht, sollte man sich klar machen, welche Aufgabe die Anzeige überhaupt erfüllen kann und muss. Da wir im vorgegebenen Format und in S/W plus Rot nicht mit imageträchtigen Fotos glänzen können, brauchen wir zunächst eine reizvolle Idee, um den Leser überhaupt für das Motiv zu interessieren – und dann zur Website oder Hotline weiterführen zu können. Dort gibt es reichlich Möglichkeiten, sein Interesse zu vertiefen und INKU attraktiv zu präsentieren. Die Anzeige muss zunächst also vor allem auffallen und zur ersten Kontaktaufnahme mit INKU animieren.

ZWEITER SCHRITT: IDEE EINSCHRAUBEN

»Attention« als oberstes Ziel der Anzeige ist kein Freibrief für Tabubrüche jeder Art – Anspruch und Niveau von INKU sollen ja ebenfalls kommuniziert werden. Hilfreich ist es immer, wenn man sich an ein Thema »andocken« kann, das in der Öffentlichkeit bereits viel Aufmerksamkeit genießt. Wir nutzen deshalb die Bundestagswahl und ihre beiden wichtigsten Protagonisten (bei Drucklegung): Gerhard Schröder und Edmund Stoiber. Auf diese Weise wird zugleich deutlich, dass INKU sich an eine durchaus gehobene Zielgruppe wendet. Der Einsatz von Polit-Prominenz in der Werbung ist erfahrungsgemäß praktikabel, solange die Aussagen nicht sachlich falsch oder persönlich herabsetzend sind. Und das haben wir keinesfalls vor!

DRITTER SCHRITT: TEXTE GLATTZIEHEN

Die Headline wendet sich an alle, die schon mal an »neue Räume« gedacht haben (und meint damit natürlich auch die beiden Kanzlerkandidaten, die ja sicher häufig über den möglichen Ein- bzw. Auszug aus dem Berliner Kanzleramt sinniert haben). Indem wir diese beiden Prominenten zu unserer Zielgruppe zählen, dokumentieren wir zugleich (nicht ganz unbescheiden, aber auf humorvoll-sympathische Art) das Niveau von INKU. Die Internet-Adresse ist aus der letzten Copy-Zeile in die Headline gewandert, um den Leser gleich zur weiteren Kontaktaufnahme zu bewegen. In anderen Medien, deren Leserschaft vielleicht weniger selbstverständlich das Internet nutzt, könnte hier auch die Hotline-Nummer stehen.

Der Fließtext nennt sofort das Angebot von INKU. Die Leistungen (Bodenbeläge, Tapeten, Stoffe) sind nicht verändert worden. Doch ihr psychologischer Nutzen hat sich gewandelt: Wir wollen uns nicht mehr als stilistische Institution präsentieren, sondern INKU bietet den Menschen mehr »Wohnlichkeit und Lebensqualität« für ihre Räume. Geblieben ist der Hinweis auf die Größe des Händlernetzes, um Seriosität und Präsenz vor Ort zu signalisieren. Der neue Slogan »Willkommen zu Hause!« drückt aus, wie einladend und freundlich das eigene Zuhause mit INKU wird und bringt damit Leistung und Angebot noch einmal auf den Punkt.

VIERTER SCHRITT: ANZEIGENRAUM GESTALTEN

Die beiden Politiker-Fotos sind gut sichtbar platziert und ziehen den Leser in die Anzeige. Die Typografie ist größer und auffälliger, denn jeder soll ja gleich die Internet-Adresse erkennen (über www.inku.de gelangt man zu www.inku-fachberater.de). Rot ist unser vorherrschender Farbeindruck. Der Anteil ist noch erhöht worden, so wirkt die Anzeige weniger kühl und fällt zugleich mehr ins Auge. Jetzt kann eigentlich nur noch eins den Erfolg unserer Anzeige beeinträchtigen: wenn der neue Bundeskanzler Guido Westerwelle hieße.

»Häng dir selbst stärker auf den Fersen.«

Armin Reins CHRISTOPH, WIE BIST DU EIGENTLICH WERBETEXTER GEWORDEN? **Christoph Hattemer** Ich bin elterlich vorgeprägt. Mein Vater ist Kommunikationsberater. Ich hab zuerst bei den Ruhr-Nachrichten in Dortmund eine Ausbildung zum Redakteur gemacht. Zur Werbung bin ich eher spaßeshalber gekommen. Durch Praktika in Agenturen. Das ging ganz gut. Und da dachte ich mir: Hier kann man viel Geld verdienen und muss wenig arbeiten, da bleibe ich (lacht). WELCHE VORSTELLUNG HATTEST DU VOM BERUF DES WERBETEXTERS? Keine Fantasien mit den üblichen Stereotypen wie »Mit dem Whisky-Glas am Südsee-Set zu sitzen«. Ich hab mir schon gedacht, dass es sehr viel Schreiben und Nachdenken ist. Aus der Redaktion war ich ja ungewöhnliche, intensive Arbeitszeiten gewohnt. So gesehen hat mich die Werbung nicht besonders überrascht. WODURCH BIST DU BEEINFLUSST WORDEN, TEXTER ZU WERDEN, HATTEST DU VORBILDER? Eigentlich weniger Vorbilder in Bezug auf Werbung. Als ich in die Werbung ging, hab ich mich damit noch gar nicht auseinander gesetzt. Werbung war irgendwie etwas, was im täglichen Umfeld da war. Vor sechzehn Jahren, als ich angefangen hab, war das auch noch nicht so, dass Werber als Popstars gehyped wurden. Damals war Werbung insgesamt reklamiger. Mit dem Aufstieg der Kreativagenturen kam erst dieser Nimbus des Kreativen, der die brillante Idee hat. Geprägt haben mich dann eigentlich mehrere Leute. Mein Chefredakteur bei der Zeitung zweifellos dadurch, dass er mir die Faktentreue eingebläut hat und die Sorgfältigkeit bei der Recherche. Dass man sich sehr genau mit den Sachen auseinander setzt und auch im Detail noch rumkramt. Was mich dann später an Gernot Wüschner faszinierte, war, dass ich zum ersten Mal lernte, diesen ganzen Wust an Informationen durchzukauen und die Fähigkeit zu lernen, all das wegzulegen. Sich von einer völlig anderen, freien Ecke ranzutrauen. Mit Leichtigkeit sich dem Problem zu nähern und »Nicht immer von unten nach oben raufkrabbeln«. IST ES SCHWIERIGER WERBETEXTE ZU SCHREIBEN ALS ANDERE TEXTE? Wenn es interessante, lesenswerte Werbetexte sind auf jeden Fall. Bei journalistischen Texten beginnt alles mit der Recherche. Die den Vorteil bringt, dass man eine Reihe von Fakten hat, die dann tatsächlich berichtenswert sind. Das ist beim Werbetext anders. Auf einen Werbetext warten die Leute weniger gespannt als auf einen journalistischen Text. Das Thema ist meistens weniger faszinierend als im Journalismus. So wird die Aufgabe, daraus wirklich etwas Lesenswertes zu machen, sehr viel größer. HABEN GUTE TEXTER BESONDERE CHARAKTERLICHE MERKMALE? Vielleicht eher Charakteristika in der Art, wie sie an Dinge herangehen und sich mit ihnen beschäftigen. Die meisten guten Texter haben einen ganz weiten Lebenshorizont, auch was Filme, Bücher anbetrifft. Klug, ohne Bildung vor sich herzutragen. Und mit dem Willen, aus dem, was man hat, etwas Überdurchschnittliches zu machen. Also zu etwas, das andere gerne haben möchten. WELCHE FÄHIGKEITEN MUSS EIN TEXTER MITBRINGEN? Ein Texter sollte zunächst einmal neugierig sein. Er sollte gründlich sein, was das Sammeln von Informationen betrifft. Er sollte die Fähigkeit haben, sich seine eigenen, unbewussten Einschätzungen von Fakten und Zusammenhängen transparent machen zu können. Das ist die Voraussetzung, um Dinge auch für andere nachvollziehbar und attraktiv zu machen. WAS RÄTST DU EINEM TEXTER, DER BESSER WERDEN WILL? Ich gebe ihm den Ratschlag: Häng dir selber stärker auf den Fersen. Oder such dir andere, die du fragen kannst. Und vor allen Dingen, stell das, was du selbst machst, immer wieder in Frage. Um wirklich langfristig besser zu werden, muss man einfach den eigenen Fundus erweitern. Und das kann man nur durch Versuch und Irrtum. Je länger man Texter ist, desto schneller ist man mit einem gewissen Verständnis der Dinge bei der Hand und kann die Dinge auch sehr viel schneller pointieren. Das hat den Vorteil, dass man schneller zum Kern vordringt. Aber es hat natürlich den Nachteil, dass man sich auch Schienen schafft, auf denen man gemütlich immer weiterfährt und irgendwann nicht mehr davon runterkommt. WAS SOLLTE EIN WERBETEXTER LESEN? Ich glaub nicht, dass man programmiert lesen kann, um als Texter besser zu werden. Wenn man Interesse hat, die so genannte »hohe Kultur« zu lesen, sollte man das tun. Was man da an Motiven lernt, kann sicherlich nicht schaden. Schon die Griechen wussten, wie der Mensch funktioniert. Auf der andern Seite sollte man sich als Gegengewicht sicherlich die Bild-Zeitung und Magazine jeder Art zu Gemüte führen, um in die Gedankenwelt einzutauchen, die die Menschen heute wirklich umgibt. WELCHE AUSSERBERUFLICHEN INTERESSEN HAST DU, UM DIR EINEN UNVOREINGENOMMENEN BLICK AUF DIE DINGE ZU ERHALTEN? Ich gehe häufig ins Kino, auch um im filmischen Erzählen in der Jetzt-Zeit zu leben. Weil gerade in den elektronischen Medien heutzutage eine Veränderung stattfindet, die auch das Erzählen auf dem Papier weiter beeinflusst. Viele

WAS INSPIRIERT

Freizeit:
essen, trinken, lesen,
überflüssige Bewe-
gung vermeiden.

erzählerische Impulse, wenn ich jetzt an Filme wie Short Cuts denke, kamen nicht aus dem Buch, sondern aus dem Film. Anders als Politiker, hab ich nicht die Möglichkeit, durchs Land zu touren und viele Hände zu schütteln. Eigentlich müsste man einmal im Jahr für zwei Wochen mit dem Zug durch Deutschland fahren und mit allen möglichen Leuten sprechen. Was ich tun kann ist, mit der Brötchenfrau zu reden, mit dem Imbissbesitzer und dem Busnachbarn. **WAS TUST DU, WENN DU NICHT SCHREIBST UND EINFACH NUR ABSPANNEN WILLST?** Kochen. Richtig mit Rezept. Aber ich bin da jetzt kein Meister in der Küche. Eher ein ambitionierter Amateur. Ich grüße hiermit meine Mutter, die mir das Kochen beigebracht hat. Ich liebe es, am Wochenende Zeitung zu lesen. Auch gerne zweimal dieselbe. Ich geh gern Spazieren, alles völlig unspektakulär. Wenn man nicht arbeiten muss, sollte man seinen Kopf einfach mal ausschalten und öffnen für andere Einflüsse, um sich selber die Chance zu geben, was man die ganze Woche reingefüttert hat auch zu verarbeiten. **WIE STEHST DU ZU DER AUSSAGE, DASS DIE MEISTEN IDEEN FÜR DIE WERBUNG IM PRODUKT SELBST ZU FINDEN SIND?** Das glaube ich nicht. Es gibt nur wenige Produkte, die bahnbrechende Neuigkeiten oder einen wirklichen Innovationsgrad haben, der die Menschen von sich aus fasziniert. Und wenn es einen gibt, dann ist er so marginal, dass aus ihm kaum 'ne Nachricht rauszuholen ist. Ich versuche deshalb, ein Produkt erstrebenswert zu machen, indem ich es auf eine Weise überhöhe, die verdeckt, dass es eigentlich nicht besser ist als andere. Das ist die Kunst. Man befasst sich damit, wie das Produkt auf einen selber wirkt, was man sich davon erwarten würde, erwünschen würde, was einen selber dafür begeistern würde. Das sind die beiden Seiten des Jobs: das Rausfiltern von Fakten und das Hinzudichten von Emotionen. **HAST DU EINE TECHNIK, DICH EINEM PROBLEM ZU NÄHERN?** Ich bin in der ersten Phase der Arbeit relativ unspontan und eher analytisch. Versuche, alle möglichen Ableitungen zu bilden: Warum dieses Produkt? Wieso? Für wen? Für wen nicht? Daraus sollte dann zumindest schon mal 'ne Richtung folgen,

ja, gewissermaßen so das Sprungbrett, von dem aus man dann Kreation machen kann. **HAST DU BEIM ARBEITEN BESTIMMTE RITUALE?** Ich leg in meinem Computer ein neues Fact sheet an, eröffne also praktisch eine Akte. Klingt jetzt sehr beamtenmäßig, oder? Dann nehm ich einen Stapel Blätter und schreib jeweils einen Satz darauf. Und die Sätze, die mir hinterher nicht mehr gefallen, die werf ich weg. **GIBT ES BEI DIR EINE ROTE LAMPE, DIE ANGEHT, WENN ETWAS SCHLECHTES ENTSTEHT?** Ich hoffe doch. Sicherheitshalber arbeite ich mit einem Art Director zusammen, dessen Meinung mir wichtig ist. Ich hab schon oft erlebt, dass man mit einer brillanten Idee aus seinem Büro gelaufen kam und andere reagierten mit einem verständnislosen Blick. Dieser Kontrolle sollte man sich unterwerfen. **SIEHST DU DICH ALS HANDWERKER, TECHNIKER ODER ALS KÜNSTLER?** Ich seh mich eher als Handwerker im Sinne des 19. Jahrhunderts. Nicht als Schrauber und Montierer, sondern als einer, der ein Handwerk so weiterentwickelt, dass etwas Faszinierendes entsteht. Heute werden Wände aus Beton gegossen, vor hundert Jahren hat man sich damit noch sehr viel mehr Mühe gemacht. Und das Ergebnis ist auch heute noch meistens interessanter. **WENN DU FÜR EINE PRÄSENTATION ZWEI WOCHEN ZEIT HAST, ARBEITEST DU DANN KONTINUIERLICH? ODER WIRST DU ERST IN DEN LETZTEN VIER TAGEN AKTIV?** Ich bin nicht der Chaos-Theoretiker, eher ein Freund der kontrollierten Revolution. **WIE WICHTIG SOLLTEN FÜR JUNGE TEXTER AUSZEICHNUNGEN UND WETTBEWERBE SEIN?** Ich glaub, Wettbewerbe und Auszeichnungen sind Ausdruck dessen, was theoretisch machbar ist. Von daher sollte sich jeder daran messen, was als Maximalleistung möglich ist. Wenn er sie aber zum absoluten Maßstab seiner täglichen Leistung macht, dann stürzt er sich über kurz oder lang von der Brücke. **WAS ANTWORTEST DU, WENN EIN HOFFNUNGSVOLLER JUNGER MENSCH ZU DIR KOMMEN WÜRDE UND SAGT, ICH MÖCHTE WERBETEXTER WERDEN?** Ich würd sagen: Wenn's sein muss, dann tu's. Und schick mir später etwas Geld ins Tessin.

»Ich habe Freud'sche Verhörer.«

Interview mit Sebastian Turner, Scholz & Friends

Armin Reins SEBASTIAN, WIE BIST DU EIGENTLICH TEXTER GEWORDEN? **Sebastian Turner** Ich habe eine Schülerzeitung für meine Schule gegründet, dann eine für den Großraum meiner Heimatstadt und dann bundesweit eine für Schülerredakteure. Letztere hat sich schnell als überflüssig erwiesen, weil die anderen Schülerredakteure leider keine Fachzeitschrift haben wollten. Deshalb haben wir das Wort »junge« im Untertitel »MediumMagazin – für junge Journalisten« gestrichen. Inzwischen erscheint es im 17. Jahrgang. Neben dem Verlag, Bundeswehr und Studium habe ich als freier Journalist für die FAZ, die Zeit, Geo und andere gearbeitet. Ich habe versucht, über Praktika die einzelnen Bereiche der Kommunikationswirtschaft kennen zu lernen. Ich war in einem Fachverlag, in amerikanischen und englischen Zeitschriftenverlagen, bei einer deutschen Tageszeitung, bei einem Sender und bei einer Provinzzeitung in Dithmarschen. Und dann hab ich noch zwei Praktika in Werbeagenturen gemacht. 1985 bei Bläse in Stuttgart und 1988 bei Michael Schirner in Düsseldorf. Dann kam '89, ich war im Examen und die Mauer fiel. Ich wollte unbedingt in die DDR. Ich wollte mich dort sofort selbstständig machen. Egal wie. Ich hatte keine Berufserfahrung und kein Kapital. Da war Werbung eine der wenigen Branchen, die in Frage kamen. Einer meiner Partner war Grafiker, der andere hatte Jura studiert und konnte die Beratung machen. Was übrig blieb, war der Text. Das hab dann ich gemacht. WELCHE VORSTELLUNG HATTEST DU VOM BERUF DES WERBETEXTERS? Vor meinen Praktika hatte ich eigentlich überhaupt keine genauen Vorstellungen. Ich habe mir gedacht, das sind Leute, die sitzen am Schreibtisch und arbeiten. Heute weiß ich, genau so ist es. Du kannst ohne jede Vorkenntnisse aus dem Stand heraus sofort Ergebnisse produzieren. Aber auch scheitern. WODURCH BIST DU BEEINFLUSST WORDEN, TEXTER ZU WERDEN, HATTEST DU VORBILDER? Ich kannte niemanden in der Werbung. Ich kannte kaum die Namen der Agenturen. Für mich war die Triebfeder, ich wollte in die DDR. Ich hätte in der DDR auch eine Autowaschanlage aufgemacht, wenn ich das Geld gehabt hätte. IST ES SCHWIERIGER WERBETEXTE ZU SCHREIBEN ALS ANDERE TEXTE? Es ist ganz anders, aber es ist trotzdem gleich schwer und einfach. Der fundamentale Unterschied ist, dass der Journalist immer anderes gleich beschreibt und Texter immer das Gleiche anders. Wenn man das einmal verstanden hat, dann ist es eine Frage, ob man gern schreibt, ob einem Formulierungen leicht fallen und vor allem, ob man zielgerichtet denken kann. Denn das Denken muss vor dem Formulieren kommen. HABEN GUTE TEXTER BESONDERE CHARAKTERLICHE MERKMALE? Sie sind hartnäckig und kritisch und meist zweiflerisch. Sie verstehen Zusammenhänge und können sie interessant neu beleuchten. Wer konzeptionell Werbung entwirft, der versteht Strukturen. Was mir auffällt bei den richtig guten Werbeleuten ist, dass sie nicht als ihre eigene Karikatur rumlaufen. Ein richtig guter Autoingenieur spielt ja auch nicht Autoingenieur. Und richtig gute Werbeleute sind normale, unaufgeregte Leute. WELCHE FÄHIGKEITEN MUSS EIN TEXTER MITBRINGEN? Lebensnähe. Man sollte erkennen, dass man eigentlich genauso ist wie die Leute, für die man arbeitet. Man sollte die gleichen Wünsche, Begierden, Schwächen, Mängel haben wie der Mensch, den man ansprechen will. WAS RÄTST DU EINEM TEXTER, DER BESSER WERDEN WILL? Der eigenen Unzufriedenheit nachzugehen. Viele Leute könnten viel besser sein, wenn sie nicht so schnell aufgeben würden. Man kann eigentlich auf jedem Briefing innerhalb von 60 Sekunden eine druckbare Lösung finden, mit der man sich nicht blamiert. Und das verführt dazu, das Gute nicht zur Seite zu legen, um das sehr Gute zu finden. WAS SOLLTE EIN WERBETEXTER LESEN? Ich finde beispielsweise die Handbücher für Schreiben gut. Wolf Schneider, Walther von La Roche, Victor Klemperer, aber auch von Sternberger das »Wörterbuch des Unmenschen«. Das ist für jeden, der schreibt, richtig. Ganz egal ob Werber oder Journalist oder Taxifahrer. WELCHE AUSSERBERUFLICHEN INTERESSEN HAST DU, UM DIR EINEN UNVOREINGENOMMENEN BLICK AUF DIE DINGE ZU ERHALTEN? Mich interessiert fast alles ein bisschen. Ich frage viel und schaue hin. Wenn man Menschen fragt: Wie machst du, was du machst, erfährt man viel. WAS TUST DU, WENN DU

Kurzvita

Sebastian Turner wurde 1966 in Clausthal-Zellerfeld geboren. 1985 gründete er MediumMagazin, heute die führende Zeitschrift für Journalisten. 1990 schloss er sein Studium der Politologie, Betriebswirtschaft und Wirtschaftsgeschichte an der amerikanischen Duke University mit dem Master of Arts ab.

Sebastian Turner ist Vorstandsvorsitzender der Scholz & Friends AG. Er verantwortet die kreative Leistung der Agentur und leitet das International Creative Committee (ICC). Er amtiert als Vorstandssprecher des Art Directors Clubs für Deutschland und lehrt als Gastprofessor an der Universität der Künste, Berlin.

Sebastian Turner ist einer der meistausgezeichneten Kreativen in Deutschland. Gemeinsam mit Heilmann wurde er 1999 von der Zeitschrift »new business« zum »Agenturkopf des Jahres« gewählt.

NICHT SCHREIBST UND EINFACH NUR ABSPANNEN WILLST? Spielen und schlafen. Ich schlafe manchmal sogar in Besprechungen ein. Manchmal sogar in solchen, die ich leite. WIE STEHST DU ZU DER AUSSAGE, DASS DIE MEISTEN IDEEN FÜR DIE WERBUNG IM PRODUKT SELBST ZU FINDEN SIND? Das ist ein guter Ort, um mit der Suche zu beginnen. Je mehr man einen echten Produktvorteil kommuniziert, desto erfolgreicher ist die Werbung. Und umso weniger Geld braucht man, um diesen Erfolg zu erreichen. HAST DU EINE TECHNIK, DICH EINEM PROBLEM ZU NÄHERN? Lesen und zuhören und fragen, oft auch naiv. Ich habe einen eher analytischen Vater und eine eher assoziativ denkende Mutter. Die haben das gut gemischt weitergegeben. Ich denke nacheinander schnurgerade analytisch und dann kreuz und quer assoziativ. Meine Methode ist dabei das scharfe Verhör der Kenner. Ich höre manchmal auch das, was der andere oder ich selbst gar nicht gesagt haben. Ich verhöre oder verlese mich, aber es ist etwas ganz Interessantes, Neues. Ich habe sozusagen Freud'sche Verhörer. So wie es den Freud'schen Versprecher gibt. Ich habe möglicherweise eine Erwartung an das, was ich höre, und das wird dann irritiert und der Kopf ergänzt sich das dann zu etwas Neuem. Keine Ahnung wie das funktioniert. Man kann übrigens auch mit einem vollkommen werbekenntnislosen Menschen gemeinsam gute Werbung entwickeln. Das geht mir oft so, dass ich durch mein Fragen und Zuhören Gesprächspartner missbrauche als Kreatipartner. HAST DU BEIM ARBEITEN BESTIMMTE RITUALE? Mir passiert es, dass ich schneller denke als ich schreibe. Wenn ich die erste Formulierung habe, fällt mir die zweite ein. Ich schreibe noch die erste und es kommt schon die dritte. Manchmal ist es schwer, sich alle zu merken. Deshalb benutze ich viele Zettel. Schreibe beim Essen, in der Bahn, im Flugzeug, überall. GIBT ES BEI DIR EINE ROTE LAMPE, DIE ANGEHT, WENN ETWAS SCHLECHTES ENTSTEHT? Auf die eigene rote Lampe kann man sich nicht verlassen. Ich frage Kollegen. Immer dann, wenn es einen nicht wirklich fasziniert oder packt oder erreicht, dann muss man sich sagen, gut, leg es auf die Seite und arbeite weiter. Ein gutes Filter-Prinzip ist es übrigens, jemandem etwas am Telefon zu erklären. Was man da nicht erklären kann, ist meistens nichts wert. SIEHST DU DICH ALS HANDWERKER, TECHNIKER ODER KÜNSTLER? Als Kunsthandwerktechnikunternehmer. EHER MEHR TALENTIERT ODER EHER MEHR FLEISSIG? Ich würde gerne sagen mehr talentiert, aber ich glaube mehr fleißig. Es gibt aber einen Trost. Ich habe neulich gelesen, dass jemand analysiert hat, was Genies wie die Mozarts und Goethes auszeichnet. Das Interessante ist, diese Leute sind ungeheuer produktiv. Sie haben ein riesengroßes Werk, bei dem längst nicht alles Klasse ist. Einfach ausgedrückt: Wer fleißig ist, wer viel macht, macht eben nicht nur viel Mist, sondern auch viel Gutes. Auf Texter bezogen heißt das: schreiben, schreiben, schreiben. Man kann es ja immer noch wegschmeißen. WIE WICHTIG SOLLTEN FÜR JUNGE TEXTER AUSZEICHNUNGEN UND WETTBEWERBE SEIN? Extrem wichtig und extrem unwichtig. Man sollte sie nicht überbewerten. Das ist der erste Punkt: Fast immer ist das, was ausgezeichnet wird, gut. Aber nicht alles, was nicht ausgezeichnet ist, ist deswegen schlecht. Und der zweite Punkt ist: Auch Dinge, die ausgezeichnet wurden, kann man oft noch besser machen. Also: Arbeite für Medaillen, aber mach dein Leben nicht davon abhängig. Und wenn man was gewonnen hat: Freuen. WAS ANTWORTEST DU, WENN DEIN SOHN ZU DIR KOMMT UND SAGT, ICH MÖCHTE WERBETEXTER WERDEN? Er ist noch klein, aber er hat einen sehr treffenden Humor. Vielleicht wird er mir mit der Frage ein höfliches Zeichen geben, Platz zu machen. Im Augenblick ist sein Berufsziel Bauarbeiter.

Get ready

Schon am Start 1999 lagen die Vorteile einer B-to-B-Plattform für den Mittelstand auf der Hand. Am Start hatten wir kein E-Procurement und keinen regionalen Marktplatz. Am Start hatten wir eine Hand voll Kunden, heute bräuchten wir 25.000 Finger. Am Start träumten wir davon, nun sind wir zur besten E-Business-Company Europas* gewählt worden. Also, starten auch Sie mit uns: www.mercateo.com – Fon 0180 - 540 49 86 (24 Pf/Min.). Mercateo – ein Unternehmen der E.ON-Gruppe.

*Quelle: Jupiter Research 4/2001.

mercateo

Ready?

Mercateo

Frank Dopheide

Freier CD

Kreieren Sie eine 1/1-Anzeige 4c
für Mercateo zur Gewinnung neuer
Interessenten und Nutzer bei gleich-
zeitiger Erhöhung des Imagewertes
als Top-Internet-Unternehmen.

DIE ZIELGRUPPE
Unternehmer und Entscheider
mittelständischer Unternehmen in
Deutschland.

DIE KERNAUSSAGE
In einer Untersuchung des US-Markt-
forschungsunternehmens Jupiter
Research wurde Mercateo unter
1000 B2B-Firmen zum besten europäi-
schen Internet-Unternehmen gevotet –
Platz 13. Auch Sie als mittelständisches
Unternehmen können von diesem
Know-how und der Kompetenz profi-
tieren.

DIE TONALITÄT
Kompetent, aktivierend, modern

DIE PFLICHTTEILE
Logo, Telefonnummer, Quellenangabe,
Internetadresse, Hinweis auf E-On-
Gruppe.

Burkhart von Scheven

Jung von Matt

Auf den ersten Blick lässt sich aus
der vorliegenden Mercateo-Anzeige
überhaupt kein Briefing ablesen.
Denn über Headline, Visual und
Absender wird nichts Verständliches
kommuniziert.

Erst die Copy lässt erahnen, wohin
der Hase laufen sollte: Mercateo soll
als der attraktivste Online-Business-
to-Business-Marktplatz für den
Mittelstand kommuniziert werden.

Peer Hartog

Klaar Kiming

1) AUFGABE
Was soll erstellt werden?
Eine Image-Anzeige für Mercateo

2) KOMMUNIKATIONSZIEL
Was soll die Kommunikation erreichen?
Warum werben wir?
1) Bekanntheit
**2) die Erfolgsstory von Mercateo soll
bekannt gemacht werden**

3) KERNBOTSCHAFT
Was ist die wichtigste zu kommunizierende
Botschaft?
Mercateo ist das bedeutende
• Handels-Forum im Internet für
• mittelständische Geschäftskunden

4) KOMMUNIKATIONSINHALTE
Was soll ggf. ergänzend zur Kernbotschaft
gesagt werden?
• gegründet 1999
**• ausgezeichnet mit Preis »beste
Business Company Europas«**
• heute mit Procurement

5) ZIELGRUPPE
Wer soll primär angesprochen werden?
**Ein- und Verkaufsleiter in mittel-
ständischen Unternehmen**

6) TONALITÄT
Wie soll die Art der Ansprache sein?
Dynamisch, jung

Frank Dopheide

Geboren 29.07.1963
Verheiratet
2 Kinder
1969 Freischwimmer
1982 Abitur
1983 Führerschein Klasse 1 und 3
1989 Diplom Sportlehrer

1990 Texttrainee
Spiess Ermisch Abels
1992 Texter Grey
1997 CD BMZ
1999 Geschäftsführer
Kreation BMZ

ANALYSE

Was ich nicht weiß, macht mich nicht heiß.

Diese Anzeige ist wie gemacht für den Auftraggeber. Er kennt Mercateo. Er weiß sogar, was Procurement ist. Und er ist stolz auf die Auszeichnung. Einziger Fehler – es geht nicht darum, den Auftraggeber für Mercateo zu erwärmen. Ziel ist der eher ahnungslose Mittelständler. Der 30-Mann-Betrieb, der seit Generationen im Emsland der führende Hersteller wartungsarmer Sanitäranlagen ist. Dieser hat mit dem Text Probleme hoch drei. Er hat keine Ahnung, wer Mercateo ist, worüber die reden und was er davon hat. Er versteht weder den Text noch warum er da anrufen soll. Der Text lässt ihn kalt. Das heißt für den Texter: Höchststrafe.

DER ABSENDER
Guck mal, wer da spricht: Mercateo. Das ist deutlich. Aber, wer oder was in aller Welt ist Mercateo?

DER CLAIM
Ein Claim wäre gut gewesen. Er steckt das Feld ab, für das ein junges, wenig bekanntes Unternehmen steht.

DIE HEADLINE
Get ready ist auffordernd. Gut. Allerdings hat man keine Idee, für was man bereit sein soll. Die Text-Bild-Schere trägt noch zur Verwirrung bei.

DIE COPY
Die Headline zielt auf den Moment, spricht den Leser direkt an und ist aktivierend.

Mit dem Text kommt der Bruch. Er lenkt die Gedanken zurück auf das Jahr 1999, und das Unternehmen redet nur noch über eins – sich selbst. Schon ist der Drive aus der Anzeige. Der zweite Satz – der zweite Bruch. Diesmal logischer Natur. »Schon am Start lagen die Vorteile ... auf der Hand«, lockt uns der Einstieg. Statt Aufklärung stiftet der Anschluss Verwirrung: »Wir hatten kein Procurement und keinen regionalen Marktplatz.« »Früher hatte Mercateo eine Handvoll Kunden, heute bräuchten sie 25.000 Finger.« Da fragt sich der interessierte Leser: Wofür? Und warum haben sie sie nicht, wenn sie sie brauchen? Kurz vor Schluss kommt das dicke Argument: »Am Start träumten wir davon, nun sind wir zur besten E-Business Company Ξuropas gewählt worden.« Hört sich gut an, wenn man doch nur wüsste, was Mercateo so treibt. Letzter Satz, letzte Aufgabe – die Neukundenakquirierung: »Also (wieso also?) starten Sie mit uns.« Bleibt die Frage, was habe ich davon. Nenn mir einen guten Grund, warum ich jetzt da anrufen soll.

Der Text ist am Ende, meine Geduld auch: Ich habe keine Ahnung, für was ich »ready« sein soll oder was das alles mit Kickern zu tun hat.

Vor die Kreativität hat der Kunde nun mal die Verständlichkeit gesetzt.

Zusammenhang.!! Was hat das alles mit kindern zu tun?

Arm ab?

Get ready

Schon am Start 1999 lagen die Vorteile einer B-to-B-Plattform für den Mittelstand auf der Hand. Am Start hatten wir kein E-Procurement und keinen regionalen Marktplatz. Am Start hatten wir eine Hand voll Kunden, heute bräuchten wir 25.000 Finger. Am Start träumten wir davon, nun sind wir zur besten E-Business-Company Europas* gewählt worden. Also, starten auch Sie mit uns: www.mercateo.com – Fon 0180 - 540 49 86 (24 Pf/Min.). Mercateo – ein Unternehmen der E.ON-Gruppe.
*Quelle: Jupiter Research 4/2001.

mercateo

wofür bloß?

Höchststrafe.

Wer ist das denn?

(e)uropameister.

AUF DIE HARTE TOUR

Gehen wir vom schlimmsten aller Fälle aus:
Das Bild »Kickern« muss bleiben.
Jetzt kann die Anzeige nur noch eins retten – ein guter Text.
Er muss dreifach wirken: Klar machen, was Mercateo ist,
klar machen, was ich davon habe, und Lust machen, Kontakt
aufzunehmen.

MERKWÜRDIG

Auch wenn die Bilderwelt Kickern bleibt, sollte man sie so
gestalten, dass das Auge des unbedarften Kurzzeitbetrachters
daran hängen bleibt. Es muss außergewöhnlich sein. Deshalb
lassen wir unsern »Kicker« jubeln. Er reißt die Arme hoch
und bekommt ein breites Grinsen auf sein Gesicht.

CLAIM YOUR BUSINESS

Der Unternehmensname Mercateo ist ein Kunstwort. Wahrscheinlich eine Kombination von Mercato (Markt) und neo
(neu) – die man entdeckt, wenn man 35 Minuten darüber
grübelt. Macht aber keiner. Gehen wir auf Nummer sicher
und stellen dem Namen einen Satz an die Seite, der sagt, was
Sache ist. Oder wie es auf der Homepage steht: Mercateo
ist die E-Business-Company für den Mittelstand und die Industrie, um den gesamten Handels- und Beschaffungsprozess
zu optimieren und enorme Spar- und Rationalisierungspo-
tenziale zu realisieren. Aber sagen wir es so, dass man es
versteht und sich merken kann.

Vier Worte, die alles sagen.
Mercateo. Make your business (e)ffective.

Die Headline. Kurz und trocken.
Einfach wirkt zweifach. (e)uropameister. Schon ist klar, wir
reden hier über (e)business und die höchste Spielklasse,
Championsleague.
Schnell zu lesen, schnell zu begreifen.
Der interessierte Leser taucht in den Text ein.

Der Text. Leicht zu lesen, leicht anzurufen.
Erste Aufgabe: Wir klären auf, was es mit dem Europameister
so auf sich hat. Wer alles mit im Spiel war und warum wir
gewonnen haben. War ja sozusagen ein Heimspiel. Denn als
E-Business-Company ist ja das genau unsere Stärke. Und nun,
zweite Aufgabe (ganz wichtig), muss der interessierte Mittelständler erfahren, was er davon hat. Mehr Geld und mehr
Zeit. Wer kann dazu schon nein sagen? Der Leser soll Lust
auf Mercateo kriegen. Deshalb muss die Tonalität leicht und
unkompliziert sein. Um die natürliche Hemmschwelle des
erfolgreichen Mittelständlers vor komplizierten Computer-
technologien zu senken, ist es erste Texterpflicht, jedes fach-
spezifische Fremdwort aus dem Text zu verbannen. Wenn ich
Worte nicht verstehe, denke ich, der Text ist nicht für mich
geschrieben oder ich bin zu doof. Auf jeden Fall bin ich weg –
aus dem Text – und blättere weiter. Die Erfahrung lehrt uns,
je mehr Möglichkeiten Kontakt aufzunehmen angeboten
werden, desto höher die Kontaktquote – also Internet, Telefon,
Adresse, alles rein, was hilft.

Zum guten Schluss – der verlangte Hinweis auf E-ON. Das
ist für die Anzeige nicht wichtig, addiert aber möglicherweise
Solidität und Seriosität in diesem schwer angeschlagenen
Feld der New Economy.

@uropameister.

Wenn es um das Thema Internet geht sind wir kaum zu schlagen, sagt das renommierte US-Institut Jupiter Research. Es hat weltweit 1000 Internet-Unternehmen untersucht und festgestellt: Mercateo ist die Nummer eins in Europa. Kein Wunder, denn E-Business Service für den Mittelstand und die Industrie ist das Herz von mercateo. Der einfachste und bequemste Weg den Handel und Einkauf zu optimieren und so viel Geld und Zeit zu sparen. Am besten machen Sie es wie Jupiter Research und nehmen uns mal unter die Lupe. www & Tel. Ein Unternehmen der E-ON Gruppe.

mercateo
Make your business (e)ffective.

Frank Dopheide

»Probier mal den Seitfeldaufschwung.«

Armin Reins FRANK, WIE BIST DU EIGENTLICH WERBETEXTER GEWORDEN? **Frank Dopheide** Auf dem klassischen Ausbildungsweg. Nach dem Abitur habe ich Sport studiert. Und weil man dafür keine Voraussetzungen brauchte, auch noch Spanisch. Leider habe ich nicht bedacht, dass ich der Einzige war, der keine spanischen Eltern hatte. Zum Glück besaß ich die Weisheit, dass das nichts wird und bin zur Sportschule Köln gegangen. Allerdings gab es eine Lehrerschwemme, und Dipl.-Sportlehrer brauchte man schon mal überhaupt nicht. Doch es gab einen Ausweichstudiengang, Sportjournalistik. Ich machte Praktika bei Fernseh- und Radiosendern, Zeitschriften. Da merkte ich, im zarten Alter von 22, Schreiben geht so einfach wie Sport. Leider gab es damals noch keine privaten TV-Sender. Also war die berufliche Perspektive zur Rheinischen Post zu gehen und über TSV Garath gegen TuS Benrath zu schreiben. Da dachte ich mir, es muss doch noch was anderes geben und hab völlig unbedarft ins Telefonbuch geguckt, alle Werbeagenturen in Düsseldorf angeschrieben und von allen eine Absage gekriegt. Dann, pures Glück, Spiess Ermisch Abels hatte Lufthansa gewonnen und suchte einen Texter. Ich hab mich beworben, obwohl ich weder wusste, was die verdienen noch was die so machen. Eine Woche später hab ich angerufen, worauf man mir sagte, ja, ist angekommen, mit 174 anderen Bewerbungen. Dann habe ich einen Test gemacht, und man hat mich gefragt: Was wollen Sie denn verdienen? Ich darauf, ich müsste mein Auto bezahlen und meine Freundin zum Essen einladen, 2500 DM. Da haben sie sich auf die Schenkel geklopft und gesagt, hey, ist ja weniger als eine Krankenschwester, dafür nehmen wir Sie. Ab da war ich Werbetexter. WELCHE VORSTELLUNG HATTEST DU VOM BERUF DES WERBETEXTERS? So wie jeder, keine. Für mich waren das weniger Künstler, sondern eher Typen, die bekloppte Sprüche machen und gut drauf sind. Aber schon bei SEA war das anders. Die Texter kamen morgens pünktlich, hatten Pullunder und Krawatte an und sind um sechs Uhr nach Hause gegangen. WODURCH BIST DU BEEINFLUSST WORDEN, TEXTER ZU WERDEN, HATTEST DU VORBILDER? Ich kannte keinen einzigen Werbetexter weltweit. Mir war nur klar, was ich nicht wollte: Immer dasselbe machen. Ich wollte Sachen machen, über die man redet. Zwei Leute haben mich geprägt. Weniger in kreativer Hinsicht, mehr in der Einstellung: Zuerst der Spiess bei SEA, ein Unternehmer, wie er im Buche steht. Nie Krawatte, immer aufgekrempelte Ärmel und keine Angst vor niemand. Er hat rumgewütet, er hat Kunden rausgeschmissen. Seine Leidenschaft war sehr eindrucksvoll. Und dann Renate Günther-Greene, CD bei Grey. Die hat mir eigentlich erst das Handwerkszeug beigebracht. Bis dahin hatte ich ja nie einen TV-Spot geschrieben, nur Broschüren. Sie hat zu mir gesagt: »Jetzt schreiben Sie doch erst mal vernünftiges Deutsch, so wie Sie schreiben, redet kein Mensch.« Die normale Sprache rauszulassen, das war ein hartes Stück Arbeit für mich. Aber das hat sie mir beigebracht. IST ES SCHWIERIGER, WERBETEXTE ZU SCHREIBEN ALS ANDERE TEXTE? Leichter und lustvoller. Journalistische Texte sind darauf ausgerichtet, keine Stellung zu nehmen. Man taucht tief in die Materie ein, unterhält sich mit Leuten, dokumentiert alles und versucht, das so objektiv wie möglich wiederzugeben. Werbung ist genau andersherum. Werbung ist subjektiv. HABEN GUTE TEXTER BESONDERE CHARAKTERLICHE MERKMALE? Sie haben Lust an Worten und Gedanken. Sie können sich stundenlang hinsetzen und an einem Satz drehen, noch mal ein Wort, noch mal ein Satzzeichen ändern. Es macht ihnen Spaß, mit Worten unterschiedliche Tonalitäten auszuprobieren, den selben Inhalt fünfmal anders zu schreiben, um dann zu entdecken, was der richtige Weg ist. Ihr größtes Talent aber ist es, dass sie Worte mit Gefühlen verbinden können. WELCHE FÄHIGKEITEN MUSS EIN TEXTER MITBRINGEN? Er muss neugierig sein. Er muss sich für die Kreuzprägung bei Damenbinden genauso begeistern können wie für die brauereitechnischen Unterschiede zwischen Kölsch und Alt. Vor allem die Leidensfähigkeit muss da sein. Er muss sich in Sätze verlieben können. Ich habe letztens einen Satz gelesen von Thomas Brussig: »Ich wurde als Sohn einer

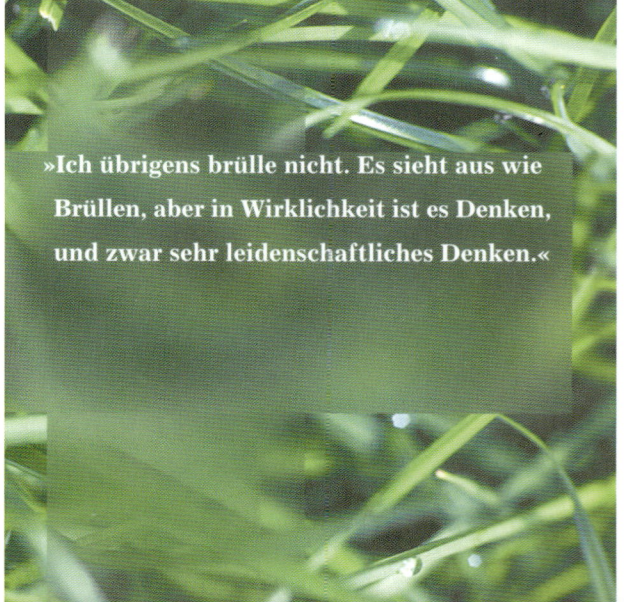

»Ich übrigens brülle nicht. Es sieht aus wie Brüllen, aber in Wirklichkeit ist es Denken, und zwar sehr leidenschaftliches Denken.«

WAS INSPIRIERT Menschen in ihrem natürlichem Umfeld beobachten.

Hygienegöttin geboren«, da habe ich gedacht, Hygienegöttin, was für ein geiles Wort! Meine Mutter war auch so eine. Dafür muss man sich begeistern können als Texter. Natürlich, schließe ich die handwerklichen Fähigkeiten des Schreibens erst mal aus, das ist sowieso Basis. **WAS RÄTST DU EINEM TEXTER, DER BESSER WERDEN WILL?** Mach, was alle Profis machen. Selbst ein Zidane muss jeden Tag vier Stunden trainieren, und wenn die anderen nach Hause gehen, trainiert er weiter. Talent allein reicht nicht, niemals. Wenn man Sport studiert, gibt es Übungen, die man machen muss. Probier mal den Seitfeldaufschwung. Den kann kein Mensch von sich aus. Das ist eine bestimmte Rhythmik, Dynamik, das sind bestimmte Bewegungen oder Gedankenabläufe, die man trainieren muss, damit sie automatisch laufen, damit sie dich in Bereiche bringen, in die du vorher noch nicht gekommen bist. Das ist beim Texten genauso. **WAS SOLLTE EIN WERBE-TEXTER LESEN?** Viel und ganz unterschiedliche Sachen. Ich bin mir nicht mehr so sicher, ob ein Texter Goethe gelesen haben muss. Er muss Zeitungen, Zeitschriften, Comics, Internetseiten und Bedienungsanleitungen lesen, weil das einfach die Breite der Tonalitäten und Ausdrucksmöglichkeiten schult. **WELCHE AUSSERBERUFLICHEN INTERESSEN HAST DU, UM DIR EINEN UNVOREINGENOMMENEN BLICK AUF DIE DINGE ZU ERHALTEN?** Wahrscheinlich wie alle: Die Lust am Leben und beobachten, was draußen passiert. Wie Leute reden, wie sie aussehen, was im Fernsehen kommt. Ich mag sehr gern Comedy. Da merkt man die Energie, die in Worten stecken kann. Typen wie Ingo Appelt haben eine Mechanik, dass sie bestimmte Eigenheiten von Menschen auf die Schippe nehmen und auf den Punkt bringen können. **WAS TUST DU, WENN DU NICHT SCHREIBST UND EINFACH NUR ABSPANNEN WILLST?** Der Vorteil ist, wenn man Kinder hat und nach Hause kommt, dass die einen sofort 100 % in Beschlag nehmen, dass man nicht eine Minute mehr Zeit hat, um über Kampagnen und Kunden nachzudenken. Sport ist eine andere Facette, denn da hat man überhaupt keine Chance, über Probleme nachzugrübeln. Ich finde es hilfreich, wenn man einmal im Jahr irgendwo hinfährt, wo man noch nie war. Um neue Impulse zu kriegen und eine andere Sicht der Dinge. Zum Beispiel Neufundland.

Ich wette, wenn man da war, sieht man bestimmte Dinge anders. **WIE STEHST DU ZU DER AUSSAGE, DASS DIE MEISTEN IDEEN FÜR DIE WERBUNG IM PRODUKT SELBST ZU FINDEN SIND?** Das war früher vielleicht mal so. Ich bin jetzt 13 Jahre in der Werbung. Ich habe nicht ein einziges Produkt erlebt, das einen massiven Produktvorteil hatte, wo ich sagen würde, allein deswegen kauft man es. Meistens sind es pseudo-aufgeblasene Produktvorteile, die weder mich noch die Zielgruppe wirklich interessieren. Ich hatte mal ein Briefing, Celebrate the biggest invention ever in the softener market. Wo du gedacht hast, wer in aller Welt ist daran interessiert, das ist blabla. Ich hatte ein einschneidendes Erlebnis, die Visa-Kampagne. Die beweist, dass es völlig egal ist, ob Produkte einen großartigen Vorteil haben oder nicht. Visa kam damals auf den Markt, da gab es American Express, die Mutter aller Kreditkarten und Eurocard. Eurocard hatte damals noch so eine Art Ausweisfunktion, »Ich habe es beruflich geschafft, ich kann mir das leisten.« Visa war auch aus Plastik, genauso groß, genauso viel Jahresgebühr. Es gab keinen faktischen Unterschied. Aber allein durch die kreative Umsetzung »Die Freiheit nehme ich mir« hat Visa eine völlig andere Welt gefunden, die die Bekanntheit und den Markterfolg dieser Karte extrem nach vorne gebracht hat. Seit dieser Zeit ist es mir völlig egal, ob es einen Produktvorteil gibt oder nicht. Für mich ist der emotionale Vorteil, den man besetzt, weil man das richtige Bedürfnis, den Nerv trifft, viel entscheidender. **HAST DU EINE TECHNIK, DICH EINEM PROBLEM ZU NÄHERN?** Man muss sich selbst einen Bewertungsfreiraum schaffen, wo man sagt, jetzt denke ich alles, was denkbar ist, egal ob das gut oder schlecht ist. Das ist die Bereitschaft zur Hemmungslosigkeit. **HAST DU BEIM ARBEITEN BESTIMMTE RITUALE?** Ich kann nicht denken, wenn ich am Computer sitze. Ich muss immer schwarze Buchstaben auf weißem Papier haben. Ich muß rumkritzeln, durchstreichen und wegschmeißen können. Erst wenn ich den Gedanken habe, kann ich mich an den Computer setzen. **SIEHST DU DICH ALS HANDWERKER, TECHNIKER ODER KÜNSTLER?** Als Lustmacher. **WIE WICHTIG SOLLTEN FÜR JUNGE TEXTER AUSZEICHNUNGEN UND WETTBEWERBE SEIN?** Viele denken zu früh an Auszeichnungen. Wie im Sport muss man viel Schweiß verlieren, die Technik beherrschen und jahrelang trainieren, bevor man die Champions League gewinnt. Wer sich nur auf sein Talent verlässt, ist bald verlassen. **WAS ANTWORTEST DU, WENN DEINE TOCHTER ODER DEIN SOHN ZU DIR KOMMT UND SAGT, ICH MÖCHTE WERBETEXTER WERDEN?** Ja, super, ich freu mich. Aber frag mich nicht, was du mit 50 machst.

Burkhart von Scheven

1985–1989 Studium Grafik Design,
Dortmund
1998–1999 Fulbright Stipendium,
zwei Semester California State
University Long Beach, Freie Arbeit
in Californischen Agenturen
1990 Diplom Grafik Design

1990–1993 AD Euro RSCG
Düsseldorf
1994 AD BMZ Düsseldorf
1994–1996 AD DDB Düsseldorf
1996–1998 CD Rempen & Partner
Düsseldorf
1999 CD JvM an der Alster

2000 GF JvM an der Alster
seit 2001 GF JvM an der Spree

ANALYSE

Wie bereits angedeutet, hat die Mercateo-Anzeige ein schweres Basis-Defizit.

Sie ist nicht nur schwer, sondern völlig unverständlich.

Die Headline fordert auf, mich bereit zu machen (get ready). Aber nirgends findet sich ein Hinweis darauf, wofür ich dies tun soll.

Die erste zögerliche Vermutung, es könne irgendetwas mit Fußball zu tun haben (siehe Visual), bestätigt sich nach dem Copystudium nicht.

Auch der abgebildete Kicker selbst soll mir nicht verkauft werden.

Da Mercateo als Marke noch unbekannt ist, gibt auch der Absender keinen konkreten Hinweis darauf, worum es gehen könnte (vielleicht ein Supermarkt; oder käufliche Götter?).

Die Minimalanforderung, die man an fast jede Anzeige haben muss, ist also nicht erfüllt: dass sie nämlich schnell – wenigstens thematisch – klarmacht, worum es geht.

Davon abgesehen ist »get ready« sicher auch keine in irgendeiner Weise überraschende oder raffinierte oder starke Zeile. Steigt man jetzt in die Copy ein, fragt man sich umso mehr, wie diese Anzeige zu ihrem Bild gekommen ist. Auch hier: nichts mit Fußball, nichts mit Teamgeist, nichts mit Tore schießen. Keine Verbindung.

Stattdessen löst schon der erste Satz Widerspruch aus.

»Schon am Start 1999 lagen die Vorteile einer B-to-B-Plattform auf der Hand.«

Die möglicherweise vorhandenen Vorteile lagen und liegen eben gerade nicht auf der Hand. Sie sind erklärungsbedürftig. Hier aber weiß man selbst nach 500 Zeichen immer noch nicht, warum und für wen Mercateo ein relevanter Partner sein sollte.

Auch sprachlich lässt sich wenig Versöhnliches entdecken.

Insgesamt also: nicht so toll.

Get ready

Schon am Start 1999 lagen die Vorteile einer B-to-B-Plattform für den Mittelstand auf der
Hand. Am Start hatten wir kein E-Procurement und keinen regionalen Marktplatz. Am Start
hatten wir eine Hand voll Kunden, heute bräuchten wir 25.000 Finger. Am Start träumten
wir davon, nun sind wir zur besten E-Business-Company Europas* gewählt worden.
Also, starten auch Sie mit uns: www.mercateo.com – Fon 0180 - 540 49 86 (24 Pf/Min.).
Mercateo – ein Unternehmen der E.ON-Gruppe.
*Quelle: Jupiter Research 6/2001.

mercateo

INSPIRATION

Kundenmeetings.
Niemand denkt
unerwarteter.

TIPPS & TRICKS

»Fragt andere Texter,
ob sie eure Anzeige
überraschend finden,
und eure Mutter,
ob sie eure Arbeit
versteht.«

Burkhart von Scheven

NEUGESTALTUNG

Der Versuch, die bestehende Anzeige zu verbessern, schlug leider fehl. Zu wenig, auf dem man hätte aufbauen können. Also ganz neu.

Für das komplexe Thema, das hier zu vermitteln ist – online Businesspartner-Suche – muss die Headline herhalten. Ohne hier direkt zur Sache zu kommen, würde der Verbesserungsversuch genauso scheitern wie die Vorlage.
Nicht jede Anzeige funktioniert durch eine auffällige Headline. Manchmal muss das Bild diesen Job erledigen.

WARUM DAS PROVOKANTE VISUAL?

Es zeigt einen der wohl immer noch effektivsten Türöffner bei der Partnersuche. Um den praktischen Nutzen von Mercateo zu dramatisieren, musste die didaktische Side-by-side-Mechanik ran, die sich hier zu einem irritierenden Hingucker aufrüsten ließ, und auch nur deshalb die Abbildung eines weiblichen Torsos rechtfertigt.

Nebenbei wollen das Bild und die Mercateo-Kunden das Gleiche: Sie wollen wahrgenommen werden. Die Mercateo-Kunden im World Wide Web, das Motiv im Meer der Zeitschriften und Zeitungen. Und hier gilt nach wie vor: Sex sells. (Aufgrund der speziellen Situation war bei der Entwicklung dieser Anzeige noch kein Kunde involviert. Ob der sich mit einer visuellen Umsetzung dieser Art identifizieren könnte, bliebe abzuwarten. Aber allen Kunden sei hier zugerufen: Wer nicht auffällt, kommuniziert nicht!)

WAS ADDIERT DIE COPY?

Wie bei der Kritik der Vorlage angemerkt, ist das Mercateo-Angebot äußerst erklärungsbedürftig. Dennoch sollte man nicht der Versuchung erliegen, alle Details auf der einen Anzeigenseite unterzubringen, die mir zur Verfügung steht. Andererseits sollte das, was ich hier sage, im Mercateo-Fall sehr geradeaus und informativ sein. Also keine kunstvolle Copy von literarischem Wert, sondern Information pur, die noch einmal den Punkt der Anzeige aufgreift.

DER ABSENDER

Ein kleiner Kunstgriff zum Schluss. Zwar schien es zur Zeit des dotcom-Booms fast selbstverständlich, dass es sich bei gleich welchem Angebot um ein Online-Thema drehte. Aber dort, wo ich noch gar nichts weiß, hilft der Hinweis, dass mein Gesprächspartner eine Website repräsentiert. Deswegen wird aus Mercateo auch im Logo mercateo.com.

Businesspartnersuche
ohne mercateo.com

Businesspartnersuche
mit mercateo.com

»Micky Mouse ist übrigens genauso eine gute Schule wie Günther Grass.«

INTERVIEW

Armin Reins BURKHART, WIE BIST DU EIGENTLICH WERBETEXTER GEWORDEN? **Burkhart von Scheven** Genau genommen gar nicht. Ich bin gelernter Art Director. Eigentlich bin ich immer noch kein so genannter Texter, sondern halt Kreativer. Ich hab das Glück gehabt, an der Advertising-Fakultät der University of Longbeach, California, zu studieren. Ich hab das nie getrennt. Mir ging's immer nur um die Idee. Zum Teilzeittexter wurde ich dann irgendwie automatisch. Das war hier und da einfach so, dass ich die funktionabelste Zeile selber geschrieben habe. Irgendwo brennt es dann, eine Copy muss entstehen. Dann schreibt man die auch noch. Und dann ist man plötzlich auch Texter. WELCHE VORSTELLUNG HATTEST DU VOM BERUF DES WERBETEXTERS? Natürlich hatte ich die Vorstellung, dass Werbetexter zu sein, ein genialer Job ist. Man denkt: Hach, da hab ich diesen großartigen Claim, diese großartige Headline geschrieben, da bin ich ja schon fast berühmt. Und dann ruht man sich erst mal wochenlang drauf aus. Dass man aber täglich, fast im Akkord, schreiben muss, um in diesem, immer schneller werdenden Job vorne zu bleiben, das stellt man sich so nicht vor. Das stellt man erst fest, wenn man ein paar Jahre dabei ist. Davon abgesehen, fand ich es immer spannend, mit einer riesigen Anzahl von Menschen zu kommunizieren. Das hat sich nicht verändert. Und deshalb macht's mir auch nach wie vor Spaß, denn es ist genau das, was ich immer machen wollte. WODURCH BIST DU BEEINFLUSST WORDEN, TEXTER ZU WERDEN, HATTEST DU VORBILDER? Ich habe autodidaktisch von guter Arbeit gelernt. In meiner Studienzeit in den USA waren das ganz oft die Nike-Sachen, die mich da tot umgehauen haben. Also, ein Alltime-Favorit von mir ist die sensationelle Schlagzeile für Nike: »You Don't Win silver – You Loose Gold.« Da merkte ich als Art Director, ohne genialen Text komme ich nicht weit. Und wenn man jahrelang bei Jung von Matt ist und mit Jean Remy zu tun hat, da guckt man sich natürlich schon eine Menge ab. Das ist schon ein verdammt guter Texter, der gar nicht so sehr als Lehrmeister auftritt. Der vor allem gut Kritik üben kann. IST ES SCHWIERIGER WERBETEXTE ZU SCHREIBEN ALS ANDERE TEXTE? Natürlich ist es schwieriger, wenn man weiß, unendlich viele Leute werden das lesen. Man nimmt es genauer, man analysiert genauer. Und man hat in der Regel weniger Platz. Ein Werbetext ist also sogar schwieriger als ein Liebesbrief, den man als Privatmann verfaßt. HABEN GUTE TEXTER BESONDERE CHARAKTERLICHE MERKMALE? Die meisten sind sehr von sich selbst überzeugt. Einige der Besten, sind nahezu autistisch veranlagt. Natürlich nicht jeder. Es gibt auch Menschen, die man als völlig normal und offen empfindet, die dennoch herausragende Texter sind. WELCHE FÄHIGKEITEN MUSS EIN TEXTER MITBRINGEN? Vor allem analytische Präzision. Und natürliches Sprachgefühl. Letzteres ist sehr viel schwerer zu lernen als ersteres. Das ursprüngliche Sprachgefühl kann man nur schwer lernen. Also dieses: Was klingt gut? Was läuft gut? Da muss schon eine Grundsubstanz im Blut vorhanden sein. WAS RÄTST DU EINEM TEXTER, DER BESSER WERDEN WILL? Ich glaube vor allem, man muss sich immer wieder selbst überprüfen: bin ich genau auf dem Punkt bei dem, was ich sagen möchte? Also, nicht einfach nur lässig eine lustige Zeile schreiben. Mangelnde Präzision ist das, wo es am allerhäufigsten hakt. WAS SOLLTE EIN WERBETEXTER LESEN? Neuerdings natürlich unbedingt die Pflichtlektüre »Momentum«. Also, da bin ich fast verpflichtet, das hier zu erwähnen (lacht). Ich finde immer noch den Klassiker »Ogilvy on advertising« von David Ogilvy gut. Natürlich heute in vielen Passagen überholt. Aber als Basislektüre immer noch wichtig. Ansonsten finde ich Günther Grass immer extrem hilfreich. Das ist einfach großartige Literatur und holt einen ein Stück aus der Werbewelt raus. Dass eine Copy nicht bei 400 Anschlägen enden muss, sondern manchmal 600 Seiten braucht, ist eben auch ganz interessant. Es gibt eigentlich kaum einen gestandenen Texter, der nicht auch literarisch irgendwo bewandert ist. Ich finde aber, es ist genauso wichtig, dass man sich darüberhinaus informiert. Naturgemäß gehören Zeitungen und Zeitschriften dazu. Oft hat man Probleme, weil man nicht genug Zeit hat, sich da immer wieder aufzutanken. Aber das muss man trotzdem irgendwie hinkriegen. Das gehört zum Handwerkszeug. Micky Mouse ist übrigens genauso eine gute Schule wie Günther Grass. WELCHE AUSSERBERUFLICHEN INTERESSEN HAST DU, UM DIR EINEN UNVOREINGENOMMENEN BLICK AUF DIE DINGE ZU ERHALTEN? Das sind Dinge wie – ganz klischeehaft – ins Museum gehen, mich mit Zehnjährigen unterhalten, wie die so drauf sind, aber genauso auch mit 80-jährigen Taubenzüchtern, die ihr Leben in Wanne-Eikel verbracht haben. Auch U-Bahn fahren und solche Sachen. Einfach um – das klingt vielleicht ein bisschen blöd – Kontakt zu haben zur ganz normalen Welt. Denn wir sind manchmal schon ganz schön elfenbeinturmmäßig unterwegs, ohne dass man das so richtig merkt. Da denkt man, wir sind doch alle ganz normal und vergisst dabei, dass man es eigentlich schon nicht mehr ist. Bei Jung von Matt ist Agentur-Philosophie, dass wir unsere Gebäude oder

Räume nie so richtig im schicken Zentrum haben. In Berlin sitzen wir z. B. hier in Kreuzberg. Ich wohne jetzt übrigens auch privat in Friedrichshain und nicht in Zehlendorf. Da ist man einfach normaler unterwegs. Wir haben den größten Prozentsatz unserer Mannschaft aus Berlin rekrutiert. Man kann sich vorstellen: der durchschnittliche Berliner ist mehr down to earth als z. B. der durchschnittliche Düsseldorfer. **WAS TUST DU, WENN DU NICHT SCHREIBST UND EINFACH NUR ABSPANNEN WILLST?** Da muss ich jetzt stolz meinen zwei Monate alten Sohn erwähnen. Das ist eine dauerhafte Energiepumpe. Das ist Dauerentspannung par excellence. **WIE STEHST DU ZU DER AUSSAGE, DASS DIE MEISTEN IDEEN FÜR DIE WERBUNG IM PRODUKT SELBST ZU FINDEN SIND?** Ich finde, man muss es im Produkt finden. Das heißt ja nicht, dass Produkt-Details, Produkt-Features automatisch zum Thema meiner Werbung werden müssen. Aber es sollte sich alles, was ich über das Produkt sage, abstrakt oder nicht abstrakt, dort wiederfinden. Sonst ist meine Kommunikation nicht relevant. **HAST DU EINE TECHNIK, DICH EINEM PROBLEM ZU NÄHERN?** Ich hab gerne schon ein paar Tage vorher das Briefing gelesen. Lass es in meinem Hinterkopf arbeiten. Dann schmeiß ich es weg. Gucke also erst mal nicht mehr rein und fang an zu arbeiten. **HAST DU BEIM ARBEITEN BESTIMMTE RITUALE?** Nein. Ich habe meist einen weißen Zettel dabei. Aber ich habe in der Regel keinen Stift, weil ich's regelmäßig vergesse, einen mitzunehmen. Ich leih mir dann immer irgendeinen aus. **GIBT ES BEI DIR EINE ROTE LAMPE, DIE ANGEHT, WENN ETWAS SCHLECHTES ENTSTEHT?** Andere Leute fragen: Verstehst du eigentlich, was ich mit dieser Anzeige hier grade tun will? Kriegst du die Botschaft so mit, wie sie eigentlich sein soll? Diese Kurzbefragung von Leuten gibt einem auf jeden Fall die Möglichkeit zu überprüfen: Erreiche ich in etwa das, was ich beabsichtige. Es nicht zu tun, wäre sträflicher Leichtsinn. Das ist bei mir ein ganz regelmäßiges Instrument. **SIEHST DU DICH ALS HANDWERKER, TECHNIKER ODER ALS KÜNSTLER?** Eigentlich trifft es alles drei nicht ganz genau. Also, Künstler bin ich nicht. Ich weiß, dass Michael Schirner mal gesagt hat: Werbung ist Kunst. Wenn man Kunst als eine Form der Kommunikation versteht, dann hat er damit schon recht. Ich finde aber, der Unterschied der Kunst zu dem, was wir machen, ist die ganz klare Zweckgerichtetheit. Das braucht die Kunst nicht. Wir verfolgen immer einen ganz konkreten Zweck als Dienstleister dienen. Kunst ist weiß Gott keine Dienstleistung. Es ist aber sicher auch nicht reines Handwerk. Handwerk hat nicht viel mit Analyse zu tun. **WIE WICHTIG SOLLTEN FÜR JUNGE TEXTER AUSZEICHNUNGEN UND WETTBEWERBE SEIN?** Das ist wahnsinnig wichtig. Und zwar für den Marktwert der einzelnen Person. Impulse sind natürlich auch von Bedeutung. Aber wir leben in einer Zeit, in der die sogenannte Ich-AG eine immer größere Rolle spielt. Da ist es natürlich wichtig, dass man sich mit Auszeichnungen schmücken kann. **WAS ANTWORTEST DU, WENN DEINE TOCHTER ODER DEIN SOHN ZU DIR KOMMT UND SAGT, ICH MÖCHTE WERBETEXTER WERDEN?** Ehrlich gesagt, ich würde abraten. Ich weiß jetzt aus eigener Anschauung, dass selbst die genialsten Claims und größten Headlines in dieser Branche nicht vor Stress und Hektik schützen. Für ein entspanntes Familienleben scheint mir eine gepflegte mittlere Beamtenlaufbahn doch geeigneter (lacht).

LIEBLINGSTEXT

Meinen Lieblingstext habe ich mal in Riesenbuchstaben auf einem Handzettel an meiner Windschutzscheibe gefunden:

»Party!
Wodka 1,- «

Darunter stand noch die Club-Adresse und der Termin. Getaltung hatte schlicht nicht stattgefunden und genau deshalb war alles perfekt.

Peer Hartog

1984–1987 Abendstudium an
der Kommunikationsakademie
Hamburg
parallel dazu:
1985 Vier Monate Junior-Kontakter
bei Scholz & Friends Hamburg

Seit 1986 als Texter in den
Agenturen:
• HMK Hamburg
• McCann Erickson Hamburg
• GGK Salzburg
• Lintas Hamburg
• Jung von Matt Hamburg

Zuletzt Creative Director
bei Scholz & Friends Hamburg.
Seit Juli 1998 geschäftsführender
Gesellschafter und Mitgründer
Klaar Kiming

ANALYSE

Unterstellen wir mal, die Anzeige hat die Aufgabe, Mercateo als Handelsplattform im Internet für Geschäftskunden bekannt zu machen.
Fein.
Versetzen wir uns also in die berühmte Zielgruppe, konkret: In einen Einkäufer oder Verkäufer bei, sagen wir, der Firma Heidelberger Druckmaschinen (auch wenn's schwer fällt). Der gute Mann hat gerade Druck von der Fertigung, weil der koreanische Lieferant der Steuerelektronik bankrott ist und die 1,2 Millionen-Euro-Order aus Kuwait nächste Woche ja wohl kaum ohne Steuerelektronik ausgeliefert werden kann. Und er bekommt massiven Druck von der Geschäftsführung, weil die Japaner dieselben Druckmaschinen mittlerweile 30 % günstiger bauen und er endlich günstigere Zulieferer organisieren soll. Außerdem hat er Druck von seiner Frau, weil seine Tochter beim Rauchen auf dem Schulklo erwischt wurde und er natürlich mal wieder Überstunden machen muss.

Den Spiegel überfliegt er aus Zeitgründen nur noch, allenfalls zwei bis drei Artikel liest er wirklich, und das in der Mittagspause und am Sonntag zu Hause. Warum um alles in der Welt sollte dieser Mann eine Anzeige lesen, in der Tischfußballer abgebildet werden, und auf der es heißt: »Get ready«?

1) Das Bild hat keinerlei Relevanz für ihn, es sei denn, er ist Vorsitzender im örtlichen Tischfußball-Club.

2) Die Headline liefert ihm weder eine ergänzende Information (sodass das Bild doch noch relevant wird), noch macht sie deutlich, worum es hier geht. Erst die Copy vermittelt eine mehr oder minder relevante Botschaft. Eine Copy wird jedoch nur gelesen, wenn Headline und Bild neugierig gemacht haben. Diese Neugier soll der Text durch zusätzliche Informationen befriedigen. Das Problem dieser Anzeige ist jedoch wie gesagt, dass Bild und Headline nicht neugierig machen können, weil nicht klar ist, worauf der Leser neugierig werden soll.

3) Für den unwahrscheinlichen Fall, dass der Leser den Text dennoch liest, stellt er fest, dass da eine Firma die ganze Zeit von sich spricht. Und nicht etwa über Lösungen für seine Probleme. Das ist ungefähr so sympathisch wie wenn einem ein Typ in der Kneipe den ganzen Abend erklärt, was für eine Kanone er ist. Ungefragt, versteht sich. Eine Erörterung des Stils erübrigt sich demnach.

Peer Hartog

NEUGESTALTUNG

1) Die Anzeige sollte den Ein- und Verkäufern sowie allen
anderen Lesern schnell verdeutlichen, was Mercateo für sie
tun kann. Dieses Problem müssen also Bild und Headline
lösen. Die erklärungsbedürftige Idee des Business-to-
Business-Forums für Geschäftsleute vermittelt der Klaar
Kiming-Entwurf so schnell und einfach, wie es das Thema
zulässt. Denn schon das Bild sagt »Hier werden Investi-
tionsgüter gehandelt«. Eine Headline ist nicht nötig, denn
die fehlende Information liefert der Claim: er sagt, was
Mercateo damit zu tun hat. Bis Anfang September letzten
Jahres hätte ich als Claim »The world's trade center«
vorgeschlagen ...

2) Da eine gute Anzeige sich auf eine Botschaft konzentriert,
ist auch auf einen ergänzenden Text verzichtet worden.
Wir würden empfehlen, die Informationen in der Original-
Anzeige erst dann zu kommunizieren, wenn ein bedeuten-
der Teil der Zielgruppe weiß, was Mercateo für sie tun kann.
Überflüssig ist außerdem eine Telefonnummer. Denn für
Leser, die keinen Internetzugang haben, wird das Angebot
nicht in Frage kommen. Auch dann nicht, wenn in der
Anzeige fünf Telefonnummern stehen.

3) Was nützt die beste Botschaft, wenn sie keiner liest. Die
Anzeige muss sich durchsetzen. Gegen hundert andere
Anzeigen im Heft, gegen viel interessantere Artikel und
gegen dreitausend Werbebotschaften, die täglich im
Flächenbombardement auf uns niedergehen. Schwarzes-
Brett-Zettel kennt jeder. Dass auf ihnen jedoch Bohrinseln
und Druckmaschinen-Steuerelektronik angeboten werden,
dürfte verblüffen.

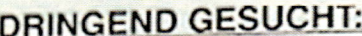

»Texten ist wie Treppen steigen.«

Armin Reins PEER, WIE BIST DU EIGENTLICH WERBETEXTER GEWORDEN? **Peer Hartog** Ich wusste schon in der Schule, dass ich Werbung oder Journalismus machen will. An der Werbung hat mich das Psychologische interessiert und am Journalismus das Schreiben. Ich hab in Hamburg die Kommunikationsakademie besucht. Detlef Gerlach war übrigens der lustigste Dozent, weil er es innerhalb der zwei Jahre nicht hingekriegt hat, das Wort »Preiselastizität« auszusprechen (lacht). Dann hab ich mich für ein Praktikum beworben bei Scholz & Friends. Die suchten einen Assi für Holger Jung, der war Etat-Direktor auf Reemtsma. Und plötzlich war ich Juniorkontakter. Worauf die ganzen Innenkontakterinnen echt stinkig waren. Irgendwann hab ich dann mal den PM für Stuyvesant angerufen als es eigentlich um den PM für West ging. Da haben dann alle gemerkt, dass Kontakten nicht meine Sache ist. Ich dachte: O. k., was gibt's hier noch – malen kann ich nicht, also versuch ich Texter zu werden. Meine Aufsätze waren ja immer ganz gut. Dann hab ich bei Wolfgang Schönholz einen Copytest gemacht, der war katastrophal. Ich dachte, ich müsste so schreiben, wie Werbung eben gemacht wird. Ich hab mich davon aber nicht klein kriegen lassen, hab mich so lange beworben, bis ich eine Juniortexterstelle bekam. Die erste Agentur verleugne ich immer gern, weil die keiner kennt: HMK. Da bin ich aber nach eineinhalb Jahren rausgeflogen, weil ich nie das gemacht hab, was die wollten. Und so bin ich bei der McCann in Hamburg gelandet. WELCHE VORSTELLUNG HATTEST DU VOM BERUF DES WERBE-TEXTERS? Wenig bis gar keine. Ich fand gut, dass Kreative andere Sachen dürfen als normale Menschen. Und das ist ja auch so. Wer ausflippt, ist in der Regel der Kreative. Das kann ich glaubhaft verkörpern. WODURCH BIST DU BEEINFLUSST WORDEN, TEXTER ZU WERDEN, HATTEST DU VORBILDER? Vorbilder hatte ich nicht. Höchstens die Arbeiten von Springer & Jacoby. Später, vom Schreiben her, muss ich Ludger Stein nennen, das war mein Seniortexter bei der McCann, der ist heute noch ein Freund von mir. Von dem hab ich viel gelernt in Sachen zielstrebigem Denken. IST ES SCHWIERIGER WERBETEXTE ZU SCHREIBEN ALS ANDERE TEXTE? Ja, ich denke schon. Weil man nicht immer so schreiben kann, wie es dem eigenen Stil entspricht. Ich glaube, dass ich nicht das Textgenie bin. Werbetexten ist harte Arbeit. Ich habe mir das alles nur durch üben, üben, üben beigebracht. HABEN GUTE TEXTER BESONDERE CHARAKTERLICHE MERKMALE? Das sind meistens disziplinierte Denker und viel weniger Künstler und Chaoten als man denkt. WELCHE FÄHIGKEITEN MUSS EIN TEXTER MITBRINGEN? Eine Grundnaivität. Man darf nicht zum Fachidioten werden. Wenn ich zu sehr Fachmann werde, laufe ich Gefahr, die Welt durch die Brille des Produzenten zu sehen. Das ist der beste Weg, schlechte Werbung zu machen. Neugierig sollte man auch sein. Ich muss durch die Brille des Konsumenten sehen. Es ist gut, das Produkt auszuprobieren, es zu erleben, um nachzuvollziehen, was die Menschen fühlen, wenn sie's benutzen. WAS RÄTST DU EINEM TEXTER, DER BESSER WERDEN WILL? Man darf keine Angst haben, Scheiße zu produzieren. Der Müll muss aus dem Kopf, weil er sonst die Kanäle verstopft. Auch eine schlechte Zeile ist geeignet, einem auf eine bessere Idee zu bringen. Texten ist wie Treppen steigen. Du kannst nicht mit einem Schritt ganz oben hin, sondern du musst Stufe für Stufe nehmen. Und Stufe für Stufe ist eben 'ne Scheißzeile, 'ne Scheißzeile, 'ne Scheißzeile, möglicherweise eine gute Zeile, die einen auf die nächste Zeile bringt und so weiter: Schritt für Schritt. WAS SOLLTE EIN WERBETEXTER LESEN? Alles. Douglas Adams, Max Frisch, Max Goldt, Shakespeare. Besser als Annuals sind Magazine wie z. B. Art, das wir in der Agentur abonniert haben. Aber eben nicht nur lesen, sondern abspeichern: gute Stories, Schreibstile, Techniken. WELCHE AUSSERBERUF-LICHEN INTERESSEN HAST DU, UM DIR EINEN UNVOREINGENOM-MENEN BLICK AUF DIE DINGE ZU ERHALTEN? Ich versuch einen ganz normalen Freundeskreis zu haben. Am liebsten wenige Werber. Ich geh ins Kino und Theater, spiel mit meiner 18 Monate alten Tochter. Völlig normal eben. WAS TUST DU, WENN DU NICHT SCHREIBST UND EINFACH NUR ABSPANNEN WILLST? Viel Sport, alles Mögliche, Segeln, Boxtraining. Ich hab sogar mal einen Kampf gemacht. Gegen Tony Petersen. Tony ist ein Beißer. Ich bin eher ein Konterboxer, ich warte immer ab, bis jemand kommt, dann hau ich zurück. Tony hat knapp nach Punkten gewonnen. WIE STEHST DU ZU DER AUSSAGE, DASS DIE MEISTEN IDEEN FÜR DIE WERBUNG IM PRODUKT SELBST ZU FINDEN SIND? Das glaube ich auf jeden Fall. Man muss nur genau hinsehen. Und die Muße haben, sich lange mit dem Produkt zu befassen. Manchmal findet man allerdings kein einzigartiges Argument, aber ein einzigartiges Gefühl, das zu diesem Produkt passt. Wenn man das hat, braucht man's nur erlebbar zu machen. Niemand hat Bock, sich mit Werbung auseinander zu setzen und schon gar nicht mit Werbung, die in einem nichts auslöst. Ohne einen relevanten Produktnutzen muss man sich die Aufmerksamkeit des Kunden teuer erkaufen. HAST DU EINE TECHNIK, DICH EINEM PROBLEM ZU NÄHERN? Das frag ich mich auch jedes Mal wieder. Keine Ahnung. Ich versuch immer, mich zu erinnern, wie's beim letzten Mal geklappt hat. Entweder ich erinnere mich nicht, oder die Methode funktioniert nicht. Das ist echt verheerend. Das heißt für mich, dass ich jedes Mal denke: Du kannst das gar nicht, das ist ein Riesenzufall, dass du so weit gekommen bist, wie du gekommen bist. Diesmal wird dir nichts einfallen. Mit dieser Panik bin ich so lange unterwegs, bis mir oder uns im Team doch was einfällt. Ich hab auch festgestellt, dass ich am besten mit ADs arbeite, die die ganze Zeit ungefiltert raussabbeln. Das ist eine helle Freude für jeden Texter. Man braucht nur mitschreiben und die Rosinen rauspicken. Ich hab auch mit Art Directoren zusammengearbeitet, die genauso wie ich stille Denker sind. Da sitzt man dann anderthalb Stunden da und keiner sagt ein Wort. Das ist mühsam. **HAST DU BEIM ARBEITEN BESTIMMTE RITUALE?** Ich brauch 'ne gewisse Ordnung, um eine innere Harmonie herzustellen. Ich brauch das, um mich zu entspannen. Wenn ich entspannt bin, kann ich am besten denken. Ich versuch überall, wo ich bin, Ruhe reinzubringen. Meistens koche ich mir erst mal eine Kanne Tee. Das ist mir nie aufgefallen, aber offenbar gehört das bei mir zum Entspannungsprozess dazu. Ideen sammel ich übrigens mit dem Block. Ich schreib sie erst mal mit dem Stift aufs Papier, auch stümperhafte Sachen. Dann verlang ich in einem relativ frühen Stadium, dass die Art Directoren, die mitunter die Augenbrauen hochziehen, es aufskribbeln. Damit man draufschauen kann. Text alleine ist halt nur ein Rädchen in der Maschine. Man muss die ganze Maschine betrachten. Das kann ich besser, wenn ich es im Zusammenhang mit Bildern sehe. **WENN DU FÜR EINE PRÄSENTATION ZWEI WOCHEN ZEIT HAST, ARBEITEST DU DANN KONTINUIERLICH? ODER WIRST DU ERST IN DEN LETZTEN VIER TAGEN AKTIV?** Ich bin zu feige, die Sachen aufzusparen. Ich bin auch beim Sport nie ein Sprinter gewesen, sondern immer ein Langstreckenläufer. So ist es beim Ausdenken auch. Ich bin kontinuierlich vom ersten Tag an verzweifelt. Erst gegen Ende, wenn wir glauben, dass wir die Idee haben, entspanne ich mich langsam. **GIBT ES BEI DIR EINE ROTE LAMPE, DIE ANGEHT, WENN ETWAS SCHLECHTES ENTSTEHT?** Ich stell mir vor, dass ich das, was ich schreibe, meinen Pokerkumpels vorlesen muss. Wenn ich dabei ein gutes Gefühl hab, dann kann das so schlecht nicht sein. Meine Frau ist mein herbster Kritiker. Sie wirft mir immer vor, wir seien zu radikal, wir wollten es – wie im Ring – dem Kunden immer beweisen. **SIEHST DU DICH ALS HANDWERKER, TECHNIKER ODER KÜNSTLER?** Das Ausdenken hat schon was Künstlerisches. Du musst neue Dinge schaffen oder bekannte Dinge so kombinieren, dass was Neues dabei rauskommt. Aber nach dem Ausdenken kommt das Handwerk. Das ist wie in der Kunst. Jeder Künstler muss sein Handwerk beherrschen. Aber Handwerk allein reicht nicht. Dann bist du eben kein Künstler, sondern Anstreicher. **WIE WICHTIG SOLLTEN JUNGEN TEXTERN WETTBEWERBE UND AUSZEICHNUNGEN SEIN?** Ich bin da zwiegespalten. Einerseits braucht man's, um von draußen als kreativ angesehen zu werden. Andererseits: Wenn man für Hutläden und Friseure internationale Kampagnenpreise einsammelt – aber für große Kunden eher normale Sachen macht, dann machen wir uns in der Werbung unglaubwürdig. Man muss schon versuchen, mit dem echten Kunden echte Lösungen zu produzieren. **WAS ANTWORTEST DU, WENN DEINE TOCHTER ODER DEIN SOHN ZU DIR KOMMT UND SAGT, ICH MÖCHTE WERBETEXTER WERDEN?** Lern was Anständiges!!!

LIEBLINGSTEXT

apprendista di officina (m), Kfz-Azubi.
Piero bekleidet diesen Posten seit Mariä Empfängnis. Sein Vorgänger Massimo erlag einer Überdosis Backsteinmauer, die er unter Einfluss eines Alfa und einer Flasche Grappa zu sich nahm.

tanica di riserva (f), Benzinkanister.
Seit Stadtmagistrat Don Pepe fast der Hof abbrannte, weil der Löschwagen ohne Treibstoff liegen blieb, ist er Pflicht in jedem Feuerwehrauto. Allerdings ohne Inhalt, denn Brennbares ist auf Löschwagen tabu.

Jade präsentiert Ihnen ab sofort aktuelle **Farben** und erfolgreiche **Innovationen** aus den USA, denn Jade kooperiert exklusiv mit **MAYBELLINE** NEW YORK Amerikas Make-up-Marke No.1.

Ich fühl' mich schön mit Jade.

Schön?

Jade

Olaf Oldigs

Springer & Jacoby

BRIEFING FÜR EINE ANZEIGE WIE
UNREINE HAUT

Imaginärer Kunde: Jade Smooth Result ist neu. Eine Revolution unter den tönenden Feuchtigkeitscremes. Das muss ein richtig impactstarker Auftritt werden. Ihre Art Directoren können sich freuen, wir haben einen Teaser mit Follow-up gebucht. Das knallt richtig. Außerdem haben wir den amerikanischen Superstar Melina Kanakaretes neu unter Vertrag. Wie? Kennen Sie nicht? Die ist in Amerika das Gesicht überhaupt. Bei der Gelegenheit und dem vielen Platz auf den zwei Seiten können wir sicher auch noch irgendwo sagen, dass wir jetzt ab sofort mit Maybelline, Amerikas Make-up Nr. 1, zusammenarbeiten. Das ist sensationell – die US-Marke gibt Jade neuen Schwung. Das Motiv muss also schon irgendwie amerikanisches Flair haben. Möglichst was mit New York. Maybelline kommt ja aus New York. Der Packshot natürlich groß mit Neu-Störer und die üblichen Infos: Ultraleicht, pflegend mit viel Feuchtigkeit, reduziert erste Fältchen dank Vitamin A, C plus Lichtschutzfaktor 28, strahlender Teint und neue Web-Adresse: www.jade_maybelline.de. Und schreiben Sie bitte alles zweimal. Wir haben ja auch zwei Seiten. Tschüssi, ich muss auf 'n Flieger.

Thilo von Büren

Xynias, Wetzel, v. Büren

Jade bietet in Kooperation mit Maybelline das Produkt »Smooth Result« an. Dies ist eine Anti-Falten-Creme, die gleichzeitig für die Haut Feuchtigkeit spendet. Für dieses Produkt ist eine Anzeige mit Teaser-Mechanik zu konzipieren.

Carsten Heintzsch

Saatchi & Saatchi

Entwicklung einer Anzeige, 4c, 2/1-Seite, die gleichzeitig die exklusive Markenkooperation von Jade und Maybelline kommuniziert und das Interesse für die Produktinnovation »Smooth Result« weckt. Die das Produkt als etwas Besonderes in den Fokus stellt – eben nicht »nur« ein Make-up.

POSITIONIERUNG

Dieses innovative Angebot im Rahmen der exklusiven Markenkooperation von Jade und Maybelline an den Kunden kommunizieren und damit das Thema dekorative Kosmetik inklusive Pflege für Jade-Maybelline New York besetzen.

ZIELGRUPPE

Frauen 25-39 Jahre alt. Bestehende Kunden, die gespannt auf eine Produktinnovation aus dem Hause Jade-Maybelline warten. Nicht-Kunden, die auf die neue Markenkooperation und das neue Produkt aufmerksam gemacht werden sollen. Die Zielgruppe ist modebewusst, hat einen gewissen Anspruch auf Qualität und freut sich immer auf das Neueste aus der Kosmetikforschung.

Olaf Oldigs

1984–1986 Text-Trainee bei Elbe 3
Werbeagentur, Hamburg
1987–1992 Junior Texter/Texter/
Creative Director bei Scholz &
Friends, Hamburg
u. a. Siera Tequila, Clubmaster
Cigarillos, Brekkies, Kitekat,

Tetra Pack, Deutsche Bank, BMW
seit 1992 Geschäftsführer Kreation
bei Springer & Jacoby, Hamburg
u. a. Deutsche Telekom, Daimler-
Chrysler, Axel Springer Verlag,
Reemtsma, Castrol, Fisherman's
Friend

ANALYSE

In diese Ecke hat sich eine schöne kleine Idee versteckt

= FAZIT
Eine Anzeige wie unreine Haut. Vollgepickelt mit Grafikmüll und Typenschrott

Prominente deren Namen man darunter schreiben muß sind nicht prominent

Einfach normal sagen! Platz is ja.

Viel Bla wenig Aha!

Kosmetik für eine Kosmetik-Anzeige.

1) Idee für einen echten Teaser suchen, die mich irgendwie
   beim Blättern stoppt. (Hier: zerknitterte, faltige Seite). Auf
   der folgenden Seite dann die Irritation des Teasers auflösen
   und die Produktbotschaft platzieren.

2) Beide Seiten optisch zusammenhalten und grafisch
   entmüllen.

3) Reduktion auf die Botschaft: Weniger Falten?
   Mehr Feuchtigkeit durch Jade Smooth Result!

4) Selbstverständliche, stille Einführung des neuen Logos
   Jade/Maybelline.

5) Nach diesen rein kosmetischen Maßnahmen sieht die
   Anzeige deutlich besser aus.

6) Noch besser würde die Anzeige allerdings aussehen,
   wenn man sie komplett vergisst und stattdessen eine völlig
   neue macht. Denn, kleine Idee bleibt kleine Idee. Auch
   nach Facelift.

Der königliche Wettstreit

geschrieben von Christopher Martin
illustriert von David Hockney

Noch lange vor der längsten Zeit lebte in den Nordlanden, im Reiche des Königs Hrolf, eine wunderschöne Prinzessin namens Asa. Natürlich kamen unzählige Freier aus allen Ländern der Welt herbeigereist, um die schöne Prinzessin zu heiraten. Doch zwei Königssöhne, Agnay und Volund, waren weitaus beharrlicher und standhafter als alle übrigen. Asa gefielen die beiden Prinzen gleichermaßen, da sie sich aber weder für den einen noch für den anderen entscheiden konnte, fragte sie schließlich ihren Vater um Rat.

„Beide sind aus königlichem Hause", sagte sie, „beide sind hervorragende Reiter, und einer sieht ebenso stattlich aus, wie der andere. Welchen soll ich nun nehmen?" König Hrolf beschloß, einen Wettstreit entscheiden zu lassen. Und so rief er die beiden Prinzen zu sich an seinen Thron und stellte ihnen folgende Aufgabe: „Die Grenzen meines Reiches", sagte er, „werden im Norden und im Süden von zwei gleichartigen Bergen bewacht. Nehmt jeder einen Berg und baut darauf ein Schloß, das einer Königstochter würdig ist. Wer von euch beiden das Werk als erster beendet, der soll Prinzessin Asa zur Frau haben!"

Nun gab König Hrolf jedem Prinzen 1.000 Kronen in Gold (eine Summe, mit der man sich in jenen Zeiten gemütlich zur Ruhe setzen konnte) und stellte dazu folgende Bedingung: „Keine Krone mehr als diese tausend dürft ihr für den Bau des Schlosses ausgeben!" Nachdem der König geendigt hatte, machten sich die beiden Prinzen sofort an ihre Arbeit, wenn auch mit sehr unterschiedlicher Vorgehensweise.

Prinz Agnay sagte sich: „Bei diesem Wettbewerb kommt es auf Schnelligkeit an. Ich werde darum viele Männer einstellen, die für wenig Lohn arbeiten müssen. Wir nehmen das Gestein, das an Ort und Stelle vorhanden ist, denn das ist bequem und billig, auch wenn es etwas schwerer zu bearbeiten ist. Wir werden keine Zeit für den Gerüstbau verschwenden, und außerdem wird im Freien geschlafen und sich von den wilden Beeren ernährt, die auf dem Hügel wachsen."

Prinz Volund dagegen war völlig anderer Ansicht: „Schlösser zu bauen", sagte er, „ist eine langwierige, mühevolle und nicht ungefährliche Arbeit, deshalb will ich nur so viele Männer einstellen, wie ich gut bezahlen kann. Wir werden die Steine von jenseits der Berge herbeischaffen, denn sie sind einfacher zu bearbeiten. Dann müssen wir Fichtenwälder abschlagen, um stabile Gerüste und angenehme Unterkünfte für die Arbeiter zu bauen. Und rund um die Uhr werde ich Jäger einstellen, die uns gut mit Reh, Hirsch und Wildschwein versorgen. Außerdem", sagte Prinz Volund, „soll jeder Mann, der mir beim Bau des Schlosses hilft, einen Besitzanteil daran bekommen, so daß er hier mit seiner Familie stets einen Ort der Zuflucht findet."

Gegen Ende des ersten Sommers kam König Hrolf herbeigereist, um die Fortschritte des Wettstreits zu begutachten.

Prinz Agnays Schloß war halb fertig. Der gute Volund aber hatte gerade erst mit dem Bau begonnen und war deshalb bereits zum Gespött der Leute geworden. „Er baut sicher ein sehr schönes Schloß, wenn es überhaupt fertig wird", höhnte das Volk. „Aber selbst dann gibt es ja keine Prinzessin mehr, die darin wohnen könnte."

König Hrolf reiste sehr verunsichert wieder ab.

Dann kam der Winter; und wie man weiß, ist der Winter in den Nordlanden unglaublich eisig.

Agnays harte Steine ließen sich mit kalten Händen kaum noch bearbeiten. Die Unfälle wegen der fehlenden Gerüste verdreifachten sich, die Beeren verschwanden von den Hängen, und wo Gras als Bettstätte gedient hatte, lag jetzt der Schnee.

Immer lauter wurde das Murren von Agnays Arbeitern. „Warum sollen wir unter solchen Bedingungen arbeiten?" fragten sie. Und bald war die allgemeine Unzufriedenheit so groß, daß Agnays Männer einfach alles stehen- und liegenließen und von der Baustelle verschwanden. Volunds Männer dagegen wußten, daß das Schloß ihren Familien eine lebenslange Sicherheit bieten würde. So kamen sie eines Tages mit folgenden Worten zu Volund: „Da wir mit dem Bau so weit zurückliegen, haben wir uns einiges einfallen lassen, um besser arbeiten zu können." Bald darauf geriet Agnay ins Hintertreffen, während Volund immer besser vorankam. Und wie man sich leicht denken kann, war Volund einen Sommer und einen Winter später nicht nur als erster fertig, sondern hatte auch das schönste Schloß im ganzen Land gebaut.

Auf der Hochzeit, die übrigens, allen Erzählungen nach, außerordentlich prunkvoll war, nahm König Hrolf Prinz Volund zur Seite. „Ich habe mehr als einen Sohn gewonnen", sagte er voller Stolz, „denn in diesem Teil der Nordlande werden die Lehren, die du uns beigebracht hast, niemals in Vergessenheit geraten."

Reduziert Fältchen dank der Vitamine A, C und Lichtschutzfaktor 18.

»Es muss einen auch selbst entertainen, was man da tut.«

INTERVIEW

Armin Reins OLAF, WIE BIST DU EIGENTLICH WERBETEXTER GEWORDEN? Olaf Oldigs Durch ein sorgfältiges Abwägen meiner Fähigkeiten. Das ging von BWL bis zu Schauspieler oder Werbetexter werden. Ich hab an der Weggabelung gestanden und mich bewusst dafür entschieden. Denn ich habe gemerkt, dass mir Sprache am besten liegt. Dann habe ich in einer kleinen Agentur in Hamburg angefangen, bei Elbe 3. Und großes Glück gehabt, dass ich bei Menschen gelandet bin, die mich gefördert haben. Wenn ich damals meinen Mentor Gunter Gerlach nicht gehabt hätte, der nach zwei Jahren zu mir sagte: »Verlasse diese Agentur. Geh in die weite Welt hinaus«, dann hätte ich das gleiche Schicksal wie viele Werbetexter gehabt, die in der falschen Agentur anfangen. Die irgendwann für Sachen gelobt werden, die nicht gut sind. WELCHE VORSTELLUNG HATTEST DU VOM BERUF DES WERBETEXTERS? Keine. Ich hab wahllos im Telefonbuch nachgeschaut. Ich bin in zwei Agenturen wirklich am Empfangstresen gescheitert und durch Zufall in meine erste Agentur gekommen. Ich glaub, die Schwester meiner Freundin hat bei denen geputzt. Die suchten da einen Volontär. WODURCH BIST DU BEEINFLUSST WORDEN, TEXTER ZU WERDEN, HATTEST DU VORBILDER? Ich fand das aufregend, mir Sachen auszudenken und die gedruckt zu sehen. Es gab da eine Anzeige, die hat mich sehr bewegt. Die hatte David Bogle geschrieben. Die Geschichte vom Prinzen Vollund. Das ist ein Märchen über die Qualität, mit der in den Nordlanden gebaut wird. Die ist einfach nur unterschrieben mit dem kleinen Wörtchen »Volvo«. Da hab ich gedacht: Wenn ich bei einer Tageszeitungsanzeige feuchte Augen krieg, will ich so was auch machen. Später bei Scholz & Friends waren Gerald Heinemann und Wolfgang Schönholz wichtig für mich. Learning by Doing und Abgucking. IST ES SCHWIERIGER WERBETEXTE ZU SCHREIBEN ALS ANDERE TEXTE? Ich hatte das Gefühl, mir fliegt das zu. Es war eben nicht diese Quälerei, dieses unendliche Verbohren und stundenlange Fräsen an Headlines. Ich hab mal einen Satz von Jürgen Scholz gehört: »Ach Kinder, das ist doch alles nur Reklame.« Und das ist wie ein kleiner Zaubersatz, der extrem erlösend wirkt. Ohne diese Leichtigkeit kann man sich so viel quälen wie man will, es kommt keine brauchbare Idee dabei heraus. Es muss einen auch selbst entertainen, was man da tut. Es muss spielerisch sein, sonst ist das ein Kniefall vor mittelmäßigen Ideen. Den Spaten nehmen und in die Tiefe graben,

das ist absolut zwecklos. HABEN GUTE TEXTER BESONDERE CHARAKTERLICHE MERKMALE? Sie haben eine Doppelbegabung. Sie können hervorragend schreiben und sie sind hervorragende Verkäufer. Was bringt einem ein sehr guter Text, wenn man ihn nicht gegen alle Angriffe von allen Seiten verteidigen kann? Man muss immer ein Argument haben, weshalb er gut ist. Und nicht sagen: Na ja, da müssen wir noch mal drüber nachdenken. Verkaufen ist so ein böses Wort. Aber das heißt nichts anderes als: Die Idee am Leben lassen. Und wenn man da zu defensiv ist, wird man immer ein guter Texter im stillen Kämmerlein bleiben. WELCHE FÄHIGKEITEN MUSS EIN TEXTER MITBRINGEN? Viele Texter haben kein Sprachgefühl. Die können nur schreiben. Aber es gibt so eine Sensorik für das richtige Wort am richtigen Platz. Wo man ganz sicher weiß, wenn man den Text liest: Ja, da ist alles richtig. Enddesigned. Die Texter, die das können, sind die Besten. WAS RÄTST DU EINEM TEXTER, DER BESSER WERDEN WILL? Werde einfach besser. Halt die Ohren auf, halt die Augen auf. Geh durch die Welt. Und lies Gossage. Das ist der große Meister des Sprachgefühls. Da lernt man, wie man Bilder beim Schreiben erzeugt. WAS SOLLTE EIN WERBETEXTER LESEN? Er sollte auch lesen, was ihn nicht interessiert. Ich kaufe mir regelmäßig Hefte für irgendwelche speziellen Zielgruppen am Bahnhofskiosk. Z. B. »Der CB-Funker« oder »Die Garteneisenbahn«. Das ist eigentlich das Kaleidoskop der Welt. Und wenn man sich so ein bisschen neugierig hält und nicht in diesem Werbegetto bleibt, wo acht In-Zeitschriften gelesen werden, wo es diesen Stil- und Bilderinzest gibt, dann kommt man auch auf Ideen. WELCHE AUSSERBERUFLICHEN INTERESSEN HAST DU, UM DIR EINEN UNVOREINGENOMMENEN BLICK AUF DIE DINGE ZU ERHALTEN? Die Gefahr ist, dass man glaubt, irgendwann jedes Problem spontan lösen zu können. Das Kommunikationsgott-Syndrom. Man glaubt, die Welt verstanden zu haben. Und das ist eine ganz, ganz böse Falle. Ich glaube, man muss seinen Ideen entgegengehen. Das ist genauso wie in der Liebe. Man muss dem Schicksal eine Chance geben. Wer nicht losgeht, der lernt keinen kennen. Man muss mit den Leuten reden, die das Produkt herstellen. Fabriken besichtigen. Diese ganze Geschichte, die um ein Produkt drum herum ist, die muss man erst mal erfahren. Und wenn man sie erfahren hat, dann muss man alles wieder vergessen. Man muss sich einmal komplett aufmunitionieren mit Informationen, damit man mehr weiß als der Marketingleiter. WAS TUST DU, WENN DU NICHT SCHREIBST UND EINFACH NUR ABSPANNEN WILLST?

Ich muss nur vier tiefe Atemzüge machen und schlaf ein. Das ist ein Geschenk. Das schaff ich in Flugzeugen, das schaff ich in der Bahn, das schaffe ich zu Hause, wenn ich mich aufs Sofa lege. Das ist zu dem ganzen Alarm, der in diesem Job herrscht, ein sehr guter Ausgleich. Oder ich gehe auf Veranstaltungen, die mich im Prinzip erst mal nicht interessieren. Z. B. ins Völkerkundemuseum, um mir einen Diavortrag über die Paddeltechniken der Samoa-Indianer anzugucken. Das ist extrem inspirierend. **WIE STEHST DU ZU DER AUSSAGE, DASS DIE MEISTEN IDEEN FÜR DIE WERBUNG IM PRODUKT SELBST ZU FINDEN SIND?** Produkte teilen sich in zwei Lager. Die einen haben eine geheime Geschichte. Die ist in vielen Produkten drin. Die versuch ich zu finden. Und andere haben einfach echt nichts. Die sind total austauschbar. Und sobald ich es mit den Letzteren zu tun habe, muss ich irgendetwas drum herum erfinden. Einen emotionalen Dress. Wie in der Nike-Werbung, bei Diesel oder H & M. **HAST DU EINE TECHNIK, DICH EINEM PROBLEM ZU NÄHERN?** Ich hab die Erfahrung gemacht: Man hat, wenn man ein neues Produkt auf den Tisch bekommt, nur einmal die Chance zum unverbrämten Blick. Dieser Moment ist ganz kostbar. In diesen ersten fünf Minuten befasst man sich wie ein ganz normaler Mensch mit dem Produkt. Man sagt die Dinge, die sich später bestätigen, wenn man fünf Tage drüber nachgedacht hat und in tollen Charts begründet, warum die Idee gut ist. **HAST DU BEIM ARBEITEN BESTIMMTE RITUALE?** Immer wenn mir nichts einfällt, wenn sich dieser Druck vor einem aufbaut, dann gehe ich mir Kaffee holen. Das hilft total. Den Tisch verlassen. Und wenn es nur zehn Meter sind, die man geht. Und wieder zurückkommen. Man hat sofort einen anderen Blick auf die Dinge. Es ist der völlig falsche Weg, wenn man eine Idee sucht, ein Annual aufzuschlagen. Denn a) reproduziere ich dann irgendwelche Sachen von anderen und b) ist das hochgradig frustrierend. Weil jede Seite: Frust, o Gott, haben die auch gemacht, mein Gott, ist das gut. Das ist eine Andacht, was man da macht. Das ist nicht inspirierend. Das ist ein Niederknien vor den Besseren. Man muss diese Arroganz haben zu sagen: Das kann ich auch. **GIBT ES BEI DIR EINE ROTE LAMPE, DIE ANGEHT, WENN ETWAS SCHLECHTES ENTSTEHT?** Die erste Instanz ist immer der Partner, mit dem ich arbeite. Es ist nicht hoch genug einzuschätzen, wenn man jemanden hat, der einem völlig unverblümt sagt: Das ist Scheiße! Und der nicht höflich ist. Und die zweite Instanz, die ist man selber. Das ist zwar immer peinlich, wenn man hinter einer Glastür steht und sich selber einen Film laut vorspielt. Aber diese Sache ist total notwendig, um ein

Gefühl dafür zu kriegen: Ist das gequirlte Kacke oder ist das gut? Natürlich ist man erst mal nicht kritikfähig! Wenn mir jemand eine vernichtende Kritik entgegeschmettert bin ich für einen Moment total irritiert. Dann belle ich zurück. Und dann gehe ich grummelnd und muffelnd wieder in mein Büro und ändere – vielleicht. Das gehört dazu. Es wäre schlimm, wenn man bei jedem Gegenwind, den man kriegt, sofort einknickt. **SIEHST DU DICH ALS HANDWERKER, TECHNIKER ODER ALS KÜNSTLER?** Alles. Und das ist ja genau das Reizvolle an dem Beruf. Es ist einfach ein sehr, sehr guter Kompromiss – und das meine ich nicht negativ. **WIE WICHTIG SOLLTEN FÜR JUNGE TEXTER AUSZEICHNUNGEN UND WETTBEWERBE SEIN?** Das ist das Wichtigste. Das ist Motivation und Bestätigung: die ersten Preise, die man gewinnt, die einen auf ein Treppchen heben. Und man merkt dann: Ich bin ja auch gut, ich habe eine Bestätigung dafür gefunden, dass ich richtig denke, so ganz doof kann es ja nicht sein, was ich fabriziere. Diese Bestätigung ist so notwendig wie der Sauerstoff, den wir atmen. Deshalb ist das überhaupt nicht verwerflich, wenn junge Kreative nach Preisen schielen. Es wäre gefährlich, wenn nicht. **WAS ANTWORTEST DU, WENN DEINE TOCHTER ODER DEIN SOHN ZU DIR KOMMT UND SAGT, ICH MÖCHTE WERBETEXTER WERDEN?** Ich würde die das machen lassen. Ich würde aber einen Deal mit denen machen: Fragt mich nie.

Thilo von Büren

Abgebrochenes
Germanistikstudium,
1988–1990 Junior Texter
bei Eiler & Riemel
1990–1995 Texter, CD
bei Heye & Partner

(McDonald's, Media Markt)
1995–1997 CD bei
Jung v. Matt, GF, Partner.
(Bild, Sparkasse,
WirtschaftsWoche,
Oldesloer Korn u. a.)

1997–1998 CD bei
Wüschner & Rohwer
(Ferrero, SZ u. a.)
1998 Gründung Dornier,
Wetzel, v. Büren, heute
Xynias, Wetzel, v.Büren.

(Deutsche Telekom, ARD,
Haribo, u. a.)
Gastdozent, ADC-Mitglied,
Jurymitglied u. a. in
Cannes.

ANALYSE

1) Eine Dramatik zwischen Bild und Headline fehlt.

2) Es handelt sich um ein normales, erwartetes Kosmetik-Bild und ist daher wenig aufmerksamkeitsstark.

3) Die Botschaft, dass Jade mit Maybelline kooperiert, ist für den Konsumenten wenig interessant, da Maybelline in Deutschland zu wenig bekannt ist. Alleine das Produktversprechen kann zu einem Kaufanreiz führen. Dass dies in Kooperation mit Maybelline passiert, kann nur ein nutzvoller Nebeneffekt sein.

4) Viele gut gemeinte Informationen. Aber wer zu viel sagen will, läuft oftmals Gefahr, dass nichts von dem, was er sagen will, gelesen wird. Eine gute Anzeige beschränkt sich auf das Wesentliche, auch im Text, und konzentriert auf die Dramatisierung der Kernbotschaft. Viele Eigenschaften, die das Produkt einzigartig und neu machen, mögen zwar wichtig sein, sollten aber in der Anzeige unerwähnt bleiben. Im Zentrum sollte nur ein klares Versprechen stehen. Dies leistet diese Anzeige nur bedingt, da sie zu viel auf einmal in den Vordergrund stellen will. Und das auch noch sehr undramatisch und wenig überraschend. Schließlich sollte eine Anzeige neugierig machen und kein redaktioneller Text sein.

TIPPS & TRICKS

a) Ihr müsst nicht schreiben, ihr müsst denken können.

b) Verbietet euch, euch an bereits Vorhandenem zu orientieren.

c) Versucht immer eine Perspektive zu finden, aus der euer Produkt noch nie betrachtet wurde.

d) Klaut aus dem Leben. Klaut Gespräche aus der U-Bahn. Klaut aus der Realität. Die besten Werbespots sind Beobachtungen aus dem Leben.

Thilo von Büren

Wir, Daniel Schäfer, Text, Volker Schmidt, AD, und Thilo von Büren, CD, haben uns auf das beschränkt, was ein Teaser (neugierig machen) und ein Follow-up (Auflösung mit Überraschungseffekt) leisten sollte. Bewusst sind wir von der üblichen Kosmetik-Bilder- und -Textwelt abgewichen, versuchten aber trotzdem, nah an der Leistung des Produkt-versprechens zu bleiben. Wir haben auf Zusatzinformationen wie Vitamine oder Maybelline (Nr. 1 in Amerika) verzichtet, weil wir denken, dass das Produkt-Versprechen das Einzige ist, was für die Betrachterin der Anzeige eine wirkliche Relevanz hat.

Falten zu bekommen ist ein sehr privates, fast intimes Problem von Frauen. Sie selbst haben meist mehr Probleme damit als die Außenwelt. Es hat etwas damit zu tun, dass Frauen sich ab dem Moment darüber klar werden, dass ihre »Jugend« vorbei ist und ein neuer Lebensabschnitt beginnt. Das kratzt natürlich am Selbstbewusstsein. Frauen in diesem Stadium wollen deshalb ihre äußerliche Jugend solange wie möglich erhalten. Dass wir das mit diesem Produkt leisten können, ist ein starkes Versprechen. Und nur das kann und darf im Zentrum unserer Botschaft stehen. Wir haben die Anzeige auch deshalb so gestaltet wie sie ist, um gerade auf den privaten, fast intimen Aspekt des Problems hinzu-weisen. Die Anzeigenidee kommt, wie bei den meisten guten Anzeigen, aus dem Produkt selbst und ist deshalb nicht austauschbar. Dabei spielt der Überraschungseffekt eine wesentliche Rolle. Die Kosmetikindustrie bedient sich immer wieder der gleichen Bilder. Das wollten wir vermeiden. Unsere Anzeige hat, so glauben wir, nicht nur die Überraschung zu bieten, sondern auch ein hohes Maß an Glaubwürdigkeit. Und gerade das ist es, worauf es bei einem Produkt dieser Art besonders ankommt.

Jemand freut sich jetzt noch mehr, Sie zu sehen.

Weniger Falten.
Mehr Feuchtigkeit.

Ich fühl mich schön mit Jade.

Thilo von Büren

»Ein guter Texter ist nicht unbedingt jemand, der gut schreiben kann.«

INTERVIEW

Armin Reins THILO, WIE BIST DU EIGENTLICH WERBETEXTER GEWORDEN? **Thilo von Büren** Das war mehr oder minder Zufall. Ich habe zuerst Versicherungskaufmann gelernt. Danach wusste ich, dass das nicht mein Ding ist. Dann habe ich Germanistik studiert und wollte nebenbei ein bisschen Geld verdienen. Ich wusste eigentlich schon mit 15, dass ich später beruflich irgendwas mit Schreiben machen möchte. Der Vater von einem Freund hatte eine Werbeagentur und der meinte, Mensch, probiere das doch mal mit der Werbung aus. Und so bin ich in meine erste Agentur gekommen, Eiler & Riemel in München. WELCHE VORSTELLUNG HATTEST DU VOM BERUF DES WERBETEXTERS? Die Klischeevorstellung, man sitzt in einem schicken Büro und klopft ein paar Sprüche. Eigentlich alles ganz leicht, mit wenig Arbeit viel Geld verdienen. Leider hat sich das nicht bestätigt. Werbung ist ein Stück verdammt harte Arbeit. WODURCH BIST DU BEEINFLUSST WORDEN, TEXTER ZU WERDEN, HATTEST DU VORBILDER? Vorbilder nicht, aber ich hatte Leute, bei denen ich Perfektion erlebt habe. Das waren Manfred Riemel und Feico Derschow. Für mich war das Learning by Doing. Ich habe für Raiffeisenbanken getextet, für Mullbinden von Hartmann und solche Sachen. Teilweise haben die beiden mich wirklich gequält, aber ich habe mich auch selber gequält. Ich fand es spannend zu sehen, dass man in vielen verschiedenen Feldern verschiedene Sachen machen kann. Nach einem Jahr kam dann der Anruf von Norbert Herold, von Heye, ob ich nicht für McDonald's arbeiten möchte. Und das war dann die Superchance für mich. IST ES SCHWIERIGER WERBETEXTE ZU SCHREIBEN ALS ANDERE TEXTE? Es ist eine ganz andere Art von Denke. Wenn man z. B. Belletristik oder Kurzgeschichten schreibt, dann kann man mit seinen Gedanken sehr viel weiter ausholen. In der Werbung ist es genau das Gegenteil, man muss die Gedanken verdichten. HABEN GUTE TEXTER BESONDERE CHARAKTERLICHE MERKMALE? Es ist ihre Art und Weise, schräg zu denken. Mit schräg meine ich nicht nur witzig und komisch, sondern Dinge aus einer neuen Perspektive zu sehen. Sich nicht an Sachen zu orientieren, die es schon gibt, sondern den Mut zu haben, neue Wege zu beschreiten. Ein guter Texter ist nicht unbedingt jemand, der gut schreiben kann. Für mich ist ein guter Texter jemand, der gut denken kann. WELCHE FÄHIGKEITEN MUSS EIN TEXTER MITBRINGEN? Ausdauer, Stehvermögen. Die Kampfbereitschaft, Dinge immer wieder neu anzufangen, wenn sie vom Kunden oder intern abgeschossen werden. Mit derselben Begeisterung und demselben Engagement sich wieder dranzusetzen. Neue Sachen suchen, um das Beste zu finden. WAS RÄTST DU EINEM TEXTER, DER BESSER WERDEN WILL? Da fällt mir eine Geschichte ein, die ich von John Haggerty gehört habe. Ein Texter ist mal zu ihm gekommen und hat ihm seine Mappe gezeigt. Da hat Haggerty gesagt: Ja, Sie sind ein guter Texter. Kommen Sie wieder, wenn Sie ein brillanter Texter sind. Das ist natürlich ein bisschen arrogant und borniert, aber das trifft schon auf viele Texter zu. Es gibt viele, die ihr Handwerk beherrschen, aber wirklich brillant sind meiner Meinung nach nur die, die wirklich ungewöhnliche Ideen hervorbringen. Die ständig an sich arbeiten, ständig sich quälen, immer weitermachen. WAS SOLLTE EIN WERBETEXTER LESEN? Es ist wichtig, dass du viel liest, aber es ist noch wichtiger, dass du Dinge siehst. Also in einer anderen Art und Weise über die Straße gehen, Dinge zu bemerken, kleine Geschichten festzustellen. Geschichten, die oft ganze Werbespots sind. Man kann wirklich über eine Straße gehen und eine urkomische Situation sehen und diese Situation ist ein toller Werbespot. Es gibt die These »Gute Texte sind Bilder«. Da steckt viel Wahrheit drin. Für mich sind Ideen immer erst als Bild entstanden und danach kam erst das Wort. Ich könnte jetzt nicht sagen, du musst das und das Buch lesen, um weiterzukommen im Leben. Ich würde aber versuchen, zeitgenössische Literatur zu lesen. John Irving, z. B. Natürlich sollte man auch die Bild-Zeitung lesen. Weil die Bild-Zeitung wahrscheinlich noch am stärksten das wiedergibt, was das Volk denkt. WELCHE AUSSERBERUFLICHEN INTERESSEN HAST DU, UM DIR EINEN UNVOREINGENOMMENEN BLICK AUF DIE DINGE ZU ERHALTEN? Ich hab in meinem privaten Freundeskreis kaum Leute, die was mit Werbung zu tun haben. Ich sehe, dass diese Leute die Dinge ganz anders betrachten als wir. Was wir als starke Idee betrachten, finden die oft sehr simpel, blöd und überinszeniert. Und Dinge, die wir Werber als saumäßig blöd empfinden und worüber wir uns lustig machen, das finden die ganz witzig. Die Dinge draußen funktionieren sehr viel banaler. Deshalb muss man Augen und Ohren offen halten und gucken, wie funktionieren die Leute da draußen. Dazu gehört aber auch, sich mit zeitgenössischen Themen auseinander zu setzen und sich nicht in einer Werbewelt zu verschanzen. Man muss als Werbetexter ein neugieriger Mensch sein. WAS TUST DU, WENN DU NICHT SCHREIBST UND EINFACH NUR ABSPANNEN WILLST? Wenn ich aus der Agentur rausgehe, denke ich nicht mehr über Werbung nach. Das habe ich mir abtrainiert. Ich finde Freizeit ganz wichtig. Ich bin nicht jemand, der glaubt, dass jemand, der täglich 16 Stunden arbeitet, ein besserer Texter wird als jemand, der acht

Stunden arbeitet. Ich glaube, dass Ideen nicht von Zeit ab-
hängen. Es kann sein, dass die Idee länger braucht, aber dann
liegt es nicht an den 16 Stunden, sondern daran, dass man
nicht genügend Abstand zur Aufgabe hatte. Ich tanke meine
Akkus auf, indem ich mich einfach aus dieser Werbewelt
rauskatapultiere. **WIE STEHST DU ZU DER AUSSAGE, DASS
DIE MEISTEN IDEEN FÜR DIE WERBUNG IM PRODUKT SELBST ZU
FINDEN SIND?** Die Idee hat immer irgendwo was mit dem
Produkt zu tun, aber es geht halt immer um die besondere
Perspektive auf das Produkt. Ich glaube, jedes Produkt ist
eine Welt für sich. Halten wir z. B. mal zwei verschiedene
Flaschenhersteller nebeneinander. Die eine Flasche wird in
Leipzig hergestellt, die andere Flasche wird in Köln hergestellt.
Die eine Flasche gibt's seit 1920, die andere seit 1950. Die
eine wird mit der Bahn ausgeliefert, die andere wird mit LKWs
ausgeliefert. Jedes Produkt hat irgendwo eine Geschichte.
Es geht darum, die besondere Perspektive zu finden, die ein
Produktvorteil hervorhebt. Und die dann in eine große Idee zu
stecken. Daran erkennt man schlechte Werbung, dass sie
versucht, den Anschein zu haben, eine große Idee zu haben,
aber in Wirklichkeit ist nichts als leere Luft dahinter.
HAST DU EINE TECHNIK, DICH EINEM PROBLEM ZU NÄHERN?
Ich setze mich gedanklich sehr lange mit dem Produkt auseinander. Ich schreibe erstmal gar nichts auf. Und dann
fangen bei mir im Kopf Bilder an zu entstehen. Ganz unterschiedliche Bilder. Dann kommen Schmierzettel, auf denen
in der Mitte das Produkt steht und ich drumherum schreibe,
was mir dazu einfällt. Aus welchen Perspektiven man das
Produkt sehen kann. Und irgendwann, irgendwie komme ich
dann zu einem Gedanken, von dem ich glaube, dass er überraschend ist für das Produkt. Ich schreibe immer erst einmal
ganz viel runter. Denn wenn Sachen mir im Kopf rumspuken,
werde ich sie nur los, wenn ich sie runterschreibe. Und nur,
wenn ich sie niedergeschrieben habe – und dann blöd finde –
sind sie raus aus meinem Kopf. **HAST DU BEIM ARBEITEN
BESTIMMTE RITUALE?** Ich bin derjenige in der Agentur, der am
häufigsten seine Tür zu hat. Ich brauche wahnsinnig viel Ruhe
zum Denken. Ich denke auch gerne von zu Hause aus oder
draußen irgendwo. Ich bin tendenziell ein Alleinarbeiter.
**WENN DU FÜR EINE PRÄSENTATION ZWEI WOCHEN ZEIT HAST,
ARBEITEST DU DANN KONTINUIERLICH? ODER WIRST DU ERST IN
DEN LETZTEN VIER TAGEN AKTIV?** Ich glaube, dass ich so faul
bin, dass ich derjenige bin, der es eher zum Schluss löst.
**GIBT ES BEI DIR EINE ROTE LAMPE, DIE ANGEHT, WENN ETWAS
SCHLECHTES ENTSTEHT?** Ich weiß, dass eine Sache gut ist,
wenn ich sie mir das dritte oder vierte Mal auf dem Bildschirm
anschaue und immer noch gut finde. **SIEHST DU DICH ALS**

HANDWERKER, ALS TECHNIKER ODER ALS KÜNSTLER? Ich hoffe,
mehr als Künstler. Ich glaube, dass es mehr ein künstlerischer
Job ist, weil es mit Denken zu tun hat. Denn Textarbeit ist
Denkarbeit. **WIE WICHTIG SOLLTEN JUNGEN TEXTERN WETT-
BEWERBE UND AUSZEICHNUNGEN SEIN?** Es sollte schon der
Ehrgeiz von einem jungen Texter sein, gute Sachen zu
machen, die Anerkennung bringen. Aber man sollte nicht
alles davon abhängig machen. Es gibt viele Leute, die zwei,
drei gute Sachen gemacht haben und sich sagen, so, jetzt
bin ich der King. Die werden in ihrer Agentur ganz schnell
Creative Director und denken dann, das muss reichen für den
Rest des Lebens. Ich glaube, die richtige Einstellung ist es,
sich zu sagen: So, dieses Jahr habe ich gute Sachen gemacht,
nächstes Jahr fange ich wieder bei Null an. **WAS ANTWOR-
TEST DU, WENN DEINE TOCHTER ODER DEIN SOHN ZU DIR KOMMT
UND SAGT, ICH MÖCHTE WERBETEXTER WERDEN?** Es gibt so viele
schöne andere Jobs. Die solltest du dir in Ruhe anschauen,
bevor du das hier machst.

LIEBLINGSTEXT

Warum? Weil es Texte sind, die Bilder im Kopf auslösen und ein
vollkommen neuer Weg, eine neue Perspektive ist, um auf ein Thema
aufmerksam zu machen.

Carsten Heintzsch

Geboren am 08.05.1961
in Hamburg.
1981 Studium Medien-Poli-
tik und Medien-Geschichte.
Gleichzeitig fester Mitarbeiter beim Stadtmagazin
»Oxmox«.

Sommer 1983 Wechsel zu
»Musikexpress/Sounds«,
München.
1984 Wechsel zum »stern«,
Musikredaktion, als freier
fester Mitarbeiter.
Oktober 1984 Junior-Texter

bei Wilkens, Hamburg.
1986 Texter bei Springer &
Jacoby, Hamburg.
1990 Wechsel zu Scholz &
Friends, Hamburg.
(1991 CD Text, 1992 GL)
1992 Aufnahme in den ADC.

1995 GF bei Lintas
Hamburg
1997 selbständig.
1999 Kreativ-Chef von
Saatchi & Saatchi,
Frankfurt

ANALYSE

FORMAT

2/1 Seite, Vorschaltseite und Nachschaltseite,
4c Vorschaltseite

- Im Fond, das bekannte New Yorker Flatiron Building –
  Duplexton hellblau. Das Gebäude steht für NYC, für den
  Ursprung der Marke.
- Im Anschnitt, das Gesicht der Schauspielerin Melina
  Kanakaredes.
- Die Copy soll in verschiedenen Typofarben und -größen
  die exklusive Markenkooperation von Jade und Maybelline
  und die damit verbundenen Innovationen/Produktvorteile
  kommunizieren.
- Logo und Claim

NACHSCHALTSEITE

- Fond: Hellblau
- Das Gesicht der o. g. Schauspielerin ist mehr im
  Vordergrund.

- Headline: Zwei Fragen
  Weniger Fältchen? Mehr Feuchtigkeit?
- Die Antwort, das Produkt, der Packshot.
- Im leeren Raum die Aufzählung der Produktfeatures.
- »Neu«-Emblem.
- Logo, Claim und Internet.

FAZIT

- In dieser Anzeige wird sowohl die Marke als auch eine
  Produktinnovation kommuniziert.
- Testimonial wirkt zu alt, passt nicht.
- Sehr viel Information.
- Unterschiedliche Typoarten, -größen und -farben.
- Unruhig.
- Claim geht unter.

Die Anzeige spricht nicht an! Zu viel Information will vermittelt werden! Frau wird schlichtweg überrumpelt mit Daten
und Fakten.

Ein Produkt zum Hingucken mit Werbung zum Weggucken!

Zunächst einmal hat man hier versucht, zwei komplett unterschiedliche Themen mit ein und derselben Anzeige zu verkaufen. Dazu auch noch in der Teasermechanik. Das Dumme hieran: Vorschalt- und Nachschaltseite sehen dermaßen gleich aus, dass man sich die Nachschaltseite gar nicht mehr durchliest. In der Annahme, da steht noch mal dasselbe drin.

Also, erster Schritt: Nachdenken, was eigentlich zu erzählen ist. Primär: Die Produktinnovation von Jade-Maybelline: Smooth Result für weniger Fältchen. Sekundär: Die Partnerschaft mit Maybelline. Weitere Features, die Smooth Result zu bieten hat.

Zweiter Schritt: Überlegen, wie kommuniziert man das klar und eindeutig ohne den Betrachter mit zu viel Information zu überschütten.

Idee: Das Motiv visualisiert im 2/1 Format simpel, plakativ und knallhart das zu kommunizierende Thema: Fältchen. In diesem Fall sind es Mega-Falten. Oder mit anderen Worten: ein Elefanten-Arsch. Inszeniert in einem Umfeld, das sehr dezent und höflich mit diesem Thema umgeht. Dazu kommt eine Headline, die sprachlich eh schon vollendet, was die ganze Anzeige tut: Klartext reden.

Und mehr gibt es nicht zu sagen. Und das, was gesagt wurde, ist ja auch nur eine Bestätigung dessen, was Sie längst gedacht und gefühlt haben. Denn gute Anzeigen sprechen für sich selbst.

Schade,

kein Jade.

nooth Result von
Jade-Maybelline,
gt ultraleicht mit
viel Feuchtigkeit.
Reduziert erste
ältchen dank der
tamine A, C plus
tschutzfaktor 18.
d sorgt für einen
trahlenden Teint.

Jade
MAYBELLINE

SMOOTH
RESULT

MAKE-UP

FÄLTCHENREDUZIEREND
FEUCHTIGKEITSSPENDEND

Jade
MAYBELLINE
NEW YORK

Ich fühl' mich schön mit Jade.

»Bubs, dann kommt so ein Wort und das passt ganz genau.«

Armin Reins CARSTEN, WIE BIST DU EIGENTLICH WERBETEXTER GEWORDEN? **Carsten Heintzsch** Ich konnte nie gut rechnen. Ich konnte aber Aufsätze schreiben und wollte Journalist werden. Deshalb hab ich Mediengeschichte/Medienpolitik studiert und nebenbei für das Hamburger Stadtmagazin OXMOX geschrieben. Damals in den 80ern war ich befreundet mit Nena, der Pop-Sängerin. Und da fragte mich der Stern, ob ich über die mal was schreiben könnte. Daraus wurden dann drei Jahre als freier Fester. Irgendwann hat mir dann jemand das Wort »Werbetexter« ins Ohr gesetzt. Ich wohnte damals mit 'nem Mädchen zusammen, das in dem ersten Otto-Film mitgespielt hatte, Jessica Cardinal. Und Konstantin Jacoby hatte sich in die verknallt und rief immer wie 'n Besengter bei uns an. Dann waren wir irgendwann auf Piste und sie sagt zu mir: »Das ist übrigens der Typ, der immer bei uns anruft.« Kannte ich irgendwie nicht. Sechs Wochen danach hatte ich meinen Bewerbungstermin. Ich komm rein und denke: »Das ist doch der Typ, der immer bei uns anruft.« Worauf er wohl dachte: »Gott, das lange Elend, das mit dem Mädchen zusammen ist, das ich so toll finde.« Er darauf zu mir: »Wir wollten Sie eigentlich auch gar nicht einladen.« Darauf ich: »Ja, o. k., tschüs.« Und er: »Ja, tschüs.« Acht Sekunden. Das ist Konstantin. Beim Rausgehen hat er mir dann noch kurz die neue Görtz-Kampagne gezeigt. Ich ging dann zu ICW-Wilkens. WELCHE VORSTELLUNG HATTEST DU VOM BERUF DES WERBE-TEXTERS? Ich hatte eher so grobe, wässrige Gedanken. Ich dachte, in der Werbung, da macht man im Team tolle Sachen und um 18 Uhr kann man nach Hause gehen. Bei ICW Wilkens wollten die mich nach einem Jahr zum Kontakter umschulen. WODURCH BIST DU BEEINFLUSST WORDEN, TEXTER ZU WERDEN, HATTEST DU VORBILDER? Der erste war Knuth Körner. Der hat den Hustinetten-Bär erfunden. Ein sauguter, sauberer Texter. Da hab ich gelernt, dass man ganz viel Liebe fürs Handwerk haben muss. Dass es viel mit Tüfteln zu tun hat. Aber da war leider keiner, der mich richtig nehmen konnte. Denn ich brauchte damals einen superkräftigen Tritt in den Hintern. Das hat dann erst Jacoby erkannt, der mich im zweiten Anlauf dann doch einstellte. Da hab ich gelernt, niemals aufzugeben. Jede Idee, die man hat, kann man noch 'n Stück verbessern. Ich hatte mal ein Schlüsselerlebnis mit ihm. BMW hat damals S&J undercover für sich arbeiten lassen. Das muss man sich vorstellen: die waren bei ihrer Hauptagentur Scholz & Friends.

Und wenn der Typ mit Scholz fertig war um 18 Uhr, dann ist er rübergewandert zu S & J – fast curch den Hintereingang. Da hab ich getextet für Gebrauchtwagen. Ich fing nachmittags an um vier. Und dann kam Jacoby um sechs. Er hat sich die Zeilen angeguckt und fand sie nicht so doll. Dann kam er noch mal um acht. Da war's auch noch nicht so doll. Dann kam er, nachdem er mit dem Essen fertig war, um halb elf. Immer noch nichts. Da war ich schon relativ neben der Kapp. Ich hatte an die 90 Lines geschrieben. In diesen zwei Stunden – zwischen elf und eins – ist bei mir der Knoten geplatzt. Um eins hat er gesagt: »Das sind die besten Zeilen, die du bisher hier geschrieben hast. Und auf die bin ich neidisch.« Und eine von denen hieß: »Nach 305 000 Kilometern wurde bei diesem BMW zum ersten Mal etwas ausgewechselt. Der Besitzer.« Die wurde dann später für die Mercedes-Gebrauchtwagen benutzt. Und die hat Silber gewonnen. Ich hab auch immer klasse Art Directoren an meiner Seite gehabt. Christian Traut, Dietrich Zastrow, Suse Uhlenbrock haben mich getrieben, es so knackig wie möglich zu machen. Weil, die hassten es, viele Buchstaben in die Layouts reinzuhauen – am besten gar keine. Bei Hermann Waterkamp war das z. B. so, dass man abends was textete. Und dann kam er morgens und hatte über Nacht ein wunderschönes Layout gemacht. Und dann hat man draufgeschaut und gesagt: O. k., ich texte noch mal neu. Da habe ich viel gelernt. Auch dass man mal zwei Stunden lang nur über Frauen, schöne Reisen und Essen reden kann. Und dann vielleicht fünf Minuten wieder über Werbung. Und dann hat man den Einfall. IST ES SCHWIERIGER WERBE-TEXTE ZU SCHREIBEN ALS ANDERE TEXTE? Werbetexte sind schwieriger. Es geht darum, es so auszudrücken, wie es noch nie geschrieben wurde. Am besten auch noch witzig und unterhaltsam. Es geht manchmal nur um vier, fünf Worte. Aber man macht davon 60 Varianten. HABEN GUTE TEXTER BESONDERE CHARAKTERLICHE MERKMALE? Lebensneugier. Lust, Menschen zu beobachten. WELCHE FÄHIGKEITEN MUSS EIN TEXTER MITBRINGEN? Lust aufs Wort, Lust an Sprache. Sich freuen, für irgendwelche schwierigen Dinge das endgültig passende Wort zu finden. Ich erwisch mich immer dabei, dass ich so mitten im Reden bin: Bubs, dann kommt so ein Wort und das passt haargenau. Und das musst du erkennen. WAS RÄTST DU EINEM TEXTER, DER BESSER WERDEN WILL? Ganz viel schreiben. Und ganz viel Mut dazu haben, auch schlechte Dinge zu schreiben. Damit man sie loswird. WAS SOLLTE EIN WERBETEXTER LESEN? Ich könnte jetzt sagen: viel lesen. Aber ich les' gar nicht. Ich les' keine Bücher. Das ist ganz schrecklich. Ich les' bloß Massen von Zeitschriften. Es ist praktisch der Jargon der Straße, der da drinnen ist; vielleicht ein bisschen gepflegter, wie beim Spiegel, ein bisschen härter, wie bei Coupé. Aber man bleibt im Strom der Menschen, wie die miteinander reden. Auch die Bild-Zeitung gehört mit zur Pflichtlektüre was Headlines angeht. **WELCHE AUSSERBERUFLICHEN INTERESSEN HAST DU, UM DIR EINEN UNVOREINGENOMMENEN BLICK AUF DIE DINGE ZU ERHALTEN?** Ich hör irre viel Musik. Kauf haufenweise CDs und geh gerne in Konzerte. Nicht mehr so viel wie früher. Da war ich zwei, drei Mal die Woche in irgendeinem Konzert. Ich geh supervier ins Kino. Mindestens einmal die Woche. Ich hab ganz normale Interessen. Ich bin Fußballfan, ich liebe es z. B. Tipp-Kick zu spielen. **WAS TUST DU, WENN DU NICHT SCHREIBST UND EINFACH NUR ABSPANNEN WILLST?** Ich kann komischerweise supergut nichts machen. Ich geh gerne Fischen. Oder ich sitz im Garten oder fahr mit dem Wagen durch die Gegend. **WIE STEHST DU ZU DER AUSSAGE, DASS DIE MEISTEN IDEEN FÜR DIE WERBUNG IM PRODUKT SELBST ZU FINDEN SIND?** Also, ich sag jetzt ja. Weil, wenn ich jetzt was anderes sagen würde, wär das ganz schrecklich, dass ich diesen Beruf ausführe. Es ist bloß superschwer etwas zu finden. Da muss man lange bohren. Das ist wie ein kleiner Goldnugget auf einem riesigen Grundstück. Es hätte nie diesen Elvis-Film gegeben, wenn die Audis nicht die Multitronic gehabt hätten. Die erste Automatikgangschaltung, die nicht ruckelt. Ich bin den selber gefahren. Man fliegt mit dem Wagen. Und da hat man endlich mal was zu erzählen. Normalerweise hat man nichts zu erzählen. Ich glaube daran, dass es sich lohnt, so lange im Produkt zu suchen, bis man was gefunden hat. Und wenn es nur die kleinste Kleinigkeit ist. Und ich glaube, dass bei einigen Produkten viel zu früh aufgehört wird zu suchen. **HAST DU EINE TECHNIK, DICH EINEM PROBLEM ZU NÄHERN?** Ich hab so 'n inneren Klamaukmotor. Ich erzähl mir ständig selber Geschichten. Das sind Sachen, die sind schon ziemlich komisch. Und das frischt auf. Da ist ein ziemlich anarchistisches Alter Ego in mir, was wunderbar beim Ausdenken von Sachen hilft. **HAST DU BEIM ARBEITEN BESTIMMTE RITUALE?** Ich bin jemand, der das manchmal übertreibt. Kurz davor, einen an der Hacke zu haben. Ich muss mich bremsen, dass daraus nicht ganz schnell Ticks werden. Ich hab Massen von Ticks. Ich hab z. B. 100 Stapel auf meinem Tisch liegen, die sind immer wohlgeordnet. Als wir umgezogen sind, hab ich beflissentlich versucht, sie wieder so aufzubauen, wie sie waren. Exakt genauso, wie sie waren. **WENN DU FÜR EINE PRÄSENTATION**

ZWEI WOCHEN ZEIT HAST, ARBEITEST DU DANN KONTINUIERLICH? ODER WIRST DU ERST IN DEN LETZTEN VIER TAGEN AKTIV? Die Kunst, eine große Idee zu haben, liegt darin, es ganz lange auszuhalten, keine zu haben. Man braucht so 'n bisschen den Brandgeruch. Das ist auch masochistisch. Das unterscheidet oft die Guten von den andern, das Nicht-Aushalten vor Ungeduld oder vor Angst. Die schreiben es zu früh hin, und das ist es dann schon. **GIBT ES BEI DIR EINE ROTE LAMPE, DIE ANGEHT, WENN ETWAS SCHLECHTES ENTSTEHT?** Ich habe den Aufsteh-Indikator. Ich habe eine Idee und wenn ich nicht den Drang habe, sofort aufzustehen und sie jemandem zu erzählen, ist sie nicht richtig gut. **SIEHST DU DICH ALS HANDWERKER, TECHNIKER ODER ALS KÜNSTLER?** Als Handwerker, der ab und zu Kunst produziert. Buchstaben richtig aneinander zu reihen, dass sie Sinn ergeben und Leuten Spaß machen, das ist ein Handwerk, auf das man stolz sein kann. **WIE WICHTIG SOLLTEN FÜR JUNGE TEXTER AUSZEICHNUNGEN UND WETTBEWERBE SEIN?** Sehr wichtig. Aber man sollte sich fragen: Passt das zu meinem Auftraggeber? Ich find das immer ganz schrecklich, wenn man Kunden Werbung andreht, die null mit ihm zu tun hat. Wenn man auf dem Rücken des Kunden zum ADC reitet. **WAS ANTWORTEST DU, WENN DEINE TOCHTER ODER DEIN SOHN ZU DIR KOMMT UND SAGT, ICH MÖCHTE WERBETEXTER WERDEN?** Oha. Ich würde erst mal sagen: Oha. Ich würde sagen: Ja, mach das. Und ich glaub, ich wäre stolz. Und dann würd ich ihnen helfen, die richtige Agentur für den Start zu suchen. Denn das ist das Wichtigste.

»Ich finde Sonnenuntergänge, Kinder und Hunde in der Werbung riesig.«

Interview mit Hubertus von Lobenstein, Saatchi & Saatchi

Armin Reins HUBERTUS, WIE BIST DU EIGENTLICH IN DIE WERBUNG GEKOMMEN? **Hubertus von Lobenstein** Detlef Gerlach hat mich in die Werbung gebracht, wenn ich ehrlich bin. Ich wollte Journalist werden und habe in Hamburg drei Semester Islamische Wissenschaften studiert, weil ich mir gedacht habe, ich werde mal so ein kleiner Peter Scholl-Latour. Aber das Studium war für mich nicht so angelegt. Daraufhin habe ich beschlossen, ich muss jetzt was anderes machen und habe Wahlkämpfe gemacht für Ingo von Münch, den berühmten FDP-Kultursenator. Dabei bin ich in der Rackow Werbeagentur gelandet. Da habe ich festgestellt, dass ich das irgendwie besser kann als arabische Texte. Ich bin dann auf der KAH gelandet, und Detlef hat irgendwann Konstantin Jacoby als Referenten dagehabt. Ab dann an ging's zu S & J und bergauf. HAST DU DA ALS BERATER ODER ALS TEXTER GEARBEITET? Immer als Berater. WARUM BIST DU NICHT TEXTER GEWORDEN? Weil ich besser verkaufen kann als texten. ABER WENN MAN IN DIE WERBUNG GEHT, WILL MAN DANN NICHT ERST EINMAL KREATIVER WERDEN? Das ist eine Frage der ehrlichen Selbsteinschätzung. Ich hätte zum Kreativen nicht getaugt. Jeder Agenturchef neigt dazu, seinen Kreativen immer zu erzählen, wie die Kampagne eigentlich geht. Aber wenn man mal fair ist, ist das natürlich Quatsch. Ich habe immer schon mehr Spaß daran gehabt, Sachen zu verkaufen. Kreativen zu helfen, ihre PS auf die Straßen zu kriegen, sprich in die Medien zu kriegen. Das war immer schon das Spannendere. DU BIST JA IN DEINEM LEBEN EINIGEN GANZ BESONDERS GUTEN TEXTERN BEGEGNET. IST DIR AUFGEFALLEN, DASS DIESE TEXTER BESONDERE CHARAKTERLICHE MERKMALE AUFWEISEN? Wenn ich ehrlich bin, sind das ganz unterschiedliche Charaktere gewesen. Aber sie waren alle brutal neugierig. Sie waren alle brutal offen. Ich habe das große Vergnügen gehabt, ganz lange Konstantin Jacobys Temperamentsausbrüche über mich ergehen zu lassen. Ich habe daneben den großen Stillen Jean-Remy von Matt erlebt. Ein ganz anderer Typ. Und dann habe ich ganz lange ganz toll mit Claudia Crasemann gearbeitet. Völlig unterschiedliche Typen, aber alle neugierig, und aus dieser Neugierde heraus auch mit einem unglaublichen Halbwissen ausgestattet. Zum Teil auch mit Schwachsinn angefüllt, was sie dann im richtigen Moment rausziehen können. Wenn du überlegst, was Carsten Heintzsch so aus seiner Liebe zu den Stones trivial drauf hat. Oder Konstantin, was der sich sein ganzes Leben aus Formel 1 Analogien zusammengebastelt hat. Hans-Peter Albrecht war ewig lange mein Textpartner. Ich war sein Kontakter auf Karlsberg. Der hat das aus seinem irrsinnigen, österreichischen Humor heraus gemacht. Ono Mothwurf, Hartwig Keuntje, Gaby Junklewitz, Christine Reich. Alles wirklich echte Texterstars. Und doch alle total unterschiedlich. Wenn du jetzt mal so im Extremen diese gradlinige Claudia Crasemann nimmst, die auch emotional sehr konzentriert und reduziert ist, und daneben diesen hanseatischen Vulkan Carsten Heintzsch nimmst, bei dem du nie weißt, wann geht der jetzt hoch, der wie eine lebende Tretmine durchs Leben läuft – das ist irre. Was sie alle als Charaktereigenschaft haben: Sie haben eine unheimliche Eitelkeit, entweder auf stille oder laute Art. Und sie wollen alle ganz doll geliebt werden. Die Aufzucht und Pflege von Star-Textern ist mit das Schwierigste, was es gibt. Art Directoren haben so was Durchgeistigtes. Die pflegen sich irgendwie selber. Die haben ja auch meist eine lange Lehre hinter sich. Eine Ausbildung. Danach bist du ruhiger im Leben. Aber Texter kommen ja meist von heut auf morgen da hin. Und deswegen wissen sie eben nicht, ob sie wirklich gut sind. Was alle Texter, überraschenderweise sogar inklusive Konstantin, ausgezeichnet hat – auch wenn sie ewig lange im Geschäft sind –, ist immer die Angst vorm leeren Blatt. Die Angst zu versagen. Weil sie kein Handwerk gelernt haben. Ihre Texte sind eine Ansammlung von Anekdoten, Erfahrungen, Geschichten, Selbsterfahrenem, Fremdangelesenem. Sie müssen aus dem Schatz dessen, was sie emotional und rational da oben drin haben, auf alles eine schlagkräftige Antwort wissen. Die Fähigkeit, das zu können, zeichnet sie alle aus. DENKEN KUNDEN AUCH SO ÜBER TEXTER? Über gute Texter – ja. SIND TEXTER KUNDENTAUGLICH? Ja. Ich glaube, ein Kunde wird nur nervös, wenn er das Gefühl hat: Der Texter lebt komplett in seiner eigenen Welt. Der ist so gar nicht in meinem Kundenleben verankert. Wenn er Angst kriegt: Was macht der mit meiner Marke? Solange der Kunde das Gefühl hat, dass der Texter das Beste für die Marke will, solange akzeptieren Kunden Texter, freuen sich sogar, wenn sie leicht verschroben sind. Es gibt eine schöne Anekdote: Wir hatten vor kurzem ein Meeting mit McCain. Der weltweite Kommunikations-Chef hatte uns gesagt, er wolle gerne die Kreativen sehen. Ich bin dann aber auch in das Meeting mitreingegangen und habe viel geredet. Da dreht sich der Kunde irgendwann um und sagt: »Nicht böse nehmen«, aber legen Sie mal eine Pause ein, ich will mit den Kreativen reden. Denn das sind diejenigen, die meine Marke machen. Ich will jetzt die, die das Herz und die Seele der Marke erkennen müssen. Ich will sehen, ob sie es verstanden haben. Solche Kunden gibt es, sogar eine ganze Menge. WIE WÜNSCHEN SICH KUNDEN DEN PERFEKTEN TEXTER? Ich glaube nicht, dass sie sich einen Typ Texter wünschen, sondern ein Gefühl. Sie wünschen sich, dass der Kreative der bestmögliche Übersetzer der Marke zum Konsumenten ist. Kunden wissen, dass sie selbst viel zu viel über ihre Marke wissen. Sie hoffen auf einen, der in der Lage ist, in einem einfachen Satz die Quintessenz der Marke so hinzuschreiben, dass alle sagen: Genau, so funktioniert das. Und sie wollen einen Texter, der ihre Leiden mitleidet. DU MEINST DIE LEIDEN MIT DEN VORGESETZTEN ODER DIE LEIDEN AM MARKT? Mit den Vorgesetzten nicht, das ist der Beraterjob. Nein, die Leiden am Markt, die Leiden mit den Konsumenten. Sie wollen jemanden, der versteht, wo ihre Probleme sind, und der auf all das immer eine Antwort weiß. WAS WÜNSCHT MAN SICH ALS BERATER VON EINEM TEXTER? DECKT SICH DAS MIT DEN WÜNSCHEN DER KUNDEN? Das ist wahrscheinlich von Berater zu Berater unterschiedlich. Ich wusste immer, was ich für einen Texter haben wollte. Ich wollte immer Texter haben, die mich an den Rand dessen bringen, was ich noch verkaufen kann. Ich wollte immer Texter haben, die mich inspirieren, die mich herausfordern, die all das, was ich im Kopf habe, deutlich übertreffen. Ich bin das deutsche Geschmacksmuster: Ich finde Sonnenuntergänge, Kinder und Hunde in der Werbung riesig. Dafür hassen sie mich immer alle. Wenn ich es selber machen würde, würde das auch in jedem Film vorkommen. Ich weiß noch, wie Hans-Peter Albrecht zu mir kam und mir diesen Karlsberg-Film hinlegte, wo einer seinen Ferrari erschießt. Das war das erste Mal, wo ich gedacht habe, ja, das möchte ich immer haben. Wo ich wusste, dass Hans-Peter zu Hause in Hamburg sitzt und auf meinen Anruf wartet: Ich habe es verkauft gekriegt. Das ist jetzt eine echte Herausforderung, dem Kunden zu erzählen: Da erschießt einer seinen Ferrari. Das war immer das, was ich haben wollte, und das habe ich immer gehabt. ERWARTEST DU VON EINEM TEXTER, DASS ER STRATEGISCH DENKT? Von meinem Partner erwarte ich das ganz sicherlich. Wir haben bei Saatchi & Saatchi eine ausgeprägte Planningkultur. Mein Briefing an die Planer ist: Inspiriert die Kreativen zu Höchstleistungen. Das setzt voraus, dass Kreative unseren Challenge-Brief verstehen. Ich möchte von einem Kreativen hören, das inspiriert mich oder das inspiriert mich nicht. Und ganz ehrlich, ich möchte von ihm »das inspiriert mich nicht« nur dann hören, wenn er auch wirklich nicht inspiriert ist. Ich will nicht die pure Opposition. Ich will, dass er sagt, »ich verstehe das aus den und den Gründen nicht«. Dass er anhand eines logisch aufgebauten Briefings argumentieren kann. DAS ZUSAMMEN IST DANN FÜR DICH EIN GUTER TEXTER? Hundertfünfzigprozent – das ist ein guter Texter. Ein Texter, den ich eher bremsen muss, der ganz bewusst immer einen Takt über das Ziel hinausschießt. **WONACH BEURTEILST DU TEXTE? WIE GEHST DU VOR, WENN DU EINEN TEXT LIEST?** Ich versuche mich an der schwersten Übung, die dieser Job bietet. Ich versuche, mal so zu tun, als ob ich Verbraucher wäre. Das ist in zunehmendem Maße schwierig, denn wir Werber sind bekanntermaßen zynisch. Ich habe das erlebt, wenn man mit einer Runde von Kreativen und Beratern zusammensitzt und übers Briefing redet, wie dann über die Konsumenten geredet wird. Das ist ein Albtraum, der Superzynismus, auch so ein bisschen abgeleitet aus der Arroganz, na ja, wir sind ja die coolen Werber. Unsere Welt ist eine ganz andere. Und die Welt der anderen, die ist ja spießig. Aus so einer Haltung heraus kann man sich natürlich gar nicht in einen Konsumenten versetzen. Mir fällt das mal leichter, mal weniger leicht. Bei Pampers z. B. fällt es mir irre leicht. Ich habe drei Töchter. Bei einem Produkt wie Wattepads zum Abschminken, da tue ich mich schwerer. Waschmittel ist auch nicht direkt meine Stärke. Bei Fritten, McCain, bin ich wieder sofort dabei. In Beck's Bier konnte ich mich wunderbar hineinversetzen. Wir haben in unserem Briefing einen Satz, das ist die Challenge, die Herausforderung: Was wollen wir bewegen? Das, finde ich, ist der einzige wichtige Satz, alles andere interessiert mich erst im Nachgang. Denn, wenn der Film die Challenge erfüllt, kann ich beim Kunden immer argumentieren, warum der Film die Punkte a bis c auf der Briefing-Liste nicht erfüllt. Das kann ich ihm dann erklären, weil ich sage, dafür haben wir eine Idee, da brauchen wir über a, b, c nicht mehr nachdenken. **WECHSELN WIR MAL AUF DIE KUNDENSEITE. WIE BEURTEILEN KUNDEN TEXTE? WIE WICHTIG SIND TEXTE FÜR KUNDEN? UND WAS IST FÜR KUNDEN EIN GUTER TEXT?** Das ist nur schwer zu beantworten. Nehmen wir mal Hans-Christian Schwingen, Werbeleiter Audi, vorher ewig lange bei Springer & Jacoby. Der beurteilt Texte immer noch als Werber. Der guckt danach: Trifft der Text da, wo er treffen soll, den Bauch und den Kopf. Es gibt aber auch Kunden, die sitzen wirklich mit dem Briefing da und sagen, wir haben jetzt mal wieder die berühmten zehn Adjektive reingeschrieben, wie eine Marke so sein soll. Und anhand der 5 Worte langen Headline prüfen wir die jetzt ab. Es ist sicher meist so, dass ein Kunde erst Richtigkeit und dann Emotion prüft. Wahrscheinlich immer in dieser Reihenfolge. Bei der Longcopy ist es oft sogar so, dass der Textbeurteilung nicht besonders viel Aufmerksamkeit geschenkt wird. **IST DAS NICHT BITTER?** Ja, es ist bitter, aber das ist ein Syndrom der Gesamtindustrie. Als ich in der Werbung angefangen habe, da habe ich noch mit Vorständen geredet. Da haben sich Vorstände auch für Werbung interessiert. Dann ist das lange, lange Zeit immer weiter nach unten delegiert worden. Wir sind nicht mehr hilfreicher Partner, sondern einer der vielen Dienstleister, die irgendwas abliefern. Weil unser Beitrag unterschätzt wird. **REDEN WIR MAL ÜBER HEADLINES. ICH HABE DAS GEFÜHL, DASS KUNDEN HEADLINES ANDERS SEHEN ALS BERATER ODER KREATIVE. ICH HABE VIELE KUNDEN ERLEBT, DIE DIE KOMBI-NATION AUS BILD, HEADLINE, LOGO NICHT BEGREIFEN. DIE IN DER HEADLINE ALLES DRIN HABEN WOLLEN. DIE FORDERN, DASS DIE HEADLINE DIE GANZE GESCHICHTE ERZÄHLT.** Ja, das stimmt. Da gibt es dann so die berühmte Lehrmeinung, dass einer eine Anzeige höchstens drei Sekunden anguckt. Das ist Quatsch. Du liest, wofür du dich interessierst. Man hat die Mercedes Longcopys immer gelesen. Auch die wunderbaren Hildmann-Texte für die Dresdner Bank. Da gab es eine ganze Menge Kampagnen. Rewe, zum Beispiel, mit sehr interessanten Texten. Heute ist das selten. Ich könnte mir aber vorstellen, dass das wiederkommt. Das hat auch ein bisschen was mit den Medien zu tun. Wenn ich mich daran erinnere, als ich bei Springer angefangen habe – das war etwa zeitgleich mit dem Aufkommen des Privatfernsehens –, da lief Konstantin noch verzweifelt in der Agentur rum, hat Leute gesucht, die irgendwie TV können. Heute ist es so, dass du dir Art Directoren suchst, die noch Print machen können, ohne dass sie den Computer dabei quälen müssen. Genauso ist das bei Textern. Egal, wie die Aufgabe lautet, das Erste, was die Texter vorstellen, ist der Film: Wir haben uns mal folgenden Film überlegt. Das heißt, die denken in Konzepten, aber nicht in Text. Danach kommt erst die Frage, wie sieht denn die Anzeige aus. Die ist dann oftmals schon eine Ableitung aus dem Film und kein eigenständiges Werk mehr. Und wenn es ein eigenständiges Werk ist, dann immer in der Sprache eines Films, nur halt auf das Medium Print übersetzt. Man traut dem Wort nicht. Man traut sich ans Wort gar nicht mehr ran. Da wir schon in der Agentur nicht die Sorgfalt darauf legen, ist es dann beim Kunden auch so. Wenn du dem Kunden in liebevollen Details erzählst, wie der Film gedreht wird, und wenn du dann mit ihm durchs PPM gehst und vortanzt, da flippen alle völlig aus. So eine Diskussion hast du über eine Anzeige nicht. Dieses liebevolle Beschäftigen mit Print ist in dieser ganzen Diskussion über integriertes Marketing ein bisschen verloren gegangen. Womit wir uns heute stundenlang aufhalten, ist: Das muss jetzt durchdekliniert werden in das und das und das. Da ist es dann schon schwierig, den Text als eigenständiges Merkmal eines Kommunikationswerkes wieder entsprechend nach vorn zu holen. Wir reden leider nicht mehr mit derselben Liebe über Text wie wir über Bilder reden. ICH HABE DAS GEFÜHL, ES LIEGT DARAN, DASS DAS SPIEL ZWISCHEN DEN ELEMENTEN BILD, HEADLINE UND TEXT NICHT GENÜGEND BEACHTUNG FINDET. IM ZUSAMMENSPIEL ENTSTEHT DER REIZ. DIE EINZELNEN ELEMENTE WERDEN LEIDER OFT EINZELN BEWERTET. DAS ZUSAMMENSPIEL KÖNNEN DIE ALLERWENIGSTEN HEUTE VERMITTELN UND VERKAUFEN. Ja, da hast du Recht. Wobei das Verkaufen von Texten noch mal eine andere Geschichte ist. Das hat ja was damit zu tun, dass wir heute maximal noch den großen Film als Drama aufziehen in der Präsentation. So wie du in den Wald rein rufst, kommt es eben raus. Wenn du sagst: So, wir haben jetzt hier auch noch so ein paar Anzeigen – und ziehst die so nebenbei raus, wie willst du dem Kunden dann beibringen, dass der Text wichtig ist? Meine schönste Pitch-Geschichte ist ein tolles Beispiel dafür, wie man das macht, beim Kunden Aufmerksamkeit zu bekommen: Es ist der Pitch für British Rail. Der Chef von British Rail machte die Runde bei den Agenturen und ließ sich das präsentieren, was die sich so ausgedacht hatten. Ein richtiger Pitch, mit Schweinekohle und allem Drum und Dran. Eines Tages tauchte der bei Saatchi auf, kommt an den Empfang, da sitzt eine gelangweilte Alte, die sich die Fingernägel lackiert und ihn auch nicht richtig beachtet. Er sagt, ich bin mit Maurice verabredet, ich bin Sir Sowieso von British Rail. Ja, ja, sagt sie, kaut Kaugummi, telefoniert. Setzen Sie sich mal da hinten hin. Der kommt dann in einen Raum rein, die Aschenbecher sind voll, es stinkt nach Rauch, es sieht ätzend aus, es ist eine völlig versiffte Bude. Extra fies mit Kaugummi auf dem Boden. Er war, sagen wir mal, für 9 Uhr bestellt. Um 9 Uhr sollte die Präsentation losgehen, er war überpünktlich da. Es wird neun, es wird zehn nach, es wird zwanzig nach neun, es wird halb zehn. Halb zehn ist ihm der Kragen geplatzt. Da ist er aufgestanden, ist wieder rausgegangen. Da sitzt diese gelangweilte Alte immer noch da. Da ist er völlig ausgeflippt. Das wäre eine Unverschämtheit, wie er hier behandelt wird, so könnte das überhaupt nicht gehen, das wäre wohl eine Frechheit, er würde jetzt gehen und von wegen »Präsentation« – das Thema wäre erledigt. Daraufhin dreht sich die Tante plötzlich um, ist unheimlich freundlich und drückt auf einen Knopf. In diesem Moment kommt Maurice um die Ecke. Und Maurice hört sich das alles an und sagt dann, you can leave if you want but at least now you know, how your customers feel. Das ist eine wahre Geschichte. Die hatten den Etat gewonnen, da hatten sie noch gar nicht präsentiert. Das war klar, dass sie das gewinnen würden. Das ist Creating Drama around Copy. Wir versuchen immer wieder, wenn wir in Präsentationen gehen, bis zur Longcopy runterzutexten. Die haben meistens Carsten und unsere CDs geschrieben. Die lesen sie dann mit all ihrer Liebe und ihren Emotionen vor, dass den Kunden die Tränen runterlaufen oder die sich auf den Schenkel hauen. Das ist uns wichtig. Das ist ein Detail, was genauso stimmen muss wie jedes andere. Eine Anzeige ist eben erst dann richtig gut, wenn auch das letzte Detail sitzt. ES IST JA AUCH KEIN ZUFALL, DASS DIE AMERIKANER WERBUNG »COPY« NENNEN. Ja, das ist der Punkt. Weil die mit ihrer Sprache mehr anstellen können. Wobei das gar nicht stimmt. Es hat ja ewig lange dieses

Vorurteil gegeben, mit der deutschen Sprache könnte man solche lustigen Sachen nicht machen. Das ist totaler Quatsch. Wenn du dir Musik anhörst, Freundeskreis und wie sie alle heißen, die können geil mit der Sprache umgehen. **GIBT ES TRICKS UND KNIFFE, WIE DU KUNDEN FÜR TEXTE BEGEISTERST?** Einen Trick gibt es schon: Versuch dem Kunden möglichst häufig seine Werbung im realen Umfeld zu präsentieren. Bau sie ein in den Stern oder was auch immer. Das hilft ungemein. Viele Agenturen kneten aber das Stück Werbung so rein, dass rundum die nächsten fünf Seiten nur Schrott sind. Das ist natürlich genau verkehrt. Man muss es neben Spitzenklasse setzen. Wir nennen das »Best in category«. Wir sagen immer, wir wollen innerhalb der Kategorie der Beste sein. Wenn man mich fragt, was in den letzten 7 1/2 Jahren unser größtes Werk war, würde ich nicht Audi nennen, ich würde sagen: Ariel. Weil wir mit unserer Ariel-Werbung eindeutig eine ganze Kategorie verändert haben. Ich frage also, was ist denn eure definierte Konkurrenz? Und jetzt legen wir hier mal auf dem Boden alles aus, was die gemacht haben und legen unsere Anzeige dazwischen. Würde die in diesem Wettbewerbsumfeld auffallen? Nehme ich nur Mist drumherum, da falle ich natürlich auf. Aber wenn ich Mercedes und BMW neben Audi lege, dann sieht das schon anders aus. Das ist genauso, wenn man bei Präsentationen Plakate präsentiert und die in

Anzeige BKK

Plakatwände einbaut. Da wird dann nur diese eine Plakatwand gezeigt und die hängt an einer tristen Mauer. Besser ist doch, man hängt sieben bis acht daneben. Um sich dann zu fragen, wirkt mein Plakat immer noch? Auch wenn ich mit dem Auto vorbeifahre? Ansonsten ist es ein kontinuierlicher Prozess der Erziehung, der sicherlich von den Kreativen, vor allem aber von den Beratern, geleistet werden muss. Der Kunden darauf sensibilisiert, was alles zu einem guten Stück Kommunikation dazugehört. **JA, DANN MACHEN WIR DAS JETZT MAL. ICH ZEIGE DIR JETZT EINE ANZEIGE. ZUERST WÜRDE ICH GERNE HÖREN, WAS DU SPONTAN DAZU SAGST, UND DANN WÜRDE ICH DICH BITTEN, DASS DU SIE ANALYSIERST UND BEURTEILST.** In der Headline steht: »Effizienz statt Mittelmaß.« Die ist genauso, wie die Anzeige ist. Die ist nach dem Effizienz-Gesichtspunkt gemacht. Info-Hotline: Schön rot unterlegt, dann noch ein Störer: »Neues Wahlrecht«, super. Dann ein Claim, den Vorstände immer riesig finden: »Neu denken.« Das unterschreibt jeder Vorstand, sofort. Ich habe einen Maßstab, und nach dem fällt diese Anzeige durch. Es gibt ein Zitat von Jerry Garcia, dem Mitbegründer von Greatful Death. Der hat mal gesagt: We never wanted to make music that was different or better than any other music. We only wanted to make music that only we could do. Das hier kann jede Versicherung sein. Das kann nicht auffallen. Man muss bedenken, dass es in Deutschland 2000 Marken mit einem Werbe-etat von knapp 1 Mio. Euro gibt. Das heißt, bevor ich jemandem erzählen will, wie toll ich bin, muss ich ihn überhaupt erst einmal erreichen. Diese Anzeige geht vorbei, wie das Schiff in der dunklen Nacht. Das ist sinnlos. Das ist zum Fenster rausgeschmissenes Geld. **WORAN LIEGT DAS?** Wenn man es mal analytisch betrachtet: Das Bild ist so wie alle. Wenn ich jetzt mal sage, ich schaue aufs Bild und gehe von dort aus weiter, dann würde ich beim Bild schon aufhören. Die Kommunikationskette ist unterbrochen beim Bild. Das Bild ist ein einziges Rätsel: Eine taffe Geschäftsfrau, mit einem leicht warmen Lächeln. Ich weiß gar nicht, schreibt die da ihr Tagebuch? Ist die zu Hause oder wo? Das hat nichts Reales, das greift mich nicht an, das löst bei mir emotional nichts aus. Weiterblättern. Jetzt sagen wir mal, ich würde mich zwingen, ich bin so ein richtiger SM-Typ, was Werbung angeht, und ich steige trotzdem in die Headline ein: Spätestens da stecke ich mir den Finger in den Rachen. Weil ich da einfach sage, was soll das denn: »Meine BKK, Effizienz statt Mittelmaß.« Es gab eine Headline für BMW, lange vor Jung von Matt, die hieß: »Die innovative Kraft des dynamischen Fahrens.« Das ist für mich immer das Beispiel für eine echte Null-Headline, die jeder Vorstand sofort unterschreibt. Ja klar, das sind wir, die innovative Kraft des dynamischen Fahrens. Bullshit. Jetzt sagt meine BKK »Effizienz statt Mittelmaß«. Da weiß ich nicht, wer die BKK ist, weil Effizienz statt Mittelmaß, das kann auch ein Kondom sein. Dann sehe ich hier was Rotes: Info-Hotline. Ah, ich muss jetzt irgendwas anwählen – neues Wahlrecht. Ich kann jederzeit zur BKK wechseln. Warum, was kann ich da wechseln? Erst jetzt komme ich so langsam zum Thema Versicherung. ES GEHT UM PRIVATE VERSICHERUNGEN. Das weißt du nur, wenn du dich mit dem Markt beschäftigst. Wenn du dann tatsächlich den Fehler machst, auch noch in den Text reinzugehen, dann erfährst du nichts, was diese Headline auch nur in irgendeiner Form rechtfertigt. Es ist ineffizientes Mittelmaß, was da auf dem Blatt Papier ist. Ein Albtraum. TROTZDEM ERSCHEINEN SOLCHE ANZEIGEN. WAS VERSPRECHEN SICH KUNDEN VON SOLCHEN ANZEIGEN? WARUM LASSEN SIE SO WAS ZU? Das ist ganz einfach zu erklären. Wenn wir hier den Tisch voll legen würden mit Versicherungswerbung, dann würden wir nicht mit Indianergeheule um den Tisch rumlaufen und sagen, wir haben den heiligen Gral der Werbung gefunden. Das heißt, wenn ich den Best-of-Category-Vergleich nehme, dann ist die nicht besser oder schlechter als viele andere. Wenn ich das danebenlege, da tue ich niemandem weh. Wahrscheinlich haben sie den Versuch erst gar nicht gemacht, und wenn sie den Versuch gemacht haben, sind sie wahrscheinlich auch beruhigt. Alleine für das Lachen der Frau haben sich Dutzende von Leuten mehrfach den Kopf zerbrochen. Die interpretieren da natürlich Abenteuerliches rein. Dann wird das Ding wahrscheinlich auch noch getestet. Es passiert was ganz Faszinierendes: Es wird gegen die Hirnforschung getestet. Ich teste links – und eigentlich funktioniert gute Werbung rechts. Ich habe eine Situation, in der einer sagt, sagen sie mal Herr Müller: Wo sie jetzt gerade hier so sitzen, wir haben hier sechs Anzeigen, gucken Sie sich die doch mal an. Herr Müller blättert also los: »Oh, guck mal, die Frau ist ja nett.« Und weil's ein Test ist, liest er die Headline, liest er den Text. Das ist ja ein Text, der tut niemand weh. Herr Müller guckt drauf und sagt: Meine BKK – Effizienz statt Mittelmaß –, das ist doch eine klare Ansage. Dass Herrn Müller die Anzeige ohne Test nie auffallen würde, das kriegst du aus dem Test nicht raus. Aber das Marktforschungsinstitut sagt dem Kunden: Herr Müller fand das Foto gut, und er mochte die Headline. Das heißt, es gibt eine ganze Menge Sicherheitsgarantien für den Kunden, wo der seinem Vorstand sagen kann, ich fühle mich mit der Anzeige jetzt irre sicher. WIE GEHST DU JETZT AUF SO EINEN KUNDEN ZU? ANGENOMMEN, DIE KÄMEN JETZT ZU DIR UND SAGEN, WIR SUCHEN EINE NEUE AGENTUR. KLASSE, IHRE AUDI-WERBUNG, AUCH WAS SIE BEI ARIEL MACHEN. SAGEN SIE MIR DOCH MAL, OB SIE DIE RICHTIGE AGENTUR FÜR UNS SIND. WAS WÜRDEST DU DER BKK SAGEN? Erst mal würde ich kein Wort darüber verlieren, was sie bisher gemacht haben. Das ist eine goldene Regel bei uns. Und das Argument dazu heißt, wissen Sie, wir wissen nicht, wie das Ding entstanden ist, und wir wollen da auch niemandem zu nahe treten, denn es gibt bestimmt gute Gründe für sie, warum das so aussieht, wie es aussieht. Dann versuchen wir, den Leuten klar zu machen, wie wir als Agentur denken. Wo wir herkommen, was uns wichtig ist. Wir zeigen ihnen Ideen, die wir gemacht haben, und versuchen herauszukriegen, worauf die überhaupt reagieren. Wir haben gerade heute einen Pitch verloren, R + V »Wir öffnen Horizonte«. Ich bin ziemlich sicher, dass unsere Kampagne etwas gemacht hat, mit dem sie auf ihre hemdsärmelige Wiesbadener Art nichts anfangen konnten. Du kannst immer nur im Vorfeld rauskriegen, womit du beim Kunden Emotionen auslöst, wie es mit deren Humorverständnis aussieht. Gleichzeitig muss der Kunde aber auch verstehen, wofür wir als Agentur stehen. Und dass wir das auch ernst meinen. Wir sind jetzt bei der Bahn in der ersten

»Ich finde Sonnenuntergänge, Kinder und Hunde in der Werbung riesig.«

Runde rausgeflogen. Das war herrlich, weil das Argument, warum wir rausgeflogen sind, riesig war. Die hatten uns angerufen und gesagt, wissen Sie, was das Problem ist, wir fanden Ihre Kampagne sehr mutig, und wir wissen jetzt genau, was wir nicht wollen, das haben wir durch Ihre Kampagne gemerkt. Wir wollen was anderes. Das finde ich eine faire Ansage, da kann ich mir auch im Spiegel gerade in die Augen gucken. Denn ich würde wieder so hingehen. Mit genau derselben Kampagne wieder hingehen. Das habe ich auch unseren Leuten danach gesagt. Natürlich haben wir verloren, aber ich würde wieder so hingehen. Das heißt, am Ende eines langen Tages geht es darum, das, was der Kunde will, und unsere Haltung unter einen Hut zu bekommen. Wir machen Werbung für Verbraucher. Marken gehören ihren Konsumenten. Es gibt für jedes Problem eine kreative Lösung, davon bin ich überzeugt. Wenn ein Briefing einigermaßen vernünftig formuliert ist, kann man was draus machen. Aber wenn es mir total gegen das geht, woran ich glaube, dann machen wir das halt nicht mit. Wenn ein Kunde mit der Brechstange was anderes haben will, dann kann ich ihm nur sagen, dann müssen Sie sich eine Agentur suchen, die das mitmacht, die völlig schmerzfrei ist. Dann gehen wir mit fliegenden Fahnen unter. **KANN MAN SO EINEN KUNDEN NOCH GEDREHT KRIEGEN?** Nein, den kriegst du nicht gedreht. **ABER IHR HABT DOCH AUCH BEISPIELE IN EUREM HAUS WIE ARIEL.** Das hatte mit neuen Teams zu tun, das hat mit neuer Motivation zu tun, das hat was mit einer grundsätzlichen Einstellungsänderung zu tun. Wenn man einfach merkt, man ist mit seinen Rezepten am Ende, dann hört man vielleicht eher wieder auf die Agentur. **WIE KANN MAN DENN ÜBERHAUPT WAS VERÄNDERN?** Mit Geduld. Mal angenommen, der Kunde BKK kommt und sagt, damit sind wir nicht zufrieden. Dann müssten wir uns mit dem Kunden hinsetzen und über eine Vision reden. Wo wollen wir denn in fünf Jahren sein? Das würden wir an die Tafel malen. Und dann sagen wir, jetzt lasst uns überlegen, wie wir von da nach da in drei Schritten kommen. Wie wir langsam was verändern. Wofür will ich berühmt sein? Wie lautet das eine Wort, für das ich bekannt sein will? Wir haben dazu ein Instrumentarium, was mit dem Management innerhalb von Unternehmen zu tun hat. Da geht es um den »Inspirational Dream« einer Company. Wo wollt ihr eigentlich hin, wie könnte die Zukunft aussehen? Das ist spannend, darüber mit Unternehmen zu reden und zu sagen, so, wenn ihr euch das als Challenge hinschreibt, warum sieht eure Werbung dann so aus? **DU LÄSST SIE IM PRINZIP FÜR SICH SELBST DAS ZIEL BESTIMMEN?** Absolut. Die müssen selber drauf kommen. Du kannst keinen Kunden der Welt zu etwas zwingen. Das muss ein Selbsterkennungs-Prozess sein. Wenn der Kunde nicht selbst erkennt, dass das hier ein Stück lausige Werbung ist, dann wird er auch nicht mit dir den Weg dahin gehen, besseres Zeug zu machen. Das kannst du vergessen. Es kann sein, dass es Genies gibt, die das hinkriegen, ich kenne keines. Es geht nur Schritt für Schritt, du musst ihn mitnehmen. Du kannst nur immer über den nächsten Schritt reden. Du kannst sagen, als Erstes versucht jetzt mal ein Art Director aus diesem Rohentwurf der Zufällig-keiten ein Layout zu machen. Und das Zweite ist, dass wir uns mal der Tatsache widmen, dass ein Bild nicht aussehen sollte wie dieses hier. Das ist ja kein Bild, was man sich zu Hause auf das Piano stellt und sagt, das ist Tante Erna aus Ohio. Ein Bild muss eine Geschichte erzählen. Dieses hier erzählt sehr wenig Geschichte. Dann muss ich Beispiele zeigen, wie Geschichten erzählt werden. Dann muss ich Anekdoten erzählen können, damit der Kunde begreift, was eine Geschichte ist. Meine Lieblingsgeschichte ist immer, dass ich sage, fahren Sie mal nach Marrakesch auf einen Gauklerplatz und gucken sich die Geschichtenerzähler an. Am besten, wenn sie kein Wort Franzö-sisch oder Arabisch können. Sie werden jede Geschichte verstehen, obwohl sie kein Wort verstehen. Weil der Typ einfach alles erzählt. Das ist irre. Das hier erzählt gar nichts. Das ist ein steriles ver-pepptes Bild. Und jetzt lass uns mal überlegen, was ist euer Punkt? Euer Punkt ist Effizienz, wie kann ich das ausdrücken? Wenn ich das über Menschen ausdrücke, wer sind denn Menschen, die

Kurzvita

Geboren 13.08.1965
1983 Abitur
1987 Abschluss der
Kommunikations-
Akademie, Hamburg
»Kommunikationswirt«
1985–1986 Assistent des
Inhabers der RA. Co.
Werbeagentur, Hamburg
1986–1987 Kontakter
bei der Agentur GWE &
Partner, Hamburg
1987–1988 Kontakter
bei Springer & Jacoby
Hamburg
1989–1993 Geschäfts-
führer bei Springer &
Jacoby Hamburg
1994 Teilhabender
Geschäftsführer bei
Springer & Jacoby
Hamburg
Ab November 1994
Managing Director
bei Saatchi & Saatchi
Frankfurt/Main
Seit 1996 Chief Executive
Officer bei Saatchi &
Saatchi Frankfurt/Main
1998 Horizont Award
»Werbe-Mann des
Jahres«

effizient sind? Ist die effizient, nur weil sie eine Geschäftsfrau ist? So kriegst du ihn Schritt für Schritt. Aber du musst Geduld haben. Das ist für Kreative eines der Riesen-Probleme. Deswegen kommen die großen Kampagnen für große Marken selten von so genannten Hotshops. Du musst als Texter deine Motivation auch daraus ziehen können, am Ende des Jahres sagen zu können, ich habe die Kampagne wieder ein Stück weitergebracht. Und das ist unheimlich schwierig, das einem Texter beizubringen. Die Leute, die bei uns Ariel machen, lobe ich immer über den grünen Klee. HAST DU IM LAUFE DEINES LEBENS EIGENTLICH ROTE LAMPEN ENTWICKELT, DIE BEI DIR ANGEHEN, WENN DU GEFAHR LÄUFST, MITTELMASS ZU PRODUZIEREN? Wenn ich so das Gefühl habe, ich möchte meiner Frau nicht erzählen, dass das von uns ist. Das ist so ein Signal. Du merkst es, es gibt so einen nur sehr schwer in Worte zu fassenden Eigenmaßstab, den hast du einfach eingebaut, und wenn du den unterläufst, dann stellen sich dir die Nackenhaare auf, und du guckst es an und du weißt schon, Hohn und Spott kommt jetzt gleich über dich. Es gibt nicht die zehn Regeln der schlechten Werbung. Es gibt nur diesen Faktor, wo du draufguckst und denkst, peinlich, hoffentlich sieht das niemand. Ein Klassiker ist, wenn du im Flugzeug sitzt und du guckst den Stern durch und da sind deine Anzeigen drin. Wenn es eine gute Anzeige ist, legst du die möglicherweise offen vor dir auf den Tisch und wartest, ob irgendeiner hinguckt. Wenn nicht, wirst du auf einmal zum Schnell-blätterer. WENN EINE DEINER DREI TÖCHTER AUF DICH ZUKOMMT UND SAGT, SIE MÖCHTE WERBETEXTER WERDEN, WAS WÜRDEST DU IHR ANTWORTEN? Ein guter Texter wirst du nicht, das bist du. Entweder du kannst es oder du kannst es nicht. Du kannst einen richtig schlechten Texter mit ein paar Regeln zu einem wahrscheinlich irgendwie mittelmäßigen hinkriegen. Aber die richtig guten Texter, die sind so geboren, die können das einfach. Das ist sofort sichtbar, dass einer was kann oder dass einer was nicht kann. Wie gesagt, das hat dann was mit der Leidenschaft für das Wort zu tun. Mal ange-nommen, ich hätte das Gefühl, sie hat Talent, mit dem Wort umzugehen und Zusammenhänge überraschend zusammenzusetzen, dann würde ich ihr raten, sammle ganz viel unterschiedliche Lebenserfahrung. Ich würde ihr empfehlen, eine Automechanikerlehre oder so was zu machen. Ich würde fragen, was ist denn die größte Leidenschaft, die du hast? Verfolge die, selbst wenn du das Gefühl hast, es hilft eigentlich nicht wirklich. Ich würde sie vielleicht auf eine Weltreise schicken. Ich würde irgendwas machen, um ihren Fundus an Erfahrungen extrem zu beschleunigen. Und dann würde ich meine Tochter unter die Fittiche von jemanden bringen, der es kann. Ich glaube sehr stark an das Mentorensystem. Ich glaube auch sehr stark an das Team Texter und Art Director. Ich würde meiner Tochter immer den Tipp mitgeben, suche dir jemanden, der dich ergänzt, der ganz andere Erfahrungen mit einbringt, denn ihr müsst es zusammen reißen. Such dir nicht noch jemanden, der so ist wie du. Wenn ihr auf dieselben Erfahrungen zurückgreift, ergibt sich da nichts. Such dir jemanden, der ganz anders ist und mit dem du gemeinsam am Tisch irrsinnig gut arbeiten kannst. Das wäre so das, was ich ihr mitgeben würde. Aber ganz ehrlich: Richtig begeistert wäre ich nicht. Am Ende verliebt die sich in der Agentur noch in so einen dahergelaufenen Berater.

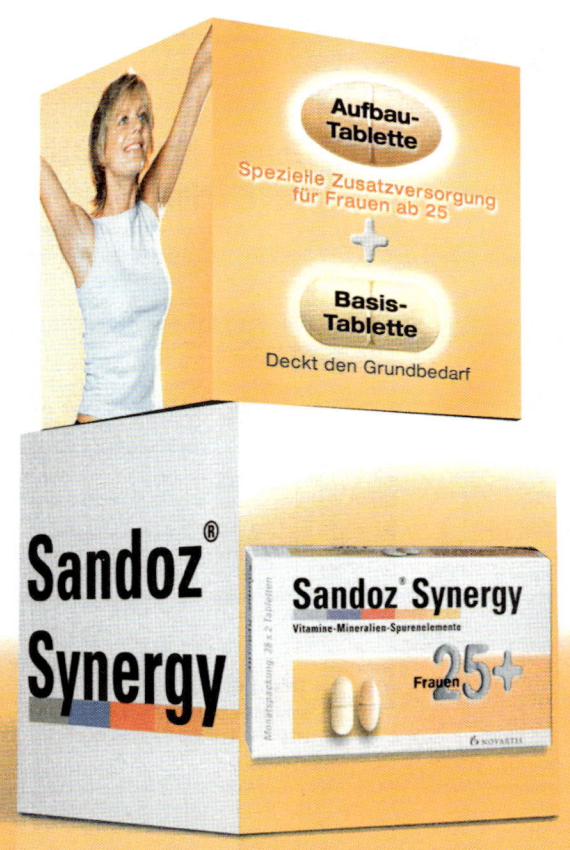

Speziell?

Sandoz

André Aimaq

Aimaq Rapp Stolle

Erstellen Sie eine Streifenanzeige
für den Launch von »Sandoz Synergy
25+« – ein Vitamin- und Mineralien-
Präparat, das speziell auf die Bedürfnisse von Frauen ab 25 abgestimmt und
in Apotheken erhältlich ist.

Im Vordergrund sollte der Benefit des
Produktes stehen:
Frauen können durch die Einnahme
von »Sandoz Synergy 25+« Energie,
Lebensfreude und Wohlbefinden
erlangen.

Reason why ist die Wirkungsweise
einer Tabletten-Kombination, aus der
das Produkt besteht:

Die Basistablette versorgt den weiblichen Körper mit den wichtigsten
Vitaminen, Mineralien und Spurenelementen, die Aufbautablette bietet
eine spezielle Zusatzversorgung, die
straffe Haut, feste Nägel und Nervenstärke fördert.

Packshot, Produktname und Claim
(»Sandoz. 60 Jahre Forschung für
Ihre Gesundheit«) sollen hierbei ziel-
gruppen-affin und seriös in Szene
gesetzt werden.

Amir Kassaei

Springer & Jacoby

Entwickeln Sie eine Anzeige für unser
Produkt »Sandoz Synergy 25+«. Alle
relevanten Produktinformationen sowie
ein Packshot des Produktes müssen
in der Anzeige enthalten sein. Sagen
Sie außerdem, dass Sandoz über 60
Jahre Erfahrung und Kompetenz in
Sachen Gesundheit besitzt und dass
unser Produkt aus zwei Tabletten
besteht und dass es in der Apotheke
erhältlich ist.

Hartwig Keuntje

Philipp + Keuntje

Sandoz Synergy 25+ ist ein Vitamin-
und Mineralprodukt für Frauen ab 25.
Es besteht aus zwei Tabletten, eine
zur Grundversorgung, eine als Aufbau-
präparat. Sandoz Synergy 25+ sorgt
für straffere Haut, festere Nägel und
bessere Nerven.

André Aimaq

André Aimaq (34) ist Inhaber und CD der Berliner Werbeagentur Aimaq·Rapp·Stolle, die u. a. Heineken, Nike, Bewag, Degussa und DZ Bank betreut. Davor war er CD und Mitglied der GL bei Springer & Jacoby. Die früheren Stationen des gelernten Texters heißen Ogilvy & Mather, Frankfurt, KNSK und Baader, Lang, Behnken.

Er ist Mitglied des ADC und gewann zahlreiche nationale und internationale Awards wie Gold-, Silber- und Bronze beim ADC sowie zwei silberne Löwen in Cannes und Gold beim New York Festival. Im letzten Jahr Gewinner der Auszeichnung »Agenturköpfe des Jahres 2001«.

ANALYSE

Da liegt sie nun also vor mir, die formschöne Anzeige für das Vitamin- und Mineralienpräparat »Sandoz Synergy 25+«, von dem ich bis dato noch nie etwas gehört hatte. Aber gut, deswegen wird ja jetzt dafür geworben. Ob diese Anzeige allerdings bewirken wird, dass das Produkt schon bald in aller Munde ist? Ich habe da so meine Zweifel.

Als Kreativer macht man ja so einiges mit. Man futtert Schokoriegel bis zur Verstopfung, um dann endlich nach dem 34. Exemplar eine knusprige Copy zu schreiben. Und um hinter das Geheimnis von einzigartigen Möbelprogrammen zu kommen, zieht man für eine Woche ins Möbelhaus.

Um es kurz zu machen: Nein, »Sandoz Synergy 25+« habe ich nicht eingenommen. Aus dem Alter bin ich nun wirklich raus. Aber vielleicht probiere ich ja doch mal eine »Aufbautablette«. Soll ja gut für die Nerven sein. Und die braucht man, wenn man sich mit dieser Anzeige auseinander setzen soll.

Denn was dieser Anzeige ganz maßgeblich fehlt, ist eine Idee. Wenn es schon um ein Produkt geht, das der Zielgruppe Energie, Lebensfreude und Wohlbefinden verspricht, muss man das viel ansprechender und emotionaler darstellen als nur mit einer jungen Frau, die ihre im Layout abgeschnittenen Arme nach oben reckt.

Die Farbe Gelb einzusetzen ist ja an und für sich eine nette Idee. Schließlich sahen schon die alten Ägypter in dieser Farbe das Weibliche, Heitere und Sinnliche. Um jedoch eine junge, moderne Zielgruppe hinter dem Golf 4 hervorzulocken, reicht das nicht. Wie wär's mit einem bisschen Humor? Es geht ja schließlich nicht um Inkontinenz oder Depressionen.

Die bekommt man erst, wenn man sich die Headline durchliest. Natürlich handelt es sich bei »Sandoz Synergy 25+« um ein erklärungsbedürftiges Produkt. Das heißt aber nicht, dass man bereits in der Headline die Mineralie aus der Packung lassen muss. Im Gegenteil: Nett verpackt kommt immer besser an. Gerade, wenn man so undankbare Dinge wie Vitamine und Mineralien an die Frau bringen möchte. Das weckt die Neugier der umgarnten Zielgruppe. Auch ein wenig Kreativität und Charme in der Headline können nicht schaden, wenn man sich gegenüber all der anderen Mitbewerber durchsetzen möchte. Ist nicht immer leicht. Aber es lohnt sich.

Fast hätte ich sie übersehen: Die gelb hinterlegte Overline mit dem freundlichen Hinweis, dass es »Sandoz Synergy 25+« ab jetzt und in der Apotheke gibt. Jo, kann man so machen. Muss man aber nicht. Aktuelle Umfragen belegen zwar, dass Frauen sehr großen Wert auf innere Werte legen. Gutes Aussehen kann aber trotzdem nicht schaden.

TIPPS & TRICKS

1) Schreibe so, wie du redest. Schreibe so, wie du es deinem besten Freund erzählen würdest.

2) Dabei solltest du aber immer etwas Interessantes zu erzählen haben. In anderen Worten: Rede über Dinge, die deinen Freund interessieren.

3) Wenn du anfängst, über eine Idee nachzudenken, dann scheue dich nicht, zuerst einmal alles aufzuschreiben, was dir dazu einfällt. Den »Shit Filter« kannst du später immer noch einstellen.

4) Erst wenn man sich beim Lesen deines Textes ärgert, dass er nicht länger ist, ist er gut!

5) Umgekehrt ist die kürzeste Ausdrucksweise die beste!

Und jetzt zum Key Visual dieser Anzeige. Zwei übereinander stehende Bausteine. Oh, Verzeihung, »Lebensbausteine«. Da haben wir dann eine wahllos aus der Zielgruppe herausgepickte junge Dame, die uns neben zwei übergroßen Tabletten ihre rasierten Achseln zeigt. Nicht zu vergessen die überdimensionale Packung, der sie all ihr neu gewonnenes Glück verdankt. Toll, noch eine gesamte Seitenfläche frei! Da packen wir dann einfach noch mal den Produktnamen rein. Denn wenn ich ihr oft genug meinen Namen sage, dann wird sie sich schon für mich entscheiden. Bei aller Liebe: Dieses Konstrukt strahlt ungefähr so viel Lebensfreude aus wie ein Lamm kurz vor dem Schächten.

So, noch eben eine weitere »Aufbautablette« und ich bin bereit für die Copy: »Frauen ab 25 brauchen spezielle Lebensbausteine aus Vitaminen und Mineralien.« Das macht keinen Spaß, das zu lesen macht eher Angst. Und die weiteren sechs Zeilen würde ich mir auch ein wenig fröhlicher wünschen. Ist doch eine gute Nachricht, die man da überbringt – warum also nicht so schreiben, dass sie auch bei der Zielgruppe ankommt?

Übrigens: Zählt man die Schriftarten, die in dieser Anzeige verwendet werden, kommt man in etwa auf die Anzahl der Tabletten, die eine Packung »Sandoz Synergy 25+« beinhaltet. »Viel hilft viel« trifft in diesem Falle aber eher nicht zu.

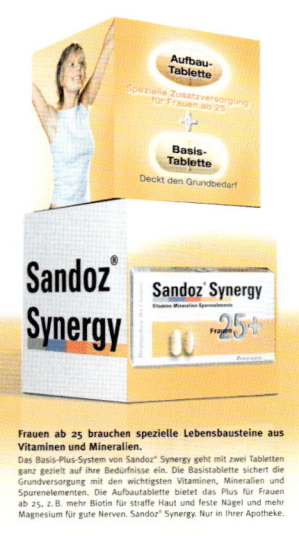

6) Keine Kalauer. Nie.

7) Die besten Geschichten erzählt immer noch das Leben selbst. Also geh raus, sei neugierig und sauge alles, was um dich herum passiert, wie ein Schwamm in dich auf.

8) Glaube an dich und deine Ideen. Versuche aber immer, sie noch ein bisschen besser zu machen.

9) Lache viel. Das ist gut für die Seele und für deine Texte.

10) Glaube keinem, der dir etwas über Regeln bei Werbung erzählen will.

André Aimaq

NEUGESTALTUNG

So. Fertig. Warum ist die Anzeige auf der rechten Seite nun also besser als das Original?

Sie hat eine Idee. Diese Idee baut darauf auf, dass »Sandoz Synergy 25+«, ein Produkt für Frauen, mit einem Mann beworben wird. Ich zeige also keine Frau, die Sandoz sei Dank glücklich in die Kamera strahlt, sondern einen Mann, der auf seinem Rücken die Wirkung des Präparats präsentiert.

Und wofür steht ein zerkratzter Männerrücken? Für Freude am Leben, für ein ausgefülltes Sexleben und nicht zuletzt für die festen, langen Fingernägel einer Frau. Aussagen, mit denen sich eine Frau ab 25 identifizieren kann und die durch einen Perspektivenwechsel interessanter und humorvoller kommuniziert werden können.

Natürlich handelt es sich bei »Sandoz Synergy 25+« immer noch um ein erklärungsbedürftiges Produkt. Man kommt also um eine Copy nicht herum. Wie aber bringe ich meine Zielgruppe dazu, diese Copy überhaupt zu lesen? Ich muss sie neugierig machen.

Mit der eher nüchternen Aussage »Mehr Energie für Frauen ab 25« beschreibe ich klar und deutlich den Produktbenefit. In Kombination mit dem ungewöhnlichen Bild eines liebevoll massakrierten Rückens, eines Männerrückens, bekommt diese Aussage aber eine sehr emotionale Anmutung. Damit erreiche ich, dass meine Zielgruppe, die ich in der Headline persönlich anspreche, in der Copy nach einer Auflösung sucht.

Diese muss natürlich einer gewissen Erwartungshaltung gerecht werden. Dies gelingt, weil die humorvolle Darstellung des Benefits auch im Fließtext fortgesetzt wird. Und gleichzeitig die Frau zum Hero macht.

Und während man sich die Copy durchliest, bekommt man Lust. Lust auf »Sandoz Synergy 25+«. Das sich der Betrachterin zwar mit all seinen Vorzügen zeigt, sich selbst aber nicht zu ernst nimmt.

WAS INSPIRIERT

Mich inspiriert alles,
außer Werbung.

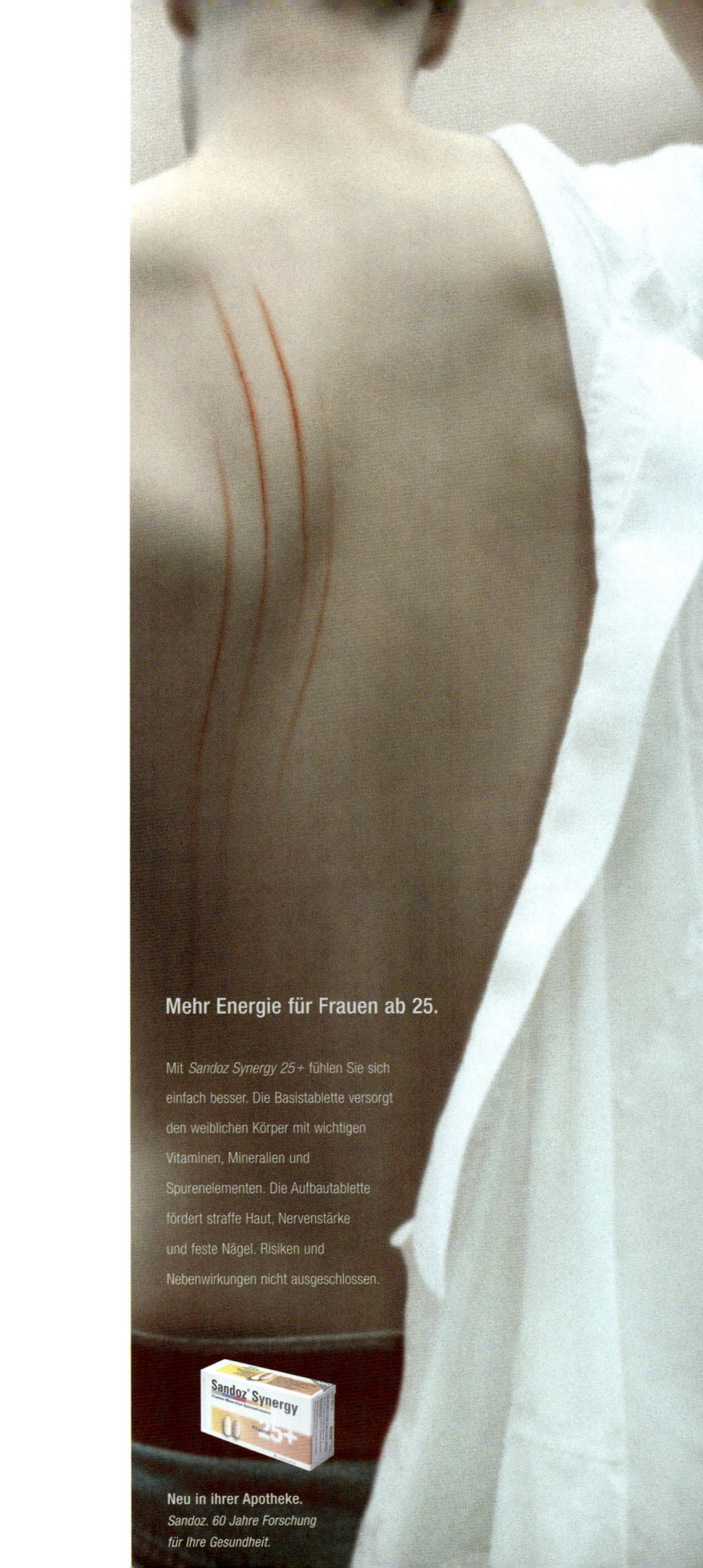

Mehr Energie für Frauen ab 25.

Mit *Sandoz Synergy 25+* fühlen Sie sich

einfach besser. Die Basistablette versorgt

den weiblichen Körper mit wichtigen

Vitaminen, Mineralien und

Spurenelementen. Die Aufbautablette

fördert straffe Haut, Nervenstärke

und feste Nägel. Risiken und

Nebenwirkungen nicht ausgeschlossen.

Neu in ihrer Apotheke.
Sandoz. 60 Jahre Forschung
für Ihre Gesundheit.

»Ich war mein ganzes Leben unterbezahlt.«

Armin Reins ANDRÉ, WIE BIST DU EIGENTLICH WERBETEXTER GEWORDEN? **André Aimaq** Als ich aufwuchs, gab es nach 20 Uhr im Fernsehen keine TV-Spots. Und die, die vorher liefen, fand ich ganz übel. Da hab ich mir gesagt, das kannst du alles viel besser und bringt bestimmt Spaß. Ich wollte nie Schriftsteller werden, ich wollte gleich in die Werbung. Deshalb habe ich mich informiert, wie man da reinkommt und eine ganz biedere Ausbildung zum Werbekaufmann angefangen. In einer ganz kleinen Agentur in Hamburg, Promar. Ich stellte aber sehr schnell fest, dass das wenig mit dem zu tun hatte, was ich eigentlich wollte, nämlich Texter werden. Also hab ich meine Lehre abgebrochen und als Text-Trainee bei Springer & Jacoby angefangen. Meine Eltern und mein Arbeitgeber waren verzweifelt. WELCHE VORSTELLUNG HATTEST DU VOM BERUF DES WERBETEXTERS? Ich hab mir nur gesagt: Ich will Werbung machen. Sehr naiv dachte ich, fang erst mal an und mach das. Damals gab's noch die schönen Longcopy-Anzeigen. Heute ist ja die nonverbale Kommunikation sehr wichtig geworden. Ein Texter muss heute auch in Bildern denken können und visuell arbeiten. Das war damals komplett anders. WODURCH BIST DU BEEINFLUSST WORDEN, TEXTER ZU WERDEN, HATTEST DU VORBILDER? Es gab bei Promar einen Texter, Iver Petersen, bei dem hab ich eine Menge gelernt. Und dann natürlich aus den Büchern von Ogilvy und Gossage. Das war die harte Währung, so wollte ich schreiben. Ich war 18 oder 19, als ich zu S & J kam. Das hat mich natürlich geprägt. Später war ich dann Juniortexter bei Detmar Kapinski bei BLB. Bei ihm hab ich wohl am meisten gelernt. Er ist ein exzellenter Texter. Es ist wichtig, dass man solche Leute am Beginn mitbekommt. HABEN GUTE TEXTER BESONDERE CHARAKTERLICHE MERKMALE? Sie wollten nie Schriftsteller werden. (Lacht). WELCHE FÄHIGKEITEN MUSS EIN TEXTER MITBRINGEN? Er muss eine ganze Weile mit sehr wenig Geld auskommen können. Ich war mein ganzes Leben unterbezahlt. Von extrem unterbezahlt bis relativ unterbezahlt. Ich hab mit ungefähr 800 Mark angefangen. WAS RÄTST DU EINEM TEXTER, DER BESSER WERDEN WILL? Man sollte sich auf jeden Fall viel gute Werbung angucken. Ob im Lürzer's Archiv oder im ADC-Buch, man muss sich immer an der Spitze orientieren. Man lernt mehr von exzellenter Arbeit als von mittelmäßiger. Man lernt vor allem von guten Leuten. Ich hab das Glück gehabt, dass ich mit sehr guten Leuten gearbeitet hab: Detmar Kapinski, Werner Knopf, Beat Naegeli, Fred Baader, Delle Krause. Die haben alle ganz unterschiedliche Qualitäten. Man sollte einfach gucken, wer hat die Anzeigen gemacht, die man gut findet.

Nicht nur, welche Agentur hat sie gemacht, sondern welcher Texter, welcher CD. Und dann muss man sich da vorstellen. WAS SOLLTE EIN WERBETEXTER LESEN? Annuals im Sinne der Beschäftigung mit guter internationaler Kommunikation. Lesen – mein Gott –, ich würde mich lieber mit andern Dingen beschäftigen. Ogilvy und Gossage schaden sicherlich nicht, sind auch teilweise sehr amüsant. Ansonsten sollte man sich einfach von andern Dingen inspirieren lassen. Von Kunst und Film z. B. WELCHE AUSSERBERUFLICHEN INTERESSEN HAST DU, UM DIR EINEN UNVOREINGENOMMENEN BLICK AUF DIE DINGE ZU ERHALTEN? Ich geh ganz gern ins Theater. Das finde ich sehr spannend. In Berlin haben wir in der Hinsicht wirklich ein gutes Angebot. Und Kino natürlich. Das ist sowieso Pflicht für jeden, der mit Werbung zu tun hat. Ansonsten kommt man ja immer ein bisschen rum, wenn Filmdrehs sind. WAS TUST DU, WENN DU NICHT SCHREIBST UND EINFACH NUR ABSPANNEN WILLST? Für mich ist Werbung Erholung. (Lacht). In den letzten drei Jahren hab ich ganz wenig Urlaub gemacht. Jetzt hab ich eine Wohnung mit einem Sonnendeck. Bin mal gespannt, ob diesen Sommer das Wetter mitmacht. Denn eigentlich hab ich mir fest vorgenommen, dort an den Wochenenden zu regenerieren. WIE STEHST DU ZU DER AUSSAGE, DASS DIE MEISTEN IDEEN FÜR DIE WERBUNG IM PRODUKT SELBST ZU FINDEN SIND? Michael Conrad hat mal gesagt: Wenn die Deutschen außergewöhnliche Werbung machen wollen, dann sollten sie sich mehr auf das Produkt konzentrieren. Sie sollten einfach mehr in die Richtung Produkt-Demo gehen. Sprich: So wie damals die Braun Voice-Controle-Geschichten von Veronika Claßen mit den Tieren oder letzten Endes auch der Audi Ski-Schanzenfilm von Ekkhard Rössler. Das ist natürlich bei so Dingen wie Bier ein bisschen schwieriger. Weil die Produkte immer austauschbarer werden. Aber dann muss man eben was um das Produkt herum erfinden. Jeder Kunde erzählt einem erst mal, dass sein Produkt ein ganz spezieller Fall ist. Und sein Markt besonders schwer ist. Das ist dann genau unser Job, sich schlau zu machen und aus einer gewissen Distanz heraus sich das Produkt genau anzugucken und was daraus zu machen. Da gibt's dann keine großen Unterschiede. Unterschiede gibt's nur darin, wie viel Mut der Kunde hat. Es ist ja sehr schick – so wie das früher Herr Jacoby immer getan hat – zu sagen: »Die Agenturen müssen sich alle an die eigene Nase fassen.« Das ist natürlich Quatsch. Gute Werbung entsteht nur, wenn an beiden Seiten vom Tisch gute Leute sitzen. Wenn man eine Sprache spricht. Wenn die Denke über die Produktleistung oder die Nicht-Produktleistung die gleiche ist. HAST DU EINE TECHNIK, DICH EINEM PROBLEM ZU NÄHERN? Nein. Ich finde es nur wichtig, dass man sehr viele Hintergrund-Infos über das Produkt hat.

Also sehr tief einsteigt. Manchmal ist dem Kunden gar nicht bewusst, dass es etwas Besonderes hat. Die meist unterschätzte Waffe ist der gesunde Menschenverstand. Diese Punkte zu finden oder auch in Gesprächen etwas Unerwartetes rauszukitzeln, das finde ich wichtig. Und dann muss man sehr schnell rausfinden: Was ist relevant, was ist nicht relevant. Sonst fließen keine Ideen. **HAST DU BEIM ARBEITEN BESTIMMTE RITUALE?** Die verrate ich nicht. (Lacht). Nein. Nein. Nein. Das ist bei mir wahrscheinlich alles sehr langweilig. So aus der Außensicht. Wichtig ist nur das Ergebnis. **GIBT ES BEI DIR EINE ROTE LAMPE, DIE ANGEHT, WENN ETWAS SCHLECHTES ENTSTEHT?** Vermeiden kann man das sicherlich nicht. Man muss auch was Schlechtes schreiben, um was Gutes daraus zu machen. Ogilvy hat wohl mal gesagt: Meine Texte sind mittelmäßig, aber meine Überarbeitungen sind Spitze. Das ist bei mir eigentlich auch immer so. Ich muss ein paar Mal über Ideen, Headlines und Copies drübergehen. In den seltensten Fällen stellt man dann fest, dass es ganz am Anfang am besten war und dass man sich danach vergalloppiert hat. Meistens ist es so, dass man durch ständige Überarbeitung die Qualität verbessern muss. Man schreibt nicht einfach was hin – und dann ist es das. Ich glaub, die Qualität wächst nur in der Korrektur. Ich finde es auch wichtig, dass man seine Sachen anderen Leuten zeigt. Besonders seinem Art Direktor. Ich halte absolut nichts von dieser Elfenbeinturmmentalität bei Textern. **SIEHST DU DICH ALS HANDWERKER, TECHNIKER ODER ALS KÜNSTLER?** Ich weiß, dass es en vogue ist, zu sagen, das ist ein handwerklicher Beruf. Ich behaupte mal, es ist auch ein künstlerischer Beruf. Man hat gewisse Rohstoffe, Rohmaterialien und muss daraus was formen. Und da gibt's eben Leute, die machen aus einem Stück Stein einen Michelangelo. Ich bin weder das eine noch das andere. Irgendwo dazwischen sollte man sich bewegen. Aber es ist legitim, manchmal den Künstler zu geben. Ich hab die Erfahrung gemacht, dass Kunden das durchweg respektieren. Bei Springer & Jacoby hab ich gelernt, man darf nur mit Schlips zum Kunden, weil man sonst keine Akzeptanz hat. In den 80ern war das vielleicht mal so. Ich hab dann irgendwann mal einen Bericht im Fernsehen gesehen über Chiat Day in Los Angeles. Da lief ein Typ rum mit langem Bart, Hawaiihemd und sein Surfbrett hing über'm Schreibtisch. Die haben dort leider die geilsten Filme der Welt gemacht. Da hab ich gedacht: Na ja, Schlips allein ist es vielleicht doch nicht. In der heutigen Zeit kann man durchaus mit einem künstlerischen Anspruch seine Sachen vertreten. Aber man muss natürlich wissen, wie man seine Kunden überzeugt. Mir den weißen Schal umzuwerfen und zu sagen: Ich bin jetzt Künstler und ihr versteht mich alle nicht, das bringt auch nichts.

WIE WICHTIG SOLLTEN FÜR JUNGE TEXTER AUSZEICHNUNGEN UND WETTBEWERBE SEIN? Super wichtig. Es bringt gar nichts, da drumherum zu reden. Das ist immer das Ziel. Man möchte, wenn man jung ist, zum Ausdruck bringen, dass man eine gewisse Qualität hat. Ganz klar, das hat was mit dem Marktwert zu tun. Und der Option, vielleicht auf besseren Etats arbeiten zu können. **WAS ANTWORTEST DU, WENN DEINE TOCHTER ODER DEIN SOHN ZU DIR KOMMT UND SAGT, ICH MÖCHTE WERBETEXTER WERDEN?** Mach lieber was Vernünftiges, werd' Schauspieler.

LIEBLINGSTEXT

In der Werbung sind die Tatsachen immer besser als vages Gerede. Je mehr Tatsachen Sie mitteilen, umso mehr werden Sie verkaufen. Beachten Sie doch die lange Überschrift und 719 Wörter Text – aber alles Tatsachen.

Amir Kassaei

Geburtsdatum: 01.11.1968
Teheran/Iran
Nationalität: Österreichisch
Abitur: Österreich
Studium: Wirtschaftswissenschaf-
ten, Schwerpunkt internationale
Marketingkommunikation in

Frankreich, Paris
1991 L'Oréal, Paris
1992-1993 Bates Vienna
1993-1994 Bárci & Partner/
Young & Rubicam Vienna
1994-1997 TBWA/Tell Vienna
seit 1997 Springer & Jacoby

Hamburg
Seit März 2002 Creative Director
Mercedes-Benz und smart
Worldwide
Mitglied des Art Directors Club,
Deutschland

ANALYSE

So was wie diese Anzeige passiert, wenn man versucht den Inhalt der Gebrauchsanweisung seines Produktes auf einer $^1/_2$ Seite unterzubringen und davon ausgeht, dass die penetrante Wiederholung derselben Information innerhalb einer Anzeige die Zielgruppe überzeugt. Die Gestaltung ist dann auch zwangsläufig keine Gestaltung mehr, sondern die krampfhafte Anordnung von viel zu viel Text und Bild. Aber jetzt zu den einzelnen Bausteinen.

DIE HEADLINE [1]

Dies ist keine Headline, sondern höchstens die Inhaltsangabe des Produktes. Eine Headline muss nicht unbedingt informie-ren, sie muss überraschen, mich fesseln, mir etwas Neues erzählen oder das bereits Bekannte so intelligent und char-mant verpacken, dass es mich fasziniert. Und wenn ich keine gute Headline habe, brauche ich vielleicht auch keine, schon mal darüber nachgedacht?

DAS BILD [2]

Wir sehen auf zwei Seiten eines Würfels das Bild einer jungen Frau und – Überraschung: die grafische Aufbereitung des Inhalts unseres Produktes. Das Bild in einer Anzeige steht grundsätzlich in einem Spannungsverhältnis zur Headline und addiert was dazu. Oder das Bild alleine erzählt mir eine Geschichte und gibt mir den Produktvorteil wieder. Darum kann man auch getrost auf beide der oben genannten Bilder verzichten. Foto-Stil und die grafische Bildsprache sind nicht vorhanden.

DER COPYTEXT [3]

Wenn Sie die Headline gelesen haben sollten und Ihnen so langweilig ist, dass Sie sich die Bilder angeschaut haben, haben Sie bereits mehrmals erfahren, was dieses Produkt kann und soll. Aber nein, es kann ja sein, dass Sie mehr erfahren wollen, also steht in der Copy noch mal all das, was Sie kennen, kleingedruckt und mit Worthülsen übersät.

Eine Copy sollte das Versprechen oder die Grundaussage meiner Anzeige untermauern, in dem sie so aufgebaut und geschrieben ist, dass sie meine Aufmerksamkeit bekommt, mir neue und spannende Informationen vermittelt, in mir ein Begehren auslöst und mich dazu animiert, mehr über das Produkt erfahren zu wollen oder sogar es zu kaufen.

DER PACKSHOT [4]

So sieht das Produkt aus. Ob ich das Produkt so inszenieren muss, steht auf einem anderen Blatt.

DER PRODUKTNAME [5]

Ein Unternehmen, das jahrelang Liebe, Energie, Zeit und Geld in die Entwicklung eines Produktes gesteckt hat, sollte genauso viel darin investieren, dass dieses Produkt einen Namen kriegt, der inspiriert und spannend klingt. Und wenn das einem nicht gelingt, sollte man nicht den nichts sagenden Namen seines Produktes auch noch plakativ über seine Anzeige schreiben.

DER UNTERE ANZEIGENBALKEN [6]

Dass diese Firma 60 Jahre in Forschung für bessere Gesundheit investiert hat, ist gut und schön. Aber entweder ist es so herausragend, dass ich damit werbe, und zwar so, dass es jeder mitkriegt, oder es ist nur als zusätzlicher Beweis gedacht, dass das Produkt gut ist.

Eigentlich müsste an dieser Stelle ein Logo mit einem Claim stehen, der mir als Konsument sagt: »Hey, dieses Produkt ist von uns und dieses Produkt ist so gut, weil wir einfach in Sachen Gesundheit kompetent sind.«

DER OBERE ANZEIGENBALKEN [7]

Ausnahmsweise eine wichtige Information, die mir sagt, wo ich dieses Produkt kriege, aber dann platziere ich es rein aus konzeptionellen und gestalterischen Gründen so, dass sie meine Anzeige nicht zerstört und mein Produkt in den Hintergrund rückt.

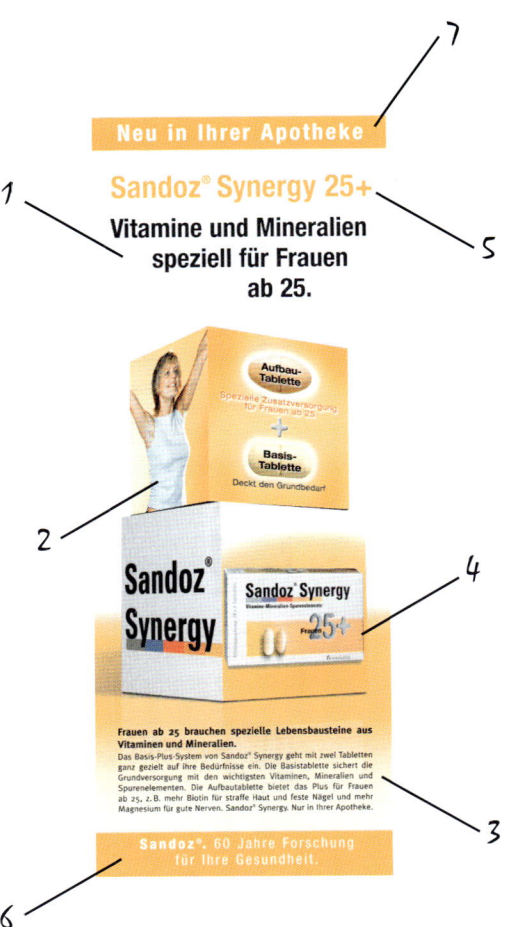

Amir Kassaei

TIPPS & TRICKS

Meine zehn Gebote für gute Texte und gute Werbung:

1) Du musst nicht schreiben können. Du musst beschreiben können.

2) Die besten Texte sind die, die man nicht zu schreiben braucht.

3) Mach immer das Gegenteil von dem, was die Leute erwarten.

4) Mach keine Werbung. Mach Propaganda.

5) Glaube an dich und deine Ideen. Dann glauben auch alle anderen daran.

6) Versuche immer das Unmögliche. Dann wird alles möglich.

7) Du musst nichts Neues erfinden. Du musst nur das Alte neu zusammensetzen.

8) Dein Leben ist die beste Inspirationsquelle.

9) In jeder Aufgabe steckt bereits die Lösung.

10) Versuche nicht, zu gefallen. Versuche aufzufallen.

NEUGESTALTUNG

Zuerst einmal habe ich mir die Frage gestellt: Was soll denn diese Anzeige der Zielgruppe vermitteln? Nach langem Nachdenken war die Aussage klar. Mit dem Sandoz Synergy 25+ fühle ich mich auch mit 40 wie mit 25. So weit so gut, aber nichts ist so gut, dass man es nicht verbessern kann.

Also überlegte ich mir, dass eine halbe Seite hoch weniger einladend und weniger spannend ist als eine halbe Seite quer, die genauso viel kostet, aber mehr auffällt. O.k.

Wie kann man aber diese Aussage spannend, emotional und überraschend rüberbringen?

Indem wir die Aussage auf das Wesentliche reduzieren und sie mit einer Bildidee aufladen.

Wir sehen eine Szene im Altersheim, zwischen zwei älteren Damen sitzt eine dritte ältere Dame im Rollstuhl, die aber das Gesicht und das Aussehen einer 25-Jährigen hat. Dazu die Headline »Einmal 25, immer 25« und der Packshot des Produktes und der kleine aber leserliche Hinweis, wo man es bekommt.

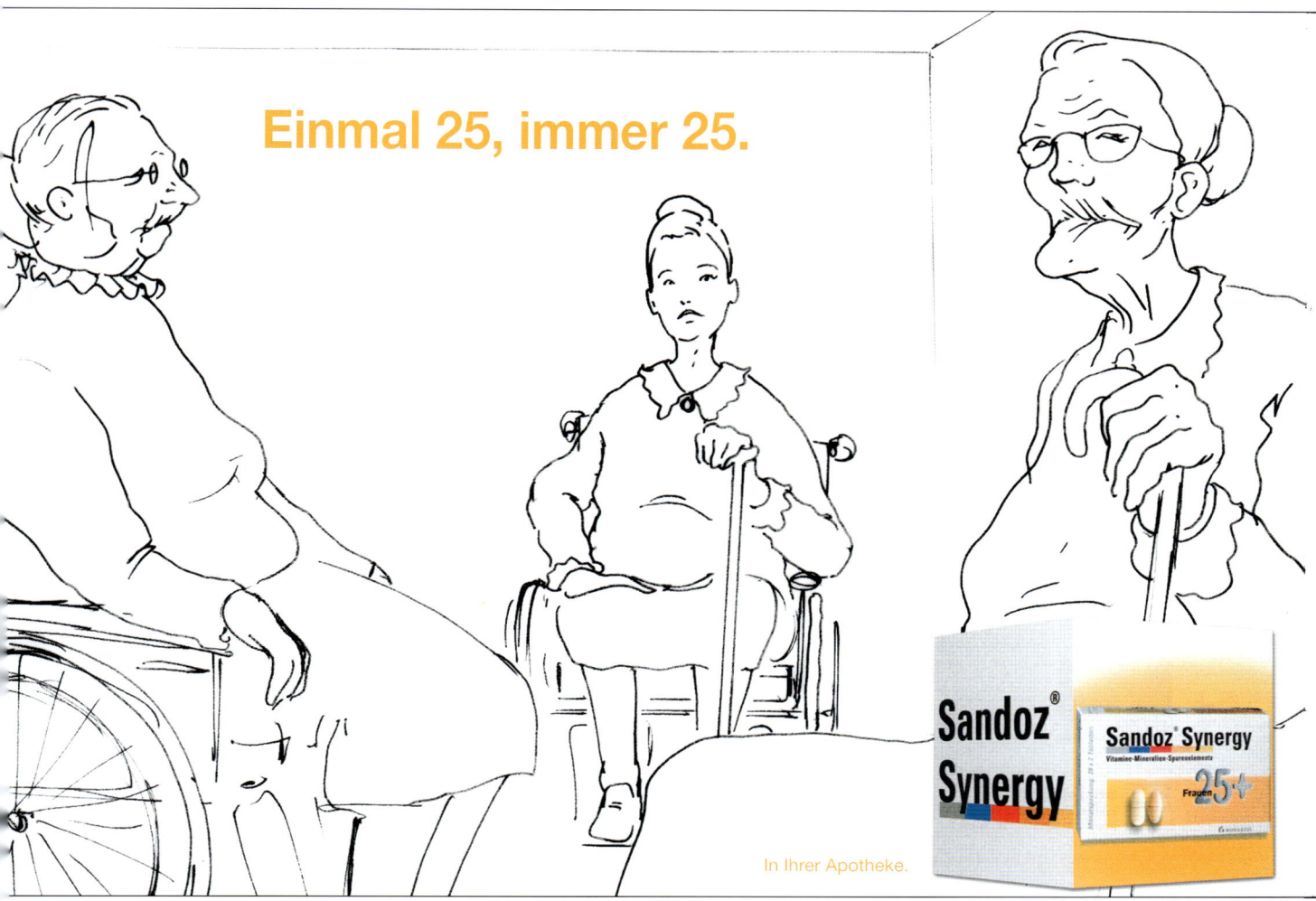

»Aufgegeben wird nur der Brief.«

INTERVIEW

Armin Reins AMIR, WIE BIST DU EIGENTLICH WERBETEXTER GEWORDEN? **Amir Kassaei** Mit 15 sollte ich im Iran zum Militär eingezogen werden. Gott sei Dank hatten meine Eltern die Mittel, um mich zwei Wochen vorher außer Landes bringen zu können. Sonst wäre ich sicher auf einem Minenfeld draufgegangen. Ich bin nach Österreich geflüchtet. Ohne Geld. Ich hatte eine Kellerwohnung, ohne Fenster. Nachts hab ich am Bahnhof gearbeitet, damit ich mein Leben finanzieren konnte. Nach der Schule habe ich in Frankreich Internationales Marketing studiert. Dann war ich auf der Kundenseite und hab irgendwann festgestellt, dass es auf der anderen Seite spannender ist. Deshalb hab ich meinen Job aufgegeben und als Kundenberater bei Bates in Wien angefangen. Eines Tages, so um 10 in der Nacht, habe ich das ADC-Buch von 90 oder 91 aufgeschlagen. Da gab's eine Mercedes-Anzeige: »Unser meistgebrauchtes Ersatzteil.« Da hab ich mir gesagt – lieber Gott, was sind das für Menschen, die so was machen? Wenn ich nur eines Tages dorthin kommen könnte, wo diese Leute sind. Dann hab ich von 9–20 Uhr meinen Kundenberaterjob gemacht. Und ab 22 Uhr hab ich mir selbst Kampagnen ausgedacht. Die natürlich die Texter und Art Directoren abgeschossen haben, weil sie meinten, ein Kundenberater sollte nicht kreativ sein. Bis ich dann eines Tages bei einem entscheidenden Neugeschäft die Idee hatte. Da meinten sie, ich hätte wahrscheinlich doch Talent. Dann hab ich mit zwei Freunden die TBWA Wien gegründet. Und dann kam ich zu Springer & Jacoby. WELCHE VORSTELLUNG HATTEST DU VOM BERUF DES WERBETEXTERS? Begnadet, talentiert, sprachgewandt und im künstlerischen Sinne kreativ. Was bis zum gewissen Grad stimmt, aber nicht ganz. Ich glaub, die Sprache ist für den Werbetexter nur ein Instrument, mit dem er seine Gedanken und Ideen zusammenfasst. Nicht wie bei einem Lyriker, der versucht, damit seine Gefühle auszudrücken. Als Texter versuchst du, eine Idee so umzuschreiben, dass du damit die Leute überraschst. Das kann man sogar, wenn man am Anfang nur Tango-Deutsch gesprochen hat, wie ich. WODURCH BIST DU BEEINFLUSST WORDEN, TEXTER ZU WERDEN, HATTEST DU VORBILDER? Mein einziges wahres Vorbild, das ich habe, rein vom Lebensweg und Rückgrat her, ist Muhammad Ali. Was der als Mensch in seinem Leben geleistet hat, ist unglaublich. In der Werbung hatte ich eigentlich keine Vorbilder. Gut, vielleicht Howard Gossage. Was der in den 60er Jahren an Theorien für Geisteskranke vertrieben hat, das könnten wir heute auch noch gebrauchen. IST ES SCHWIERIGER WERBETEXTE ZU SCHREIBEN ALS ANDERE TEXTE? Werbetexten ist ja nicht nur reines Schreiben. Es ist zuerst einmal nachdenken, und dann erst diese Idee so aufs Papier zu bringen, dass es überraschend ist. Natürlich muss man mit den Wörtern umgehen können, aber das sind die letzten fünf Prozent. Ich bin das beste Beispiel dafür. Meine Deutsch-Schularbeiten waren meistens ausreichend bis noch weniger. Aber inzwischen träume ich sogar auf Deutsch. Denn um zu beurteilen, ob ein Text gut ist oder nicht, muss man das Handwerk Sprache perfekt beherrschen. Ich kann zumindest perfekt österreichisch. HABEN GUTE TEXTER BESONDERE CHARAKTERLICHE MERKMALE? Sie sind niemals zufrieden. Von Ernst Happel kommt dazu einer der geilsten Sprüche aller Zeiten. Der hat am Ende seines Lebens – da war er Nationaltrainer in Österreich – vor jedem Spiel zu den Spielern gesagt: Vergesst nie Jungs, aufgegeben wird nur der Brief. WELCHE FÄHIGKEITEN MUSS EIN TEXTER MITBRINGEN? Leidenschaft. Die bringt dich dazu, über die Schmerzgrenze zu gehen. Es ist wie Marathon. Wenn man die Grenze erreicht, wo dein Kopf sagt, du bist jetzt am Ende, dein Körper sagt, nichts geht mehr – und du hast am nächsten Tag Präsentation –, dann noch einmal drüberzugehen und den entscheidenden Einfall zu haben, das ist es. Das meine ich mit Leidenschaft. Ali hat einmal gesagt: Wenn ich nicht Boxer geworden wäre, sondern Obsthändler, wäre ich heute der beste Obsthändler der Welt. WAS RÄTST DU EINEM TEXTER, DER BESSER WERDEN WILL? Besser wird man nur, wenn man das gesamte Spektrum sieht. Weil sehr viele Einflüsse, die wir in der Werbung brauchen, kommen aus ganz anderen Ecken. Man muss versuchen, sich dieses Wissen anzueignen. Man muss neugierig sein, mit offenen Augen durch die Welt gehen. Natürlich muss man auch an sich selbst glauben. Denn es passiert oft, dass aufgrund von irgendwelchen Konstellationen Ideen – auch innerhalb der Agentur – sterben. Wenn man zu früh aufgibt, wird man nie in eine Sphäre kommen, wo man ernst genommen wird. Manchmal muss man sich sagen: Wenn ich hier eine Kampagne hab und alle andern finden sie scheiße, werde ich's trotzdem versuchen, sie durchzubringen. Howard Gossage soll sich einmal bei einer Präsentation ans Fenster gestellt haben mit den Worten: Wenn Sie diese Anzeige nicht kaufen, spring ich aus dem Fenster. Weiß nicht, ob ich so weit gehen würde. Aber ich würde sehr weit gehen. WAS SOLLTE EIN WERBETEXTER LESEN? Alles.

MEIN LIEBLINGSTEXT

»Floating like a butterfly. Sting like a bee.
Your hands can't hit, what your eyes can't see.«

Muhammad Ali

Von der Bild-Zeitung bis Wittgenstein. Wittgenstein ist ein gutes Beispiel. Allein seine Sprachanalytik zeigt einem, wie man eigentlich mit Sprache umgehen muss. Es ist zwar auf den ersten Blick geisteskrank, aber wenn man das gelesen hat, weiß man, was mit Sprache machbar ist. Ich lese sehr viel Philosophie, sehr viel Lyrik. Wenn ich Liebesgedichte von Erich Fried lese, habe ich mehr fürs Leben. **WELCHE AUSSERBERUFLICHEN INTERESSEN HAST DU, UM DIR EINEN UNVOREINGENOMMENEN BLICK AUF DIE DINGE ZU ERHALTEN?** Man sollte nie vergessen, wo man herkommt. Wenn du mit 15 ums Überleben gekämpft hast, dann relativieren sich die Dinge. Dann siehst du auch die Dinge, die wirklich im Leben existentiell wichtig sind. **WAS TUST DU, WENN DU NICHT SCHREIBST UND EINFACH NUR ABSPANNEN WILLST?** Ich habe ein sich selbstregenerierendes System. Wenn ich das Gefühl hab, dass das, was ich hier mache, Hand und Fuß hat, dann laden sich automatisch meine Batterien auf. Neben der Werbung versuch ich, nach meinen Möglichkeiten, etwas für bedürftige Menschen zu machen. Ich hab diese Kinderkampagne für World Vision gemacht. Wenn man dann sieht, dass dadurch die Kinder in der Dritten Welt was zum Essen haben, dann geht der Batteriestand auch wieder nach oben. Ich versuche, für mich immer wieder neue Baustellen aufzumachen. Mein AD und ich sind große Mönchengladbach-Fans. Denn wenn man von Fußball total spricht, dann ist es Gladbach. Die 70er Jahre. Rock 'n' Roll im Fußball ist Günter Netzer. Als die in die Zweite Liga abgestiegen sind, haben wir gesagt, jetzt müssen wir für den Verein was machen. Nicht aus Medaillengeilheit, nur weil wir dem Verein helfen wollten. **WIE STEHST DU ZU DER AUSSAGE, DASS DIE MEISTEN IDEEN FÜR DIE WERBUNG IM PRODUKT SELBST ZU FINDEN SIND?** Grundsätzlich kommt herausragende Werbung immer aus dem Produkt. Es gibt natürlich auch Kampagnen, die sich reprospektivisch zumindest aus dem Produkt ableiten lassen. Zum Beispiel: Just do it. Dieses Markenversprechen von Nike kommt nicht direkt aus dem Produkt. Aber es ist etwas Homogenes, was man in dieser Produktkategorie auf jeden Fall vertreten kann. Wenn man das für Lufthansa machen würde, wär's wahrscheinlich ein Problem. Lufthansa – just do it. Das würde nicht passen. Es geht darum, etwas völlig uniques zu finden. Denn ein Kunde bezahlt mich nicht dafür, dass ich ihm eine Lösung biete, die auch ein anderer haben könnte. Ein Kunde bezahlt mich dafür, dass ich mutiger bin als er eigentlich selber. **HAST DU EINE TECHNIK, DICH EINEM PROBLEM ZU NÄHERN?** All das nicht zu machen, was schon da war. Beispiel, der Smart-Film mit den dicken Männern, der jetzt in Cannes Gold gekriegt hat. Die Aufgabe war, eine Print-Kampagne zum Thema Raumangebot zu machen. Ich bin nach Hause, hab das Briefing zerrissen und gesagt: Wir machen ganz was anderes. Bei der Präsentation hat der Kunde Anzeigen erwartet, und ich hatte keine Pappentasche dabei. Dann musst du halt diese halbe Stunde den Kunde überstehen, der jetzt gleich ausflippt, und ihn einfach mit einer Lösung überraschen, von der er nie gedacht hat, dass es sie gibt. **HAST DU BEIM ARBEITEN BESTIMMTE RITUALE?** Ich arbeite viel lieber in der Nacht. Da bin ich kreativer, da hab ich mehr Ruhe. **GIBT ES BEI DIR EINE ROTE LAMPE, DIE ANGEHT, WENN ETWAS SCHLECHTES ENTSTEHT?** Ja, wenn's nicht grimmelt. Wenn du aber eine Kampagne siehst, wo du nasse Hände kriegst, wo dein Herz anfängt zu pumpern, dann weißt du, da ist was ganz Großartiges. Das ist dann so, wie die Frau des Lebens getroffen zu haben. **SIEHST DU DICH ALS HANDWERKER, TECHNIKER ODER KÜNSTLER?** Ich bin Liebhaber. Werbung ist meine Geliebte. **WIE WICHTIG SOLLTEN FÜR JUNGE TEXTER AUSZEICHNUNGEN UND WETTBEWERBE SEIN?** Gar nicht. Es ist schön zu wissen, dass die Arbeit, die man macht, auch von andern geschätzt wird. Aber eigentlich werden wir nicht dafür bezahlt, dass wir auf den Bühnen Medaillen abholen. Wir werden dafür bezahlt, dass wir Kunden Probleme lösen. **WAS ANTWORTEST DU, WENN DEINE TOCHTER ODER DEIN SOHN ZU DIR KOMMT UND SAGT, ICH MÖCHTE WERBETEXTER WERDEN?** Probier's aus. Aber sieh bitte auch die Nachteile. Man hat wenig Zeit für andere Dinge.

Hartwig Keuntje

41 Jahre
ab 1987 Texter
ab 1990 Unit-CD bei
Springer & Jacoby
ab 1992 CD und Mitglied
der Geschäftsleitung

bei Jung von Matt
ab 1995 freier CD über-
wiegend bei Jung von Matt
Hartwig Keuntje steht für
Kampagnen wie Minolta,
Benson & Hedges,

Oldesloer, Alpia, DEA,
Audi, Bluna und Astra, ist
ADC-Mitglied und hat über
60 internationale und
nationale Kreativpreise
im Gepäck.

ANALYSE

Aus der Reihe »Aufgaben, die die Welt nicht braucht«:
Analysieren und überarbeiten Sie diese Pharma-Anzeige.
Okay, okay, ich mach's. Aber nur, weil Armin Reins von der
Texterschmiede ein so netter Mensch ist, dem ich schlecht
was abschlagen kann. Also: Was haben wir hier? Wir erfah-
ren, wie das Produkt heißt. Wir erfahren, was drin ist. Wir
erfahren, für wen es gedacht ist. Und wir erfahren, wie die
Packung aussieht. Alles in Ordnung. Aber ist das schon eine
gute Anzeige? Wohl kaum. Eher ein Beipackzettel, der aus
Versehen in einer Illustrierten geschaltet wurde. Lieber
Kunde, bitte nicht böse sein: Mir ist ja klar, wie es gemeint
ist. Die Anzeige soll seriös und sachlich informieren. Nur:
Eine Information, die niemandem auffällt, ist keine Information, sondern Geldverschwendung. Womit exemplarisch
bewiesen wäre, worin die Daseinsberechtigung einer guten
Agentur liegt: Nämlich aus dürren Fakten interessante
Werbung zu machen.

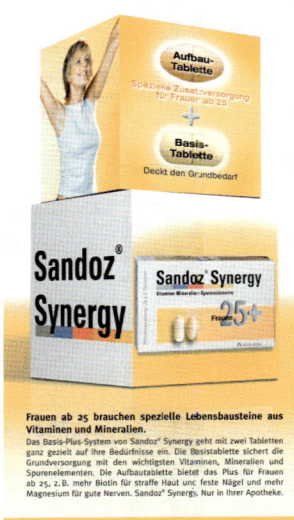

MEIN LIEBLINGSTEXT

Elf Huldigungen, die Nicolae Ceausescu
immer besonders gerne hörte:

1) Leuchtturm der Gerechtigkeit
2) Mann mit Gehirnzellen aus Silber
3) Erfinder der Weisheit
4) Beherrscher der Orthographie
5) König der Lüfte
6) Verkünder der Lottozahlen
7) Bestäuber der Apfelblüten
8) Mann, dem einfach jede Farbe steht
9) Hirte der Atome
10) Fürst der Finsternis
11) Quasar, der 2000-Teile-Puzzles löst

Hartwig Keuntje

Wir sind ja hier unter uns. Deshalb kann ich ruhig ein Geheimnis verraten: Der wichtigste Schritt zu einer guten Anzeige besteht gar nicht darin, eine gute Idee zu haben. Sondern darin, die richtige Botschaft zu wählen. Sprich: Die relevanteste, aufregendste, einzigartigste, einfachste Botschaft. Die Idee für die Umsetzung soll uns erst später kümmern. Denn die tollste Idee ist vergebliche Liebesmüh, wenn der Inhalt niemanden interessiert. Also sezieren wir doch mal das Briefing. Wo steckt eine Botschaft, die die Frauen wirklich heiß machen könnte auf unser schönes Produkt? Im Namen vielleicht? Nö. In der Zusammensetzung? Auch nö. In der Zielgruppenbeschreibung? Ebenfalls nö. In der Darreichungsform? Nochmal nö. Das einzig Interessante ist in diesem Fall – wie übrigens meistens – der Nutzen des Produkts. Nämlich: Straffere Haut, festere Nägel und bessere Nerven. Steht übrigens in der Originalanzeige gut versteckt am Ende der Copy. Machen wir es zur Hauptsache! Natürlich posaunt eine gute Anzeige nicht drei Vorteile aus, sondern lieber nur einen – aber den richtig. Also brauchen wir jetzt ein bisschen Mut, denn wir müssen uns für einen der Nutzen entscheiden: Festere Nägel zum Beispiel. Ich könnte natürlich genauso gut die straffere Haut nehmen. Oder die besseren Nerven. Aber die Nägel scheinen mir doch das Schärfste zu sein. Außerdem kommt mir zu dem Thema sofort ein aufregendes Bild in den Sinn, das ich neulich irgendwo gesehen habe. Also: Foto besorgen, Headline drüber, fertig ist die Anzeige. Hat nicht mal eine halbe Stunde gedauert, das Ganze. Aber ich kriege ja auch kein Geld dafür...

»Ich arbeite eigentlich wie ein Akkordeon.«

Armin Reins HARTWIG, WIE BIST DU EIGENTLICH WERBETEXTER GEWORDEN? **Hartwig Keuntje** Eine Tante von mir hat bei J. Walter Thompsen als Beraterin gearbeitet. Als ich 14 war, habe ich sie mal besucht, und ich fand das alles ungeheuer schick. Die Leute saßen auf schicken Stahlrohrmöbeln, fuhren Cabrios, rauchten Pfeife und Zigarre. Das war 1973, die Zeit von Charles Wilp und solchen Figuren. Das hat mich damals so beeindruckt, dass ich beschloss, Werbetexter zu werden. WELCHE VORSTELLUNG HATTEST DU VOM BERUF DES WERBE-TEXTERS? Dass man da großspurig herumläuft, mit goldenen Schuhen an den Füßen. Die Realität sah dann natürlich anders aus. Als ich in die Werbung kam, war das ein professioneller Beruf mit hart arbeitenden Leuten. WODURCH BIST DU BEEINFLUSST WORDEN, TEXTER ZU WERDEN, HATTEST DU VORBILDER? Ich wollte gar kein Texter werden, ich wollte Grafiker werden. Aber ich habe gesehen, dass Texter leichter an das Konzeptionelle kommen, was mich eigentlich an der Chose mehr interessierte. Ich habe dann, wie wir alle, in Berlin bei Prof. Dr. Gaede an der HdK studiert. Nach dem Abschluss bin ich erst mal zurückgezuckt vor diesem Beruf, weil ich nebenbei Musiker war. Ich spielte in Bands, Free Jazz, Tanzmucke, Western Music. Das war ein schönes Leben und es gab erst mal keinen Anlass, arbeiten zu gehen. Nachdem ich den Abschluss in der Tasche hatte, hat's mich dann aber doch gejuckt. Ich habe drei Bewerbungen geschrieben und bekam ein Gespräch bei Springer & Jacoby. Drei Tage vorher wurde ich nervös, weil ich gar keine Mappe hatte. Ich habe dann schlechte Anzeigen aus dem Stern ausgeschnitten und versucht, sie besser zu machen. Mit dem Kram bin ich hingefahren. Das hat Jacoby beeindruckt. Jedenfalls hab ich den Job gekriegt. IST ES SCHWIERIGER WERBETEXTE ZU SCHREIBEN ALS ANDERE TEXTE? Du hast im normalen Leben nie den Fall, dass du dich mit einem Satz so beschäftigst, dass du hunderte von Varianten davon schreibst. Das gibt's nur in der Werbung, dass man über den Titel eines Präsentationsbüchleins so lange nachdenkt, dass man drei Seiten davon auf dem Zettel hat. HABEN GUTE TEXTER BESONDERE CHARAKTERLICHE MERKMALE? Fast alle haben einen guten Humor. Humor bedeutet ja, dass man Sachen zusammenfügt, die eigentlich nicht zusammenpassen. Dass man fremde Aspekte zu einer Sache hinzutragen kann und diese damit verschraubt. Gute Texter haben auch die Zähigkeit, sich in ein Thema reinzubeißen. 30 % länger als der Durchschnittstexter das tut. WELCHE FÄHIGKEITEN MUSS EIN TEXTER MITBRINGEN? Er sollte die deutsche Sprache beherrschen, was keineswegs selbstverständlich ist. Er sollte bereit sein, sich auf einen Dienstleistungs-Job einzustellen. WAS RÄTST DU EINEM TEXTER, DER BESSER WERDEN WILL? Ich bin in meinen ersten Berufsjahren kein guter Texter gewesen. Ich hab mir das angeeignet. Dem Junior sag ich: Schreib mehr, variiere mehr. Dem Fortgeschrittenen rate ich: Lerne dich zu beobachten, lerne zu erkennen, in welchem Moment du in bestimmten Rastern denkst und verlasse dann diese Raster. WAS SOLLTE EIN WERBETEXTER LESEN? Es lohnt sich, sich mit Dingen, die außerhalb der Werbung liegen, zu beschäftigen. Ich bin oft erstaunt, wie wenige Bücher von Textern gelesen werden. Nicht mal die simpelsten Klassiker von Goethe oder Fontane. Mal ganz zu schweigen von Musil, Kraus oder Tucholsky. Die kennt keine Sau. Das ist bedauerlich. Man muss einfach Rilke gelesen haben, um zu wissen, was Musikalität in der Sprache bedeuten kann und was den Klang der Sprache ausmacht. Jeder ist nur so gut wie seine Maßstäbe. Und je höher man die hängt, desto besser ist man. Und da reicht eben die Cannes-Rolle nicht aus, wenn man textet. WELCHE AUSSERBERUFLICHEN INTERESSEN HAST DU, UM DIR EINEN UNVOREINGENOMMENEN BLICK AUF DIE DINGE ZU ERHALTEN? Ich versuche, außerberuflich genau das Gegenteil von dem zu machen, was ich im Beruf mache. Ich liebe es, stundenlang am Deich Fahrrad zu fahren, ohne irgendwas dabei zu denken. Einfach viel draußen sein, die Ruhe pflegen und mit der Familie was machen. Es ist der perfekte Wechsel, wenn man Phasen äußerster Ruhe zwischen den Job schiebt. Oder sich bewusst vor die Glotze hängt und Boxen guckt. Selber boxen ist natürlich noch besser. Hab ich früher gemacht, heut schaff ich das nicht mehr. WAS TUST DU, WENN DU NICHT SCHREIBST UND EINFACH NUR ABSPANNEN WILLST? Ich lese tatsächlich viel. Die Zeit, in der ich durch Clubs gezogen bin, die ist wirklich vorbei, wenn ich ehrlich bin. Überhaupt ist ja wahrscheinlich für einen wie mich, der 41 ist, sowieso die beste Zeit als Kreativer vorüber. Als Texter hat man seine stärksten Jahre zwischen 25 und 35. Die muss man nutzen. Und dann wird man entweder Chef oder geht Taxi fahren. Wolkiges Thema irgendwie. WIE STEHST DU ZU DER AUSSAGE, DASS DIE MEISTEN IDEEN FÜR DIE WERBUNG IM PRODUKT SELBST ZU FINDEN SIND? Die richtig guten Ideen haben immer sehr stark mit dem Produkt zu tun. Ich kenne wenige brillante Kampagnen, die völlig abgehoben

LIEBLINGSBILD

Unter diesen Lampen
sitzen bei uns die
Texter und Grafiker.
Sie schmücken den
so genannten Gemein-
desaal. Denn unsere
Agentur befindet sich
in einem ehemaligen
Gemeindehaus.

funktionieren. Die meisten haben eine sehr starke Erdung in einer Produkteigenschaft. Und das sind nach wie vor die Kampagnen, die am besten funktionieren. Oft ist es auch nicht das Produkt, sondern die Marke, in der das Geheimnis liegt. Marken bergen oft Schätze, die man neu heben muss. Es gibt – gerade von den Jüngeren – viele, die das ignorieren, die einfach sagen: Jetzt wollen wir mal eine witzige Idee machen. Aber es zeigt sich, dass alle Kampagnen, die sie machen, sehr ähnlich werden, weil sie sich nur nach ihrem eigenen Geschmack richten und sich nicht auf das Produkt einschieβen. Es ist natürlich bequemer, so zu arbeiten. Das ist das Verführerische daran. Schwieriger ist es umgekehrt: Mit dem Produkt anzufangen und zu gucken, was man daraus zaubern kann. **HAST DU EINE TECHNIK, DICH EINEM PROBLEM ZU NÄHERN?** Ich arbeite eigentlich wie ein Akkordeon. Ich drücke es erst zusammen und zieh's dann wieder auseinander. Das heißt, ich konzentriere mich eine Weile sehr stark auf das Produkt oder auf die Marke, arbeite dann eine Weile streng logisch. Damit vergeht der erste oder zweite Tag. Dann lass ich wieder los, beschäftige mich mit etwas anderem. Durch die Hintertür kommt dann plötzlich eine Idee, die mit dem Ergebnis dieser ersten Zeit auf irgendeine Weise verbunden ist. Wenn ich eine Weile drüber nachgedacht habe, nähere ich mich wieder, überprüfe das Ganze auf Strategie und Konsistenz. Dann lass ich wieder los, vergesse den ganzen Kram, geh Fahrrad fahren – und wieder kommt etwas durch die Hintertür. Und wenn man das so zwei-, dreimal macht, diesen ganzen Prozess der Ziehharmonika, dann hat man meistens ein gutes Ergebnis. **HAST DU BEIM ARBEITEN BESTIMMTE RITUALE?** Da muss ich passen. Da musst du andere fragen.

WENN DU FÜR EINE PRÄSENTATION ZWEI WOCHEN ZEIT HAST, ARBEITEST DU DANN KONTINUIERLICH? ODER WIRST DU ERST IN DEN LETZTEN VIER TAGEN AKTIV? Ich bin kein Panik-Texter. Ich glaube nicht an diesen Mythos, dass Stress die Qualität fördert. Es ist gut, gleich anzufangen und wirklich die Zeit zu haben, es ruhen zu lassen. Das braucht es wie Käse, der noch eine Weile ins Regal gehört und den man immer wieder hervorholt und guckt, ob er schon so weit ist. **GIBT ES BEI DIR EINE ROTE LAMPE, DIE ANGEHT, WENN ETWAS SCHLECHTES ENTSTEHT?** Ich bin oft unsicher bei Zeilen, die ich nur auf dem Papier sehe. Ich lasse Headlines dann erst mal aufs Bild setzen. Dabei stelle ich immer wieder fest, dass sich die Wirkung einer Zeile dramatisch verändert, wenn sie auf einem Bild steht. Wenn ich dann drei oder fünf davon auf der Anzeige sehe, dann weiß ich genau, welches die Guten sind. **SIEHST DU DICH ALS HANDWERKER, TECHNIKER ODER KÜNSTLER?** Nichts davon trifft's. Vielleicht ist es Kunst-Gewerbe. Von der Kunst hat es das Spielerische, das Unlogische, das Spontane, das nicht Erzwingbare. Vom Gewerbe hat es den knallharten Dienstleistungscharakter und das Zielgerichtete, das Absichtsvolle. **WIE WICHTIG SOLLTEN FÜR JUNGE TEXTER AUSZEICHNUNGEN UND WETTBEWERBE SEIN?** Es hilft, das Gefühl zu kriegen: Ich kann das jetzt. Aber ich hasse Mappen von Bewerbern, die nur aus Wettbewerbskampagnen bestehen, die für keinen Kunden in irgendeiner Weise brauchbar sind, die nur dafür gemacht sind, in Wettbewerben zu existieren. Das ist so eine Schein-Werber-Welt, die mit dem Beruf für meinen Geschmack nichts zu tun hat. **WAS ANTWORTEST DU, WENN DEINE TOCHTER ODER DEIN SOHN ZU DIR KOMMT UND SAGT, ICH MÖCHTE WERBETEXTER WERDEN?** »Das ist doch total out.«

»Der Kunde hatte seine Chance, und ich hatte meinen Spaß.«

Interview mit Reinhard Siemes, Büro für Werbung

Armin Reins HERR SIEMES, WIE SIND SIE EIGENTLICH TEXTER GEWORDEN? **Reinhard Siemes** Das ist ganz einfach. Ich wollte Grafiker werden. Und meine anthroposophische Mutter hatte von der Werk-Kunstschule in Wuppertal gehört, das sei ein ganz böser Haufen, da würde getrunken, gevögelt und die würden immer so säuische Faschingsfeste machen. Das war auch so. Es wurde richtig genagelt und gesoffen. Und meine bigotte Mutter meinte, das könne sie nicht unterstützen. Ich wollte aber irgendwie in die Werbung. Da hörte ich von der Meisterschule für Grafik, Druck und Werbung in Berlin. Dem Vorläufer der heutigen HdK. Also habe ich ihr erklärt: Ich gehe jetzt nicht auf die Werkkunstschule nach Wuppertal, sondern auf die Meisterschule für Grafik, Druck und Werbung. Und das war für sie was Solides. HANDWERK. Ja, Handwerk. Das hat ihr gefallen. Dazu hat sie ihr Placet gegeben. Denn ich war ja auch von ihrer Kohle abhängig. Ich wollte mich nicht durchhungern. Auf der Meisterschule habe ich festgestellt, dass für mich die bequemste Art, gute Klausuren zu schreiben, der Text war. Für alles andere musste man irgendwas lernen. Dazu war ich viel zu faul. Das Wetter war zu schön, und ich war jung. Texten fiel mir am leichtesten. Ansonsten habe ich mich grauenhaft durchgemogelt. Nachdem ich den Abschluss mit der Mindestnote geschafft hatte, kamen Abordnungen von Werbeagenturen, um sich Kandidaten anzugucken. Da sagte man zu Frau Grete Troost von der damaligen Troost Werbeagentur: Also, jetzt kommt ein Problemfall. Das war ich. Aber ich hatte längst einen Job bei einer kleinen Agentur in Wiesbaden, Werbung GmbH. Erstaunlicherweise habe ich von allen Abgängern die meiste Kohle verdient. Die anderen mussten mit 650 oder 700 Mark einsteigen. Ich hatte gleich 900 Mark und nach der Probezeit 1000 Mark ausgemacht und auch bekommen. NICHT SCHLECHT FÜR EINEN PROBLEMFALL. Ja. (lacht). Die Wiesbadener hatten sich meine Texte angeguckt und gesagt: Okay. Dann haben sie gefragt: Sind die wirklich von Ihnen? Ich sagte: Von wem sollen sie sonst sein? Da war ich angestellt. Mir gefiel's da aber nicht sonderlich. Die hatten halt nur so kleine Etats. Ein Kundenberater, der zur damaligen Werbeagentur Troost nach Düsseldorf ging, hat mich dann nachgeholt, wo ich Frau Troost wieder sah und sie zu mir meinte: »Sind Sie nicht dieser Problemfall aus Berlin?« Bei Troost musste ich zuerst Fließtexte schreiben, ich war halt ein kleines Arschloch. Nach einem halben Jahr hielt man mich aber bereits für ein kleines Genie. Nur, eben faul wie Sau. Dann hab ich von DDB gehört. Die fingen gerade an und machten lauter schöne Sachen. Darum sagte ich mir, wenn die so gute Sachen machen, geh ich da hin. Ich hatte aber nichts, was den Ed Valentiy der mich einstellen sollte, hätte beeindrucken können. Bei Troost war nicht viel Gutes raus gekommen. Aber ich hatte nebenbei für ein Mückenschutzmittel eine Anzeige gemacht. Kita hieß das. Das war so was wie Autan. Auf einer dreiviertel Seite schwirrte eine gemalte Mücke mit aufgeregten Ringen drum herum und der Sprechblase: »Ich hasse Kita!« Das fand Ed so gut, dass er mich genommen hat. Bei Doyle Dane Bernbach ging es ziemlich schnell, bis ich zu den relativ etablierten Textern gehörte. Allerdings nie zu den großen. Ich habe für Karman Ghia, Transporter und Jägermeister geschrieben. Dann kam eine neue Agentur, die hieß GGK. Und die schien mir noch frischer zu sein. '73 bin ich zu GGK. Zuerst nach Basel und dann nach Düsseldorf. '75 habe ich mich dann nach München geseilt. Zu Hauenstein, Rieger und Partner. Die hatten mich geködert. Da bekam ich ein Gehalt von 100.000 Mark und ein Auto, obwohl ich nie einen Führerschein gemacht habe. Das Problem war nur, der Bodo Rieger war selbst extrem kreativ, aber auf die fußkranke Art. Darum bin ich mit dem nicht zurechtgekommen. Also wieder zurück noch zur GGK Düsseldorf. Da hat's mir aber auch nicht mehr gefallen. Es war nicht mehr der Dampf da wie vorher. Schirner zog inzwischen seine Reduktionsnummer ab. Und die war nicht mein Fall. Es

Reinhard Siemes für die Münchner VHS

wurde nicht mehr gespielt. Ein paar Monate später wurde in München neben Mendell & Oberer zufällig dieses Büro hier frei. Na gut, habe ich mir gesagt, jetzt bist du freier Texter. Kleines Problem: Ich hatte nie große Kunden für den großen Auftritt. Das war natürlich schlecht für mein Ego. Bei der GGK warst du damals automatisch im ADC-Buch, das war kein Kunststück. Aber auch als alleiniger Fuzzy habe ich trotzdem immer wieder mit kleinen Sachen Medaillen gewonnen. '95 ist es mir sogar gelungen, im Agenturranking an 8. Stelle zu stehen – weit vor den großen Networkagenturen. Was Kreativität angeht, bin ich also im Wesentlichen von DDB geprägt worden – ganz speziell von Helmut Schmitz. Und von der GGK, von Paul Gredinger. Wenn man mit Paul zurecht kam, dann konnte man prima mit ihm arbeiten. Er hat die Leute zwar bestialisch gequält, aber es kam immer was Gutes dabei raus. **WÜRDEN SIE DIE BEIDEN ALS IHRE VORBILDER BEZEICHNEN?** Ich spreche nicht von Vorbildern, sondern von Vordenkern. Also von Leuten, bei denen ich mir gesagt habe, von denen kannst du was lernen. Auch vom alten Troost konnte man eine Menge lernen. Der war zwar kein Texter, aber der hatte dieses berühmte Bauchgefühl. Das hatten etliche von den damaligen Alten. Aber am meisten habe ich von Gredinger mitbekommen, der ein idealer Katalysator war. Er hat den Leuten nicht gesagt: »So müsst ihr es machen.« Sondern: »Für den Anfang ist das prima. Aber ihr könnt es noch viel besser.« Da war er hundertmal besser als seine Oberkreativen Rogoski und Schirner. Die haben voll im Egodrom gesessen und die Selbstinszenierung geübt. **HABEN TEXTER, DIE BESSER SIND ALS ANDERE TEXTER, BESONDERE CHARAKTERLICHE MERKMALE?** Aber ich kenne keinen guten Texter, der beamtig, gradlinig, rational, sparsam, also im guten Sinne bürgerlich ist. Ein guter Texter muss einen an der Waffel haben. Er muss, so wie ein guter Psychologe oder Psychiater, bis zu 50 % bekloppt ist. Sonst kann er ja nicht den Rahmen sprengen, der ihm von den Sesselfurzern vorgegeben wird. Gute Texter müssen wissen, wo das Leben stattfindet. Ich kenne viele, die haben gefressen und wurden dann ganz dick. Ich kenne Texter, die haben gesoffen bis zur Klapse. Ich kenne Texter, die haben eine Extrem-Sportart gemacht. Andere haben vier Frauen auf einmal gevögelt wie ein Weltmeister. Aber ich kenne keinen guten Texter, der stinknormal ist. Er kann kein Kundenberaterleben führen. Er muss die extremen Situationen, die er nach außen tragen will, in irgendeiner Form erleben. **WELCHE FÄHIGKEITEN SOLLTE MAN MITBRINGEN, WENN MAN TEXTER WERDEN WILL?** Man muss kein Marcel Proust oder Martin Walser sein. Früher war es so, dass sich Texter gerne in Formulierungen ergingen. Aber das ist reines Handwerk. Der kreative Prozess hat heute überhaupt nichts mehr mit Handwerk zu tun, sondern allein mit der Fähigkeit, in neuen Bildern oder Situationen zu denken. Im weitesten Sinne also mit Fantasie. **SOWEIT UNTERSCHEIDET SICH DER TEXTER NICHT VOM ART DIRECTOR.** Genau. Wenn ein Texter mit Wortbiegereien anfängt, sage ich: Jetzt machst du richtige Scheiße. Du bist jetzt genauso bescheuert wie ein Art Director, der mit Carson-Typo anfängt oder mit Rähmchen. Texter und AD machen in dem Moment, wo es um eine Kampagne geht, absolut die gleichen Dinge. Sie denken über Ideen oder über total kranke Bilder nach. Nachher macht jeder seinen Teil: der eine setzt das verbal um, der andere optisch. Dabei kann es passieren, dass du mit deinem AD ein Bild entwickelst oder einen Film schreibst, der ohne jedes Wort funktioniert. **ALLE, DIE BEI IHNEN VORLESUNGEN HATTEN, SAGEN: ES KOMMT DER MOMENT, DA SAGT DER SIEMES: BILDARCHIV ANLEGEN. DAS HABEN SICH ALLE GEMERKT.** Ich sag denen: Wenn du Texter bist, muss ja das,

»Der Kunde hatte seine Chance, und ich hatte meinen Spaß.«

was du aus dem Kopf rauslässt, auch irgendwie mal reinkommen. Das geht aber nicht, indem du in Annuals blätterst oder Cannes-Rollen guckst. Gut, die sind amüsant, aber daraus kannst du nur zitieren oder kupfern. Neue Bilder können nur aus dir selbst kommen. Deswegen musst du neue Bilder in dich reinstecken. Und die siehst du überall. **MUSS EIN TEXTER VIEL SPEICHERKAPAZITÄT MITBRINGEN?** Die Kapazität muss gar nicht so gewaltig sein. Aber der Texter muss die Augen offen halten und einen Blick entwickeln für ungewöhnliche Situationen, ungewöhnliche Menschen, ungewöhnliche Gebäude. Einfach für Dinge, die neu sind. Das kann auch eine Brille sein, die plötzlich im Gully hängt. Irgendwann kannst du die gebrauchen – als Bild für einen Optiker. **VIELE MENSCHEN NEHMEN SO ETWAS GAR NICHT WAHR. DIE SEHEN DAS, ABER SIE MERKEN SICH DAS NICHT.** Darum gebe ich denen ja auch einen Ratschlag. Ich sage: Wenn du in München oder Berlin wohnst, dann mach doch mal Folgendes. Laufe eine halbe Stunde wie ein Tourist durch die Großstadt. So wie du durch Rom laufen würdest. Denn dort nimmst du alles wahr und saugst Bilder auf wie ein Schwamm. Zwing dich also, einmal wöchentlich wie ein Tourist durch deine Stadt zu laufen. Eine halbe Stunde. Habe ich auch getan. So nach zwei oder drei Monaten fängst du an, die Dinge um dich herum anders wahrzunehmen. **WIE IST ES MIT EINER GRUNDNAIVITÄT? SOLLTE MAN SICH SO ETWAS BEWAHREN? WIE EIN KIND AN DIE SACHE HERANZUGEHEN?** Unbedingt. Diese Naivität erschließt mir ja auch Bilder, die ich als abgefuckter Alter gar nicht sehen kann. Es gibt ein wunderbares Beispiel: In der neuen Pinakothek hängen oben bayerischen Malerfürsten, unten ein paar Impressionisten und im Keller ist meistens eine Ausstellung von einem europäischen Schülerwettbewerb. Die ist geordnet nach Klassen, also 7 bis 8, 9 bis 10 Jahre. Die wirklich heißesten, irrsten, schönsten Bilder kommen von den 7- bis 8-Jährigen. Sobald die Leute 14 oder 15 sind und versuchen, gegenständlich, also in ihren Augen gut zu malen, ist das alles weg. Die Bilder von den Kindern, da könnte der Kandinsky von lernen, wenn er noch leben würde. Diese Naivität ist extrem wichtig. **ES HABEN EINIGE TEXTER, DIE ICH INTERVIEWT HABE, GESAGT, DASS SIE AM LIEBSTEN MIT PRODUKTEN ARBEITEN, DIE SIE NICHT KENNEN. JE MEHR MAN WEISS, UMSO SCHLECHTER SCHREIBT MAN.** Ich gehöre zu den Leuten, die sagen: eine Recherche ist extrem wichtig. Wenn ich die Aufgabe bekomme, für irgendeinen Gesundheitsdrink was zu machen, dann will ich genau wissen: was ist drin. Wie wird das Zeug hergestellt, was sagen die Lebensmittelchemiker dazu? Ich will einfach alles über das Produkt wissen. Ich nenne das Produktbildarchiv. Mein Erlebnisbildarchiv fülle ich auf, indem ich durch die Welt renne und versuche, neue Bilder in mich reinzustopfen. Das andere ist das Produktbildarchiv. Und das muss auch voll sein. Die Gefahr, dass ich dadurch blind werde, ist gar nicht so groß. Die beginnt erst, wenn ich fünf oder sechs Jahre in der Firma drinhocke. Aber wenn ich mich als Laie mit dem Produkt befasse, komme ich oft auf Dinge, die der andere gar nicht mehr sieht. **SPRECHEN WIR ÜBER TEXT: WAS IST FÜR SIE EIN GUTER TEXT?** Es kommt auf das Produkt an. Ein guter Text für eine Schweinebauchanzeige, sagt mir: 90 Cent. Diese klare Sprache halte ich für beispielhaft – auch für Damenwäsche. Je emotionaler ein Produkt ist, desto wichtiger ist es, einfach in der Sprache zu bleiben, zugleich aber farbig und sehr lebhaft in den Bildern, die ich vermittle. Also: Text hat die Aufgabe, Bilder zu transportieren. So hat das Leben ja auch angefangen: Am Anfang war das Bild und nicht der Text. Der Text muss zwar auch vermeintliche Produktvorteile wiedergeben. Aber er muss es so tun, dass diese Vorteile, wenn ich sie lese, in meinem Kopf zu Bildern werden – dass sie für mich begreifbar werden. **WIE ARBEITET DER TEXT MIT DEM BILD ZUSAMMEN? WENN ICH EIN NORMALES BILD HABE, HABE ICH DANN EINEN UNGEWÖHNLICHEN TEXT? UND WENN ICH EIN AUFFÄLLIGES BILD HABE, HABE ICH DANN EINEN NORMALEN TEXT? WIE IST DAS SPANNUNGSVERHÄLTNIS?** Die klassische Bild-Text-Kombination ist der Idealfall. Du hast eine Idee, die zerlegt wird in Bild und Text und die dann der Leser oder Betrachter im Kopf wieder zusammenfügt. Wenn ich aber kein aufregendes Bild habe, etwa nur einen Eimer Wasser, dann muss ich ein verbal interessantes Bild dazusetzen. Meinetwegen 3 Milliarden Batterien. SEHEN KUNDEN TEXTE ANDERS? WONACH BEWERTEN KUNDEN GUTE TEXTE? Es gibt unterschiedliche Kunden. Ich habe Kunden kennen gelernt, die haben einen hohen Respekt, was Text und gute Texter angeht. Meistens sind das Kunden, die schon sehr lange in der Werbung arbeiten. Einige waren selbst in Agenturen. Dann gibt es noch gute Kunden, die haben von Texten keine Ahnung. Aber sie haben einfach Vertrauen und sagen: Also, wenn der das und das schon geschrieben hat, dann weiß der vielleicht auch, was er für mich schreiben muss. Am schlimmsten sind die kleinen Knallköppe, die bei Meffert in Münster waren oder die von – ich sag immer Rüpel Kröll – von Kröber Riehl kommen. Oder die sonst woher eine so genannte Marketingvorbildung haben. Innerhalb dieses Studiums haben sie auch etwas über Text erfahren. Vor allem wie man eine Copy-Plattform schreibt. Das sind die schlimmsten Finger. Die gehören alle gesteinigt, gefedert und geteert. Die sind rettungslos verloren für gute Werbung. WAS MACHEN SIE DENN, WENN EINER IHRER KUNDEN SO EINEN NEUEN WERBE-LEITER BEKOMMT? Ich versuche es zwei- oder dreimal und sage dann auf Wiedersehen. Manchmal bemühe ich mich auch länger, weil ich weiß, das kleine Arschloch wird in paar Monaten wieder rausgeschmissen. WIRD MAN MIT ZUNEHMENDEM ALTER UNGEDULDIGER MIT KUNDEN? ODER GEDULDIGER? Ach, es kommt drauf an. Mit den Meffert-Schülern bin ich absolut ungeduldig. Mit Kunden, die keine Ahnung haben und die darum möglicherweise etwas Dummes sagen, kann ich sehr gut um-gehen. Ich versuche, auf sie einzugehen und ihnen alles zu erklären. Ungeduldig bin ich nur mit Schnöseln, die mir sagen, hier darf ich nicht »deshalb« schreiben, sondern das muss »darum« heißen. Denen würde ich dem am liebsten in die Eier treten. Das tu ich dann auch: Mental. ANGENOMMEN SIE HABEN EINEN TOLLEN TEXT GESCHRIEBEN. MACHEN SIE SICH EINEN SCHLACHTPLAN, WIE SIE DEN VERKAUFT BEKOMMEN? VERKAUFEN SIE SPONTAN? ODER ARGUMENTIEREN SIE, WARUM DIESER TEXT DER RICHTIGE IST? Meistens verkaufe ich Texte, indem ich vorher sehr genau über die Aufgabe spreche. Wenn ich was liefere, dann soll das in meinen Augen kreativ sein und zugleich den Leuten Spaß machen. Darauf versuche ich den Auftraggeber schon beim Briefing einzustimmen. Wenn ich die Sachen dann vorstelle, rede ich nicht eine halbe Stunde und sage: So ist der Markt und so lauten Strategie, Positionierung und der ganze Scheiß. Ich sage: Hier ist das Briefing, über das wir gesprochen haben. Und hier das Ergebnis. Ich sag: das war unsere Aufgabe, wir wollten die Geschichte ein bisschen fröhlicher machen, bunter, und das ist jetzt dabei rausgekommen. Also, die große Inszenierung, die mache ich nicht mehr. GEHEN SIE MIT ALTERNATIVEN ZUM KUNDEN? Manchmal, wenn's unbedingt sein muss. Aber die Alternativen mache ich dann so, dass sie wirklich keine Chance haben. Das Schlimmste, was dir passieren kann: Du hast einen guten und einen weniger guten Vorschlag. Und der Kunde entscheidet sich prompt für die schlappe Nummer. Deswegen – wenn er Alternativen will, dann mach ich sie so daneben, dass sie überhaupt keine Chance haben. DURCHSCHAUEN DIE KUNDEN DAS NICHT? DENKEN DIE NICHT: DAS KANN DOCH KEIN SIEMES SEIN? Ich habe das jetzt falsch aus-gedrückt. Die Alternative ist nicht grottenmäßig oder katakombisch schlecht, sondern abwegig. Also voll neben dem Briefing oder so krank und übertrieben, dass der Kunde genau weiß: Das kann man nicht machen. ICH KENNE VIELE TEXTER, DIE ZU MIR KOMMEN UND SAGEN: ICH KRIEGE NIE MEINE BESTEN HEADLINES VERKAUFT, DIE KUNDEN ENTSCHEIDEN SICH IMMER FÜR DIE ZWEIT- ODER DRITTBESTE. Normа-lerweise kriegen Kunden immer nur einen Text von mir. Den können sie nehmen oder abschießen. Wenn sie wirklich gute Gründe haben, den Texte platt zu machen, schreibe ich einen neuen. WENN MAN JETZT NICHT 37 JAHRE IN DER WERBUNG IST UND NICHT DIESE AUTORITÄT HAT, WIE SCHAFFT MAN ES TROTZDEM, ALS TEXTER EIN VERTRAUENSVERHÄLTNIS ZUM KUNDEN AUFZUBAUEN? Das kann ich Ihnen genau sagen: Indem ich mit dem Kunden spreche und ihm zuhöre. Wenn ich zu einem Kunden komme, den ich nicht kenne, und ich will sein Vertrauen gewinnen, dann gehe ich hin als jemand, der sich unheimlich für ihn, sein Produkt, dessen Vor- und seine Nachteile und auch für die Menschen interessiert, die das Zeug herstellen. Die jungen Kreativen vergessen meistens die Techniker, also die Leute, die monatelang für ein Produkt gearbeitet haben. Diese Techniker ziehe ich auf meine Seite. Das habe ich erlebt bei Siemens. Die meisten Siemens-Briefings waren weitergegebenes Halbwissen, mit dem ich nichts anfangen konnte. Dann hab ich immer gesagt: Leute, ich versteh das nicht, ich möchte mit dem Techniker sprechen. Die meisten Produktwerbeleiter haben zwar rumgemosert. Aber dann ist es mir doch gelungen, mit den Technikern zu sprechen. Und mit wem reden die normalerweise? Mit Fachidioten aus dem eigenen Haus. Und wem können sie jetzt erzählen, wie toll sie sind? Mir. Und wer sitzt dann da mit glänzenden Augen? Ich. Du musst ihm ja nicht um den Bart gehen. Sondern einfach fragen. DIE ERKLÄREN DAS JA AUCH GERNE. Ja. Wobei man aufpassen muss. Beim ersten Mal war das so, da hat der Herr Ingenieur gleich im Techniker-Deutsch losgelegt. Also in der gleichen Art, wie das Briefing geschrieben war. Habe ich gesagt: »Moment mal. Ich nix Ingenieur. Ich Türkischmann. Du mir erklären.« Danach ging alles wunderbar. Wenn ich das Vertrauen eines Kunden gewinnen will, muss ich ihm das Gefühl geben: Dieser Texter interessiert sich für mich und es macht ihm Spaß, für mich zu arbeiten. Sodass er dann, wenn ich

Anzeige 1 & 1 DSL

wieder draußen bin, zu seinem Kollegen sagt: Der hat zwar die Klatsche, aber er versteht uns. Das ist das Entscheidende. UND IHM NICHT DAS GEFÜHL ZU GEBEN, MIR GEHT ES NUR DARUM, MEDAILLEN ZU GEWINNEN, SONDERN ICH BIN JETZT DA, UM DICH ZU VERSTEHEN. Natürlich will ich Medaillen gewinnen. Aber das binde ich ihm nicht auf die Nase. KOMMEN WIR MAL ZU EINEM KONKRETEN BEISPIEL. HIER IST EINE ANZEIGE. ICH HÄTTE GERN EINE ANALYSE DIESER ANZEIGE UND NATÜRLICH AUCH DES TEXTES. Der erste Eindruck, da plauder ich mal aus meinem Erfahrungsschatz: Der normale Leser ist nur in der Lage, Anzeigen mit maximal fünf Elementen zu verdauen. Besser sind vier Elemente, um sie wahrzunehmen und eventuell auch zu verstehen. Also: Bild, Headline, Copy, Logo. Wenn es ganz hart kommt, vielleicht noch ein Claim. Sie müssen das hier (deutet auf die Anzeige) alles als Element sehen, wenn Sie die Farbe wechseln, wenn Sie den Schriftgrad wechseln. Ich zähl mal: 1 – 2 – 3 – 4 – 5 – 6 – 7 – 8 – 9 – 10 – 11 – 12 – 13. Es sind 13 Elemente. Damit ist die Anzeige tot für die Aufmerksamkeit der Menschen, die sie lesen sollen. Erschwerend kommt hinzu, dass hier zwei relativ gleichwertige Headlines stehen. Das heißt: Wo soll mein Auge hingehen? Das weiß ich nicht. Ich muss ja den Leser führen »Jetzt ins Highspeed-Internet starten! DSL-Stichtag 31.12. 2001 – steigen Sie jetzt ein und sparen Sie. « Hier ist wieder das uralte Problem: der Macher, beziehungsweise der Auftraggeber kann sich nicht entscheiden, was wichtig ist. Im Grunde eine leichte Übung. Das Interessanteste ist für mich, der so eine PC-Kiste hat, die Kohle. Nur die Kohle! DSL-Zugang oder DSL-Stichtag interessieren mich erst dann, wenn die Kohle stimmt. Es geht allein darum, dass ich ins DSL rein komme und dabei spare. MIT 1 & 1 BEIM DSL 135 EURO SPAREN. Das wäre es gewesen. So einfach. Also Ziel nicht erreicht. Jetzt schauen wir uns mal den Bildersalat an. Da ist ein Mensch, dann noch eine Weltkugel und schließlich noch eine Website. Dazu steht deren dickes Logo. Außerdem DSL und hier noch mal klein: bis zu 768 kbit/s. Ich weiß nicht, was der ganze Müll soll. Ich denke mal, dass es der Firma schlecht geht. Ist sie eigentlich noch am Neuen Mark notiert? ICH WEISS ES NICHT. DIE KAMPAGNE LIEF VON DEZEMBER BIS ZUM MAI 2002. ALSO, WENIG GELD KÖNNEN SIE NICHT HABEN. WARUM MACHEN

KUNDEN SOLCHE WERBUNG? Das Problem ist, diese Internet-Firmen sind Zucchinis. Zucchinis wachsen wie die Irren. Wenn Sie Zucchinis im Garten pflanzen, die sprießen völlig unkontrolliert. Diese Firmen sind genauso unkontrolliert gewachsen. Und zwar gepusht von der allgemeinen Entwicklung und einer von den Banken gemachten Euphorie. Deshalb haben sich diese Kürbis-Firmen um die Regeln der Kommunikation überhaupt nicht gekümmert. Das sieht man. Die Anzeige hat irgendein Techniker vorgebastelt, und der hat dann auch noch eine dumme Agentur gefunden, die das umgesetzt hat. Zum Beispiel: diese Schriftzeile mit 120 Anschlägen! Das darf nicht sein. Diese Anzeige steht doch im Stern. Und aus dem redaktionellen Teil müssten die doch entnehmen, dass der Stern 40 Anschläge pro Zeile hat. Jetzt kommen die mit ihrer Reklame, die keiner sehen will, und verlangen vom Leser, dass er einen Text liest, der ihn zwingt, von 40 auf 120 Anschläge umzudenken. Das geht nicht. Das sind so ganz einfache Dinge. Die haben das alles nicht begriffen. Aber das liegt daran, dass sie es nicht besser können. KANN MAN DENEN HELFEN? KÖNNEN SIE SICH VORSTELLEN, DASS SIE HINGEHEN UND DIE ÜBERZEUGEN – SCHRITT FÜR SCHRITT. Nö. Die sagen mir: Wir machen alles richtig. Die Anzeige kostet ja so 50.000 Euro. Jeder, der für 50.000 Euro eine Anzeige im Stern schaltet, der ist überzeugt, dass die richtig ist. Und wenn jetzt irgendein kleines Arschloch – ob der nun Reins oder Siemes heißt – daherkommt und ihm sagt: Hör mal zu, das ist eine Anzeige, in der sind ungefähr 20 Fehler, dann sagen die: Du hast doch keine Ahnung. Oder im Zweifelsfall: Meinen Sie, wir wollen Ihren langweiligen ADC-Scheiß haben? Die glauben tatsächlich, der Schwachsinn funktioniert. WARUM? Die sind so überzeugt, dass sie nicht mehr wissen, wovon. Weil sie ja auch sehen, dass sich so was verkauft. Das ist das Prinzip des Sonderangebotes, das angeblich immer funktioniert. Wobei Sie nicht ganz Unrecht haben: Jeder Mensch kauft gerne Teures billig. JA, DAS SIEHT MAN AN ALDI. Aldi. Das ist keine Werbung. Die hauen einfach die Seite mit Preisen voll. WIE DER FAHRPLAN DER BUNDESBAHN. Richtig. Das liegt halt daran, dass die in einem Umfeld und in einer Zeit gewachsen sind, wo sie es gar nicht nötig hatten, irgendwie über Kommunikation nachzudenken, weil ja alles lief. Und alles rannte. Auch 1 & 1 standen ja mal ganz dick da an der Börse – wie alle Intenetfirmen – so mit 140 Euro. WIE WÜRDE MAN ALS AGENTUR ZU DENEN GEHEN, UM SO ETWAS ZU VERHINDERN? WAS WÜRDE MAN SAGEN? GIBT ES EINE MÖGLICHKEIT, MIT DENEN BESSERE WERBUNG ZU MACHEN? Jetzt haben sie wohl kein Geld mehr. KANN MAN MIT KUNDEN BESSERE SACHEN MACHEN, WENN ES DEM KUNDEN SCHLECHT GEHT? Mit manchen wohl. Aber es ist leichter, mit Kunden gute Werbung zu machen, denen es gut geht. Weil sie nicht so viel Angst haben. Zurzeit aber haben alle die Hosen voll. WENN ES SO WÄRE, WÜRDE ES JA BEDEUTEN, DIE REZESSION WÄRE GUT FÜR DIE WERBUNG. DANN WÜRDEN KUNDEN JA ZUR EINSICHT KOMMEN. IST DAS SO? Leider nicht. Von der Logik her wäre es richtig, dass Leute, denen es schlecht geht, das nicht nur auf die allgemeine Marktlage zurückführen, sondern sich auch mal selbst fragen: Hab ich auch dazu beigetragen – ist das vielleicht ein bisschen hausgemacht? Das werden einige weniger sicher tun. Nur, wenn die dann zu einer guten Agentur gehen und bekommen Anzeigen, die ganz einfach und klar sind, gibt's die Krise: Die Anzeige sieht ja völlig arm aus, weil so wenig drauf ist: Verschenken wir für die 50.000 Euro nicht unheimlich viel Platz? Also, ich glaube, diese Leute können sich nur retten, indem sie irgendeinen neuen, ganz irren Marketingmann bekommen, der sagt: So sind wir nicht weitergekommen, so ist unsere Konkurrenz nicht weitergekommen, jetzt kratzen wir mal das Geld zusammen und versuchen es noch einmal. Aber das wird heute keiner tun. Der Sohn des 1 & 1-Vorstands findet die Anzeige möglicherweise gar nicht so furchtbar. Also bleibt sie, bis die Firma tot ist. Dass die Regeln der Wahrnehmung auch für junge Leute gelten, ist in diesem Moment unwichtig. NORMALERWEISE WÜRDE MAN SAGEN, WENN ES DEN KUNDEN SCHLECHTER GEHT, MÜSSTEN SIE DEN MUT HABEN, ETWAS ZU UNTERNEHMEN. WARUM IST DAS NICHT SO? Weil es noch ziemlich lange dauert, bis sich das durchsetzt. Das war ja das Tolle an den

Engländern. Denen ging es mal wirtschaftlich richtig dreckig. Ende der 70er, Anfang der 80er – da ging es denen wie Sau. Irgendwann sind dann aus dieser Krise heraus plötzlich wunderbare Kampagnen entstanden. Das ist möglicherweise auch hier eine Chance, aber dafür geht es den Leuten immer noch nicht schlecht genug. **HOLGER JUNG HAT GESAGT: WIR MÜSSEN ERST EIN DRITTE-WELT-LAND WERDEN, DANN WÜRDE ES BEI UNS WIEDER LOSGEHEN. WIE SEHEN SIE DAS?** Na, vielleicht muss es nicht so extrem kommen. Aber wir müssen da hin, wo Usbekistan heute ist. Die haben ja wenigstens noch Öl, das haben wir nicht. Uns muss es so dreckig gehen, dass irgendwann mal ein paar Leute sagen: Jetzt haben wir es seit Jahren mit unseren alten Hüten versucht. Wir sollten uns mal neue Hüte aufsetzen. Das Problem ist nämlich, dass alte Hüte keinen Spaß machen. Die deutsche Wirtschaft wird von senilen Beckmessern regiert. Weil die keinen Spaß in ihren Jobs haben, dürfen auch die Verbraucher keinen Spaß haben. Ein schönes Produkt zu kaufen macht den Menschen Freude. Wir von der Werbung sind zuständig für die Vorfreude. Aber wo ist in der deutschen Werbung die Vorfreude? Der Holger Jung hat Recht, wir müssen noch tiefer in der Scheiße stecken, um uns über eine Eiswaffel, einen Blumenstrauß oder ein schönes Plakat wieder freuen zu können. Ein bis zwei Jahre noch. **NUR NOCH ZWEI JAHRE?** Ja. **DAS IST JA EINE OPTIMISTISCHE AUSSAGE. NÄCHSTE FRAGE: WANN GEHT BEI IHNEN BEI DER ARBEIT DIE ROTE LAMPE AN?** Ich habe bei der Arbeit keine rote Lampe. Aber manchmal ein Gefühl, das mir sagt: »Du bist jetzt auf deinem untersten Niveau. Normalerweise müsstest du dich schämen. Nur, bei diesem Kunden ist einfach nichts Besseres möglich. Schließlich musst du deine Miete bezahlen und willst einmal im Monat ordentlich leben. Also sei nicht so pingelig. Ich verrate Ihnen jetzt mal das Größte und Wichtigste überhaupt, weswegen ich 37 Jahre überlebt habe. Und das hat auch mit Qualität zu tun. Ich habe ungefähr zehn Jahre gebraucht, um da hinzukommen. Ich arbeite heute in erster Linie nur noch für mich. Das heißt, ich sitze da und ich schreibe einen Text oder ich überlege mir eine Kampagne und denke: Ich weiß nicht, ob der Kunde sie nimmt. Wäre schön, wenn es erscheint. Die erste Instanz bin ich selbst. Die zweite sind die Menschen, für die ich es mache. Also ich frage mich, nachdem ich mich gefreut habe über eine Headline oder über eine Idee: Wie ist das bei den Leuten, die davor stehen? Werden die sagen: wie blöde oder wie komisch? Erst dann kommt der Kunde. Das heißt, ich gucke mir das an, denke mir: Gut. Hast was Gutes gemacht, und das wird den Menschen Freude machen. So. Und wenn es jetzt nicht genommen wird, weil es von einem Meffert-Schüler oder einem Rüpel-Kröll-Nachfolger beurteilt wird, dann kassiere ich das Geld und sage mir: Hast Pech gehabt, aber etwas Gutes gemacht. Der Kunde hatte seine Chance, und ich hatte meinen Spaß. Ich glaube, das sollten alle Kreativen tun. Nicht überlegen: was will der Werbeleiter oder was sagt Frau Vorstand dazu? Sondern erst mal für sich arbeiten, damit sie sich am Abend sagen können: Da habe ich gut gemacht. Und natürlich immer dabei an die Menschen denken, die es sehen und vielleicht sogar lesen sollen. **ALSO SICH SELBST ERST MAL ALS ZIELGRUPPE SEHEN: GEFÄLLT ES MIR, SPRICHT ES MICH AN?** Das ist das absolut Wichtigste. Wenn ich mich als Instanz nehme, als Kriterium, dann kann ich ja gar nicht unter meinem Niveau arbeiten. Das heißt, es fällt mir sofort auf, wenn ich drunter bin. Nur geht bei mir aber keine rote Lampe an, aber ich habe leichte Bauchschmerzen und sage: verdammt noch mal, war nicht mehr Zeit? **SIE HABEN VORHIN SCHON GESAGT, DASS SIE JEMAND SIND, DER AM ANFANG GANZ VIEL INFORMATION AUFSAUGT, FRAGEN STELLT, MIT DEN TECHNIKERN SPRICHT. GIBT ES SONST NOCH EINE METHODE?** Ja, das ist Querdenken. Stellen Sie sich vor, ich muss für ein Bier werben – ohne Produktvorteil – dann heißt es Querdenken: Ich gebe das Bier jemandem in die Hand, der damit überhaupt nichts anfangen kann. Oder ich gehe damit in eine Gegend, wo es nicht hingehört. Oder wo ich dafür bestraft werde. Oder ich nehme die Flasche und gieß das Bier in ein Sektglas. Also: Querdenken heißt einfach, sich von der Aufgabe lösen und rumspinnen. **TUN SIE DAS BEWUSST ODER SIND SIE SO?** Das mach ich automatisch. Ich vergleiche das immer mit dem Autofahren. Wenn Sie gerade den Führerschein bekommen haben, dann machen Sie alles zwanghaft. Aber so nach einem halben Jahr denken Sie gar nicht mehr: wo ist der Gang, wie muss ich das machen. Genau so ist es beim Querdenken. Das sind die beiden Sachen: Hinschauen, was passiert um mich herum. Und wenn ich nicht mehr weiter weiß mit meinen Produktbildern und meinem Erlebnisbildarchiv, dann schmeiße alles durcheinander, stelle mich an den Südpol und warte, was dabei rauskommt. GIBT ES RITUALE BEI IHNEN? GIBT ES EINEN STIFT, DEN SIE HABEN MÜSSEN, ODER EINE SPEZIELLE MUSIK, DIE SIE HÖREN MÜSSEN? Es gibt kein Ritual, sondern eine Methode. Wenn ich einen Text schreiben muss wie diese Klinkentexte, dann setze ich mich nicht hin und schreib den runter. Das kann ich nicht. Sondern ich setze mich morgens hin und überlege mir: wie kann der ablaufen? So mache ich es eigentlich mit jedem Text. Wenn ich morgens gefrühstückt habe, dann gucke ich als erstes die Börsenkurse und dann bin ich erst mal frustriert. Danach überlege ich mir: Was musst du heute machen, außer frustriert sein? Also dieses und jenes schreiben. Dann setze ich mich aber nicht hin und fange an zu dichten, sondern ich schaffe im Kopf einen Ablauf. WAS MAN FÜR EINE GESCHICHTE BRAUCHT? Ja, eine Geschichte. Ich hab den Text zwar noch nicht Wort für Wort, aber im Grunde genommen steht er schon. Manchmal brauche ich sehr lange. Also, wenn ich so zack ran muss, ins kalte Wasser, dann fehlt mir die Zeit. Dann schreib ich drauflos und merk nach einem Drittel: ich komm überhaupt nicht mehr weiter. MAN MUSS VORNE WISSEN, WO MAN HINTEN LANDET. Ja. Eben. ES GIBT JA DEN SCHÖNEN SATZ IN DEUTSCHLAND: ICH GEHE MIT EINER SACHE SCHWANGER. SCHREIBEN SIE GLEICH IN DEN COMPUTER? ODER ERST MAL VORHER AUF PAPIER? Ich schreibe alles in den Computer. Früher hab ich gedacht, ich könnte ohne meine alte IBM nicht leben. Aber der Computer erlaubt mir, sofort einen neuen Gedanken schwarz auf weiß zu sehen. Alle drei bis vier Minuten lese ich den Text runter. Und irgendwann schaffe ich es, ihn zu Ende zu schreiben. Dann fehlt nur noch der kleine Kick, der Abbinder. Der dauert dann wieder etwas länger. WENN SIE ZWEI WOCHEN ZEIT HABEN FÜR EINE AUFGABE, SIND SIE DANN JEMAND, DER KONTINUIERLICH ARBEITET, ODER BRAUCHEN SIE DIESE PANIK ZUM SCHLUSS? Wenn ich zwei Wochen Zeit habe, mache ich zunächst eine Art Situationsanalyse: Was ist da überhaupt möglich? Wie könntest du das überhaupt angehen? Kann sein, dass man dabei manchmal sogar schon eine Idee hat. Trotzdem warte ich erst einmal ein paar bis mehrere Tage. Und wenn es dann schon ein bisschen drängt, kommen diese berühmten Vormittage und das alte GGK-Prinzip. WIE GEHT DAS? Ich nehme einen Block und schreib auf: 1. Das Bier wird nur von schrillen Tunten getrunken. 2. Eine Bier-Kampagne, die nur in Gasthäusern stattfindet. 3. Stammtischrunden, die grölen und lachen. 4. Biertrinkende Vereine aller Art. Und so weiter. Alle Ansätze schreibe ich mir auf. A 4 reicht. Und wenn ich dann so acht oder neun Punkte beisammen habe, reiß ich das Blatt ab und schreibe die Ansätze noch einmal auf. Und jedes Mal kommt etwas Neues hinzu. WANN KOMMT DER ART DIRECTOR DAZU? Erst wenn ich was habe. Das Gleiche erwarte ich vom Art Director. Es gab und gibt ganz wenige Art Directoren, mit denen ich mich zusammensetzen konnte und da kam auch gleich Gutes raus. Dieses seltene Exemplar war Theophil Butz. Wir haben uns bei der GGK morgens hingesetzt und hatten am Abend 12 oder 14 Anzeigen. Davon sind dann acht durchgegangen und sechs vom Kunden genommen worden. Trotzdem habe ich es lieber, dass jeder sich erst mal selbst Gedanken macht, und dass wir das dann zusammen in einen Korb werfen und gucken. HARTWIG KEUNTJE NENNT DAS DAS AKKORDEONSYSTEM: MAN SITZT ZUSAMMEN UND GEHT WIEDER AUSEINANDER. Das finde ich das Beste. Wenn der eine nix hat und der andere hat viel, dann läuft es darauf hinaus, dass derjenige, der möglicherweise am schnellsten denkt, die ganze Sache dominiert und kritiklos wird bzw. Kritik nicht annehmen kann. Ich finde es furchtbar, wenn ich dominiere, wenn ich alles sagen muss. Ich will keine Kampagne alleine machen. Ich finde, von einem AD muss viel kommen. ICH FINDE ES AM SCHLIMMSTEN, WENN

»Der Kunde hatte seine Chance, und ich hatte meinen Spaß.«

MAN ZUSAMMENSITZT UND SAGT: JETZT WOLLEN WIR UNS MAL EINE KAMPAGNE ÜBERLEGEN, LASS UNS MAL ZUSAMMEN BRAINSTORMEN. Das ist in der Tat furchtbar. Beim Brainstorming stormt immer nur einer, und der andere sitzt hilflos herum. Brainstormings in großen Gruppen – das ist das Tödlichste überhaupt. Das habe ich hundertmal erlebt. Da werden dann besonders die Kleinen platt gemacht. Das Schlimmste beim Brainstorming ist der Obermacker. Das war bei Wolf Rogoski so. Der hat die Brocken nur so in den Raum geworfen, sodass ich, als ich bei GGK anfing, gedacht habe: du wirst nie was. Warum ist der so gut? Dann hat mir seine Sekretärin gesagt: Mach dir nichts draus, der hat schon 14 Tage drauf gearbeitet und hat auch schon einen Texter draufgesetzt. WIE WICHTIG UND ERNST SOLLTE EIN JUNGER TEXTER AM BEGINN SEINER KARRIERE AUSZEICHNUNGEN UND WETTBEWERBE NEHMEN? Sehr wichtig. Gut, wenn er jetzt nur verzickt auf Auszeichnungen aus ist, dann schafft er es nie. Aber wenn er die Methode anwendet, für sich zu arbeiten, und an die Menschen denkt, für die er arbeitet, dann kommt das Lob in Form von Medaillen und Auszeichnungen zwangsläufig. ICH FINDE, WENN MAN MAL APPLAUS GEHÖRT HAT, WIRD MAN SÜCHTIG. DANN WILL MAN DAS WIEDER HABEN. DAS IST EIGENTLICH DER ANTRIEB, DASS MAN IMMER NACH OBEN WILL. Das ist wahr. LETZTE FRAGE: HABEN SIE KINDER? Ich habe einen Sohn. IST DER ZU IHNEN GEKOMMEN UND HAT GESAGT: ICH WILL WERBETEXTER WERDEN? Nie und nimmer. WENN ER GEKOMMEN WÄRE, WAS HÄTTEN SIE DANN ZU IHM GESAGT? Überleg dir das gut, Junge. Ich kann dich nicht hindern, aber ich werde es dir auch nicht raten. WARUM NICHT? Das hing mit seinen Neigungen zusammen, weil er einfach nicht der Reklame-Typ ist. Er ist zwar witzig, das musste er sein, um sich gegen den Alten durchzusetzen. Aber unsere Branche war ihm ziemlich zuwider. Er hat Physik studiert und ist jetzt bei Sun Microsystems Projektmanager oder so was Ähnliches. Wenn die Sparkasse auf Sun umstellen will oder eine Bank oder ein Unternehmen, dann fährt er hin und sagt, dass Microsoft das System der Opas ist. DAS HEISST: WERBETEXTER KÖNNEN NICHT DAS WERBETEXTEN VERERBEN? GIBT ES ÜBERHAUPT BEISPIELE, WO DER VATER DEM SOHN DAS WEITERGEGEBEN HAT? Ja. Wolf Lommel. Sonst würde mir keiner einfallen. Kann sein, dass die Jungen geschockt sind vom Leben der Alten, die kaum zu Hause sind, weil sie sich in der Agentur durch die Nächte quälen müssen. Oder weil der Alte ein junges Talent durchvögelt, um sein Ego wieder aufzubauen. Erst kriegt er vom Kunden was auf die Fresse. Danach von der Alten, weil er sich um nichts kümmert. Das hält keine Ehe aus. So viele kaputte Ehen wie in der Werbung gibt es sonst nirgendwo. Unter Kreativen noch weniger. Vielleicht vererbt sich die vermeintlich kreative Gabe deshalb nicht, weil es für die Kinder so abschreckend ist, wenn man einen Vater hat, der Texter oder Art Director ist. Ich hab das alles erlebt. SIE HABEN ES WENIGSTENS GEHABT. Ich hab's gehabt. ANDERE HABEN'S NIE GEHABT. Und es gibt viele, die haben's jetzt und können nichts mehr damit anfangen.

Kurzvita

Jahrgang 1940.

Seit 38 Jahren Texter.

DR. SPECHTS WERBESLOGANS

Herr Dr. Specht kann Werbetexte,
vor allem Slogans nicht ertragen,
weil diese wie verbale Äxte
den Menschen auf die Köpfe schlagen.
Jetzt will er den Beweis erbringen:
Man kann auch Werbeslogans schreiben,
die wie normale Sprache klingen,
und nicht so schamlos übertreiben.
Sogleich versucht er sich an Banken,
die allen Menschen drohend sagen,
sie würden ohne Bank erkranken
und bald am Hungertuche nagen.
Herr Specht denkt an die kleinen Sparer.
Doch schreibt er, ohne es zu wollen,
die Slogans immer sonderbarer:
Wie Bänker sprechen – so geschwollen.
Schon bald ist er bei Toprenditen,
tritt auf als Plusdepot-Verwalter,
will jungen Sparern Wohlstand bieten
und Sicherheit bis hoch ins Alter.
Zuletzt klingt alles nur noch schmierig.
Er lässt die Slogans Slogans bleiben
und denkt bei sich: »Nichts ist so schwierig,
wie ernsthaft dummes Zeug zu schreiben.«

Reinhard Siemes

»Ich nenn' es den It-Faktor.«

Interview mit André Kemper, Springer & Jacoby

Armin Reins ANDRÉ, WIE BIST DU EIGENTLICH TEXTER GEWORDEN? **André Kemper** Ich bin das lebende Beispiel dafür, wie unser Bildungssystem versagt. In diesem System findet ein individuelles Eingehen auf Talent und Stärke praktisch nicht statt. Und so stand auch ich mit 18 Jahren ziemlich planlos vor dem Haupteingang meiner beruflichen Zukunft. Dass ich am Ende meinen Traumberuf gefunden habe, verdanke ich der HÖRZU. Dort machte ich nämlich zu jener Zeit ein Praktikum im Ressort »Rätsel & Witze«. Irgendwann haben die mich gefragt: »André, was willst du eigentlich einmal machen?« Ich antwortete: »Eine betriebswirtschaftliche Ausbildung.« Ein Lachen ging durch das Ressort »Witze« und man gab mir die dringende Empfehlung, es in einem kreativen Bereich zu versuchen, z. B. in der Werbung. Über einen Tipp meines Vaters bin ich dann in einer Direktmarketing-Agentur gelandet, einer Tochter der BBDO. So ist es dann langsam losgegangen. WIE HAST DU DIR DAS LEBEN UND WIRKEN EINES WERBETEXTERS VORGESTELLT? Zuerst denkt man natürlich: Kann ich formulieren? Habe ich Sprachgefühl? Heute weiß ich: Im Leben eines Texters zählt vor allem das Talent, neu und überraschend zu denken. Schauen wir uns doch einmal die erfolgreichen Kampagnen von heute an: Einfach, kraftvoll, plakativ. Vor allem bei Anzeigen und Plakaten geht der Trend ganz deutlich in Richtung »Ein Bild, eine Botschaft«. Werbetexter sollten sich also vielmehr als Werbekreative verstehen, die in der Lage sind, komplexe Briefings in einfache und überraschende Werbeideen zu übersetzen. Wirksame Werbung ist Kreativität unter strengen Rahmenbedingungen. DU BIST JA IN DEINEM LEBEN EINIGEN SEHR GUTEN TEXTERN BEGEGNET. HATTEST DU DAS GEFÜHL, DASS BESONDERS GUTE TEXTER BESONDERE CHARAKTERLICHE MERKMALE HABEN? Die großen Kreativen, die mir begegnet sind – und das sind Damen und Herren –, könnten unterschiedlicher nicht sein. Jedoch eine besondere Charaktereigenschaft zeichnet alle aus: Sie strahlen in dem, was sie tun, eine gewisse Besessenheit aus. Man kann es kaum beschreiben, aber man kann es fühlen, wenn man mit ihnen zusammenarbeitet. In der Umgebung dieser Menschen ist das Team immer ganz besonders motiviert – man gibt sich nie zufrieden und bleibt bei allem Erfolg immer selbstkritisch. Bei den ganz Großen kommt dann noch etwas anderes dazu. Ich nenne es den It-Faktor. Dieser It-Faktor zieht Erfolg und gute Leute magisch an. Es ist dieses ganz besondere Charisma, das zum Beispiel einem Konstantin Jacoby oder Jean-Remy von Matt mit in die Wiege gelegt wurde – beide sind vollkommen anders, aber beide haben den It-Faktor. WENN MAN SICH ENTSCHLIESST, ALS JUNGER MENSCH TEXTER ZU WERDEN, WAS SOLLTE MAN DANN FÜR FÄHIGKEITEN IM RUCKSACK HABEN? Es ist letzten Endes genau wie beim Tennis oder Fußball: Kommerzielle Kommunikation herzustellen ist eine Talentsportart. Was heißt, wenn du erfolgreich sein willst, brauchst du Begabung und Wille, Wille, Wille. Oder anders formuliert: 10 % Inspiration und 90 % Transpiration. Darum sollte man auch bremsende Kräfte wie z. B. Büro-kratie und Politik von einer Werbeagentur fern halten – schließlich ist der kreative Prozess anstrengend genug. Ein guter Texter stellt schwierige Aufgaben auch nicht automatisch in Frage, sondern sieht vor allem die spannende Herausforderung, die sich stellt. Und bitte: Niemals, niemals aufgeben. Selbst den internationalen Superstars unserer Branche fällt oft tagelang nichts Prickelndes ein – und der ganz große Wurf gelingt ohnehin nur selten. Wenn man es dann aber geschafft hat, ist man der glücklichste Mensch der Welt. Ein Löwe in Cannes, eine Goldmedaille beim ADC entschädigt für alles – unendlich viel Arbeit, zermürbende Präsentationen und Kunden, die nicht immer so wollen wie man will. Der Boxer Ali ist für uns Texter übrigens ein fantastisches Vorbild: Er konnte einfallsreich und überraschend austeilen – aber auch wie kaum ein anderer einstecken. ICH WÜRDE VON DIR GERNE EINMAL HÖREN, WAS FÜR DICH EIN GUTER TEXT IST. Leonardo da Vinci hat etwas sehr Schlaues gesagt: »Ein Bild ist nicht dann vollkommen, wenn man nichts mehr hinzufü-gen kann, sondern dann, wenn man nichts mehr hinwegnehmen kann.« Ich glaube, das Gleiche gilt auch für einen guten Text. Je kürzer ein Text ist, desto besser. Auch wichtig: Es gilt nicht, gut zu formulieren, sondern so zu sprechen, wie einem der Schnabel gewachsen ist. Was zählt, sind die Gedanken. Nicht der Satzbau bewegt, sondern neue, originelle, scharfe Gedanken. Textfluss und Rhythmus sind beiläufiges Handwerk. So, als wenn man eine Madonna schnitzt und am Ende vielleicht hier und da noch ein bisschen schmirgelt. Schmirgeln kann fast jeder. Aber eine vollkommene Madonna zu schaffen, die Proportionen richtig hinzukriegen, das ist dann das Außergewöhnliche. Für einen wirklich originellen Satz brauche ich oft Tage – für ein paar fließende Seiten nur wenige Stunden. **HAST DU DAS GEFÜHL, DASS KUNDEN GENAUSO ÜBER TEXTE DENKEN? WAS ERWARTEN KUNDEN VON GUTEN TEXTEN?** Kunden interessieren sich nicht wirklich für Texte. Sie interessieren sich für kraftvolle Ideen – eine Headline, eine Bildidee, ein ungewöhnlicher TV-Plot. Ich habe noch nie einen Pitch mit einer schönen Formulierung gewonnen – mit einem »schönen« Text. Anders ist das bei Katalogtexten für ein erklärungsbedürftiges Produkt. Z. B. Automobile, Computer oder Kameras. Da geht es darum, mit einfachen, klaren Worten die Technik, das Produkt, den Nutzen zu vermitteln. Da sind PM-Qualitäten gefragt. Peter Mosleiters interessantes Magazin. Junge Texter können viel von diesem Blatt lernen. Es zeigt nämlich, dass man selbst komplexe, komplizierte Zusammenhänge ganz einfach sagen kann. Ein guter Texter ist auch immer ein guter Vereinfacher. Sonst würde Dichtung ja auch nicht Dichtung heißen, sondern Blähung. **DU HAST TATSÄCHLICH DAS GEFÜHL, DASS FÜR KUNDEN TEXTE IMMER UNWICHTIGER WERDEN?** Ja. Ich beurteile eine Anzeige und einen Film nicht nach seinem Text, sondern nach seiner Idee. Immer mehr Kunden tun das auch. Die meisten Anzeigen haben zwar immer noch einen Text. Ich habe jedoch das Gefühl, dass dieser Text oft nur eine Art Sicherheitsleine ist, weil man der eigentlichen Botschaft und Überzeugungskraft seiner Anzeige nicht traut. Solche Sicherheitsleinen-Texte machen Anzeigen oft nur langsamer und unattraktiver. Was nicht heißt, dass Copys grundsätzlich falsch sind. Wenn die Idee der Anzeige begeistert, und man hat zudem noch etwas wirklich Interessantes zu sagen, dann macht eine Copy durchaus Sinn. Die meisten Copys sind jedoch banal, sie addieren nichts Neues dazu. Schlimmer noch: Sie versuchen die Anzeige zu erklären. Erfolgreiche Anzeigen konzentrieren sich immer auf nur EINE Botschaft. Und diese Botschaft muss über Bild oder Headline verstanden werden – schnell, einfach und begeisternd. Ist das nicht der Fall, wird keine Copy dieser Welt den Misserfolg der Anzeige verhindern. **WIE ÜBERZEUGST DU KUNDEN DAVON?** Ich sage: »Wenn du ein mutiger Kunde bist, dann überlade deine Anzeige mit sinnloser Copy. Wenn du ein vorsichtiger Kunde bist, dann tue es nicht.« **WIE SOLLEN WIR DAS VERSTEHEN?** Alles, was eine Anzeige langsam und weniger plakativ macht – z. B. sinnloser Text oder mehrere Botschaften –, macht eine Anzeige nicht erfolgreich. Und für so eine Entscheidung braucht man Mut. Glücklicherweise sind unsere Kunden grundsätzlich mit uns auf einer Welle. Sie teilen unseren Glauben an erfolgreiche Werbung. Natürlich streiten auch wir uns heftig und leidenschaftlich, aber wir verschwenden keine Energie mit endlosen Grundsatzdiskussionen. Bevor wir eine Partnerschaft mit unseren Kunden eingehen, klären wir das Grundsätzliche. So glauben wir gemeinsam an die Kraft der Einfachheit und Idee. Und wenn der Kunde dann doch eine kleine Copy wünscht und der Text den Charakter und die Plakativität der Anzeige nicht beeinträchtigt, dann habe ich nichts dagegen. Ich quäle den Kunden nur so lange, bis die Copy Informationen enthält, für die es sich auch wirklich lohnt einzusteigen. **ANGENOMMEN DU HAST ZWEI HEADLINES. DIE EINE IST EINE GUTE HEADLINE, DIE DER KUNDE MIT ZÄHNEKNIRSCHEN NOCH DURCHLASSEN WÜRDE, DIE ANDERE IST EINE WELTKLASSE-HEADLINE, ZU DER DEM KUNDEN NORMALERWEISE DER MUT FEHLEN WÜRDE. WIE SCHAFFST DU ES, DASS SICH DER KUNDE TROTZDEM FÜR DIE ZWEITE ENTSCHEIDET?** Ich glaube grundsätzlich erst mal an langfristige Kundenbeziehungen. Weil in langfristigen Beziehungen so etwas wie Vertrauen und Nähe entsteht. Wenn ein Kunde dir vertraut und du sagst: Hör zu, das ist mir jetzt wirklich wichtig, dann weiß er, dass es dir auch wirklich wichtig ist. Ich glaube,

Anzeige JVC

dass die meisten Kunden eine gute Nase haben – sie spüren, wenn der Partner es ernst meint. Oft entwickelt man in solchen Situationen auch eine besondere Leidenschaft. Dann wird auch der Kunde emotional – das steckt an. Ich glaube, beides zusammen – Vertrauen und diese gemeinsame Leidenschaft für die Sache – bringt den Erfolg in der Zusammenarbeit. Ein Problem in der Abstimmung mit Kunden ist auch, dass beide Seiten oft nicht wissen, worüber man eigentlich redet. Geht es um den grundsätzlichen strategischen Gedanken? Reden wir über die Werbeidee oder »nur« über die Umsetzung, die Exekution? Häufig werden diese Dinge durcheinander gewirbelt. Was dazu führt, dass man den Kunden an einem Bahnhof abholen möchte, wo er gar nicht steht. **ICH ZEIGE DIR JETZT EINE ANZEIGE UND MÖCHTE DICH BITTEN, SIE FÜR MICH ZU ANALYSIEREN. WIE KANN ES ZU SO EINER ANZEIGE KOMMEN?** Dies ist der hilflose Versuch, über ein attraktives Testimonial Aufmerksamkeit für Produkt und Marke zu schaffen. Ohne zu sehen, dass dieses Testimonial im Zweifel überhaupt nichts mit beidem zu tun hat. Die Schlagzeile sagt praktisch nichts über das Produkt – und der Claim »Technologies of Desire« wird in keiner Weise aufgegriffen. Vielleicht weil die Macher selber nicht genau wissen, was damit gemeint sein soll. Die Anzeige wirkt dazu völlig überladen. Ich bin sicher, Kunde und Agentur wollten alles richtig machen – leider haben sie dabei alles falsch gemacht. Aber so etwas kommt in den besten Familien vor. **WÜRDEST DU DAS ALS TYPISCHE REZESSIONSWERBUNG SEHEN, DASS MAN SICH IN DER KRISE SICHERHEIT DURCH WERBUNG MIT PROMINENTEN VERSPRICHT?** Ich kenne nicht die treibende Kraft hinter dieser Anzeige. Vielleicht wollte man auf Nummer sicher gehen – nach der Devise: Ich habe einen großen Star, ich habe ein großes Logo, ich zeige mein Produkt groß und sage, dass ich der Größte in Europa bin. So, lieber Vorstand, jetzt sage mir bitte, was ich verkehrt gemacht habe. Werbung, die etwas bewegen will, funktioniert anders. Bewegen heißt nicht die zweite Stelle hinter dem Komma. Bewegen heißt: Einstellungen ändern, Verhalten ändern, Begeisterung auslösen, Trends machen usw. Natürlich führt uns die Rezession täglich in Versuchung, den gewohnten, sicheren Pfaden zu folgen. Aber das ist falsch. Kraftvolle, effiziente Kommunikation betritt immer Neuland – neue Ideen, neue Gedanken, neue Perspektiven. Mein Partner Konstantin Jacoby hat dazu kürzlich gesagt: Gerade in dunkleren Zeiten kann man mit kraftvollen, hellen Ideen viel bewegen. **WENN NUN DIESER KUNDE ZU DIR KÄME UND MIT S&J ARBEITEN MÖCHTE, WAS WÜRDEST DU IHM SAGEN? WÜRDEST DU IHN UMERZIEHEN?** Umerziehen klingt nach Straflager. Ich mag diesen Begriff nicht. Außerdem kommt dieser Kunde sicher, weil er gemerkt hat, dass er mit dieser Anzeige nicht wirklich erfolgreich sein kann. Die meisten Kunden, die mit uns eine Partnerschaft eingehen, wünschen sich eine einfache, einfallsreiche Werbung. Sie sind somit unsere Glaubensbrüder. Und sicher – es gibt hier und da auch einmal Probleme. Lassen sich diese Probleme nicht aussortieren, muss man sich halt wieder trennen. Zum Glück ist Springer & Jacoby so unabhängig und konsequent, diesen Schritt dann auch einmal von sich aus zu tun. So wie uns die Marken unserer Auftraggeber am Herzen liegen, so liegt uns natürlich auch die eigene Marke am Herzen. Was heißt: Wir sind verantwortlich für die Produkte, die aus unserem Hause kommen – werden diese Produkte unserem Anspruch nicht gerecht, schadet das am Ende auch der Marke Springer & Jacoby. Was sich ziemlich schnell sehr negativ auswirken würde: Bei Pitches, bei bestehenden Kunden und vor allem auch bei unseren Mitarbeitern.

»Ich nenn' es den It-Faktor.«

WIE WICHTIG IST DIR DAS THEMA »MARKE«. Marken faszinieren mich. Eine Marke zu kreieren, eine Marke zu entstauben, eine Marke erfolgreich zu führen – für mich ist das der eigentlich spannende Teil meiner Arbeit. Eine Marke setzt sich über alles Kurzfristige hinweg; sie ist das wertvollste Kapital eines Unternehmens. Nichts und niemand in einem Unternehmen ist wichtiger als die Marke. Die Marke und ihr Versprechen bestimmen den Kurs. Ich habe das große Glück, für große erfolgreiche Marken zu arbeiten. Und es macht wirklich Spaß zu sehen, wie viel man in einem Unternehmen bewegen kann, wenn man eine Marke schwungvoll und inspiriert führt. DAS VERLANGT ABER WOHL, DASS DER TEXTER ODER WIE DU SAGST, DER WERBE-KREATIVE EIN STRATEGISCH DENKENDER PARTNER SEIN MUSS? Nicht unbedingt. Aber man sollte schon eine Marke vollkommen begriffen haben, bevor man mit der Kreation beginnt. Erfolgreiche Werbung ist immer ein Paket-Erfolg. Eine Idee kann noch so neu und verblüffend sein – wenn sie den Kern der Marke verfehlt, geht der Schuss vorbei. Das ist wie in der Formel 1 – erst das perfekte Zusammenspiel aller Komponenten bringt die Pole-Position. Aber keine Angst: Man kann nicht gleich alles können. Moderne Kommunikation ist ziemlich komplex; was heißt: Neues Denken ist gut – ohne Erfahrung geht es aber nicht. HABEN SPEZIALISTEN AUSGEDIENT? Nein, Spezialisten sind wichtig. Denn sie treiben auf ihrem Gebiet die Entwicklung voran. Ein Art Director, der sich mit voller Leidenschaft nur auf Art Direction konzentriert, macht sicher das bessere Layout als einer, dessen Aufgabe es ist, alle Komponenten perfekt miteinander zu vereinen. Jeder Kreative sollte konsequent seinem Talent und seiner Leidenschaft folgen. Der eine ist halt der geborene Spezialist, und der andere hat die Begabung, mehrere Disziplinen zu koordinieren und zu beherrschen. AUFFÄLLIG, DASS DIESE LEUTE OFT URSPRÜNGLICH TEXTER WAREN. Das ist richtig. Texter haben oft eine Begabung für den strategischen Bereich. Oft sind sie es auch, die dem Kunden unsere Arbeit verkaufen. Was nicht heißt, dass ein Art Director nicht in der Lage wäre, einen genialen strategischen Einfall zu haben, oder das Zeug hat, Agenturchef zu werden. MICH WÜRDE INTERESSIEREN, WIE DU ES VERMEIDEST, DASS IHR GELEGENTLICH UNTER DER KREATIVEN MESSLATTE HINDURCHLAUFT. Auch wir schaffen nicht bei jedem Sprung die gewünschte Höhe, zumal die Latte jedes Jahr höher liegt. Dazu kommt: Springer & Jacoby hat in Deutschland mittlerweile 500 Mitarbeiter – da kann man nicht jeden Sprung im Auge behalten. Aber S & J hat Instrumente, die uns helfen, die Gesamt-Performance der Agentur auf einem Top-Level zu halten. WÜRDEST DU SIE UNS BITTE VERRATEN? Unsere Agentur managen wir über 7 Buchstaben. 3 Buchstaben sagen uns, wie wir arbeiten wollen. Es sind unsere 3E – sie stehen für einfach, einfallsreich und exakt. Die anderen 4 Buchstaben sagen uns, ob wir unsere Sache gut machen. Es sind die 4K – sie stehen für Kunde, Kreation, Kultur und Kasse. Für jedes K haben wir Kontrollinstrumente, die uns präzise sagen, wo es läuft und wo nicht. Du siehst, es ist ziemlich einfach, Chef von S & J zu sein. DAS HEISST, SO EINE ANZEIGE KÖNNTE BEI EUCH NICHT ENTSTEHEN? Die kann entstehen, aber sie würde nicht lange überleben. Und wenn der Macher nicht davon zu überzeugen ist, dass sie schlecht ist, würde der Macher nicht lange überleben. Und wenn der Kunde nicht zu überzeugen ist, würde der Kunde nicht lange überleben. In den meisten Fällen fällt uns aber schon beim Machen auf, dass wir in den roten Bereich rutschen. Wir pflegen einen sehr offenen und kritischen Umgang mit unserer Arbeit. Jeder kann jederzeit jeden kritisieren. Wobei oft gar nichts gesagt werden muss. Wenn ich mit einer Idee komme, und die Leute verfallen in höfliches Schweigen, dann heißt das: Noch mal ran Kempi. SOLL EIN TEXTER SEINEN TEXT BEIM KUNDEN SELBER VORSTELLEN? Er kann, aber er muss nicht. Die meisten Kreativen wollen zu viel zu schnell. Außerdem gibt es bei uns in Deutschland ein Karriereverhalten nach Art der Lemminge: Jeder will so schnell wie möglich CD werden – Status und Geld sind da die treibende Kraft. Dabei haben nur wenige das Talent und die Leidenschaft für diesen Posten. Viel lieber wäre man eigentlich ein genialer Designer oder ein großer Texter – oder ein

Kurzvita

Geboren 31.03.1963
in Hamburg
1984 Team BBDO, Texter
1984–1985 Imparc
Düsseldorf, Texter
1989–2000 Springer &
Jacoby
1996 Geschäftsführender
Gesellschafter
2000 Geschäftsführer
Springer & Jacoby
Holding (Kreation,
Sprecher der Agentur)
2001 Managing Director
Springer & Jacoby
Deutschland, Sprecher
der Agentur

Filmemacher. Bei Springer & Jacoby versuchen wir schon früh, das besondere Talent eines jeden zu entdecken und dann dementsprechend zu fördern. Schließlich kann ein genialer Designer einer Agentur viel mehr bringen als ein mittelmäßiger CD. Was sich dann natürlich auch in der Honorierung bemerkbar machen sollte. Und was das Verkaufen von Kreation angeht: Hier geht es um viel, viel Geld. Was heißt, der Kunde ist sehr, sehr vorsichtig. Er vertraut nicht jedem. Schon gar nicht einem jungen Texter, den er nicht kennt. Darum mein Tipp an alle: Konzentriert euch erst einmal auf eure Ideen, auf eure Layouts, Funkspots und Filme. Verzettelt euch nicht. Mit der Zeit wird man euch kennen lernen, weil man eure Ideen kennt – und dann kommt auch der Tag, wo euch der Kunde zuhört und vertraut. Noch einmal ein Beispiel aus der Formel 1: Einem jungen Fahrer hört keiner zu. Hat er aber erst einmal zwei Rennen gewonnen, wartet hinter jeder Ecke ein Mikrofon auf ihn. Wenn der Erfolg spricht, hört jeder gern zu.   LETZTE FRAGE. WENN DEINE TOCHTER ODER DEIN SOHN ZU DIR KÄME UND SAGEN WÜRDE, PAPA, ICH WILL WERBETEXTER WERDEN, WAS WÜRDEST DU DANN ANTWORTEN? (Langes Nachdenken.) Mein Sohn sagte vor ein paar Wochen: »Mein Vater sagt, ich möchte Rennfahrer werden.« So weit, so gut. Ansonsten würde ich so reagieren wie mein Vater. Ich würde sagen: Wenn du meinst, du musst es machen, mache es. Das, was ich jetzt hier mache, ist zu einem großen Maß durch Zufall entstanden. Wenn mir jemand vor 15 Jahren gesagt hätte, was ich mal werde, dann hätte ich ihn für verrückt erklärt. Also: Vertraue deinem Talent, entwickle Leidenschaft für das, was du tust. Und plane um Himmels willen nicht so viel.

Ausgezeichnet: 6006.

Ausgezeichnet?

SieMatic

Stefan Kolle

Kolle Rebbe

Entwickeln Sie eine 1/1-Anzeige, die das mehrfach prämierte Design der SieMatic 6006 kommuniziert. Die Awards sollen dabei eine explizite Erwähnung finden. Integrieren Sie als Response-Element die SieMatic-Adressen und Telefonnummern für den deutschsprachigen Raum sowie die Internet-Adresse. Achten Sie auf einen hochwertigen Look und vermeiden Sie zusätzliche Shootingkosten. Als Bildquelle stehen Ihnen ausschließlich Fotos aus unserem aktuellen Katalog zur Verfügung.

ZIELGRUPPE
Double-Income-no-Kids ab 29 bzw. Familien mit höherem Einkommen, Medien Special-Interest-Magazine.

Dietrich Zastrow

TBWA

Entwicklung einer Anzeige für die »SieMatic 6006«-Küche

BENEFIT
Außerordentliches Design

REASON WHY
Auszeichnungen bei 3 verschiedenen Design Awards

ZIELGRUPPE
Küchennutzer mit Stilbewusstsein

MANDATORIES
• Markenlogo
• Award Logos & Nennungen der verschiedenen Awards
• Produkt abbilden
• Verweis auf Infoquelle
• Internet-Adresse

Christoph Steinegger

Büro X

Entwickeln Sie eine Anzeige, die dem Designanspruch der SieMatic-Küchen gerecht wird. Themen könnten sein: Der Design-Klassiker 6006, der mittlerweile mehrfach für sein Design ausgezeichnet wurde (»reddot Award«, »IF-Award«, Chicago Atheneaeum Museum of Architecture and Design). Greifen Sie dabei auf schon vorhandenes Bildmaterial zurück.

ZIELGRUPPE
Besserverdienende, die auf Ästhetik, Qualität und gutes Design Wert legen. Zwischen 30 und 50. Beachten Sie dabei auch Architekten/Innenarchitekten sowie den Fachhandel.

ZIELSETZUNG
SieMatic soll klar als der Küchenhersteller mit dem besten Design positioniert werden.

Stefan Kolle

Stefan Kolle studierte an der Hochschule der Künste, Berlin und ist Dipl.-Kommunikationswirt. Von 1988 bis 1991 war er bei GGK Wien Texter. Von dort wechselte er zu Baader, Lang, Behnken in Hamburg, wo er bis 1994 tätig war.

1994 gründete der vielfach preisgekrönte Kreative und ADC-Mitglied gemeinsam mit Stephan F. Rebbe die Kolle Rebbe Werbeagentur. Betreute Marken im Laufe der bisherigen Karriere: VW, Palmers (Mode), Lotto Toto, Jaguar, Audi,

Otto Versand, Haake Beck (Bier), Lada, Rover, Benson & Hedges, Kent, Südmilch, Junghans Uhren. GF Kreation, Kolle Rebbe Werbeagentur, Hamburg

ANALYSE

ALLGEMEIN

Ein Design-Klassiker wird ziemlich klassisch beworben. Und zwar mit einer klassischen Bild-Headline-Anzeige.

PROBLEM

Man versteht die Anzeige nicht. Es sei denn, man arbeitet bei SieMatic. Hier wurde in klassischer Hersteller-Denke und nicht in Empfänger-Denke getextet.

TEXT

Ebenfalls ganz klassisch wird hier versucht, über den Text Spannung aufzubauen. Eine rätselhafte Headline auf einer Küchenzeile kann dabei ein probates Mittel sein, um den Rezipienten auf die Auflösung in der Copy neugierig zu machen. Doch allein kryptisch zu sein reicht nicht. Spätestens in Bezug zum Bild sollte sich für den Leser eine möglichst sinnvolle Interpretation ergeben. Und genau das ist bei »Ausgezeichnet: 6006.« schwierig. Werden die abgebildeten Küchenmöbel im Jahre 6006 ausgezeichnet? Oder sind sie womöglich 6006-mal ausgezeichnet oder wie oder was?

Aus der Headline werden nur diejenigen schlau, die wissen, dass SieMatic-Küchen Typnummern haben. Alle anderen decodieren hier höchstens, dass diese Küche wohl irgendwie nicht schlecht ist. Die Headline hat ein weiteres Problem: In ihrer Kürze fehlt die Würze. Ein wenig Charme wäre dem nüchternen Küchenbild durchaus zuträglich. »Ausgezeichnet: 6006.« ist weder eine nette Anspielung noch überraschende Umkehrung von geläufigen Standards und auch kein kluger Gedanke, mit dem man imponieren könnte. Sie macht damit wenig Appetit auf mehr.

LIEBLINGSTEXT

Cost: $ 39,470
Feels like: $ 1,000,000
You save: $ 960,530

Ausgezeichnet: 6006.

Der „reddot Award" des Design Zentrums Nordrhein-Westfalen, der „iF Award" des Industrie Forum Design Hannover, der „Good Design Award" des Chicago Athenaeum Museum of Architecture and Design: Drei Gründe mehr, die für die SieMatic 6006 sprechen. Lernen Sie den Design-Klassiker unter den Küchen neu kennen. Bei Ihrem SieMatic Berater oder im „Buch zur Küche", das Sie für € 10,– bestellen können.

SieMatic Möbelwerke GmbH & Co. D-32582 Löhne, Telefon (0 57 32) 67-0, Telefax (0 57 32) 67-2 97
SieMatic Schweiz, Ruedimühlestr. 16, CH-8305 Dietlikon, Telefon (01) 8 35 53 51, Telefax (01) 8 35 54 96
SieMatic Österreich, Otto-Glöckel-Str. 22, A-5082 Grödig, Tel. (0 62 46) 7 35 00 10, Fax (0 62 46) 7 35 00 20
www.siematic.com

Am liebsten das Beste. SieMatic®

Aufgabe der Copy wäre es, dem Rätselraten ein schnelles Ende zu machen. Doch anstatt gleich im ersten Satz den sinnstiftenden Zusammenhang zwischen Headline und Bild herzustellen, verliert sie sich über zwei Zeilen in fremden Wörtern. Erst im letzten Drittel stellt sich heraus, was hier gemeint ist. Etwas zu spät für den Rezipienten, der bei so viel unverdaulichen Informationen schon drei Seiten weiter ist.

LAYOUT
Präsentiert sich ebenfalls in klassischer Strenge und wirkt durchaus aufgeräumt. Der Fotostil ist der übliche Standard für die Möbelbranche. Die schlichte und uninszenierte Ästhetik kennt man von vielen anderen Schöner-Wohnen-Fotos und macht das Bild damit austauschbar.

BEWERTUNG
Nicht ganz schlecht. Aber auch nicht herausragend. Das Körnchen Salz in der Suppe fehlt. Deshalb insgesamt nur Note 3.

NEUGESTALTUNG

ALLGEMEIN

Immer noch eine klassische Bild-Headline-Anzeige mit dem vom Kunden gewünschten Katalogfoto. Das Hauptziel der Überarbeitung: Die Anzeige verständlicher machen.

TEXT

Erste Grundregel: Immer an den Empfänger denken. Ihm sollte man stets ein Nutzversprechen geben, anstatt sich als Produkt bzw. Hersteller selbst zu beweihräuchern. Genau das leistet die neue Headline: Schöner Kochen mit Lorbeeren.

Auch wenn die Headline alle Anspielungen aus dem Kontext Küche und Kochen rekrutiert, sorgt sie im Bezug zum Bild ebenfalls für einen kurzen Moment der Irritation. Das ist beabsichtigt. Schließlich soll der Blick auf dieser Seite hängen bleiben. Doch bereits im nächsten Moment wird jeder auch nur halbwegs konditionierte Anzeigen-Betrachter vermuten, dass man hier mit der Doppeldeutigkeit des Wortes Lorbeer spielt und nicht einen schön abgeschmeckten Eintopf verkaufen will. Des Rätsels Lösung ist damit schnell und ohne große fremde Hilfe möglich.

Wer sich immer noch unsicher sein sollte, findet im ersten Copy-Satz sofort die richtige Interpretation. Das Wort Lorbeeren wird hier als Synonym für Ruhm und Ehre aufgelöst: »Das international prämierte Design der SieMatic« etc. Diese generische Beschreibung ist für eine Copy angebrachter als eine ermüdend präzise Auflistung der Awards. Sie macht die Copy nicht nur länger und damit abschreckend, sondern sperrt auch den Lesefluss. Also raus damit. Als separater Block, direkt unter der Anzeige platziert, bekommen die Preise mehr Prominenz und nehmen mit den Lorbeerkränzen als Vignetten direkten Bezug zur Headline.

Die SieMatic-Adressen in den Ländern Deutschland, Österreich, Schweiz waren letztendlich für postalische Anfragen unbrauchbar, weil die Straßennamen fehlten. Da man heute sowieso eher ins Internet schaut oder anruft als schreibt, wurden die Adressen auf die Telefonnummern reduziert und damit wieder Text gespart. Das Buch der Küche kriegt man zugeschickt, wenn man anruft.

LAYOUT

Zwei unterschiedliche Schrifttypen für Headline und Copy plus das Logo als typografisches Extra-Element war zu viel des Guten. Deshalb kommen jetzt Headline und Copy aus der gleichen Schriftfamilie.

Ein bedeutender und relativ bekannter Küchenhersteller muss das Branding nicht übertreiben. Er beweist weitaus mehr Souveränität mit etwas Understatement. Deshalb wurde das Logo auf ein Viertel der ursprünglichen Größe verkleinert. Es ist jetzt ohne Frage immer noch groß genug, um SieMatic als Absender schnell und klar zu identifizieren. Ein markanteres Schwarz statt hellgrau wirkt dabei unterstützend.

Weiterer Pluspunkt dieser Verkleinerung: Die Copy bekommt mehr Luft. Sie präsentiert sich lesefreundlicher als im alten Layout, weil der Zeilenabstand vergrößert und die Lauflänge der Zeilen verkürzt wurde.

Schöner Kochen mit Lorbeeren.

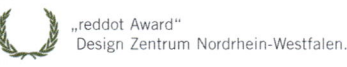

„reddot Award"
Design Zentrum Nordrhein-Westfalen.

„iF Award"
Industrie Forum Design Hannover.

„Good Design Award"
Chicago Museum of Architecture and Design.

Das international prämierte Design der SieMatic 6006 können Sie sich nicht nur auf dieser Anzeige

anschauen, sondern auch unter www.siematic.com. Oder bei Ihrem Fachhändler. Wo der ist, erfahren Sie

unter: 05732/67-0 für Deutschland, 01/8 35 53 51 für die Schweiz und 06246/7 35 00 10 für Österreich.

Am liebsten das Beste. **SieMatic**®

»Meine Güte, haben wir geweint.«

Armin Reins STEFAN, WIE BIST DU EIGENTLICH WERBETEXTER GEWORDEN? **Stefan Kolle** Ich wusste schon mit 15, dass ich in die Werbung wollte. Bei uns im Nebenhaus wurden Platten-Cover gestaltet. Da habe ich immer gesehen, wie die Entwürfe in der Mülltonne landeten. Das fand ich irrsinnig spannend, also wollte ich Grafiker werden und habe ein Fachabitur in Gestaltung gemacht: Da stellte ich fest, dass ich im Reigen der ausgezeichneten Maler nur ein durchschnittlicher war. Das hat mich motiviert, zu den Worten zu greifen und an der HDK in Berlin zu studieren. So bin ich Texter geworden. WELCHE VORSTELLUNG HATTEST DU VOM BERUF DES WERBETEXTERS? Ich dachte, der Texter sagt, wo's langgeht und macht die Ideen. Das Texten dann zu erlernen, war für mich grausam. Ich hab ja lange bei Baader, Lang, Behnken diese ellenlangen Lada-Anzeigen getextet. Da hab ich mir die alten durchgelesen und musste mich wirklich quälen, so'n Zeug auch hinzubekommen. WODURCH BIST DU BEEINFLUSST WORDEN, TEXTER ZU WERDEN, HATTEST DU VORBILDER? Ich hab versucht, immer dort zu arbeiten, wo meine Vorbilder waren. Zuerst bei der GGK in Wien. Weil ich wusste, dass die damals neben der besten Werbung so Sachen machten wie den »Wiener«. Das hat mich sehr beeindruckt. Und dann Fred Baader bei BLB. Von dem ich bis heute denke, dass er einer der besten Texter ist. Dort habe ich eigentlich erst wirklich das Texten gelernt. IST ES SCHWIERIGER WERBETEXTE ZU SCHREIBEN ALS ANDERE TEXTE? Nein. Ich hab einen großen Verwandtenkreis. Zu Weihnachten gab's immer dieselbe Situation: Schlechtes Gewissen, denn ich habe mich das ganze Jahr lang nicht gemeldet. Deshalb musste ich zu Weihnachten zum selbst gebastelten Geschenk immer einen brillanten Brief schreiben. Da war es dann mein Ziel, die Leute so stark zu rühren, dass sie sagen: Meine Güte, der arme Junge, ist nicht schlimm, dass er sich nicht gemeldet hat, dieser Brief macht's wieder gut. Ich fand es dann toll, wenn die Leute angerufen haben und sagten: »Meine Güte, haben wir geweint.« HABEN GUTE TEXTER BESONDERE CHARAKTERLICHE MERKMALE? Sie sind nie zufrieden und kämpfen immer noch mal, noch mal und noch mal. WELCHE FÄHIGKEITEN MUSS EIN TEXTER MITBRINGEN? Er muss sehr gut beobachten können, in allen Situationen des Alltags. Wenn er was niederschreibt, muss er sich freuen und sagen: Es macht Spaß, das zu lesen. Das kann er nur, wenn er ein Besessener ist – wie ein Schuhmacher,

der sich freut und sagt: Dieser Budapester-Spezial-Pferde-leder-links-genäht-und-unten-die-Ledersohle-noch-viermal-verflochtene-Schuh macht mich stolz. Diesen Berufsstolz muss er haben, sonst ist er ein Fließbandarbeiter. WAS RÄTST DU EINEM TEXTER, DER BESSER WERDEN WILL? Er soll sich bemühen, die Ausrede zu vergessen: Ich habe so schwierige Kunden, das geht nicht. Und er muss selber präsentieren. Der Schuster, der diesen Schuh macht, wird ihn persönlich auch besser erklären können, als ein angeheuerter Marketingzwischenhändler. Außerdem: Nicht ständig an Werbejahrbücher denken. Jetzt machen alle Anzeigen ohne Text, nur mit Logo, weil sie denken – super, das haben wir in Cannes gesehen und das wollen wir jetzt auch so. Dann macht man nur was nach und erfindet nicht wirklich was Neues. WAS SOLLTE EIN WERBETEXTER LESEN? Ich hab bis heute zehn Bücher gelesen. Von den zehn sind sieben »Wie repariere ich meine Honda XL 500 selbst« oder »Wie baue ich einen VW-Bus optimal aus« und die anderen sind Kochbücher. Schon meine Schulaufsätze in Deutsch waren ausschließlich durch Micky-Maus-Sprache geprägt. Da stand dann: Uubbs, der Herr kommt ins Zimmer. Klirrkracks, jetzt fällt alles um. Ich lese alles an Zeitschriften und Zeitungen. Ich liebe Bunte und Gala und besitze so ziemlich alles, was es an Reiseliteratur gibt. Die Bild-Zeitung schätz ich, auch wenn hinterher ein fades Gefühl bleibt. Das ist so wie Hamburger essen. WELCHE AUSSERBERUFLICHEN INTERESSEN HAST DU, UM DIR EINEN UNVOREINGENOMMENEN BLICK AUF DIE DINGE ZU ERHALTEN? In einem Laden mit 17-jährigen Praktikanten, 25-jährigen Berufsquereinsteigern und Studiumabbrechern bist du einfach in einem super lebendigen Umfeld. Außerdem bin ich sehr neugierig. Auf alles. Grundsätzlich. Ich war vorgestern auf Ibiza in einem Plattenladen und hab mir als 40-Jähriger dieselbe Platte gekauft, die bei unseren 17-Jährigen aus dem Computer tönt. Dass das so ist, habe ich erst danach gemerkt. WAS TUST DU, WENN DU NICHT SCHREIBST UND EINFACH NUR ABSPANNEN WILLST? Ich fahr mit Freunden für vier Tage irgendwo hin, nur so zum Essen und klappere 20 Lokale ab. Oder ich relaxe in unserem kleinen Ferienhaus am Schaalsee. WIE STEHST DU ZU DER AUSSAGE, DASS DIE MEISTEN IDEEN FÜR DIE WERBUNG IM PRODUKT SELBST ZU FINDEN SIND? Da bin ich sehr konservativ. Eine Kampagne, die nicht einen glaubwürdigen Bogen zur Marke herstellt, wird auf lange Sicht entlarvt. Wenn ich jetzt käme und sagen würde: Ich trag jetzt hippe Puma-Trainingsanzüge, weil ich das auf MTV gesehen hab, dann würden doch alle sagen: Der hat sie nicht mehr alle. So wie's bei Menschen ist, ist's auch bei Produkten. Manchmal gibt's das Problem, dass im Produkt nichts zu finden ist. Dann muss ich gucken: Ist die Verpackung interessant, ist die Seife in 'ner Papp- schachtel, in 'ner Plastikdose oder in 'ner Muschel verpackt. Wenn das nicht der Fall ist, muss ich fragen: Gibt es bei der Herstellung irgendwas, was ein bisschen anders ist. Da findet sich immer was. Ich glaube auch an Key Visuals und eigen- ständige Welten. Ganz stark sogar, weil sie differenzieren. Nur zu sagen: Der angesagte Werbelook ist momentan wie bei der HypoVereinsbank, und da hau ich jetzt diese Seife rein, weil das jetzt gerade in ist, das funktioniert nicht. Eine nachvollziehbare Erdung muss immer sein. Ich will keine Versicherung wie die DBV-Winterthur, wo einer von Bord fällt und der Off sagt: Behandelt Sie Ihre Versicherung auch so? Dann kommen Sie lieber zu uns! Das versucht kreativ, unge- wöhnlich, witzig zu sein – verendet dann auf halber Strecke und wird dadurch ganz besonders schlimm. **HAST DU EINE TECHNIK, DICH EINEM PROBLEM ZU NÄHERN?** Ich versuch erst mal in einer kleinen Runde herauszufinden, was sinnstiftend ist, um das Produkt zu verkaufen. Das kann ich z. B. sehr gut mit Stefan Rebbe. Oder auch mit meiner Frau zu Hause. Ich versuche zu begreifen: Mit wem spreche ich, was will ich dem sagen, welches Gefühl soll hängen bleiben, und was soll der Konsument mir antworten, wenn ich frage: Hast du die Anzeige gesehen, was blieb hängen? Und das versuch ich in einem einzigen Satz niederzuschreiben. Dann stell ich diesen Satz beim Kunden an die Wand und halte fünf Anzeigen dane- ben. Bringe bewusst schlechte Anzeigen mit. Also schlecht –

im Sinne von »sind ganz lustig«, aber passen nicht zur Aussage. Dann zeige ich ihm eine Anzeige, die richtig und kreativ ist. Denn am Ende will ich natürlich scharfe Sachen machen und irrsinnige Goldmedaillen schubkarrenweise hier einfahren. (Lacht). Natürlich geht es dabei immer darum, das Produkt wirklich zu verkaufen. Diese Missionierung – ich erkläre Ihnen jetzt mal, was gute Werbung ist, Sie müssen mir glauben – Fotos, die bleich sind, mit abgeschnittenen Gesichtern und einem offenen Hosenstall – das ist jetzt so, das funktioniert nicht. **HAST DU BEIM ARBEITEN BESTIMMTE RITUALE?** Ich kann nur mit einer bestimmten Sorte von Filzstiften Texte schreiben. PENXACTA 05, schwarz. Ich habe 1000 davon in Reserve. Ich hab panische Angst, dass dieser Hersteller möglicherweise eines Tages Bankrott geht, denn mit Faber-Castell oder Pelikan-Filzern kann ich nicht arbeiten. **WENN DU FÜR EINE PRÄSENTATION ZWEI WOCHEN ZEIT HAST, ARBEITEST DU DANN KONTINUIERLICH? ODER WIRST DU ERST IN DEN LETZTEN VIER TAGEN AKTIV?** Da gibt's bei mir zwei Möglichkeiten. In der ersten Stunde oder in den letzten 15 Stunden – dazwischen nicht. **GIBT ES BEI DIR EINE ROTE LAMPE, DIE ANGEHT, WENN EIN SCHLECHTER TEXT ENTSTEHT?** Ich schreibe ganz, ganz viel nieder. Und wenn ich dann fest- stelle, nach dem zehnten Blatt Papier, dass das immer noch nicht greift, dann sage ich: O. k., jetzt schreib ich mir im Kopf Zwischenüberschriften auf: Am Anfang war das Auto, dann kam der Diesel-Motor, er klapperte laut, wie kam's dazu, dass er ruhiger wurde, wie ist das im neuen CDI? Jeder Ab- schnitt ein neuer Gedanke. Das ist, was den guten Texter vom schlechten unterscheidet. Nie langweilen. Der Schlechte sagt was, sagt noch mal was, sagt's noch mal in andern Worten, bestätigt es noch mal und fasst es im Claim noch mal zusammen. **SIEHST DU DICH ALS HANDWERKER, TECHNIKER ODER KÜNSTLER?** Handwerker. Ganz klassischer Handwerker. **WIE WICHTIG SOLLTEN FÜR JUNGE TEXTER AUSZEICHNUNGEN UND WETTBEWERBE SEIN?** Sehr wichtig. Wenn ich mich im Bereich der Werbung als Aktie betrachte, bin ich eine mit Tripple A gerankte Aktie von Standard & Poor. Und der ADC oder Cannes sind eine Jury, die sagt: Das ist gut, das ist schlecht. Wenn ich Preise gewonnen habe, hab ich einen höheren Marktwert und bekomme Lust, auch vermeintlich »schwierigen« Kunden zu sagen: Da geht noch was. **WAS ANTWORTEST DU, WENN DEINE TOCHTER ODER DEIN SOHN ZU DIR KOMMT UND SAGT, ICH MÖCHTE WERBETEXTER WERDEN?** Mach das, einen besseren Beruf hab ich bis jetzt nicht kennen gelernt.

WAS INSPIRIERT

Aufs Wasser gucken. Deshalb ist unsere Agentur im Hafen am Wasser.

Dietrich Zastrow

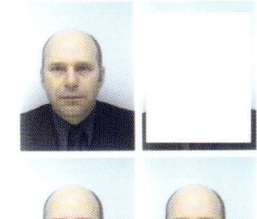

Studium Visuelle Kommunikation in Aachen
1980–1985 Junior AD, AD, Creative Supervisor bei Admenting D'Arcy, McManus & Masius, Frankfurt (u. a. Neckermann Reisen, Bayerische Vereinsbank)

1985–1988 AD bei Springer & Jacoby, Hamburg (u. a. Goertz, Spiegel, Manager-Magazin, Sixt, John Player Special)
1988–1992 CD, GL bei Scholz & Friends, Hamburg (u. a. West, Deutsche Bank)

1992–1996 CD, Gesellschafter, bei Springer & Jacoby, Hamburg (u. a. Mercedes, Bacardi, Bernd Berger)
Seit 1996 GF Kreation bei TBWA/Hamburg
(u. a. Nivea, Hansaplast, Hamburger Sparkasse)

ANALYSE

HEADLINE

- Man versteht gar nicht, um was es geht.
- Lässt alle Fragen offen: »Was ist ausgezeichnet? Womit? Wofür? Was ist überhaupt 6006?«
  Dabei macht sie nicht wirklich neugierig, sondern klingt anbiedernd und überheblich, da man »ausgezeichnet« nicht unbedingt mit gewonnenen Preisen assoziiert.
- Selbst wenn man »Ausgezeichnet« richtig versteht, bleibt es ein generisches und abgedroschenes Wortspiel.
- Funktioniert nicht zusammen mit dem Bild. Sie unterstützt weder das Bild noch überrascht sie.
- Macht nicht neugierig auf das Produkt, sondern wirkt mit dem Bild zusammen so langweilig und verwirrend, dass die Copy wahrscheinlich gar nicht erst gelesen wird.

Ausgezeichnet: 6006.

Der „reddot Award" des Design Zentrums Nordrhein-Westfalen, der „iF Award" des Industrie Forum Design Hannover, der „Good Design Award" des Chicago Athenaeum Museum of Architecture and Design: Drei Gründe mehr, die für die SieMatic 6006 sprechen. Lernen Sie den Design-Klassiker unter den Küchen neu kennen. Bei Ihrem SieMatic Berater oder im „Buch zur Küche", das Sie für € 10,– bestellen können.

SieMatic Möbelwerke GmbH & Co., D-32582 Löhne, Telefon (0 57 32) 67- 0, Telefax (0 57 32) 67-2 67
SieMatic Schweiz, Riedmühlestr 16, CH-8305 Dietlikon, Telefon (01) 8 35 53 51, Telefax (01) 8 35 54 16
SieMatic Österreich, Otto-Glöckel-Str 22, A-5082 Grödig, Tel. (0 62 46) 7 35 00 10, Fax (0 62 46) 7 35 00 20
www.siematic.com

Am liebsten das Beste. SieMatic®

COPY

- Man erfährt viel zu spät, um was es bei der Anzeige eigentlich geht. Erst in der 3. Zeile (von 4!) wird klar: Die Rede ist von einer Design-Küche. Anfangs könnte man auch meinen, es werden hier Design Awards mit der Fachrichtung »Küchen« beworben.
- Wenn man den Leser schon so lange hinhält, dann sollte der Text bis zur konkreten Information wenigstens interessant und schlüssig sein.
- Der eigentliche Nutzen, den die Küche hat, geht verloren. D. h. man weiß nicht einmal, für was die Preise genau sind.
- Die letzten zwei Sätze sind völlig lieblos angehängt und außerdem grammatikalisch falsch.

CLAIM

- »Am liebsten das Beste« ist ein sehr überheblicher, aber völlig belangloser Spruch.
- Kann beliebig auf jedes andere Produkt angewendet werden.

LAYOUT

Dafür, dass hier eine Küche beworben wird, deren Design mehrfach ausgezeichnet wurde, ist das Design der Anzeige langweilig und lieblos.

TIPPS & TRICKS

Schreiben, schreiben, schreiben – verwerfen – schreiben, schreiben, schreiben – verwerfen – schreiben, schreiben, schreiben – verwerfen – ab da wird's vielleicht gut. Vielleicht. Sonst: Schreiben, schreiben …

LIEBLINGSTEXT

»Geld macht nicht glücklich, aber reich.«

Werner Knopf

Headline für eine Anzeige des Manager-Magazins, 1986

NEUGESTALTUNG

HEADLINE
Die Headline wurde verändert, um der SieMatic-Küche eine Idee mitzugeben.

COPY
Die Copy nimmt die Headline-Idee auf, führt zum Benefit (Design-Auszeichnungen) und endet wieder mit einer Überleitung zur Headline. Dieser Text zieht die Aufmerksamkeit des Lesers auf sich. Damit erhöht sich die Wahrscheinlichkeit, dass er gelesen wird. Die Hauptaussage steht dabei im Mittelpunkt und wird klar und deutlich kommuniziert.

CLAIM
Der Claim »Die feine Küche« spielt mit einer Doppeldeutigkeit. SieMatic stellt einerseits besondere Küchen her. Andererseits erinnert er an die »feine Küche«, in der es um außergewöhnliches Essen geht.

LAYOUT
Die Seite ist jetzt ein gestalterisches Ganzes, mit einer klaren Leseführung: Bild, Headline, Text, Marke.
Die Headline-Idee wird durch ein zusätzliches Element (Teller mit kunstvoll angerichtetem Essen) verdeutlicht.
Die Küche ist jetzt groß und bildfüllend abgebildet, um dem Design gerecht zu werden.
Das SieMatic-Logo ist angenehm kleiner geworden, um das Auge nicht von der Anzeigen-Idee abzulenken. Das Auge soll zuerst die Idee wahrnehmen und dann zum Logo geführt werden. Groß verkauft nicht zwangsläufig besser! Schon gar nicht, wenn es um Designprodukte geht.

Dank an Susen Gehle und Susanne Maschauer für ihre Mithilfe an der Neugestaltung.

JEDER KÜNSTLER BRAUCHT SEIN ATELIER.

Inspiration braucht Raum, um sich frei entfalten zu können. Und Ambiente, um das wirklich Neue, Außergewöhnliche zu schaffen. Raum und Ambiente, beides verbindet die neue SieMatic 6006 in einer einzigartigen Form. Ihre Philosophie von der Reduktion auf das Wesentliche und der ausschließlichen Verwendung hochwertigster Materialien bekam 3 Auszeichnungen bei Top-Design-Awards: Beim „Reddot Award", beim „IF-Award" und selbst beim rennomierten Chicagoer „Good Design Award". Eine ganz und gar einzigartige Küche also: Bereit für Ihre einzigartigen Kreationen. Mehr über die SieMatic6006 erfahren Sie bei einem unserer Berater oder im „Buch zur Küche", dass Sie für € 10 bestellen können.

DIE FEINE KÜCHE. **SieMatic** ®

SieMatic Möbelwerke GmbH&Co., D-32 582 Lötne, Tel. (05 732) 67-0, Fax (05732) 67-297   SieMatic Schweiz, Redmühlestr.16, CH-8305 DieHikan, Tel. (01) 8355351, Fax (01) 835 5416
Siematic Österreich, Otto Glöckel Str.22, A 5082 Grödig, Tel.(0 62 46) 7 35 00 10, Fax (0 62 46) 7 35 00 20   www.siematic.com

»Und dann lass ich den Bauch laufen.«

Armin Reins DIETRICH, WIE BIST DU EIGENTLICH IN DIE WERBUNG GEKOMMEN? **Dietrich Zastrow** Ich habe nicht vorgehabt, in die Werbung zu gehen. Ich konnte gut zeichnen und bin auf die Fachhochschule für Design in Aachen gegangen. Ich wollte Kunsterzieher werden und habe erst innerhalb der ersten vier Semester durch einen sehr guten Professor, den Professor Rehder, meine Liebe zur Werbung entdeckt. Dem muss ich eigentlich dankbar sein. AB WANN HAST DU DICH MIT DEM TEXTEN BESCHÄFTIGT? Schon als junger Art Director bei Admenting in Frankfurt war ich bei den Texterkollegen nicht besonders beliebt, weil ich denen immer reingeredet habe. Denen hatte ich damals schon, wenn ich Anzeigen gesehen habe, immer Schlagzeilen vorgelegt mit den Worten: Guckt mal, so kann ich mir das vorstellen. Mir war die Trennung der Disziplinen nie wichtig. Es gibt gute Ideen und schlechte Ideen. Wenn ein Kontakter eine gute Line hat, dann bleibt es trotzdem eine gute Line. WELCHE VORSTELLUNG HATTEST DU VOM BERUF DES WERBETEXTERS? Ich dachte, das sind sehr oberflächliche, arrogante Menschen. Ich war dann ganz überrascht, dass das meistens ganz normale Menschen sind. WODURCH BIST DU BEEINFLUSST WORDEN, IN DIE WERBUNG ZU GEHEN, HATTEST DU VORBILDER? Mein großes Vorbild war Michael Schirner. Den fand ich fantastisch. Was die GGK da in Düsseldorf zu dieser Zeit machte, das fand ich absolut großartig. Leider bin ich an denen vorbeigeschlittert. HABEN GUTE TEXTER BESONDERE CHARAKTERLICHE MERKMALE? Allen ist der Spaß bei der Arbeit wichtig. Diesen Aspekt Freude und Erfüllung im Beruf zu erleben. Ansonsten sind sie sehr geordnete, disziplinierte Denker. WELCHE FÄHIGKEITEN MUSS EIN TEXTER MITBRINGEN? Er muss ein außerordentlich freifliegender Geist sein. Und – das unterscheidet die Schlechten von den Guten – er muss in der Lage sein, die beiden Gehirnhälften spielerisch miteinander zu verbinden, ohne dass es ihn anstrengt. Ganz unangestrengt bringt er Analyse und Bauch zusammen. Das macht den exzellenten Texter aus. WAS RÄTST DU EINEM TEXTER, DER BESSER WERDEN WILL? Ich glaube, man kann am besten von den Besten lernen, wenn man die Chance hat, mit ihnen zu arbeiten. Die erste Agentur ist die wichtigste. Ich bin erst nach 6 Jahren zu Springer & Jacoby gekommen. Da musste ich gänzlich neu anfangen. Ich hatte das Gefühl, ich musste alles wegtun. Das war schon sehr anstrengend. WAS SOLLTE EIN WERBETEXTER LESEN? Die Bild-Zeitung, wegen den Schlagzeilen, auch das ADC-Buch. Ich finde, ein guter Werbetexter muss einfach viel lesen. Je besser er die Möglichkeit hat, Sachverhalte zu speichern, um so bessere Texte wird er damit produzieren. Auch die klassische Literatur ist nicht unwichtig. Ich denke, die eigentliche Fähigkeit im Texten besteht darin, Neues zu produzieren. Und da kann durchaus auch ein klassischer Stil in einem anderen Zusammenhang eine differenzierende Neuartigkeit sein. WELCHE AUSSERBERUFLICHEN INTERESSEN HAST DU, UM DIR EINEN UNVOREINGENOMMENEN BLICK AUF DIE DINGE ZU ERHALTEN? Im Moment fällt mir das durch meine junge Familie relativ leicht. Ich zwinge mich z. B. dazu, spätestens um sieben Uhr die Agentur zu verlassen. Ich habe neben meinem Arbeitsleben ein total erfülltes Leben als Familienvater. Was sich auch am Wochenende fortsetzt. Das zwingt mich automatisch in eine ganz andere Rolle. WAS TUST DU, WENN DU NICHT ARBEITEST UND EINFACH NUR ABSPANNEN WILLST? Ich glaube, nur der wird es in der Branche richtig weit bringen, der es schafft, gänzlich abzuschalten. Ich nutze dafür den Urlaub, da denke ich überhaupt nicht an die Arbeit. Wenn das nicht geht, gehe ich ins Kino, wandere, reise, freue mich des Lebens. Ich kann auch richtig faul sein. Ich kann mich hinlegen und eine Stunde an nichts denken. Das erholt. WIE STEHST DU ZU DER AUSSAGE, DASS DIE MEISTEN IDEEN FÜR DIE WERBUNG IM PRODUKT SELBST ZU FINDEN SIND? Absolut. Ich halte überhaupt nichts von Kampagnen-Mustern, die auf verschiedene Produkte

WAS INSPIRIERT

Meine größte Inspiration ist meine Familie. Seitdem ich sie habe, weiß ich erst richtig, wofür ich arbeite.

übertragbar sind. Das ist nicht mein Ding. Ich glaube, dass eine erstklassige Kampagne immer aus der Wurzel des Produktes oder der Dienstleistung kommt, die beworben wird. Wenn es keinen inhaltlichen USP gibt, dann gibt es eben einen kreativen, strategischen USP, den wir entwickeln müssen. Dann versuche ich einen strategischen Einfall zu haben, der mein Produkt nicht austauschbar macht. Gute Werbung braucht immer eine zentrale Idee. Auch Kunden fordern das ein. Gerade große Kunden wie Beiersdorf. Kunden spüren sehr, ob man ihnen weiterhelfen möchte und ob man ihnen voll und ganz seine Ambitionen schenkt. Wenn man sagt, ich will dich weiterbringen und ich möchte, dass wir gemeinsam nach vorne kommen, dann kenn ich keinen Kunden, der das nicht würdigt. Und letztendlich kommt man mit diesen Kunden dann auch weiter. Zum Beispiel die »Nivea Psst«-Kampagne für Nivea Sunspray war wahrscheinlich nur verkaufbar, weil ich schon bei der allerersten Präsentation dem Kunden klar gemacht habe, dass er eine neue Zielgruppe ansprechen muss, nämlich junge Männer, die Spaß am Strand haben wollen. Ich habe dem Kunden einfach einen bunten Reigen von jugendlicher Werbung gezeigt. Ich habe dem Kunden gesagt: Wenn ihr ernsthaft so etwas vorhabt, dann müsst ihr wissen, dass das die Sprache dieser Zielgruppe ist. Das hat dann letztendlich die Türen geöffnet. Ich glaube, gerade was die kreative Leistung einer Agentur ausmacht, da macht das richtige Verkaufen sicherlich mehr als 50 % aus. **HAST DU EINE TECHNIK, DICH EINEM PROBLEM ZU NÄHERN?** Im Prinzip habe ich eine Scherentechnik. Die geht so, dass ich mich zunächst einmal hinsetze und rein analytisch versuche, die Aufgabe theoretisch zu lösen. Ich setze mich hin und sage okay, das sind die Fakten, das sind die Inhalte. Dann mache ich eine Kampagne. Dann lege ich die aber weg, versuche mich bewusst davon zu lösen. Ich nehme Archive, ADC-Bücher, was ich auch immer greifen kann, guck mir Rollen an. Lass mich in einem Fernzustand inspirieren. Ich gleiche das Gesehene ab mit der Aufgabenstellung. Und dann lass ich den Bauch laufen. Dann entstehen neue Ideen, die vergleiche ich wieder mit der Aufgabe. Das ist meine persönliche Technik, die Schere. **HAST DU BEIM ARBEITEN BESTIMMTE RITUALE?** Nee, gar nicht. Null. Kann ich nicht mit dienen. **WENN DU FÜR EINE PRÄSENTATION ZWEI WOCHEN ZEIT HAST, ARBEITEST DU DANN KONTINUIERLICH? ODER WIRST DU ERST IN DEN LETZTEN VIER TAGEN AKTIV?** Das habe ich hinter mir. Das ist mir zu anstrengend. Ich arbeite jeden Tag dran. Auch weil ich einfach faul bin. Ich hasse Überstunden. Ich hasse es auch,

wenn Leute sinnlos die Nächte verdaddeln. Deshalb versuche ich sofort an die Sachen ranzugehen und sie, so weit es geht, auch sofort wegzuarbeiten. Meistens bin ich auch tatsächlich bei großen Pitches ohne große Überstunden vorher fertig. Weil wir einfach diszipliniert gearbeitet haben. Gerade wenn es darum geht, Neuartiges zu entwickeln und große neue Lösungen zu finden, ist der finale Zeitdruck nur hinderlich. Wenn man alles so weit nach hinten schiebt, dass man sozusagen von der Muse geküsst werden muss, dann kann das nicht dazu führen, dass du großartig Neues bringst. **GIBT ES BEI DIR EINE ROTE LAMPE, DIE ANGEHT, WENN ETWAS SCHLECHTES ENTSTEHT?** Ich habe eine Fähigkeit, die komischerweise, wie ich immer wieder feststelle, nicht normal ist: Ich frage immer ganz viele Leute. Das fördere ich auch hier in der Agentur. Wenn die Leute etwas haben, dann sollen sie sich mit möglichst vielen unterhalten, sich die Sachen zeigen und einfach abfragen, ob die Kollegen sie gut finden. Wenn ich etwas habe, dann frage ich alle, wie sie es finden. Und wenn dann das Feedback zurückkommt und das ist nicht so großartig, dann gefällt es mir selber auch nicht mehr. Ich stelle bei vielen anderen Leuten fest, dass die oftmals nicht selbstkritisch genug sind. Man erfindet irgendwas, man macht irgendwas und setzt das dann einfach durch und hat nicht mit anderen Menschen darüber gesprochen, wie die das empfinden. Das ist meine Alarmglocke. **SIEHST DU DICH ALS HANDWERKER, TECHNIKER ODER KÜNSTLER?** Die Besten sind beides. Der Künstler allein versagt und der Techniker allein versagt auch. Da geht es darum, dass man beide Fähigkeiten gut entwickelt hat und dass man dann – und das ist die große Kunst – spielerisch mit beiden Fähigkeiten umgeht. Dass man sich selber den Freiraum im Kopf gibt, Sprünge zu machen. Quantensprünge, Gehirnsprünge, einfach aus dem Künstlerischen und dem Technischen eine Suppe quirlt, die einfach eine Sprungdimension hat. **WIE WICHTIG SOLLTEN JUNGEN TEXTERN WETTBEWERB UND AUSZEICHNUNGEN SEIN?** Sehr wichtig, denn wer einmal auf der Bühne stand und dem Applaus ausgesetzt war, der wird sein Leben lang sich anstrengen, gute Werbung zu machen. Wer das nicht hat, mit dem möchte ich eigentlich gar nicht gerne arbeiten. **WAS ANTWORTEST DU, WENN DEINE TOCHTER ODER DEIN SOHN ZU DIR KOMMT UND SAGT, ICH MÖCHTE WERBE-TEXTER WERDEN?** Klar, mach doch. Wenn sie diesen unbändigen Drang verspüren sollten, kreativ sein zu müssen, dann ist die Werbung sicherlich eine Möglichkeit, das machen zu können.

Christoph Steinegger

Geboren 1971 in Linz/Österreich
Kein Führerschein. Kein Abitur.
Kein Universitätsabschluss. Dafür
Grafik Design in Linz studiert.
Ab 1993 CD bei Hasslinger, Keck.
1998 CD und seit 2000 GF Design
bei Büro X.

Mitglied des Creativ Club Austria
und des ADC.
CD und AD von Sabotage
Communications (music/ projekt
Labelgroup)
Vorstandsvorsitzender des Fußball-
und Kulturvereins FC Univers.

Mitherausgeber des internatio-
nalen Magazins »FIVE« 97
Vertreten u. a. in der Designsamm-
lung des Chicago Athenaeum, im
Guggenheim New York und dem
MAK Wien.

ANALYSE

1) HEADLINE

Die Headline sollte zwar Aufmerksamkeit erwecken, aber
sie sollte nicht kryptisch sein. »Ausgezeichnet«, ja was?
»6006«, ja was?

2) BILD

Das Bild: An dem Bild dürfen wir zwar nichts verändern,
aber müssen Küchen-Accessoires immer so aussehen als
wären sie Fremdkörper, die jemand vergessen hat?
Entweder alles raus und die Küche Küche sein lassen, was
edler aussieht, oder wir zeigen die Küche authentisch mit
Menschen.

3) COPY

Die Copy besteht zur Hälfte aus Namen, die nicht weiter
erklärt werden. Man kann davon ausgehen, dass fast
niemand die Jurys kennt. Also auch keiner weiß, was das
für Preise sind. Das Einzige, was man erfährt ist, dass es
sich hier um einen Design-Klassiker handelt. Danach wird
noch schnell ein »Buch zur Küche« hinterhergereicht.
(Was soll das in einer Imageanzeige?)

4) INFOLINE

Ist eine Anzeige das richtige Medium, um alle Adressen,
Nummern und Länder vermitteln zu wollen? Kann man
doch auch einfach im Internet abrufen. Wenn ich mich für
SieMatic begeistere, schaue ich doch ins Internet und
bestelle von dort direkt alles Material.

5) LOGO

Das Logo ist etwas zu groß geraten für ein Designunter-
nehmen im hohen Preissegment.

6) CLAIM

Der Claim sollte die Einzigartigkeit eines Produktes/eines
Unternehmens herausheben. Natürlich will jeder das Beste,
aber jeder will auch das beste Bier, das beste Waschmittel,
die beste Wurst oder auch die beste Küche. Der Claim ist
beliebig und austauschbar. Außerdem sollte er »wertiger«
sein und nicht so »werbisch«. Schließlich geht es hier um
Küchen im Wert von 30 000 Euro.

LIEBLINGSTEXT

Man kann zwei Arbeiten nebeneinander stellen und sieht sofort, die eine ist kein Essay, sondern immer nur Behauptung,
sie ist eben nur so, wie sie ist. Im Gegensatz zur anderen, welche einem sagt: »Ich bin eine Möglichkeit.«

1.
HEADLINE
(?/8A WAS NUN?)

Ausgezeichnet: 6006.

2.
BILD

Der „reddot Award" des Design Zentrums Nordrhein-Westfalen, der „iF Award" des Industrie Forum Design Hannover, der „Good Design Award" des Chicago Athenaeum Museum of Architecture and Design: Drei Gründe mehr, die für die SieMatic 6006 sprechen. Lernen Sie den Design-Klassiker unter den Küchen neu kennen. Bei Ihrem SieMatic Berater oder im „Buch zur Küche", das Sie für € 10,– bestellen können.

SieMatic Möbelwerke GmbH & Co., D-32582 Löhne, Telefon (0 57 32) 67- 0, Telefax (0 57 32) 67 2 97
SieMatic Schweiz. Riedmühlestr. 16, CH-8305 Dietlikon, Telefon (01) 8 35 53 51, Telefax (01) 8 35 13 35
SieMatic Österreich, Otto-Glöckel-Str. 22, A-5082 Grödig, Tel. (0 62 46) 7 35 00 10, Fax (0 62 46) 7 35 00 20
www.siematic.com

3.
COPY
? ? ?

4. INFO-LINE →INS WWW.

SieMatic®

Am liebsten das Beste.

6.
CLAIM
→ DAS BESTE WOLLEN WIR

5.
LOGO
→ ETWAS SEHR GROSS

NEUGESTALTUNG

DIE IDEE
Stylesetting

DER CLAIM
Was macht das Unternehmen seit Jahrzehnten? Sie bauen
Küchen, die innovativ sind und die Maßstäbe setzen. Also
sagen wir das auch, das unterscheidet sie wirklich von ande-
ren. Und der alte Claim steckt da versteckt auch noch drin.
Wir machen Küchen mit Stil, also treten wir auch mit Stil auf.

DAS LOGO
Uns gibt's schließlich schon seit einigen Jahren, und da haben
wir es nicht mehr nötig, wie eine Großhandelskette aufzu-
treten. Abgesehen davon verbietet uns das unser Stil.

DAS BILD
wurde von den grünen Bohnen befreit und um einen Design-
Klassiker erweitert. Anstatt der Referenzen von unbekannten
Jurynamen in der Copy, stellt ein gleichbedeutender Design-
Klassiker seine Referenz im Bild zur Verfügung und gibt der
Anzeige eine überraschende (überhaupt eine) Wendung.

DIE HEADLINE/COPY
Was für unsere Küchen gilt, gilt auch für die Headline/die
Copy: Reduktion auf das Wesentliche. Wir machen ausge-
zeichnete Küchen und den Rest gibt's im Internet (wir leben
im 21. Jahrhundert!). Wir ändern weder am Inhalt noch an
der Aussage etwas. Wir kürzen nur etwas zusammen.

»Nur wer unglaublich erfolgreich ist, darf auch den Sekretärinnen hinterhergucken.«

Armin Reins CHRISTOPH, WIE BIST DU EIGENTLICH IN DIE WERBUNG GEKOMMEN? Christoph Steinegger Ich hatte relativ große Schwierigkeiten mit dem Schreiben und wollte eigentlich Bildhauer werden. Aber im Sommer im Freibad in Österreich hab ich mir das rasch anders überlegt, weil mir das dann doch zu brotlos erschien. Somit habe ich mich drauf konzentriert, Gestalter zu werden. Als fertiger Grafikdesigner bin ich zuerst für zwei Monate in eine sehr kleine Agentur und dann zu Haslinger + Keck nach Linz gegangen. **AB WANN HAST DU DICH MIT DEM TEXTEN BESCHÄFTIGT?** Eigentlich schon im Gymnasium. Ich guckte Werbespots und war immer genervt. In den 80er Jahren haben mich nur die Coca-Cola- oder Adidas-Spots begeistert. Der Rest war Schrott. Und ich wollte es irgendwie besser machen. Später in der Agentur habe ich dann immer mitgetextet. Konzepte, Headlines, auch mal Copies. Ich habe das nie getrennt. Ich bin immer mehr darauf gekommen, dass nicht die Grafik im Vordergrund steht, sondern dass es doch entscheidend um die Idee dahinter geht. **WELCHE VORSTELLUNG HATTEST DU VOM BERUF DES WERBETEXTERS?** Ich weiß nicht, wer das gesagt hat, dass die Texter immer den Sekretärinnen hinterherschauen, eigentlich kaum arbeiten, wahnsinnig viel Geld verdienen und meistens schwarz gekleidet sind. Das habe ich mir eigentlich nie so vorgestellt, sondern ich wusste, es geht hauptsächlich um Kreativität. Nur wer unglaublich erfolgreich ist, darf auch den Sekretärinnen hinterhergucken. Es geht mehr oder weniger ums Handwerk. Wenn ich Juwelier bin, dann muss ich wissen, wie ich einen Stein schleife, und in einer Agentur sollte man wissen, wie Kreativität funktioniert. Man muss jeden Tag was Neues ausprobieren und dazulernen. Manchmal geht es gut und manchmal geht es halt nicht gut. **WODURCH BIST DU BEEINFLUSST WORDEN, IN DIE WERBUNG ZU GEHEN, HATTEST DU VORBILDER?** Mit 26 habe ich den Entschluss gefasst: Österreich ist zwar ein sehr schönes Land, aber doch ein bisschen klein. Und weil ich relativ früh mit vielen Menschen international zusammengearbeitet hatte, habe ich mich in London beworben. England war mein Vorbild, definitiv. Da habe ich dann auch gejobbt bis der Anruf vom Büro X kam. **HABEN GUTE TEXTER BESONDERE CHARAKTERLICHE MERKMALE?** Ich hatte in Österreich einen Textpartner, der hatte früher eine Popgruppe. Er hat dieses Leben des Berufsjugendlichen gespielt und war wahnsinnig involviert in Musik. Dann kam ich nach Hamburg, da bekam ich einen Texter, der war und ist völlig musikverrückt, dann kam irgendwann mal Carsten Heintzsch für einige Monate zu uns, und der kam auch aus der Musik. Scheinbar sind also alle Texter irgendwie Musikmaniacs. Das ist eigentlich das einzige Merkmal, das mir aufgefallen ist, abgesehen davon, dass sie alle wunderbare Texter sind. **WELCHE FÄHIGKEITEN MUSS EIN TEXTER MITBRINGEN?** Diese Musikkiste habe ich dahin interpretiert, dass sie alle wahnsinnig über den Tellerrand hinausschauen. Das ist eines der wichtigsten Dinge überhaupt. Nicht nur für Texter, für Kreative allgemein. Nur so kommt man zu Ideen. Wenn man im Teller bleibt, sieht das Endergebnis so aus, wie halt der Durchschnitt aussieht. **WAS RÄTST DU EINEM TEXTER, DER BESSER WERDEN WILL?** Er sollte sich unglaublich quälen, permanent. Das Endergebnis kann zwar sehr locker aussehen, aber der Weg dahin ist einfach eine Qual. Das sollte man nie vergessen. Man muss monatelang in Scheiße waten, um dann irgendwie ein Nugget zu finden, und das größte Glück ist es, diesen Nugget nach drei Monaten zu finden. Und das macht dann richtig Spaß. **WAS SOLLTE EIN WERBETEXTER LESEN?** Das Bild des Texters sagt natürlich, »ich bin wahnsinnig belesen«, aber mir ist das nicht sonderlich aufgefallen. Die Texter, die ich kenne, lesen dieselben Bücher wie ich. Querbeet. Mal mehr, mal weniger. Hängt natürlich auch damit zusammen, wie weit lässt die Zeit das zu, wie weit kann ich jetzt mal den Job beiseite legen und mich wirklich intensiv mit etwas anderem beschäftigen. Ich mache es immer im Urlaub. **WELCHE AUSSERBERUFLICHEN INTERESSEN HAST DU, UM DIR EINEN UNVOREINGENOMMENEN BLICK AUF DIE DINGE ZU ERHALTEN?** Der Riesenvorteil von Büro X ist, dass wir wahnsinnig viele verschiedene Dinge machen und ich in Privatprojekten auch mit sehr vielen Leuten zu tun habe, die überhaupt nichts mit Werbung am Hut haben. Der eine erfindet ein Behältnis für Euro-Münzen, der andere macht eine Ausstellung mit irgendwelchen Museen oder Musikern. Das bildet einen wahnsinnig weiter. Mein Leben besteht nicht aus Werbung, sondern es ist halt Kommunikation im Allgemeinen. Wenn ich ein Projekt mit Architektur mache, dann bin ich damit beschäftigt: was spielt sich in der Architektur ab. Und diese Vernetzung finde ich halt wichtig, um einen relativ normalen, abgeklärten Blick auf die Dinge zu kriegen. Ich fahre auch wahnsinnig viel U-Bahn, weil ich keinen Führerschein habe. Was meines Erachtens auch sehr wichtig ist, weil dadurch oft Gespräche und ganz komische Situationen entstehen, die man am nächsten Tag vielleicht in einem TV-Spot oder in einer Kampagne verarbeiten kann. Abgesehen davon spiele ich wahnsinnig gern Fußball, was ja – zumindest in Deutschland (lacht) – überhaupt nichts mit Kreativität zu tun hat. **WAS TUST DU, WENN DU NICHT SCHREIBST UND**

WAS INSPIRIERT

TIPPS & TRICKS

Alles ausprobieren.
Man sollte sich auf
das konzentrieren,
was Spaß macht.
Und das sind nun
mal Ideen.

EINFACH NUR ABSPANNEN WILLST? Ich koche. Nach einem Tag von zwölf Stunden nach Hause zu kommen und sich an den Herd zu stellen und zwei Stunden in der Küche zu stehen, ist wahnsinnig entspannend, wahnsinnig beruhigend und man bekommt vor allem andere Gedanken. Das Erfolgserlebnis kommt auch wahnsinnig schnell. Du siehst nach zwei Stunden, entweder hat es geschmeckt oder es hat nicht geschmeckt. **WIE STEHST DU ZU DER AUSSAGE, DASS DIE MEISTEN IDEEN FÜR DIE WERBUNG IM PRODUKT SELBST ZU FINDEN SIND?** Ich will es nicht ausschließen, aber das hält sich irgendwie die Waage. Es gibt gewisse Produkte, die nur in der Kommunikation wahnsinnig gut funktionieren, weil man einfach das Produkt vorrangig mal vergessen hat. Man kommt dann aus einer völlig anderen Ecke, wo uns der Verbraucher überhaupt nicht erwartet hat. Und genau dadurch macht man dann den Punkt bei ihm. Mir ist die Kinnlade einigermaßen runtergefallen als ich zum ersten Mal den neuen Nike-Spot für dieses virtuelle Turnier gesehen habe. Natürlich geht es da um Fußball und es ist direkt am Produkt, aber was hier rundherum für eine Welt von der Agentur aufgebaut worden ist, das ist die eigentliche Leistung. Der Spot ist eigentlich nur das Sahnehäubchen. Viel wichtiger ist dabei doch die Kommunikation über Internet, über Poster, über Flyer, die einfach alle ineinander spielen, wie man es überhaupt nicht erwartet. Das nenne ich eine ganz eigenständige Welt aufbauen. **HAST DU EINE TECHNIK, DICH EINEM PROBLEM ZU NÄHERN?** Die ist eigentlich immer völlig unterschiedlich. Es gibt gewisse Mechanismen, die bewiesen haben, dass sie gut funktionieren. Es gibt ein Briefing und dann wird definiert, wie weit geht der Tellerrand oder wie weit geht es über den Tellerrand hinaus und dann wird halt irgendwann der Sack wieder zugemacht. Das ist eigentlich das Einzige. Wichtig ist, einen Schritt zur Seite und zurück zu machen. **HAST DU BEIM ARBEITEN BESTIMMTE RITUALE?** Dummerweise kommen die meisten Ideen, wenn ich zur U-Bahn gehe oder unter der Dusche stehe. Oder wenn man spätabends in einer Bar steht und irgendeine Nummer hört. Dann fällt einem nach dem sechsten Bier ein, ah ja, an das habe ich noch gar nicht gedacht. Deshalb habe ich meistens einen Zettel und einen Stift dabei und notiere mir das dann. Um es am nächsten Tag umzusetzen. **GIBT ES BEI DIR EINE ROTE LAMPE, DIE ANGEHT, WENN ETWAS SCHLECHTES ENTSTEHT?** Die roten Knöpfe gehen nicht nur bei mir an. Es ist ähnlich wie beim Fußball. Man spielt aus der Defensive heraus, Steilpass nach vorn, dann ergeben sich manchmal wunderbare Spielzüge, sei es der Doppelpass – oder der Texter weiß ganz genau, wohin der Art Director läuft und kennt auch die Laufwege völlig blind. Das ist eigentlich die perfekte Zusammenarbeit zwischen Texter und AD. Und so, in dieser Zusammenarbeit können halt wahnsinnig gute Kreationen entstehen. Und das Schlimmste wird verhindert. **SIEHST DU DICH ALS HANDWERKER, TECHNIKER ODER KÜNSTLER?** Im Grunde ist der Job ganz normal wie andere Handwerksjobs auch. In die künstlerische Abteilung geht es manchmal, ich würde das nicht ausschließen. Aber grundsätzlich ist es ein handwerklicher Job. Man läuft ja nicht herum und sagt, ich bin jetzt Künstler. Es sind 5 % Talent und der Rest ist wirklich Knochenarbeit. **WIE WICHTIG SOLLTEN JUNGEN TEXTERN WETTBEWERBE UND AUSZEICHNUNGEN SEIN?** Wahnsinnig wichtig. Auch für die Headhunter dann am Ende (lacht). **WAS ANTWORTEST DU, WENN DEINE TOCHTER ODER DEIN SOHN ZU DIR KOMMT UND SAGT, ICH MÖCHTE WERBETEXTER WERDEN?** Niki Lauda hat mal zu seinem Sohn gesagt: »Wehe, du wirst Formel-1-Fahrer.« Der Sohn hat geantwortet: »Ich habe überhaupt keine Lust, da im Kreis zu fahren.« Was wiederum ein Zitat von Niki Lauda war. Und jetzt mit 17 hat der Sohn dann doch beschlossen: »Ich probiere es aus.« Und der Vater hat gesagt: »Es ist deine Entscheidung, ich helfe dir nicht.«

»Da wir zunehmend ein Dritte-Welt-Land werden, ist da Hoffnung für die Werbung.«

Interview mit Holger Jung, Jung von Matt

Veronika Claßen HOLGER, WOLLEN WIR UNS MAL GEMEINSAM DAS DEUTSCHE WERBESCHAFFEN ANGUCKEN? ICH HABE HIER EINE ANZEIGE UND MÖCHTE GERNE, DASS DU SIE KOMMENTIERST. **Holger Jung** Okay. Wissen, was schmeckt – Wiesenhof. Es blickt mich Kati Witt an, und sie blickt aus einer Anzeige, die nach dem Layout-Grundsatz oder sagen wir mal eher dem Branding-Grundsatz »incidental branding« gestaltet ist. Also der Hintergrund ist in den Wiesenhof-Farben gestaltet, und in der Mitte guckt uns eine Kati Witt an, die offensichtlich weiß, was schmeckt. Das unterschreibt sie auch noch mal. Sie verbürgt sich dafür. Und damit fällt einem als Erstes ein: Warum überhaupt Kati Witt? Hat sie irgendeine Geschmackskompetenz, was Essen angeht? Und wieso überhaupt und warum dann gerade für Wiesenhof? Und zweitens schreit die Anzeige danach: Ich bin langweilig, mir fällt nichts ein – da muss ein Prominenter vor den Karren gespannt werden. So springt einem die Anzeige entgegen. Unten steht noch relativ klein: Deutschlands Geflügelmarke Nr. 1. Das kann man aber schwer lesen. Daneben ist dann noch so eine von diesen vielen Landwirtschaftsmedaillen, wo auch noch einmal eine Herkunftsgarantie, wo noch eine Nummer eins drauf steht. Das erinnert mich an die vielen Medaillen, die es auf Milchtüten gibt. So, das ist die Anzeige. Ehrlich gesagt: Mir wäre die Anzeige beim Blättern gar nicht aufgefallen, weil sie so aussieht, wie Anzeigen aussehen, die einem nicht auffallen. HOLGER, WIR WISSEN VON DIR, DASS DU BEI UNILEVER UND BEI DER LINTAS DEINE WERBEKARRIERE ANGEFANGEN HAST. HAST DU ZU UNILEVERS ZEITEN DIE AUFGABE GEHABT, SOLCHE ANZEIGEN ALS KUNDE ZU BEURTEILEN, ODER NACHHER BEI DER LINTAS, SOLCHE ANZEIGEN ZU VERKAUFEN? Nee, ich glaube, ganz so schlimm war es nicht. Obwohl es da einiges gibt, über das ich heute auch lieber nichts mehr sage. Ich glaube das, worauf wir damals bei so einer Testimonial-Anzeige geachtet haben, das war diese berühmte Kompetenz desjenigen, der als Protagonist für die Marke stand. Zum Beispiel bei diesem weißen Bratfett »Biskin«. Da ging es immer um ausgesprochen herrschaftliche Restaurants, um nicht zu sagen Gasthäuser, ein bisschen rustikal, wo man weiß, da wird alles gebritzelt und gebrutzelt, was in die Pfanne passt. Da hieß es dann: Chefköche wissen – so gelingt es mit Biskin. Und die Chefköche – authentische, echte Chefköche – waren dann in Aktion, haben alles Mögliche erklärt und dann auch die Rezepte beschrieben. Das Gleiche, bloß auf eine mediterrane Art und Weise, haben wir dann auch fürs Öl gemacht. Da haben dann immer berühmte Köche an der Côte d'Azur oder sonstwo im Süden frische Brassen oder einen anderen Fisch auf dem Grill gebrutzelt. WAS WÜRDEST DU DENN MACHEN, WENN DER KUNDE WIESENHOF JETZT ZU EUCH IN DIE AGENTUR KOMMT? NEHMEN WIR MAL AN, ER HAT DICH BEI HARALD SCHMIDT GESEHEN, UND ER KOMMT JETZT UND LEGT DIESE ANZEIGE AUF DEN TISCH UND SAGT: HERR JUNG, IN DIESEM INTERVIEW MIT HARALD SCHMIDT, DA FAND ICH SIE GANZ KLASSE. WIE WÜRDEN SIE DENN JETZT RANGEHEN AN UNSERE WERBUNG? Na, ich würde mit dem Kunden sprechen. Ich würde lange über seine Marke sprechen. Ich würde einen schlauen Planner dazunehmen, und er müsste alles analysieren, was der Kunde in irgendeiner Form an Primärmaterial vorliegen hat. Und dann würde der Planer auch das Sekundärmaterial einsehen. Dann gäbe es ein ausgefülltes Briefing, aus dem sich die Aufgabenstellungen ableiten lassen, die mit dem Kunden besprochen werden. Und dann geht man den Weg, sich Ideen einfallen zu lassen. Ich bin ganz sicher, dass der Kunde mit einer derartigen Anzeige nicht das geschaffen hat, was man einen so genannten »kommunikativen Besitzstand« nennt – wo man sich dann fünfmal überlegen sollte, ob man vom vorgegebenen Weg

Kati Witt für Wiesenhof: Ob das Holger Jung schmeckt?

und wenn, wie stark, abweichen sollte. Vielleicht gibt es ja eine unge-stützte Bekanntheit der Headline beziehungsweise des Slogans, was immer das auch sein soll: »Wissen, was schmeckt. Wiesenhof.« Denn wenn das so wäre, müsste man sich das natürlich noch mal durch den Kopf gehen lassen, ob man mit diesem Sätzchen irgendwas anfängt. Ich bin aber ziemlich sicher, dass Kati Witt zu diesem kommunikativen Besitzstand nicht gehört. HAST DU IN DER AGENTUR KUNDEN, DIE MIT DEM, WAS IHR IN EUREM BUCH »HAUSMANNSKOST IN SACHEN KOMMUNIKATION« NENNT, ANGEFANGEN HABEN UND DIE DANN DURCH DIE ZUSAMMENARBEIT ZU EINER ANDEREN AUFFASSUNG ÜBER GUTE WERBUNG GEKOMMEN SIND? Ich nenne unseren Kunden »Mey-Wäsche«. Ich weiß nicht, welche Kom-munikation er vor uns gemacht hat. Oder ich sage mal »Bild«. HAT ES BEI DIR EIN EINSCHNEIDENDES ERLEBNIS GEGEBEN, WO ES →ZOOM← GEMACHT HAT, WO DICH EIN BLITZSCHLAG GETROFFEN HAT – UND DANN BIST DU VOM SAULUS ZUM PAULUS DER WERBUNG GEWORDEN? ODER BIST DU MIT DEINER HEUTIGEN AUFFASSUNG, WIE WERBUNG SEIN SOLL, GEBOREN WORDEN? Nee. Ich glaub schon, dass ich immer den Drang dazu hatte, als Mensch nicht dem spießigen Alltagstrott zu verfallen. Die Werbung war für mich in ganz jungen Jahren etwas sehr Spießiges, erst mal. Aber so ein ein-schneidendes Erlebnis gab es nicht. Es gab bei mir allerdings etwas, was sozusagen den Nährboden geschaffen hat. Es hat mich als Kontakter immer geärgert, wenn ich in der Kreation ein Briefing ablieferte und später irgendwelche Ideen zurückgespielt bekommen habe, die ich mir ohne größeres Nachdenken ebenso aus der Lamäng hätte selber einfallen lassen können. Das hat bei mir den Respekt den jeweiligen Kreativpartnern gegenüber schwer vermasselt. Da habe ich dann auch ungerührt beim Kunden eingegriffen, wenn ich dachte, das kann man verbessern – was ich heute nie tun würde, aus Respekt vor einem durch-dachten Ergebnis. Aber das war eben so. Ansonsten war meine Entwicklung durch den Gang von Lintas zu Scholz & Friends und dann zu S & J eher so etwas wie ein sanfter Umstieg. DU HAST MAL GESCHRIEBEN, DASS DU RICHTIGE WERBUNG FÜR ZU EINFACH HÄLTST. Nein, das ist zu einfach ausgedrückt. Ich meine Folgendes: Es gibt ein deutsches Phänomen: Der Deutsche will die Dinge richtig machen, er ist einfach korrekt. Also, jeder von uns, ich auch. Und wenn man Faszination ausstrahlen will, ist der Weg des Korrekten ja nicht immer der richtige. In Deutschland ist eben Werbung so korrekt wie möglich und dann so faszinierend, wie es halt braucht. Der richtige Weg ist aber, es muss so faszinierend wie möglich sein und so richtig, wie es gerade noch geht. So wird es was. Aber wie gesagt, es ist eine Mentalitätsfrage. Da wir aber insgesamt zunehmend in allen möglichen ethischen und gesellschaftlichen Bereichen ein Dritte-Welt-Land werden, ist da Hoffnung für die Werbung. DASS WIR MAL BRASILIEN WERDEN? Ja. ODER ARGENTINIEN? Oder zumindest das. ES FRAGEN SICH ALLE MENSCHEN, DIE JETZT IN DIE WERBUNG STRÖMEN: WIE ÜBERZEUGT MAN KUNDEN? WIE MACHT MAN DAS AM ANFANG? DAS BESTE UND ÜBERZEUGENDSTE SIND NATÜRLICH ERFOLGE, DIE MAN VORZUWEISEN HAT. DANN FÄLLT DAS LEICHT. WIE SCHWER WAR ES AM ANFANG IN EURER AGENTUR, KUNDEN ZU ÜBERZEUGEN? Wir hatten sofort einen Hauptmann-von-Köpenick-Durchbruch aus diesem »ohne Wohnung keine Arbeit und ohne Arbeit keine Wohnung«. Wir hatten ja erstens die Sixt-Kampagne, die wir selber gemacht haben, mit der wir gestartet sind und die maßgeblich war. Außerdem waren wir nicht unbekannt. Also wir waren schon mal irgendwie gebrandmarkt, was auch Druck machte. Sprich: Wir waren auf einer hohen Umlaufbahn in den Markt geschossen. Was ich eigentlich nur empfehlen

»Da wir zunehmend ein Dritte-Welt-Land werden, ist da Hoffnung für die Werbung.«

kann. Man muss im Grunde genommen gucken, aus welchem Stall man kommt. Die Qualität des Stalls, aus dem man kommt, ist schon eine heftige Hilfe für Neustart. Eindeutig. DIE TEXTER FRAGEN NATÜRLICH GANZ OFT DANACH, OB ES HILFESTELLUNGEN GIBT, WIE SIE ALS TEXTER GUTE TEXTE DEM KUNDEN NÄHER BRINGEN. KANNST DU AUS DEINER ERFAHRUNG EINE HILFESTELLUNG ODER EINEN RAT GEBEN? Also ich finde für Texter, die ja auch automatisch Konzeptioner sind, ganz, ganz wichtig, dass sie die Aufgabenstellung aus einer doch sehr breiten Sicht der Dinge sehen, dass sie sich mit der Aufgabe, dem Produkt, dem Unternehmen, der gesellschaftlichen Aufhängung befassen. Dass sie sich Gedanken machen, das alles zu wissen und zu verstehen. Ich finde, Texter müssen viel wissen. Sie müssen intelligent hinterfragen. Sie sind aus meiner Sicht schon so etwas wie der Motor, der geistige Vater von Kampagnen und Entwicklungen. SO WIE DU MANCHMAL DEINE EMOTIONEN FÜR GUTE WER-BUNG HEISSLAUFEN LÄSST, HAT MAN DAS GEFÜHL: DAS IST EIN KREATIVER, DER DA ARGUMENTIERT. STEHST DU KREATIVEN NÄHER ALS BERATERN? Das weiß ich nicht, das glaube ich nicht. Ich hasse so verkappte Kreative. Wenn man das mal so grob aufteilt, ist eine Agentur ja nichts anderes als ein normales Unternehmen. Wenn man mal hierher guckt, wird man auch ganz klar eine Gewaltenteilung fest-stellen. Der Kreative ist für Qualität zuständig. Er ist der Produktionsmensch und der Produkt-Erfin-der. Ich bin der Vertriebsmann, und ich verkaufe das Produkt. Das ist die Aufgabenstellung. Ein leidenschaftlicher Vertriebsmann wird immer die Produkte lieben, für die er steht. Er wird immer fordern, dass sie perfekt sind. Und das ist der entscheidende Punkt. WIE WEIT MISCHST DU DICH EIN? DU HAST GERADE DIE AUFGABENTEILUNG INNERHALB DER AGENTUR BESCHRIEBEN. KOMMT DAS VOR, DASS DU ZUM TEXT GANZ KONKRET WAS SAGST? ODER WÜRDEST DU DAS EHER UNTER VIER AUGEN JEAN-REMY MIT-TEILEN? In der Regel bin ich da ein bisschen sensibel. Ich sage immer nur dann etwas, wenn mir auffällt: Das läuft in eine andere Richtung. Dass ich mich in die einzelnen Gruppen einmische, da kann ich mich nicht erinnern. Ich würde das nie tun. Ich nehme das ganze Stück Werbung, ob es eine Anzeige oder Kampagne ist, und beurteile das dann auch gesamtheitlich. Und in die Details, da mische ich mich nicht ein. Das ist auch richtig so, weil es andere gibt, die das besser können. Denn ich möchte nie Leute haben, vor denen ich nicht den Respekt habe, dass ich da ungeniert reinrede. HOLGER, WORAN ERKENNT MAN EINEN GUTEN TEXT? DU HAST SELBER EIN BEISPIEL BESCHRIEBEN: BEI EURER MINI-KAMPAGNE – DA FANDEST DU DEN ERSTEN VORSCHLAG FÜR DEN NEUEN CLAIM RICHTIG. ABER BEI DEM ZWEITEN VORSCHLAG – DA HAT ES GEKRIBBELT. WAS LÖST DAS KRIBBELN AUS? KANN MAN DAS FÖRDERN, DASS TEXTE ENTSTEHEN, BEI DENEN ES KRIBBELT? Eine Erfindung als solche, das zu trainieren, das zu fördern – das ist schwer. Das ist auch schwer zu sagen, denn der Punkt des Kribbelns, der ist ja nicht ein singulärer, sondern der trifft ja alle Punkte, die mit der Marke zu tun haben. Ich denke mal, du kannst ihn dann fördern, wenn du eine Marke hast, die schon einen bestimmten Stellenwert oder eine Assoziation hervorruft. Bei dem Launch einer Marke, die noch eine werden soll, kannst du so was zum Beispiel nicht antizipieren, nicht direkt. Du sagst: Das hat was, gucken wir mal, du baust nicht auf etwas Bestehendem auf. Bei Mini war das schön. Da gab's ja was. Da konnte man sagen, das sitzt, weil: Das und das hat die Marke in der Vergangenheit getan. Man fühlt ja automatisch. Bei Marken, die es nicht gibt, kannst du dieses Gefühl nicht voraussetzen. Das ist schwer. DIE FRAGE, DIE ALLE KREATIVEN UMTREIBT, IST: WIE BEGEISTERT MAN SEINEN KUNDEN? WIE ENTFLAMMT MAN IHN FÜR SEINE IDEE? Also: Es ist doch immer eine Frage der vielen, vielen Rahmenbedingungen. Wenn Leute uns als Jung von Matt eine Chance geben, eine Idee zu präsentieren, erwarten sie von uns etwas anderes als von anderen. Das heißt, damit ist per se schon eine größere Offenheit gegeben. Sie wollen ja was empfinden. Nun gibt es auch viele andere, die sagen, wir wollen ja gar nichts empfinden. So. Oder sie sagen es vielleicht nicht direkt, aber im Kern sind sie so geartet. Und das ist was anderes. Da stößt du dann auf eine Mauer aus Beton – und es bringt auch nichts. Da kann man nichts machen.

Kurzvita

Geboren am
01.12.1953 in Hamburg
Abitur in Hamburg
Studium der Rechts-
wissenschaften
Hamburg / München
1977 Lintas Hamburg
1978–1980 Media-
planung und Beratung
Lintas Hamburg
1980–1982 Marketing
Unilever Hamburg
1982–1984 Account
Director Lintas Hamburg
1984–1987 Account
Supervisor Scholz &
Friends Hamburg
1987–1991 Gesell-
schafter und Geschäfts-
führer Springer & Jacoby
Hamburg
1991 Gründung der
Agentur Jung von Matt

HOLGER, HAT SICH DEINE TOCHTER SCHON GEÄUSSERT, OB SIE SPÄTER MAL IN DIE WERBUNG MÖCHTE? Nee. Aber für meine Tochter sind drei Dinge fix. Erstens: Frauen arbeiten nicht – was meiner Frau aber äußerst unangenehm ist –, weil Mamis sind zu Hause. Das Zweite ist: Papis arbeiten, und sie arbeiten alle in Agenturen. So. Punkt. So ist das Leben für meine Tochter. WENN SIE DANN IRGENDWANN DOCH EINMAL DENKT, DASS AUCH MAMIS ARBEITEN, UND SIE WÜRDE DICH MIT DEM BERUFSWUNSCH KONFRONTIEREN, DASS SIE IN DIE WERBUNG MÖCHTE: HÄTTEST DU DA SO GANZ PERSÖNLICH WAS, WAS DU DEINER TOCHTER SAGEN WÜRDEST? Bis meine Tochter so weit ist, verstehe ich wahrscheinlich schon nicht mehr, was in der Welt um mich herum passiert. Ganz schwer zu sagen. Ich würde ihr eines sagen: Ich würde ihr den Rat geben, einen Beruf auszuwählen, in dessen täglicher Lebenswelt ich mich irgendwie emotional zu Hause fühle. Das ist gar nicht so rational abzubacken. Einfach weil es bei mir selbst entscheidend war. Als ich irgendwann sagte: Okay, Werbung könnte was für mich sein – weil es so eine Art Freiraum für mich war –, da fand ich das Ambiente irgendwie reizvoll. Ich bin durch die Lintas gegangen, und da gab es schöne Konferenzzimmer mit schönen Sesseln. Ich habe mich umgeguckt: Hier sitzen und so den ganzen Tag Kaffee trinken und mit den Leuten quatschen, das fand ich gut. Das war zu einem Zeitpunkt, wo ich noch gar nicht wusste, was das alles im Einzelnen bedeutet. Das war aber die richtige Entscheidung. Das würde ich meiner Tochter auch sagen: Dieses Gefühl musst du haben. UND WENN SIE WERBETEXTERIN WERDEN WILL? Das ist mir völlig egal. Eigentlich soll sie weltbeste Schlagzeugerin werden.

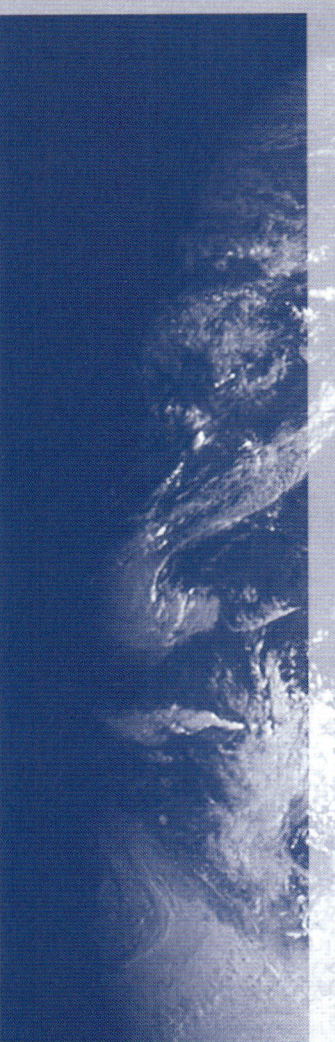

Nichts?

bfai

Wolf Heumann

Jung von Matt

Die Bundesstelle für Außenhandelsinformation wird in Bundesagentur
für Außenwirtschaft umbenannt. Das
Kürzel bleibt »bfai«. Entwickeln Sie
zu diesem Anlass eine Anzeige, die der
Institution ein modernes Image gibt
und sie als kompetente, kundennahe
Informationsquelle für Export- oder
Expansionsentscheidungen profiliert.
Angesprochen werden sollen Entschei-
dungsträger in kleinen und mittel-
ständischen Unternehmen.

Stefan Vonderstein

Rempen & Partner

Ich bin ungehorsam. Und ich bin kein
Marketingleiter, der Briefings schreibt.
Außerdem darf ich nur 4.500 Zeichen
schreiben. Und die brauche ich später
dringender. Ich bitte das zu verstehen
und zu entschuldigen.

Matthias Berg

Young & Rubicam

Kommunizieren Sie, dass die Bundesagentur für Außenwirtschaft einen
neuen Namen hat. Machen Sie zudem
auf die Leistungsfähigkeit der Bundesagentur für Außenwirtschaft aufmerksam. Generieren Sie Response.

ZIELGRUPPE
Unternehmer und Unternehmen, die
Begleitung bei der Internationalisie-
rung ihres Business möchten.

Dazu: Nennen Sie alle nur möglichen
Kontaktmöglichkeiten und unsere
Internet-Adresse bitte mehrfach.
Nennen Sie alle Teilbereiche unseres
Angebots.

Wolf Heumann

Geboren 1965, studierte Jura, Philosophie und Linguistik, arbeitete eine Zeitlang als Musikproduzent und entschied sich 1992 für die Werbung. Nach sechs Jahren als Texter und CD bei Scholz & Friends wechselte er Anfang 1999 zu Rempen & Partner. Hier war er Kreativchef in verschiedenen Units, Gesellschafter und Mitglied der Geschäftsleitung. Seit Anfang 2001 ist er Geschäftsführer Kreation bei Jung von Matt/Elbe mit Kunden wie BMW, Bosch, Van Laack, Minolta und DEA.

ANALYSE

Zeile oben, Zeile unten, Zeilen in der Mitte und ein Bild. Auf dieser Anzeige passiert ziemlich viel. Aber beim Leser passiert ziemlich wenig. Und das ist nicht gut, schließlich kosten Anzeigen Geld. Mal abgesehen davon, dass Anzeigen sogar Spaß machen können – wenn man sie gerne liest und ein bisschen was dabei lernt. Aber der Reihe nach:

Erstens: »Unser neuer Name verpflichtet Sie zu nichts.« Aha. Ich würde mal sagen: Dann verpflichtet er auch nicht zu dieser Headline. Am besten, man hinterfragt an solchen Stellen kurz das Briefing. Der Kunde möchte seinen neuen Namen kommunizieren, aber warum überhaupt? Er hieß doch auch vorher schon bfai, nur verbarg sich dahinter eine andere Behördenbezeichnung. Der neue Name ist dem Leser also wahrscheinlich ganz egal, Hauptsache das Angebot stimmt. Erst recht gilt das für alle, die die bfai noch gar nicht kannten.

Zweitens: »Erfolg in der Außenwirtschaft«. Hier steckt der Hinweis darauf, was der Absender mir eigentlich bietet. Das müsste der Kern der Anzeige sein: »Hallo Mittelständler, wir helfen dir, ein ganz Großer zu werden!«

Drittens: Die Weltkugel. Okay, ein Bild lockert auf. Aber es gibt so ein paar Motive, die sind nur ganz, ganz selten erlaubt. Weil sie nämlich vor lauter Symbolcharakter ganz, ganz oft zur Illustration von Geschäftsberichten und todtraurigen Unternehmensdarstellungen herhalten müssen – und deshalb auf Dauer so spannend sind wie eine Steuererklärung. Dazu gehören zwei sich schüttelnde Hände (Partnerschaft!), weitergereichte Staffelstäbe (Fortschritt!), ineinander greifende Zahnräder (Vernetzung!) sowie die berüchtigten »Zeigefotos«, auf denen ein engagierter Finanzexperte im Kreise seiner Kollegen mit ausgestrecktem Arm auf eine Umsatzkurve zeigt (Business und alles!). Und eben: Weltkugeln.

Viertens: Die Menüleiste. Spätestens seit es Computer gibt, gibt es in Anzeigen Menüleisten. Ihr Vorteil: Zeigen auf einen Blick, was der Absender alles kann, und sehen irgendwie modern aus. Ihr Nachteil: Helfen bei der Vermittlung der einen, großen Anzeigenbotschaft meist nicht weiter und werden vom Leser als Deko-Element ausgeblendet. Wenn's geht: drauf verzichten.

Fünftens: Der Absender am oberen Rand. Warum das? Steht doch schon unten!

Und sechstens ... ist die ganze Anzeige nicht nur ziemlich voll, sondern einfach ziemlich langweilig. Wo ist der Aufhänger, der den Leser ein kleines bisschen neugierig macht? Wo ist der Grund, sich diese Anzeige zu merken? Wo ist – ja, genau – die Idee?

TIPPS & TRICKS

Eine Copy funktioniert wie ein Spiegel-Artikel: spannender Einstieg, charmanter Ausstieg, dazwischen die richtige Mischung aus Fakten und Sprachwitz. Und der Ausstieg bezieht sich auf den Einstieg.

Sprache ist Musik. Ein wirklich guter Text klingt auch gut. Da geht es manchmal um eine einzige Silbe.

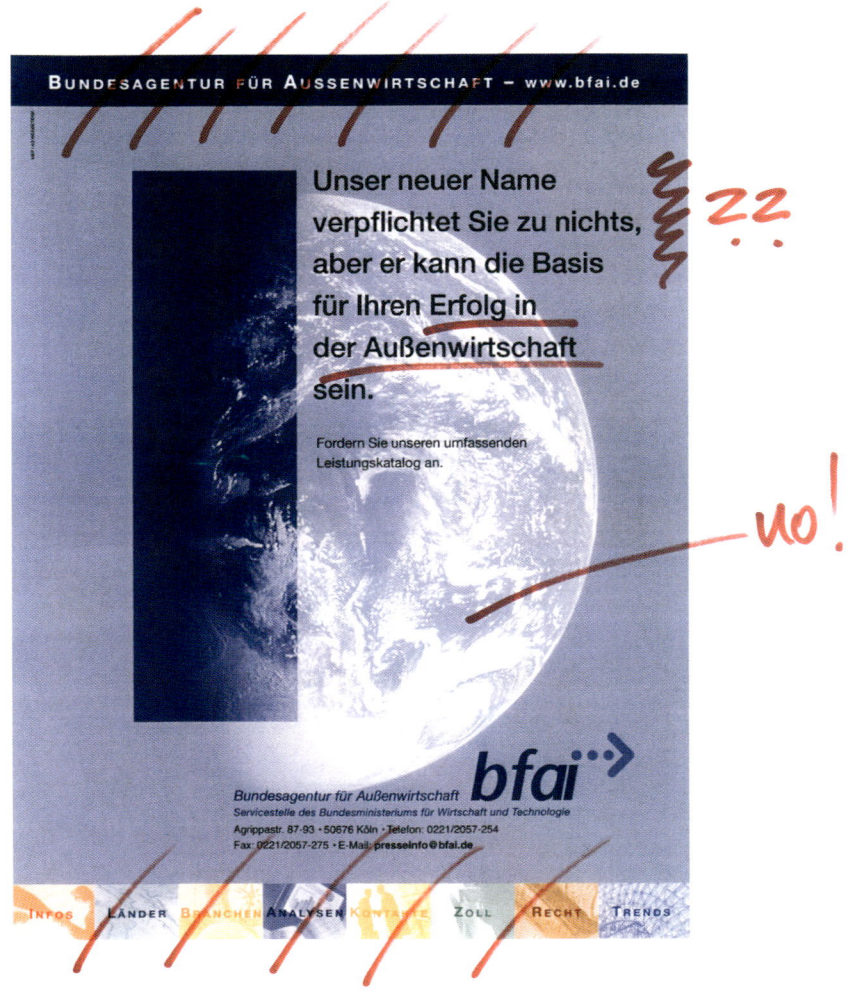

Das Gleiche mit weniger Worten zu sagen, macht einen Text fast immer besser. Das gilt auch für Headlines.

Die zweitbeste Headline ist oft der beste Einstieg für die Copy.

Mühsam, aber nützlich: Lange Texte beim Schreiben immer wieder ganz von vorn lesen. Sonst doppeln sich die Worte, und die innere Logik bleibt auf der Strecke.

Texte immer eine Nacht ziehen lassen. Am nächsten Morgen stolpert man über die Hälfte der Formulierungen, die man gestern noch genial fand.

Die Regel, die beste Regel sei, sich nicht an die Regeln zu halten, liest man bei Werbern heutzutage regelmäßig. Muss dadurch aber nicht weniger wahr sein.

Wolf Heumann

Wir nehmen einfach ein Bild von Susan Stahnke. Und schreiben drauf: »Nicht jeder schafft es im Ausland. Besser, Sie fragen uns.« Absender: bfai. (Für alle, denen der Name nicht präsent ist: »Stähnkie« wurde berühmt als Nachrichtensprecherin, die direkt von der Tagesschau nach Hollywood wollte, was aber Hollywood nicht wollte.) Ganz nette Idee. Wahlweise könnte man auch Lothar Matthäus nehmen (Kurzzeit-New-Yorker). Oder gleich die ganze deutsche Nationalmannschaft. Dann erzählen wir in der Copy, wie das mit der Selbstüberschätzung ist, und dass es immer hilft, ein wenig über den Markt zu wissen, den man erobern möchte. Kleines Problem: Susan Stahnke findet das nicht komisch. Entweder verlangt sie von uns Unterlassung oder einen Haufen Geld. Lässt sich vielleicht lösen. Noch ein Problem: Alle genannten Motive sind zur Zeit der Verfassung dieses Beitrags einigermaßen aktuell (gerade hat die Nationalmannschaft zum Beispiel in der 92. Minute den Ausgleich durch die Iren kassiert), aber morgen vielleicht schon völlig überholt (die Deutschen sind Weltmeister, und Susan Stahnke spielt an der Seite von Brad Pitt, ach was, Brad Pitt an der Seite von Susan Stahnke!). Das ist ärgerlich. Schließlich soll man dieses Buch auch in ein paar Jahren noch verstehen. Und das wichtigste Problem: Das Konzept passt irgendwie nicht zur bfai.

Das hat nichts mit Werbemoral zu tun. Sondern mit der Tatsache, dass wir dem Kunden weiterhelfen wollen. Es handelt sich ja nun mal um eine Bundesbehörde, und denen empfehlen wir nicht unbedingt, gegen erfolglose deutsche Promis nachzutreten. Wir empfehlen lieber die Idee mit der Kartoffel.

Die Kartoffel hat circa 15 000 Jahre in Südamerika zugebracht, um dann plötzlich den Sprung nach Europa zu schaffen, wo ihr in ein paar Jahrhunderten der Aufstieg zum Top-Nahrungsmittel gelang. Heute wird sie mit den big players Reis, Weizen und Mais in einem Atemzug genannt. Die Weltjahresproduktion beträgt 270 Millionen Tonnen. Eine erotische Vorstellung für einen schwäbischen Schraubenfabrikanten, mit seinem Angebot einen ähnlichen Erfolg auf dem Weltmarkt zu haben.

Das ist die Idee der Anzeige. Ein ganz einfaches Bild (Kartoffel) steht für einen großen Traum (Erfolg in der Außenwirtschaft). Und wir sagen: Mit uns (bfai) kannst du das auch! Die weiteren Informationen kommen erst in zweiter Linie. Die Leistungsbandbreite. Die Kontaktanschrift. Die Zugehörigkeit zum Wirtschaftsministerium. Denn das wird alles erst wichtig, wenn das Angebot überhaupt jemanden interessiert. Und der Hinweis auf die Namensänderung ... den haben wir dem Kunden ja bereits weiter oben in diesem Kapitel ausgeredet. Eins ist klar: Diese Anzeige erfindet die Werbung nicht neu. Dafür zeigt sie, wie man auch ein trockenes, erklärungsbedürftiges Thema mit einigen Maßnahmen genießbarer machen kann: Einfach statt kompliziert, eine Botschaft statt mehrerer, aus dem Leben gegriffen statt aus dem Briefingpapier, mit Spaß geschrieben statt mit Behördendeutsch, aufgeräumt statt Wo-noch-Platz-ist-muss-was-hin – und im spezifischen Umfeld deutlich anders als andere. Apropos andere: Kreativteam auf diesem Projekt waren Sascha Hanke und Stefan Hägerling, der auch das Foto geschossen hat. Layoutunterstützung kam von Birgit Jeske. Hintergrundinfos über die bfai besorgte uns Guido Kirschner aus der Strategischen Planung. Und Leser, die jetzt seufzen »Was die können, kann ich auch«, bewerben sich einfach. Nicht in Hollywood. Sondern bei uns.

Was die kann,
können Sie auch.

Sie sind keine Kartoffel. Sondern zum Beispiel ein mittelständisches Unternehmen. Aber wie man als Regionalanbieter (15.000 Jahre Südamerika) im Eiltempo die Welt erobert (heute 270 Mio. Tonnen Jahresproduktion auf fünf Kontinenten), das hat die Knolle vorgemacht.

Sie planen Ähnliches? Dann sollten Sie wissen, was in fremden Märkten auf Sie wartet. Von A wie Arbeitsrecht bis Z wie Zollvorschriften. Fordern Sie einfach unseren umfassenden Leistungskatalog an, oder besuchen Sie uns im Internet. Das schafft so schnell keine Kartoffel!

Gr	kg X	bfai. Servicestelle des Bundesministeriums für Wirtschaft und Technologie • Agrippastr. 87-93, 50676 Köln, Telefon 0221/2057-254, Fax -275 • presseinfo@bfai.de, www.bfai.de
Preis		

bfai ∙∙∙▸
Bundesagentur für Außenwirtschaft

»Nicht hoffen, es möge doch Hitzefrei sein.«

Armin Reins WOLF, WIE BIST DU EIGENTLICH WERBETEXTER GEWORDEN? **Wolf Heumann** Ich habe bis zum 1. Examen Jura studiert. Schon im Studium hat mich das Schreiben der Hausarbeiten mehr interessiert als der Inhalt. Nebenbei habe ich im Tonstudio gejobbt. Das war ein ziemlich anarchistisches Rock-'n'-Roll-Studio, und wir wollten natürlich alle Popstars werden. Wir stellten aber schnell fest, dass das nicht so einfach war, und fingen an, Werbespots zu produzieren. Weil das kleine Kunden waren, haben wir denen auch gleich die Spots geschrieben. Dabei merkte ich, dass mir so was Spaß bringt. Dann habe ich mich bei Michael Weigert bei Scholz & Friends beworben und einen Copytest gemacht. Den hat er aber nie angeguckt, wie ich später erfuhr, sondern irgendwie fanden wir uns ganz nett, und dann war ich drin. WELCHE VORSTELLUNG HATTEST DU VOM BERUF DES WERBETEXTERS? Ich habe Werbung nicht geliebt. Ich hielt Werbung für Sprüchekasperei. Ich hab gerne Titanic gelesen, und Werbeverarschung hat mir besser gefallen als Werbung. Ich dachte, dass es eine aufgeblasene Branche ist, wo Leute mit kanarienvogelgelben Jacketts rumlaufen und irgendwie wichtig sind. Was mich dann überrascht hat, ist, wie intelligent und begabt man doch sein muss, um das zu machen. WODURCH BIST DU BEEINFLUSST WORDEN, TEXTER ZU WERDEN, HATTEST DU VORBILDER? Am Anfang bei Scholz durchlief ich natürlich die Scholz & Friends-Schule. Was witzig ist, weil S & F stand damals für »Schöne Fotos«, und das war eigentlich gar nicht so meine Art, ich kam ja eher von der Sprache. Das hat mich deshalb im Rückblick auch nicht so stark geprägt. Wobei ich von Leuten wie Peter Goldammer und Marc Schwieger textlich schon eine Menge gelernt habe. Heute würde ich sagen, der JvM-Stil entspricht mir mehr. IST ES SCHWIERIGER WERBETEXTE ZU SCHREIBEN ALS ANDERE TEXTE? Ich fand es anfangs extrem schwierig, so einfach zu schreiben wie man spricht. Ich merke heute bei jungen Textern, gerade auf Kunden wie BMW, dass sie so schreiben wie auf dem Amt: ohne Not bürokratisch. Sobald sie den Texterstift in die Hand nehmen, schalten sie im Kopf um und glauben, sie müssten schreiben wie gedruckt. Mein erster Texterjob war die Wanderausstellung »Bauen, Modernisieren, Renovieren« von der Deutschen Bank. Da habe ich mich nur rumgeärgert. In jede Headline sollte ich ein »doch mal« schreiben. Aus »Renovieren Sie Ihr Haus« hat mein CD »Renovieren Sie doch mal ihr Haus« gemacht. Ich fand das am Anfang echt anrüchig und dachte, mein Gott, warum muss alles immer so verflacht werden? Aber später habe ich gemerkt, dass man das am Ende lieber liest, wenn es mehr aus der Welt des gesprochenen Wortes kommt. HABEN GUTE TEXTER BESONDERE CHARAKTERLICHE MERKMALE? Es soll nicht arrogant klingen, aber Intelligenz ist extrem wichtig, denn das unterscheidet den Kalauer-Texter vom Texter, der inhaltlich gute Sachen schreibt. Es liegt nahe, zunächst ein Wortspiel zu machen, weil einen ja schon der Klang des Worts dazu animiert. Aber man muss sich erst fragen, was ist der Knackpunkt, die Aha-Aussage, die ich treffen kann. WELCHE FÄHIGKEITEN MUSS EIN TEXTER MITBRINGEN? Ich glaube, dass man den viel beschworenen Biss braucht. Weil man sonst Gefahr läuft, zu schnell zufrieden zu sein. Und man braucht Frustrationstoleranz. Man muss damit klarkommen, dass es bei einem Klempner, der ein Klo einbaut, nach dem ersten Mal heißt »Gut so«, während wir 30 Klos einbauen müssen, ehe das 31. dann richtig sitzt. WAS RÄTST DU EINEM TEXTER, DER BESSER WERDEN WILL? Am meisten lernt man durch die Praxis. Nicht hoffen, es möge doch Hitzefrei sein, sondern schreien »Hier, ich bin da!« Ich glaube, wenn das Potenzial da ist, dann macht der Druck einen besser. Außerdem muss man die Leute löchern, den CD fragen, wie hättest du es jetzt gemacht? Und man muss ein akustischer Texter werden. Auf den Klang der Sprache hören. Sich die Texte halblaut vorlesen. Schlechte Texte klingen nicht gut. WAS SOLLTE EIN WERBETEXTER LESEN? Ich finde, er sollte Titanic lesen. Weil man da eine Art lernt, Sachen satirisch zu betrachten, die von der Werbung nicht weit entfernt ist. Satire heißt, Sachen am wunden Punkt aufzuspießen. Das tut die Werbung im Grunde umgekehrt auch, nur sie dreht es positiv, und es ist nicht der wunde Punkt, sondern der tolle Punkt. WELCHE AUSSERBERUFLICHEN INTERESSEN HAST DU, UM DIR EINEN UNVOREINGENOMMENEN BLICK AUF DIE DINGE ZU ERHALTEN? Ich lese viel werbefremdes Zeug. Da wird einem bewusst, wie klein und unwichtig es ist, was man macht. Es kann auch nicht schaden, auf Autobahnraststätten Currywurst zu essen. Dieser Spruch, dass man aus dem täglichen Leben die beste Kreation rausholt, der ist zwar abgenutzt, aber wahr. WAS TUST DU, WENN DU NICHT SCHREIBST UND EINFACH NUR ABSPANNEN WILLST? Ich spiele Gitarre und singe ein Lied oder sitze auf dem Klo und lese. WIE STEHST DU ZU DER AUSSAGE, DASS DIE MEISTEN IDEEN FÜR DIE WERBUNG IM PRODUKT SELBST ZU FINDEN SIND? Das Produkt ist immer noch der Kern des Ganzen. Da, wo man kein Produkt hat, wie teilweise bei Banken, da merkt man, wie schwierig es ist, Werbung zu machen, die einen fasziniert. Dann ist man gezwungen, dem Produkt Welten anzudichten. Das gelingt ja auch oft gut, aber wenn ich bei einem Produkt einen echten Vorteil habe, macht mir das mehr Spaß. **HAST DU EINE TECHNIK, DICH EINEM PROBLEM ZU NÄHERN?** Kreativtechniken habe ich nie gelernt. Ich versuche mir vorzustellen, ich selber hätte ein starkes Interesse an dem Produkt. Ich frag mich, was mich daran begeistern würde. Andere würden auf die Straße gehen und irgendeinen Tankwart fragen. Das ist nicht so mein Stil. Ich bin jemand, der am liebsten erst mal allein anfängt zu denken. Ich muss, um auf den Grundgedanken zu kommen, in einen Zustand verfallen, in dem mich nichts mehr ablenkt. **HAST DU BEIM ARBEITEN BESTIMMTE RITUALE?** Ja, ich mag Ordnung. Was ich nicht mag, ist, in einem völligen Wust anzufangen. Ich lege mir nur die Papiere hin, die ich wirklich brauche, meistens nur das Briefing. **GIBT ES BEI DIR EINE ROTE LAMPE, DIE ANGEHT, WENN ETWAS SCHLECHTES ENTSTEHT?** Wenn man länger dabei ist, merkt man, wenn etwas in die Grütze geht, wenn man es sich zu einfach macht. Wo man als junger Texter gedacht hat »Mensch, ich hab's am Wickel«, hat man als Älterer ein Gespür dafür, ob sich eine Idee trägt. Wenn ich merke, zu diesem Motiv fallen mir hundert Sachen ein, im Idealfall auch noch ein POS-Deckenhänger, dann weiß ich, dass was drin-steckt. Bevor ich's verschlimmbessere, schmeiß ich's weg. Oft ist es nur der Kernsatz. Wenn der falsch ist, dann wird es nichts. Es geht darum, nie Sachen als gegeben anzunehmen, sondern sich immer wieder selbst in Frage zu stellen. Das geht so weit, dass man sich fragen muss, bin ich eigentlich gut. Das weiß man immer nur bei jeder neuen Aufgabe. Es ist ja sogar so, dass man, wenn man älter wird, für gewisse Aufgaben wieder schlechter wird. Eine Snowboard-Promotion könnte ich wahrscheinlich schon gar nicht mehr machen, weil ich davon keine Ahnung habe, wie man da spricht. Ansonsten: Ich habe immer diese virtuelle Galerie vor mir. Galerie heißt, wenn man alle Sachen aushängt und die ganze Agentur draufguckt und ihre Hausfrauentestnoten gibt. Ich frage mich bei allem was ich tue, was wäre, wenn du das jetzt vorzeigen müsstest? Und wenn ich das Gefühl habe, das möchte ich nicht vorzeigen, dann: weg damit! Es gibt ja den merkwürdi-gen Effekt, dass man einem Kunden Sachen viel unbefan-gener zeigt als seinen Kollegen. Das ist die wichtigste Alarm-glocke: Wenn man dem Kunden Zeug bringt, das man aus Angst vor Kritik den Kollegen nicht gezeigt hätte. **WENN DU FÜR EINE PRÄSENTATION ZWEI WOCHEN ZEIT HAST, ARBEITEST DU DANN KONTINUIERLICH? ODER WIRST DU ERST IN DEN LETZ-TEN VIER TAGEN AKTIV?** Ich habe auch nie meine Hausauf-gaben rechtzeitig gemacht. Ich schiebe Sachen gern vor mir her. Ich glaube, dass das »Darüberschlafen« einen magischen Effekt hat. Ich mag nicht gerne viel Runterschreiben. Ich wünschte mir, ich könnte das, weil dadurch viele Mistideen aus dem Kopf verschwinden. Was ich aber andererseits nicht mag: Die schlechten Sachen stehen dann da. Und man hat den Mist auf dem Zettel. Das zwingt mich dann dazu, immer wieder draufzugucken. Sachen, die ich nicht wirklich gut finde, ver-suche ich nicht aufzuschreiben. Ich schreibe echt wenige Zeilen auf. **SIEHST DU DICH ALS HANDWERKER, TECHNIKER ODER ALS KÜNSTLER?** Irgendwo dazwischen. Ein gewisses Sprachgefühl, ein Gefühl für den Rhythmus, für die Melodie, für schöne und nicht schöne Worte, das lernt man nach einer gewissen Zeit. Ein »Um-die-Ecke-Denken«, so ein Spaß, auch an Banalitäten, gehört dazu. Ob man das nun Kunst nennen könnte, weiß ich nicht, aber Handwerk allein reicht auch nicht. **WIE WICHTIG SOLLTEN FÜR JUNGE TEXTER AUSZEICHNUNGEN UND WETTBEWERBE SEIN?** Super wichtig. Ich frage mich, wie Leute in Berufen klarkommen, die niemals sichtbare Erfolgs-erlebnisse haben. Nicht umsonst gibt es das beim Militär. Ich liebe jetzt das Militär nicht besonders, aber die wissen schon, warum sie Schnüre und Orden verteilen. Weil dann die Leute bereit sind, durchs Feuer zu gehen. **WAS ANTWORTEST DU, WENN DEINE TOCHTER ODER DEIN SOHN ZU DIR KOMMT UND SAGT, ICH MÖCHTE WERBETEXTER WERDEN?** Och, ich finde Wer-betexter nicht so schlimm wie Tennis-Kind. Ich würde nur sagen, sieh auch früh genug, wenn du es nicht gut kannst. Weil, das ist dann wie in jedem Job: frustrierend.

LIEBLINGSTEXT

Wovon man nicht sprechen kann, darüber muss man schweigen.

Wittgenstein, Tractatus Satz 7

Stefan Vonderstein

Ich habe gezeichnet, gemalt, Grafik-Design studiert, bin von meinem
Dozenten und späteren Chef Günther Kienpointner überzeugt worden,
dass ich ein besserer Schreiber als Gestalter bin.
Seit 12 Jahren versuche ich herauszufinden, ob er Recht damit hatte.

ANALYSE

Eine Analyse ist die systematische Untersuchung eines
Phänomens in allen Einzelheiten. Aber meistens langweilig.
Ich lese jetzt diese Anzeige mit Ihnen gemeinsam.
Kommen Sie mit:

DER ERSTE BLICK

Blau. Die Farbe soll implizieren: Hoffnung. Positive
Stimmung. Kraft. Ruhe.
Weltkugel: Steht immer gerne für allumfassend. Überall.
International. Groß.
Gestalterisch fragwürdig: Wieso dieser dicke blaue Balken?
Würde es ohne langweiliger aussehen? Oder besser?

Ich beginne zu lesen.

Zuerst die Headline: »Unser neuer Name verpflichtet Sie zu
nichts ...« Aha.
Ich stocke. Und denke: »Das ist doch nett von dem Texter,
dass er mir sofort mitteilt, dass ich weiterblättern soll. Hier
habe ich nichts zu suchen.«
Aber ich muss weiterlesen, weil ich es Armin Reins versprochen habe: »... aber er kann die Basis für Ihren Erfolg
in der Außenwirtschaft sein.«

»Erfolg in der Außenwirtschaft« ... das klingt nach Minister-
duo Werner Fischer und Joschka Müller. Und umgekehrt.
Nein ... zu hoch für mich. Weiterblättern.

Aber ich habe Armin Reins versprochen ...

BUNDESAGENTUR FÜR AUSSENWIRTSCHAFT – www.bfai.de

Unser neuer Name
verpflichtet Sie zu nichts,
aber er kann die Basis
für Ihren Erfolg in
der Außenwirtschaft
sein.

Fordern Sie unseren umfassenden
Leistungskatalog an.

Bundesagentur für Außenwirtschaft
Servicestelle des Bundesministeriums für Wirtschaft und Technologie
Agrippastr. 87-93 · 50676 Köln · Telefon: 0221/2057-254
Fax: 0221/2057-275 · E-Mail: presseinfo@bfai.de

bfai

INFOS · LÄNDER · BRANCHEN · ANALYSEN · KONTAKTE · ZOLL · RECHT · TRENDS

Der Blick wandert von der Headline hoch zum dunkelblauen Balken. Dort lese ich: »Bundesagentur für Außenwirtschaft – www.bfai.de«
Gut, einfach. Das ist der Absender. Mir sagt der Name zwar nichts, aber das hat die Headline ja schon gesagt. Dass mir der Name nichts sagen muss.
Da! Eine Unterzeile unter der Überschrift: »Fordern Sie unseren umfassenden Leistungskatalog an.«

Nein danke, tue ich nicht. Weil ich erstens zu faul bin, irgendwo etwas anzufordern (Papier, schreiben, Umschlag, lecken, Briefmarke, lecken, zum Briefkasten gehen, Brief einwerfen), und weil ich Angst vor dem Wort »umfassend« habe. Das schmeckt nach viel Papier. Viel Zeit investieren, viel lesen müssen. Viel Arbeit. Ich aber bin faul.

Meine Augen humpeln weiter. Das große Logo! Ich bin kein Gestalter und habe Armin Reins zudem versprochen, dass ich den Text analysiere. Aber dazu fallen mir auch ein, zwei Dinge ein:
Eine Schrift, die ich nicht für ein Logo nehmen würde. Einfach lieblos aus dem »umfassenden« Schriftenkatalog genommen. Drei Pünktchen und ein Pfeil. Soll wohl symbolisieren: Mit uns geht's da lang. Oder weiter. Oder es geht nach rechts? Keine Ahnung. Ich mag Logos, die entweder wundervoll aussehen – grafisch – oder eine verblüffende Idee haben – inhaltlich. Oder beides. Alle anderen mag ich nicht.

Zurück zum Text, der sich mir unter dem Logo darbietet. Absender, klar, und eine Adresse, Telefonnummer, Faxnummer, E-Mail-Adresse. Die Pflicht: Der Leser muss Gelegenheit haben zur Kontaktaufnahme.

Bis auf diese farbige Leiste unten. Dort lese ich.
Infos. Länder. Branchen. Analysen. Kontakte. Zoll. Trends. Das könnte auch unter einer Anzeige für die illegale Einfuhr gefährlicher Güter stehen.

Ich habe mir mit dieser Anzeige ungefähr zehntausendmal so viel Zeit gelassen wie andere flüchtige Leser. Vielleicht deshalb bin ich so verwirrt? Aber wenn ich vor zu vielen Informationsbruchstücken nichts mehr versteh, was bitte soll ein Anzeigen-»Leser« mitnehmen? Eben.

Um eine Anzeige zu beurteilen, hilft es, sich die Anzeige oder jedes Werbemedium als Menschen vorzustellen, der auf eine Party kommt. Dabei ist auf meinen imaginären Partys immer nur »Zielgruppen«-Publikum. Und jetzt kommt die Anzeige rein! Wie macht sie die Tür auf? Wie ist sie angezogen? Wie redet sie mit den Leuten? Und wie geht sie mit ihnen um? Das kann helfen.

Oder um es anders zu sagen: Wenn man Sie bitten würde, eine Anzeige auszusuchen, die zu einem Menschen passt, den Sie mögen. Würden Sie diese Anzeige auswählen?

NEUGESTALTUNG

Vorweg: Ich wurde aufgefordert, mich an das von mir angenommene Briefing zu halten. Das ist bei Kunden in der Regel so. Aber: Misstraue jedem Briefing. Überlege, ob es eine bessere Lösung für das gleiche Problem geben könnte. Und schlage immer die bessere Lösung dem Kunden vor. So mache ich es jetzt übrigens auch. Wenn ich die ganzen »überflüssigen« Informationen weglasse, geht es bei der Bundesagentur für Außenwirtschaft doch um eines: im Ausland Geschäfte machen. Ist doch ganz einfach. Plötzlich. Was sind überflüssige Informationen?

»Unser Name verpflichtet Sie zu nichts ...«
»Fordern Sie unseren umfassenden Leistungskatalog an.«
»Infos. Länder. Branchen. Analysen. Kontakte. Zoll. Trends.«
Warum sind sie überflüssig?
Auch einfach: Weil eine Anzeige entweder sofort Aufmerksamkeit erreicht oder nie. Und wenn ich Interesse habe, im Ausland Geld zu verdienen (wenn's gut geht), dann werde ich mir alle weiteren Informationen schon besorgen. Aber bitte nicht von der Anzeige, weil die dafür viel zu flach ist. Hier geht es schließlich um Investitionen im Ausland, Kooperationen, Beratungstätigkeit, langfristiges Engagement. Alles nachzulesen unter der informativen und gut geordneten Seite: www.bfai.de

DIE ERSTE ANZEIGE

Die Aussage lässt sich auch wunderbar in Bildsymbolen vermitteln (sorry, ich weiß, dies ist ein Texterbuch). Flaggen und ein Geldschein haben so ziemlich dasselbe Format. Passt. Unter dem Geldschein. Einfach und klar: Investieren Sie Ihr Geld in die Welt.

ZUM TEXT

Warum baut der Herr Vonderstein zwei bildlastige Anzeigen mit so wenig Text? In einem Texterbuch? Ganz einfach: Weil ich den Beruf des Texters nicht kenne. Ich kenne nur den Beruf des »Ausdenkers«.
Denn das ist die Disziplin, um die es geht: Bestehende, bekannte Tatsachen neu zu erkennen und auszudrücken. In der Überraschung liegt die Kraft einer Anzeige. Nicht in dem ewigen Wiederholen.

DIE ZWEITE ANZEIGE

Was verbinden wir normalerweise mit dem Ausland? Klar. Urlaub. Oder wer von uns kommt schon auf die Idee, dort sein Geld zu investieren? Eben.
Klar, einfach, schnell.
Ein gutes Werbeversprechen: Geld zu verdienen an den Orten, wo man sonst die Seele baumeln lässt.

ZUM TEXT

Wenn man einem Gedanken einfach Ausdruck verleihen kann, dann sollte man das auch tun. Keine Kalauer, keine intellektuellen Verdrehungen. Schreiben, was Sache ist. Es ist faszinierend, wie schnell andere einen nicht mehr verstehen, weil sie in der Sekunde des Lesens bestimmt Gedankengänge haben, die der Texter nicht hat. Also: einfach sein.

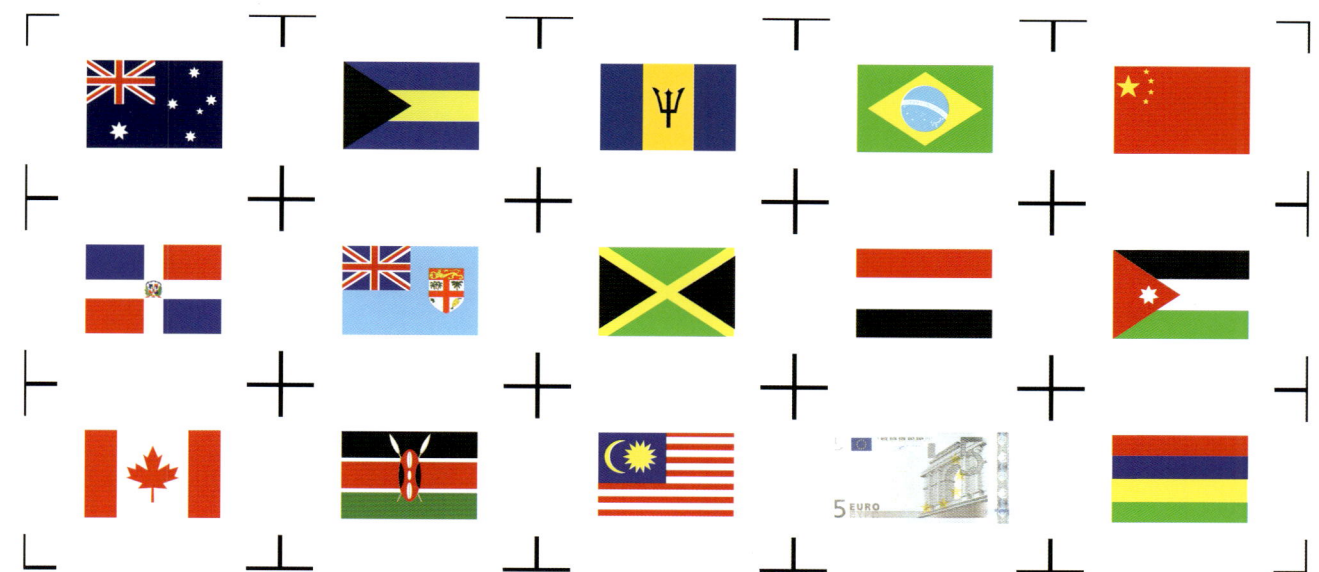

INVESTIEREN SIE IN DIE WELT.

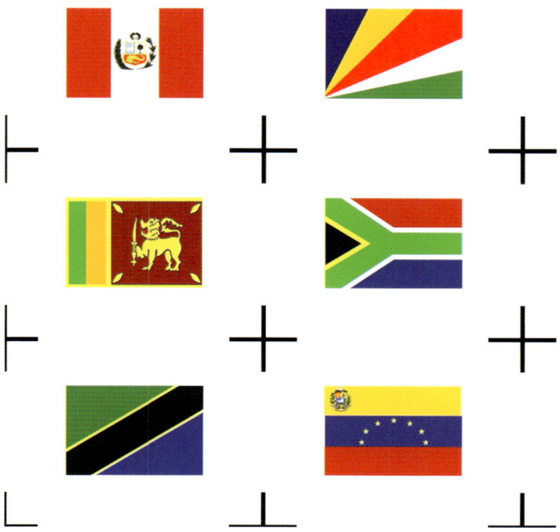

bfai ⋯➤

BUNDESAGENTUR FÜR AUSSENWIRTSCHAFT
www.bfai.de

Agrippastr. 87-93 · 50676 Köln

Telefon: 0211/5057-254

Fax: 0221/2057-275

E-Mail: presseinfo@bfai.de

»Man sollte einen stabilen Magen haben.«

INTERVIEW

Armin Reins STEFAN, WIE BIST DU EIGENTLICH WERBETEXTER GEWORDEN? **Stefan Vonderstein** Ursprünglich wollte ich Künstler werden. Aber mein Vater meinte: dafür gibt's kein Geld. Also bin ich rüber zu Grafik Design in Aachen, später Düsseldorf. Und dort hatte ich einen Dozenten, Günther Kienpointner, der Kampagnen mit uns machte. Der meinte, ich sei ein sauschlechter Grafiker, ich sollte lieber Texter werden. Bei ihm als Trainee. Und da ich ein fauler Mensch bin und mir so die Mühe gespart habe, mir einen Job zu suchen, hab ich zugesagt. Einen Copytest habe ich nie gemacht. Doch ich hab einen gemacht, vor einem Jahr für Springer & Jacoby. Hab mir einen falschen Namen zugelegt. Die haben sich sofort gemeldet ... WELCHE VORSTELLUNG HATTEST DU VOM BERUF DES WERBETEXTERS? Mir haben so alte Hasen wie Helmuth Vandenberg erzählt, dass man früher Monatsgehälter im Kasino verspielt hat und gesoffen hat und Pornos geschau hat. Das waren wohl die guten alten DDB- und GGK-Zeiten. Letztendlich ist dann sehr schnell zur Realität geworden, dass es ein ganz normaler Beruf ist. Aber laut Musik höre ich heute im Büro auch. IST ES SCHWIERIGER WERBETEXTE ZU SCHREIBEN ALS ANDERE TEXTE? Da gibt es das berühmte Goethe-Zitat: Weil ich heute keine Zeit hab, ist der Brief sehr lang. Wenn man kurze Werbetexte schreiben muss, ist das sehr schwer. Du musst möglichst umfangreiche Information in Worte komprimieren. Traurig ist, dass die Kunden nicht mehr sorgfältig mit Text umgehen. Bulletpoints kann ich auch auf der Toilette schreiben. HABEN GUTE TEXTER BESONDERE CHARAKTERLICHE MERKMALE? Bei guten Werbetextern ist mir aufgefallen, dass die enorm faul sind. Und alle dasselbe Phänomen haben, dass sie bis eine Stunde vor der Abgabe Computerspiele machen oder sonst was und dann erst anfangen zu schreiben. Das ist keine Faulheit, das ist ein Verarbeiten, ein unterbewusster Prozess. WELCHE FÄHIGKEITEN MUSS EIN TEXTER MITBRINGEN? Man sollte einen stabilen Magen haben und frustrationsresistent sein. Und ich glaub, ein richtig guter Texter hat immer den gewissen Tick, banale Sachen neu und ungewöhnlich auszudrücken. Das muss man können als Texter, das Langweilige aufregend machen. Begrenzt kann man das lernen. Und es gibt dann unter denen, die es handwerklich können, noch die Genialen, die ganz einfach noch einen anderen Drive reinbringen, wo man sich fragt: Gott, wie ist der auf die Idee gekommen? Das kann man nicht lernen. Keine Ahnung, wie viel Prozent das sind. Aber das ist der kleine Zacken. Es gibt gute Musiker und es gibt geniale Musiker. Das ist halt der Unterschied, denke ich mal. WAS RÄTST DU EINEM TEXTER, DER BESSER WERDEN WILL?

Man sollte nicht zu intellektuell sein. Man darf gewisse Sachen nicht hinterfragen. Das Schlimmste, was einem Texter passieren kann, egal ob Anfänger oder Senior, ist, über seinen eigenen Intellekt zu stolpern. Dann kannst du nicht mehr schreiben. Ansonsten: jede Idee sammeln. Ich schmeiß immer viel zu viel weg. So im Laufe der Jahre können sich schon so zwei, drei Ordner ansammeln. Und da kann man immer mal wieder reingucken und alte Dinge rauskramen. Und wenn einem nichts mehr einfällt: klauen. Machen doch alle. Grey ist groß damit geworden. Man darf sich halt nicht erwischen lassen. Das ist immer die oberste Regel, wie bei allem. Ich empfehle die 60er, 70er Jahre Annuals. Da guckt keiner mehr nach. Aber eigentlich fällt einem immer was ein. Weil, das hat man. Das ist Routine. Das ist ja auch nicht so, dass Michael Schumacher irgendwann mal das Fahren verlernt. Der wird immer Auto fahren können. WAS SOLLTE EIN WERBETEXTER LESEN? Solstein »Über das Schreiben«, das ist ein Drehbuch-Autor und Lehrer in Amerika. Und Steven King, »Mein Leben« – das ist eine Autobiografie. Ich würde niemals einem Texter Werbehandbücher geben, weil – die helfen nichts. Man sollte sowohl philosophische wie wissenschaftlich-populäre, wie triviale Literatur lesen. Man sollte Comics lesen, Zeitschriften, Zeitungen. Worauf man verzichten kann, was ich früher nie geglaubt hab, ist Fernsehen. Das hilft nicht viel. Man schreibt keine besseren Filme, wenn man den Scheiß im Fernsehen guckt. Kino ist wichtiger. WELCHE AUSSERBERUFLICHEN INTERESSEN HAST DU, UM DIR EINEN UNVOREINGENOMMENEN BLICK AUF DIE DINGE ZU ERHALTEN? Also, ich wohne in der Nähe des Hauptbahnhofs. Ich seh jeden Morgen die kotzenden Penner und die Hausfrauen, die bei Plus Schlange stehen. Ein ganz wichtiger Punkt: Man muss Menschen sehen, man muss sich Leute im Bus anhören. Es ist immer schön, wenn man überrascht wird. Da freu ich mich drüber. Aber ich muss nicht wegen jedem Mist in die Hände klatschen. Man sollte nie zynisch werden als Werber, auch wenn's schwer fällt. Man sollte sich nie über Leute lustig machen, auch wenn's manchmal verlockend ist. WAS TUST DU, WENN DU NICHT SCHREIBST UND EINFACH NUR ABSPANNEN WILLST? Schlafen. Faulenzen. Ich faulenze gerne. Texter sind faul. WIE STEHST DU ZU DER AUSSAGE, DASS DIE MEISTEN IDEEN FÜR DIE WERBUNG IM PRODUKT SELBST ZU FINDEN SIND? Mittlerweile nicht mehr. Die Produkte sind austauschbar geworden. Es wird immer mehr Werbung gemacht, die institutioneller Natur ist oder die ein Image verkaufen will. So ist es z. B. gar nicht mehr nötig, in einem Auto irgendwas Neues zu suchen, weil die Autos mittlerweile alle den gleichen Standard haben. Wir sind von den Marken- oder Produktarchitekten zu Schneidern geworden. Modeberater für Unternehmen und Produkte. Um denen neue Kleider zu verpassen. HAST DU EINE TECHNIK, DICH

LIEBLINGSTEXT

Du füllst mich an wie Blut die frische Wunde
und rinnst hernieder seine dunkle Spur,
du dehnst dich aus wie Nacht in jener Stunde,
da sich die Matte färbt zur Schattenflur
du blühst wie Rosen schwer in Gärten allen,
du Einsamkeit aus Alter und Verlust,
du Überleben, wenn die Träume fallen,
zuviel gelitten und zuviel gewusst.

Entfremdet früh dem Wahn der Wirklichkeiten,
versagend sich der schnell gegebenen Welt,
ermüdet von dem Trug der Einzelheiten,
da keine sich dem tiefen Ich gesellt;
nun aus der Tiefe selbst, durch nichts zu rühren,
und die kein Wort und Zeichen je verrät,
musst du dein Schweigen nehmen, Abwärtsführen
zu Nacht und Trauer und den Rosen spät.

Manchmal noch denkst du dich –: die eigene Sage –:
das warst du doch –? ach, wie du dich vergaßt!
war das dein Bild? war das nicht deine Frage,
dein Wort, dein Himmelslicht, das du besaßt?
Mein Wort, mein Himmelslicht, dereinst besessen,
mein Wort, mein Himmelslicht, zerstört, vertan –
wem das geschah, der muss sich wohl vergessen
und rührt nicht mehr die alten Stunden an.

Gottfried Benn

Aus: Gottfried Benn, Statische Gedichte
© 1948, 2000 by Arche Verlag AG, Zürich-Hamburg

(für alle Texter, die mir ständig sagen, dass es viel einfacher und cooler
ist, englische Headlines zu schreiben. Und dass Englisch die bessere
[Werbe]Sprache ist.)

EINEM PROBLEM ZU NÄHERN? Das Briefing taugt meistens
nichts – erfahrungsgemäß. Also schreib ich mir ab und zu
selber eins. Und dann, wenn man möglichst viel über das weiß,
wofür man Werbung machen soll, wird nachgedacht. Dabei
gibt es zwei Varianten. Die eine ist die Ausschlussvariante.
Was gibt es schon alles im Markt? Was kann ich deshalb nicht
machen? Und es gibt die Variante »Ich-vergess-erst-mal-
alles-und-spinn-erst-mal-rum«. Man geht immer über viel
Scheiße zu einer guten Idee. Letztendlich ist es so, dass man
sehr viele Sachen anscribbelt oder Sätze, die lustig sind.
Ich zeichne viel. Ich brauche keinen Art Director in der Denkphase. Manchmal schnappt man einen Satz im Kino auf
oder man liest irgendeinen Spruch auf einem Buchtitel oder

sonst was, oder auf einer CD. Musik hören ist übrigens auch
wichtig für Texter. Und darüber kommt man dann zur Idee:
Ich hab, wenn ich mich intensiv damit beschäftige, vielleicht
20 Kampagnen oder Konzeptansätze, die ich wegschmeiße,
bevor ich die 21. gut finde. Ideen finden ist wie so ein Haken,
der irgendwann einrastet auf einem bestimmten Punkt. Dann
merkt man: das ist es. **HAST DU BEIM ARBEITEN BESTIMMTE
RITUALE?** Die IBM-Kugelkopf ist ein Ritual bei mir. Ich hab
irgendwann bei einer Haushaltsauflösung eine bekommen,
dann hab ich noch mal zwei gefunden. Inzwischen hab ich fünf.
Und eine steht halt im Büro. Ich schreib auf der IBM-Kugelkopf, wenn ich nachdenke. Ja, ich brauch das Geräusch.
Die weißen Seiten, die getippten, sind nur zum Nachdenken.
Die werden auch wieder weggeschmissen. Erst wenn ich
die Idee hab, gehe ich zum Computer und schreib sie rein.
**GIBT ES BEI DIR EINE ROTE LAMPE, DIE ANGEHT, WENN ETWAS
SCHLECHTES ENTSTEHT?** Durch diese komische Wirtschafts-
krise muss man so viele Kompromisse machen, dass man
auch seine roten Lampen ausschalten muss. Trotzdem:
jeder Text und jede Headline muss über meinen Tisch. Auch
wenn ich den Kunden nicht kenne und ich sage: das ist ein
schlechter Text, und der Texter mir versichert, der muss so
sein, bitte ich ihn in der Regel, dass er ihn besser schreibt.
Auch wenn es abgeschossen wird. Ich habe vor Kunden eine
sehr simple Argumentation: Ich sag: »Schauen Sie mal, wenn
Sie in eine Kneipe gehen, wo alle einen schwarzen Anzug
tragen, und Sie kommen da in der Unterhose rein und treten
dem Gastgeber irgendwie in die Eier, dann machen wir so
eine Anzeige, wie Sie sie jetzt haben wollen. Weil, so treten
Sie jetzt die Menschen, die Sie nicht kennen.« Und ich versuch
dem Kunden zu sagen, dass man sich genau so kleiden muss,
wie die Leute, die man anspricht. Dass man mit Idee, Headline, Sprache, Text eben auch im Kreis aufgenommen und
akzeptiert werden muss. **WENN DU FÜR EINE PRÄSENTATION
ZWEI WOCHEN ZEIT HAST, ARBEITEST DU DANN KONTINUIERLICH?
ODER WIRST DU ERST IN DEN LETZTEN VIER TAGEN AKTIV?** Ich
kann nur unter Druck Ergebnisse abliefern. Ich bin eigentlich
vollkommen unorganisiert. Und dann, in der letzten Minute,
schreib ich es raus. Ich finde das spannend. Das ist halt
immer dieses Grenzspiel. Bis jetzt ist es immer gut gegangen.
Zwölf Jahre lang. Aber irgendwann geht's vielleicht nicht
gut. **SIEHST DU DICH ALS HANDWERKER, TECHNIKER ODER ALS
KÜNSTLER?** Handwerker, definitiv. Mit Kunst hat das nix zu
tun. Disziplin und Handwerk. Mehr nicht. **WIE WICHTIG
SOLLTEN FÜR JUNGE TEXTER AUSZEICHNUNGEN UND WETTBE-
WERBE SEIN?** Sehr wichtig. Ansporn ist gut für die Weiterent-
wicklung. **WAS ANTWORTEST DU, WENN DEINE TOCHTER ODER
DEIN SOHN ZU DIR KOMMT UND SAGT, ICH MÖCHTE WERBETEXTER
WERDEN?** Besser als Systemadministrator.

Matthias Berg

Matthias Berg ist Texter. Seine Laufbahn ist typisch für einen Kreativen, der die ersten Schritte in der Kaderschmiede der 70er und 80er, der GGK, gemacht hat: Erst Preise, dann Weiterkommen in einem Hamburger Hot shop der späten 80er. Die Mehrzahl aller Auszeichnungen von Baader, Lang, Behnken in den folgenden sechs Jahren haben mit ihm zu tun. Als CD verlässt er Hamburg und wird für drei Jahre GF Kreation bei BBDO Düsseldorf. Zurück in Hamburg leitet er im Büro X den Bereich Werbung und wird ADC-Vorstand. Nach zwei Jahren gründet er Berg Klemm Pfuhl und gewinnt den heiß umkämpften Einführungsetat der Financial Times Deutschland. Seit 2001 ist er Chefkreativer bei Y & R Frankfurt.

ANALYSE

Die uns vorgelegte Anzeige der Bundesagentur für Außenwirtschaft ist durch und durch unverständlich. Eine klare Botschaft ist nicht erkennbar. Der Gesamteindruck ist wirr, man hat fast das Gefühl, so sehen Anzeigen aus, über die ein Gremium von Bedenkenträgern zu entscheiden hat. Eine klare Blickführung (idealerweise 1. HL/Bild, 2. Copy, 3. Absender) wird schon durch die Kopfzeile zerstört. Und überhaupt wird der Absender zu oft genannt. Das macht ihn auch nicht attraktiver.

ZUM TEXT
Die Headline enthält kein klares Versprechen, die eigentliche Botschaft (neuer Name) wird eher beiläufig erwähnt. Kein Wunder, alter wie neuer Name sind nicht wirklich headlinetauglich. Die Tonalität der Zeile ist defensiv und alles andere als selbstbewusst (»... verpflichtet Sie zu nichts, ...«, »... kann die Basis für Ihren Erfolg ... sein«).

Es gibt kein zwingendes Angebot in der Headline, sie ist nicht involvierend, weshalb auch nicht klar wird, warum man sich einen Leistungskatalog anfordern soll.

Eine Copy existiert eigentlich nicht, somit wird auf eine wichtige Möglichkeit, gleichzeitig die komplexe Materie des Absenders zu erklären, eine Beziehung zum Leser aufzubauen und zu vertiefen, verschenkt. Anstatt sich auf einen einzigen Responsekanal zu konzentrieren, werden postalische Adresse, Fax, Telefon, Internet und E-Mail-Adresse angeboten.

Die Begriffe im bunten Band am unteren Rand erklären zu wenig. Welche Infos, welche Analysen, was für Kontakte, welche Trends? Wollte man sie ausführen, würde es wahrscheinlich den Rahmen der Anzeige sprengen.

ZUM ARTWORK
Die gesamte Gestaltung hat keinerlei konzeptionelle Begründung (zerfledderter Internetlook). Acht unterschiedliche Schrifttypen, aber keine davon hilft bei der Profilierung des Absenders. Das Layout ist wegen der vielen ablenkenden Details wenig übersichtlich und beliebig. Es hat einen sterilen, kühlen, wenig einprägsamen Look und strahlt wenig Sympathie aus. Die Anzeige wirkt wie ein in die Jahre gekommener Broschürentitel einer Krankenversicherung.

Die Visualisierung für Internationalität (Erdkugel) ist banal und deshalb nicht impactstark und involvierend.

Eigentlich ist das eine Typoanzeige, die keine sein will. Die Banalität des Bildes und die durchgehende blaue Farbstimmung reduzieren die Bildelemente zum Farbfonds.

TIPPS & TRICKS

ZUR KARRIERE
Denkt in den ersten Jahren nicht ans Geld, schaut, dass ihr gute Arbeiten in die Mappe bekommt. Das geht nur in ausgesuchten Agenturen, nur bei ausgesuchten CDs. Lasst euch nicht auswählen, ihr wählt aus.

Erwartet kein Zuckerschlecken, aber erwartet Respekt. Man schreibt nicht gut in der Angst um den Job, im Zorn auf seine Vorgesetzten. Man schreibt gut, weil man einer Leidenschaft nachgeht, und zwar in einem diese Leidenschaft begünstigenden Biotop. Deshalb lernt, nicht gefordert zu werden, sondern euch selbst zu fordern.

Matthias Berg

TIPPS & TRICKS

ZUM DENKEN

Ein Spot muss eine Idee haben. Eine Anzeige muss eine Idee haben. Jedes Werbemittel muss eine Idee haben. Ach, alles muss eine Idee haben. Ein Bild muss eine Idee haben. Eine Zeile muss eine Idee haben. Eine Copy muss eine Idee haben. Es muss eine Idee geben, die Bild und Zeile miteinander verbindet. Es muss eine Idee geben, wo diese Anzeige erscheinen darf.

Und alle Ideen müssen aus dem Produkt kommen, aus der Marke, für die ihr zu werben habt. Sonst: »Toller Film, aber für was war das denn eigentlich?«

ZUM TEXTEN

Keine Kalauer, um Gottes willen keine Kalauer! Phonetische Zufälligkeiten zu entdecken ist nicht die Arbeit eines Kreativen. Ein Kalauer wie »Der Tag neigt sich der Ente zu.« für den Wienerwald ist im Rahmen einer Promotion vielleicht noch ganz lustig. Aber nicht mehr als Zeile in einer Imageanzeige.

Eine Idee lebt länger weiter, wenn sie sich nicht schon auf dem Plakat oder in der Anzeige komplett entzaubert. Gebt euren Lesern eine Chance, etwas mitzunehmen. Beschäftigt eure Leser.

Lasst Fragen offen. Wenn ihr eine Idee für eine Headline habt, schreibt sie in einfachen Worten hin. Verklausuliert sie nicht noch mal, um sie »anspruchsvoller« und »interessanter« zu machen. Wenn euch die Zeile nicht anmacht, formuliert nicht neu, sondern sucht eine neue Idee.

NEUGESTALTUNG

Wir wollten eine klare Hierarchie der Botschaften. Bloß welcher?

Nach Internetrecherche und Diskussion hatten wir den Eindruck, dass die Bundesstelle für Außenhandelsinformation einfach keine Behörde mehr sein will und sich deshalb umbenannt hat. Aber ein Namenswechsel allein ist ja erst mal kein Nutzenversprechen und hat damit wenig Relevanz als Botschaft. Also haben wir uns überlegt, was hinter dem Namenswechsel stecken könnte. Wir vermuten, die Haltung der Mitarbeiter dieser Behörde hat sich grundlegend verändert und infolgedessen auch ihre Arbeitsweise.

Unsere These: Während man sich früher an ein speziell sortiertes Informationsarchiv gewandt hat, wenn man sich und das eigene Unternehmen für eine Auslandsexpansion vorbereiten wollte, darf man heute mit pro-aktiver Beratung rechnen, sobald man sich als Interessent identifiziert hat.

DIE UMSETZUNG

Bild suchen, das erstens »international« und zweitens »Problem« sagt und per se schon mal zum Hingucken verleitet.

Mit der Headline wollten wir schon aus Awarenessgründen einen aktuellen Bezug herstellen, deshalb »Globalisierungsgegner«. Es gab noch eine alternative Headline: »Ohne die richtige Information ist Ihr Auslandsengagement genau hier zu Ende.« Sie macht schon in der Headline den Nutzen der Bundesagentur klar, nämlich Probleme verhindern oder gar lösen zu können. Nur ist sie doch etwas lang. Und wir halten auch das politische Reizwort Globalisierungsgegner für stärker. Also entschieden wir uns für das kurze karikierende »Auch so eine Art Globalisierungsgegner.« als Headline und nutzten die erklärendere Headline als Einstieg in die Copy.

Der Job unserer Copy ist es, einen kausalen Zusammenhang zwischen Bild/Headline-Story (Ausland/Behördenproblem) und das veränderte Arbeiten bei der Bundesagentur für Außenwirtschaft (Ausland/Beratungsangebot) herzustellen. Außerdem soll sie deutlich machen, dass vernünftige Informationen über die Bundesagentur nicht in einer Anzeige, sondern nur in einem Gespräch zu erwarten sind.

AUCH SO EINE ART GLOBALISIERUNGSGEGNER.

Ohne die richtige Information ist Ihr Auslandsengagement genau hier zu Ende.
Wer neue Märkte erobern will, braucht eben keine Behörden, sondern gute
Berater. Es ist also nur konsequent, daß auch wir statt Bundesstelle für Außen-
handelsinformation jetzt Bundesagentur für Außenwirtschaft heißen. Nehmen
Sie mit uns Kontakt auf und Sie erfahren, was wir für Ihre Unternehmung tun
können: 0221/2057-254 oder www.bfai.de

bfai⁙⟩
Bundesagentur für Außenwirtschaft

Die Servicestelle des Bundesministeriums
für Wirtschaft und Technologie

»Ich trinke manchmal wie ein Loch, nur um aufs Klo gehen zu können.«

Armin Reins MATTHIAS, WIE BIST DU EIGENTLICH WERBETEXTER GEWORDEN? **Matthias Berg** Weil man mich als Grafiker abgelehnt hat. Ich habe Grafikdesign studiert in Mainz und Würzburg und wollte Art Director werden. Aber allen, denen ich meine Diplomarbeit gezeigt habe – ein voll durchgetextetes satirisches Magazin zur Lage der Mediennation –, fanden die Grafik unterirdisch, aber die Texte ganz gut. WELCHE VORSTELLUNG HATTEST DU VOM BERUF DES WERBETEXTERS? Überhaupt keine. Ich bin da einfach reingeschubst worden. Ich hätte in einer guten Agentur auch die Post ausgetragen, nur um da reinzukommen. Und als man mir dann angeboten hat als Texter bei der GGK anzufangen, da hab ich gedacht, ich werde es mir angucken, mehr als rausfliegen kann ich nicht. Die meisten Vorstellungen über den Texterberuf hab ich dann von Erzählungen älterer Kollegen bekommen. Dass es ein schönes Leben ist und dass man eher Karriere macht als der Art Director. WODURCH BIST DU BEEINFLUSST WORDEN, TEXTER ZU WERDEN, HATTEST DU VORBILDER? Rainer Baginski fand ich ganz großartig, so wie der geschrieben hat. Auch die alten Lacroix-Copys von Hartmut Grün waren große Klasse. Und die Porschezeilen in Amerika. Du siehst einen fetten Porsche von hinten und darüber steht: »Was werden sie als nächstes besteuern. – Sex?« So wollte ich schreiben können. Bei der GGK in Frankfurt haben wir dann die Zeitschrift »Wiener« eingeführt, mit dem Briefing: Bitte schreib Zeilen, bei denen es EV's gibt. Da hab ich dann geschrieben: »Arbeitslose packen aus: Champagner, Kaviar und Lachsbrötchen.« Dann hat uns irgendein katholischer Männerverband aus Kaiserslautern mit einer Anzeige wegen Volksverhetzung gedroht. Aber Hartmut Grün hat sich voll hinter mich gestellt, das fand ich Klasse. IST ES SCHWIERIGER WERBETEXTE ZU SCHREIBEN ALS ANDERE TEXTE? Ich habe Texten nie als schwierig empfunden, sondern immer als schön. Schreiben kann einen in gute Stimmung versetzen. Ich war in der Schule in Deutsch schlecht. Ich hätte nie gedacht, dass ich mit der deutschen Sprache mein Geld verdienen würde. Meine Mutter hat mir als Jugendlicher immer gesagt, mit deinen Sprüchen wirst du noch ganz schlimm enden. Irgendwann habe ich sie angerufen und gesagt: Ich verdiene jetzt übrigens Geld damit. Aber ich komme aus einer Akademikerfamilie, da kann ich mit meiner Tätigkeit nicht brillieren. HABEN GUTE TEXTER BESONDERE CHARAKTERLICHE MERKMALE? Alle guten Texter haben eine Freude am Beobachten. Sie sind tierisch neugierig und interessieren sich ständig für Sachen, die sie eigentlich nichts angehen. Sie haben ein großes Maß an Aufsässigkeit, um an die entscheidenden Informationen ranzukommen. WELCHE FÄHIGKEITEN MUSS EIN TEXTER MITBRINGEN? Du brauchst eine gewisse Hartnäckigkeit, du musst Durchhaltevermögen haben, du musst dennoch Leichtigkeit und Träumen beherrschen, du musst ergebnisorientiert arbeiten können, du musst dich disziplinieren und trotzdem freischwimmen können. Das muss aber kein Widerspruch sein. Ich glaube auch, dass es hilft, wenn du Humor hast. Es hilft sogar, wenn du ein gewisses Maß an fatalistischem Humor hast. Nur mit Zynismus wäre ich vorsichtig. Bei den Arbeitsbedingungen in diesem Beruf wirst du schnell menschenverachtend. WAS RÄTST DU EINEM TEXTER, DER BESSER WERDEN WILL? Er muss ständig ins Kino gehen. Man denkt immer, beim Texter ist das Wort wichtig, das stimmt nicht – die Bilder sind wichtig. Der Texter hat nur die Gabe, Bilder in wenigen Worten wiederzugeben. Die meisten Ideen sind visuelle Ideen und die kann man mit wenigen Worten auslösen. Aber diese Worte verändern sich mit den Zeitströmungen, verändern sich von Jahr zu Jahr. Einem Texter bleibt nichts anderes übrig, als ständig vorne mit dabei zu sein. Permanent Magazine zu lesen, permanent zu gucken, was für Platten angesagt sind. Ich habe gemerkt, dass ich mich im Laufe der Jahre mit meinem Musikgeschmack komplett von meinen alten Klassenkameraden entfernt habe. Die meisten Sachen, die ich heute höre, damit können die überhaupt nichts mehr anfangen. WAS SOLLTE EIN WERBETEXTER LESEN? Als ich angefangen habe zu texten, war die größte Inspiration für mich »Die Trilogie des laufenden Schwachsinns« von Eckhard Henscheid. Das war für mich eine Pflichtlektüre. Jeder Texter sollte ein Titanic-Abo haben. Für den Kopf ist das sehr vitalisierend. Mir wurde oft nachgetragen, z. B. von Detmar Karpinski, wenn die Titanic kommt, dann ist mit mir ein Tag lang nichts anzufangen. Aber mein Steuerberater weiß, dass das bei mir unter Weiterbildung läuft. WELCHE AUSSERBERUFLICHEN INTERESSEN HAST DU, UM DIR EINEN UNVOREINGENOMMENEN BLICK AUF DIE DINGE ZU ERHALTEN? Ich gehe gerne zu Elternabenden der Waldorfschule. Das finde ich knallgut. Wenn man sich da die Schuhe anguckt, weiß man nicht, ob Mann oder Frau drinsteckt. Das ist unglaublich – eine ganz andere Welt. Ich liebe es, Kurzwellen-Radio zu hören. Ich würde behaupten, dass ich als Erster in Deutschland davon erfahren habe, dass man nach Tschernobyl keine Gewürze aus Frankreich mehr kaufen sollte, weil die verstrahlt waren. Das hatte damals Radio Tokio in den Nachrichten gebracht. Ich habe auch Freude daran, zentralafrikanische Hitparaden zu hören. WAS TUST DU, WENN DU NICHT SCHREIBST UND EINFACH NUR ABSPANNEN WILLST? Ich verbringe Zeit mit meinen beiden Jungs, sehr intensiv. Ich habe seit meiner Kindheit bis heute Goldfische. Ich ziehe neue Energien daraus, dass ich viele Menschen kenne, die nicht in der Werbung arbeiten. **WIE STEHST DU ZU DER AUSSAGE, DASS DIE MEISTEN IDEEN FÜR DIE WERBUNG IM PRODUKT SELBST ZU FINDEN SIND?** Ich glaube sogar, dass die effizienteste Werbung die ist, die eine direkte Ableitung aus einem Produktvorteil hat. Man muss nur den finden, der im Moment der attraktivste ist. **HAST DU EINE TECHNIK, DICH EINEM PROBLEM ZU NÄHERN?** Je mehr ich erlebe und von meinen Freunden erzählt bekomme, je mehr ich ins Kino gehe oder unterwegs bin, desto mehr finde ich auch für meine Kampagnen. Ich nehme einfach aus dem Leben, was ich kriegen kann. Das ist zum Teil sehr lustig und manchmal auch sehr bedrückend. Ich merke nämlich an meinen Anzeigen, wenn ich sie mir heute angucke, was da gerade passiert ist. Beispiel Kaldewei. Da lief meine Scheidung, und wir sollten eine Anzeige machen für »30 Jahre Garantie«. Da haben wir ein Hochzeitspaar gezeigt mit der Zeile: »Kaldewei gibt 30 Jahre Garantie. Und Ihr Pfarrer?« **HAST DU BEIM ARBEITEN BESTIMMTE RITUALE?** Mir ist aufgefallen, beim Pinkeln fällt mir immer was ein. Ich trinke manchmal wie ein Loch, nur um aufs Klo gehen zu können. **GIBT ES BEI DIR EINE ROTE LAMPE, DIE ANGEHT, WENN ETWAS SCHLECHTES ENTSTEHT?** Ich habe eine sehr religiöse Erziehung genossen, und ich bin – was geschmackliche und ethische Dinge angeht – selbst mein schärfster Zensor. Ob eine Idee gut ist, das kann man durchaus mit einem Berater, dem man vertraut, diskutieren, weil der das Produkt und die Aufgabe gut genug kennt, um zu wissen, worauf es ankommt. Eine gute Idee sollte ja nicht nur für den Kreativen verständlich sein, sondern für alle, die sie vertreten müssen. Ich diskutiere auch gerne mit Kreativer meine Sachen. Umgekehrt erwarte ich aber auch, dass meine Kreativen ihre Dinge zur Diskussion stellen. **SIEHST DU DICH ALS HANDWERKER, TECHNIKER ODER KÜNSTLER?** Das ist Handwerk, das muss man draufhaben. Das Künstlerische daran ist die Idee, die man vorher hat, das Texten selbst nicht. Mein Gesellenstück war damals das Schreiben der Lada-Kampagne. Da habe ich gemerkt, wie viel man kämpfen muss, damit der Spannungsbogen in der Anzeige genau da aufhört, wo er aufhören soll. Dass du die Geschichte spannend erzählst und man sich höllisch amüsiert und doch dabei was mitkriegt. Ich habe das Gefühl, meine besten Zeilen sind die einfachen, wo die Idee, die zu der Zeile geführt hat, eigentlich das Besondere ist. Wo die Zeile nichts anderes zu tun hat, als diese Idee zu transportieren, und zwar ohne Schnörkel, ohne Kalauer, ohne phonetische Zufälligkeiten. Möglichst prägnant. Das kann man lernen, das ist Handwerk. **WIE WICHTIG SOLLTEN FÜR JUNGE TEXTER**

WETTBEWERBE UND AUSZEICHNUNGEN SEIN? Es ist eine furchtbar wichtige Geschichte, leider. Wir arbeiten in einem mit physikalischen Gesetzmäßigkeiten nicht messbarem Beruf. Es ist wichtig, dass man Bestätigung für die Güte dessen kriegt, wofür man sehr viele Opfer zu bringen hat. Bei aller Kritik, die man gegenüber diesen Wettbewerben äußern kann, sie sind enorm wichtig. Sie können für die Leute, die anfangen, die einzige, relativ objektive Versicherung sein, dass sie in dem Beruf, den sie gewählt haben, gut sind. **WAS ANTWORTEST DU, WENN DEINE TOCHTER ODER DEIN SOHN ZU DIR KOMMT UND SAGT, ICH MÖCHTE WERBETEXTER WERDEN?** Mein Kleiner hat mich mal gefragt, wie ich das finden würde, wenn er mit Klavierspielen Geld verdienen würde. Und ich habe zu ihm gesagt, mir ist es eigentlich egal, mit was du Geld verdienst. Hauptsache du machst es mit Leidenschaft, du machst es gut und du setzt dich voll und ganz dafür ein. Wenn du dich für etwas entschieden hast, dann mache es richtig, ob das um Werbetexte geht, um Musik oder Finanzwissenschaft.

LIEBLINGSTEXT

Zum Beispiel eine Headline von Michael Hausberger (Ex-Chairman BBDO Düsseldorf) für den Audi 200:
»Sie fliegen doch auch nicht Erster Klasse, um schneller anzukommen.«

Zum Beispiel ein Claim von Fred Baader (Baader Hermes/ Y & R) für die Niederländische Landwirtschaft:
»Ackern für Deutschland.«

Zum Beispiel eine Headline von Detmar Karpinski für Lada Automobile:
»Wo keine Bordelektronik drin ist, kann auch keine kaputt gehen.«

Zum Beispiel eine Headline von mir für Lada Automobile (Thema Preiswürdigkeit):
»Der Unterschied zu einem Geschenk wird immer kleiner.«

Horror Vacui

Mathias Jahn, Freier CD

Der »Horror Vacui« ist eigentlich ein mittelalterlicher Lehrsatz, der erklären sollte, warum es keinen leeren Raum geben kann: Grund ist »die Abscheu der Natur vor der Leere«. (Klingt ein bisschen mager, wurde aber von der katholischen Kirche verbreitet und darum für wahr gehalten. Wer mehr dazu wissen will, lese bei Galilei, Otto von Guericke und den Brüdern Evangelista Torricelli nach.) Heute meint man damit ganz allgemein die »Angst vor der Leere«. Also zum Beispiel die Angst der Grünen, dass sie keiner mehr wählt, die Angst davor, zu einer Party als erster Gast zu erscheinen – oder die Angst des Texters vor dem leeren, weißen Blatt, das er bis morgen früh um zehn mit Kampagnenideen füllen soll.

Blöd ist, wenn man dann im Meeting zugeben muss, dass einem leider nichts eingefallen ist. Denn das ist ja die Existenzberechtigung des Kreativen: Ihm fallen Sachen ein, auf die ein normaler Mensch, also z. B. der Berater, nie kommen würde. Das baut ganz schön Druck auf, wenn's bei jedem weißen Blatt gleich um die Existenzberechtigung geht. Es gibt Versuche, diesen Druck etwas zu mildern: zum Beispiel mit einem vorgedruckten schwarzen Strich am oberen Ende des Blattes. Dann ist immerhin schon mal was drauf auf dem jungfräulichen Papier. Noch eine clevere Idee: Auf jede Seite als erstes Datum, Kunde, Job und Seitenzahl draufschreiben. Das füllt nicht nur die blendende Leere, sondern ist auch sehr hilfreich, wenn man mit 30 beschriebenen Blättern aus einem Ausdenk-Meeting zurückkommt und den Stapel auf der Treppe fallen lässt.

Nun hat man ja als Texter nicht wirklich Angst davor, etwas aufzuschreiben. Vielmehr hat man Angst davor, etwas Saudummes aufzuschreiben. Die Arbeit am Computer hat da nur wenig verändert: Zwar kann man die Dummheiten schneller löschen, ändern oder auf Seite 17 verschieben. Aber auf dem Monitor sind die Zeilen für jeden Zur-Kaffeeküche-Gehenden viel besser lesbar als das handschriftliche Gekrickel von früher. Und es sieht schon fast aus wie gedruckt. Mehr als einmal hatte ich zehn oder fünfzehn Headlines auf dem Bildschirm, von denen ich vielleicht eine gut fand. Der Rest war Füllmaterial, Alternativformulierungen, kürzere und längere Versionen. Sagt der zufällig über meine Schulter guckende Kontakter: »Das ist ja alles dasselbe. Und die Grundidee ist auch Kacke.« Ja, danke.

Deshalb schreiben viele Texter viel zu wenig: Es könnte ja schlecht sein. Und das ist der erste Fehler. Denn wer das Schlechte nicht aufschreibt, wird es nicht los. Im Kopf kreisen immer nur die doofen Sätze, die ekligen Deckenhänger-Imperative, die klischeebeladenen Funkspot-Dialoge und die TV-Spot-Ideen, die nur von Industrial Light and Magic realisierbar sind. Das heißt: All das sofort aufschreiben, in die Tastatur hacken und sich nicht um Vorbeikommende kümmern. Hilfreich ist dabei eine Bosstaste: Auf Knopfdruck verschwinden die gerade bearbeiteten Texte und es erscheint ein gefaktes Pornobild von Kylie Minogue oder Enrique Iglesias (wahlweise). Damit erspart man sich qualitative Diskussionen und verwickelt seine Kollegen stattdessen in einen netten Small Talk, der das Betriebsklima fördert.

Regel 1: Alles aufschreiben, was einem in den Sinn kommt.

Aber Vorsicht: Vor dem nächsten Meeting sollte man das Redigieren nicht vergessen. Und das heißt, die guten fünf Prozent auf die erste Seite ziehen, den Rest nach hinten stellen und nur die erste Seite ausdrucken (so ganz Unrecht hat der Berater meistens nicht). Beim Redigieren zahlt es sich sogar aus, wirklich streng zu sein: Wer keinen Scheiß zum Kunden trägt, kriegt auch keinen Scheiß gedruckt. Allerdings: Wegschmeißen sollte man das Geschriebene nicht wirklich. Denn manchmal vertut man sich in der Beurteilung, erzählt die Idee dann doch im Meeting – und sie ist genial. Blöd, wenn man dann alles neu schreiben muss.

Jede Idee ist elektrisch.

Bevor man eine Idee aufschreiben kann, muss man erst mal eine haben. Das scheint nicht allzu schwer: Jeder Mensch denkt. Dauernd. Auch die, bei denen man nicht ganz sicher ist, ob. Was unterscheidet also einen Gedanken von einer Idee? Dazu ein kurzer Ausflug in die Biologie: Unser Gehirn besitzt etwa 15 Milliarden Gehirnzellen (Neuronen), von denen jede einzelne 1000 bis 10 000 Kontaktstellen (Synapsen) mit anderen Neuronen hat. Über diese ca. 100 Billionen Synapsen, die beliebig kombiniert werden können, werden ständig auf elektrischem und elektro-chemischen Weg über Botenstoffe (Neurotransmitter) Signale ausgetauscht. Entscheidend ist das »beliebige Kombinieren«. Eine Information, die immer denselben Weg im Gehirn geht, kommt schnell an, sie wird zur Routine. Darum müssen die meisten Leute nicht wirklich nachdenken, bevor sie im Auto vom ersten in den zweiten Gang schalten. Der Klang des Motorengeräusches wird vom Ohr aufgenommen, vom Hörnerv ins Gehirn weitergemeldet und dort mit vorhandenen Informationen verglichen. Bei Übereinstimmung mit dem unter »Schaltzeitpunkt« abgespeicherten Geräusch ergeht der Befehl an Arm und Hand, einen höheren Gang einzulegen. So ähnlich funktioniert das auch beim Fahrradfahren, beim Treppensteigen oder beim Öffnen einer Bierflasche. Aber leider nicht beim Ideen haben. Denn eine Idee ist ein Umweg im Gehirn. Eine neue Strecke bei der Verbindung von Neuronen. Oder eine gänzlich neue Verknüpfung von vorhandenen Bereichen.[1]

Daher auch das Gefühl, »alles war schon mal da«. Genau, es war im Kopf schon drin. Daraus folgt erstens: Was nicht drin ist, kann man nicht verknüpfen. Wer im Hirn keine mathematischen Informationen abgespeichert hat, wird keine Theorie der Quantenmechanik entwickeln können. Daraus folgt zweitens: Je mehr drin ist, desto größer die Chance auf neue, überraschende Wege. Darum ist es für Kreative so wichtig, Umweltinformationen aufzusaugen wie ein Schwamm. Und für Texter am wichtigsten ist das Lesen. Nein, keine Bücher über das Texten. Sondern möglichst verschiedene Quellen, Stile und Inhalte. Spiegel und Gala. Harry Potter und John Irving. Titanic und FAZ. Autozeitschriften und Angelzeitschriften, Krimis und Comics, Drehbücher [2] und Telefonbücher (die besten Namen sind echte Namen, nichts macht ein TV-Script langweiliger als »Herr A sagt...« oder »...daraufhin sagt die zweite Frau«).

Und Briefings. Und zwar die langen, langweiligen, nicht die nett zusammengeschriebene Kurzfassung aus dem Planning. Die ist wichtig für die Strategie. Aber eine wirklich neue Information findet man eher per Zufall in den 50 Seiten Produktbeschreibung. Ich persönlich brauche die Masse an purer, ungefilterter Information. Wenn ich nur die Produktvorteile zu sehen bekomme, die der Kunde für wichtig hält, habe ich nie die Chance, anders zu entscheiden. Und zum Beispiel etwas zum Mittelpunkt einer Anzeige zu machen, was der Verbraucher für wichtig halten könnte.

Regel 2: Abspeichern. Alles. Wegen der Verknüpfungen.

Noch eins: Lesen ist nicht alles, Hören und Sehen gehört auch zum Handwerkszeug. Ein Dialog im Bus, ein Special Effect aus »Spiderman«, eine CD mit norwegischem Hip-Hop, ein Plakat von der Konkurrenz, ein alter Jacques-Tati-Film, die Bedienungsanleitung eines Aquariums, ein neues Playstation-Spiel, eine Website mit Sinatra-Songtexten.[3] Einen guten Texter erkennt man meist an der absurd hohen Mediennutzung. Ausnahmen bestätigen die Regel.

Der Umweg ist das Ziel.

Was ist eigentlich Kreativität? Das Brechen von Regeln? Das Verlassen eingefahrener Bahnen? Die innovative Verknüpfung von Bekanntem? Klar, alles richtig. Aber banal. Solche Standardsätze

1) Manfred Spitzer: »Geist im Netz. Modelle für Lernen, Denken und Handeln.« Spektrum-Verlag 1996

2) z.B. www.script-o-rama.com

3) z.B. www.lyricscafe.com

hört man gern von Leuten, die in den 80ern mal ein Seminar mitgemacht haben (»Wecken Sie Ihre innere Stimme!«). Das Schöne an einer wirklich kreativen Idee ist ihre vermeintliche Einfachheit. Ja, da hätte jeder drauf kommen können. Ist er aber nicht. Weil man eben nicht »einfach drauf kommt«. Sondern eher sehr kompliziert. Der berühmte »Einfall« unter der Dusche ist das Ergebnis von langer Vorarbeit. Er ist nur der Durchbruch durch das Absperrungsschild auf dem Umweg im Hirn. Bis zu dem Schild ist man aber vorher schon gekommen.

Klassisches Beispiel: Das »Heureka!« (»Ich hab's!«) des Archimedes von Syrakus (287–212 v. C.), bedeutender Mathematiker, Physiker und Techniker der Antike.

Der Tyrann von Syrakus hatte sich von einem berühmten Goldschmied eine Krone aus 24 Karat Gold anfertigen lassen, die sehr gelungen war. Doch der Tyrann traute dem Goldschmied nicht. Was wäre, wenn die zur Verfügung gestellte Goldmenge in Teilen ausgetauscht worden wäre und so der Goldschmied etwas reicher wäre, aber der Tyrann keine echte Goldkrone mehr hätte? Das Gewicht stimmte, aber trotzdem ... Um das zu klären, wurde Archimedes gerufen. Archimedes hatte auch einen Lösungsweg parat: Man musste »einfach« das Volumen der Krone mit dem Volumen einer gleich schweren Goldmenge vergleichen. Hätte die Krone ein höheres Volumen als der Gold-klumpen, wäre der Beweis einer Fälschung vollbracht. Denn jedes unedlere Metall ist leichter als Gold und muss daher bei gleichem Gewicht ein größeres Volumen haben. (So viel schon mal zum nötigen vorhandenen Wissen ...)

Das Problem: Das Volumen eines so kompliziert geformten Gegenstandes wie der Krone konnte nicht berechnet werden (wie etwa das einer Kugel oder eines Quaders). Archimedes grübelte tage-lang vor sich hin. Doch weil keine Lösung in Sicht war, beschloss er, sozusagen zur Entspannung, ein Bad zu nehmen ... Die volle Badewanne schwappte über, als Archimedes ins Wasser stieg und da hatte er blitzartig die Lösung vor Augen: Wenn er die Krone in einen randvoll gefüllten Wasser-behälter tauchen würde, könnte er das überschwappende Wasser auffangen. Das Volumen der ver-drängten Wassermenge wäre dann mit dem Volumen der Krone identisch, aber gleichzeitig sehr leicht zu messen.[4] Dass Archimedes daraufhin voller Begeisterung aus der Badewanne sprang, nackt durch Athen rannte und »Heureka!« rief, muss man ja nicht unbedingt nachmachen.

4) Quelle: www.klett-verlag.de

Denken allein genügt nicht!

Es kommt vor allem darauf an, wie man denkt. Ein schönes Bild dafür hat Edward de Bono geprägt: Er spricht von »lateralem Denken« im Gegensatz zum »vertikalen Denken«. Beim vertikalen Denken wird ein vertrautes, standardisiertes Lösungsverfahren benutzt, logisch, rational und immer eng am Thema orientiert. Das laterale Denken hingegen sucht nach neuen Möglichkeiten, ist spielerisch, assoziativ und weicht eher vom Thema ab. In de Bonos Vergleich: Das vertikale Denken vertieft ein vorhandenes Loch, während das laterale ein neues gräbt.[5] Eine bekannte Kreativitätstechnik, die das laterale Denken fördern will, ist das Brainstorming. Dort ist jeder Gedanke erlaubt, alle Ideen werden aufgeschrieben, Kritik im Sinne von »das geht sowieso nicht, weil ...« ist verboten. Ein solches Brainstorming ist oft erstaunlich produktiv, weil viele verschiedene Sichtweisen zu vielen verschiedenen Ansätzen führen. Der Nachteil: Es kann auch viel Unsinn herauskommen, denn der Prozess ist nur schwer steuerbar. Besser funktioniert da das klassische Zweierteam aus Texter und Art Director. Da stehen hinterher zwar weniger Ideen auf dem Zettel als im großen Team – aber dafür meist bessere.

Das ist nun überhaupt keine neue Erkenntnis, sondern in den meisten Agenturen ein Standard-Arbeitsprozess. Erstaunlicherweise findet er aber keineswegs automatisch statt. Wenn in einem Abstimmungsmeeting lauter langweiliges Zeug auf dem Tisch liegt, muss man nur mal den Texter fragen: »Wie oft und wie lange hast du zusammen mit deinem AD an diesen Ideen gearbeitet?«

5) Matthias Nöllke: »Kreativitäts-techniken«, STS Taschenguide

Die häufigsten Antworten auf diese Frage sind »Ähh...« oder »Wir haben noch keinen Termin gefunden« oder »Ich denke lieber erst mal alleine drüber nach«. So wird das natürlich nix. Vor jedem Abstimmungsmeeting (und davon gibt's meist drei bis fünf vor einer Neugeschäftspräsentation) sollte das Team zwei bis drei Ausdenkmeetings haben. Und diese Meetings müssen genauso im Terminkalender eingetragen sein wie Kundentermine und ebenso ernsthaft eingehalten werden.

Regel 3: Ideenentwicklung geht am besten zu zweit.

Nehmen wir an, die beiden sitzen nun wirklich am Tisch und wollen loslegen. Was genau passiert da? Idealerweise entwickelt sich ein geistiges Pingpong, bei dem alles erlaubt ist. Bei dem man eine Idee des Gegenübers nicht abwürgt, sondern weiterentwickelt. Bei dem die Begeisterung einen von der eben gehabten Idee zur nächsten trägt. Für den Anfang ist es immer gut, von irgendetwas Absurdem auszugehen, das hebt die Laune (und manchmal entstehen sehr lustige TV-Spots daraus). Also etwa so: »Könnten wir nicht so 'ne richtig fiese Soap-Opera an der DEA-Tankstelle spielen lassen? So mit heftigen Kalauern und eingespielten Lachsalven?« Die falsche Antwort wäre: »Nee, das macht der Kunde nie mit. Wir müssen eher was übers Benzin sagen...« Die richtige Antwort ist: »Genau! Und dann lassen wir einen Proll im Manta vorfahren. Und der tankt dann Diesel, hähä.«

Bei diesem Pingpong fallen (hoffentlich) die Sätze, aus denen man was machen kann: »Mann, diese komische Frisur von der Angela Merkel müssten wir mal irgendwo in einer Anzeige unterbringen.« Oder: »Mein erstes Auto war übrigens ein Mini, den hab ich echt geliebt...« Oder: »Du, hier steht, 28,4 % aller Todesfälle ereignen sich zu Hause...« »Mann – gut, dass wir noch in der Agentur sitzen!« Darum immer an Regel 1 erinnern: Alles aufschreiben. Nebenbei kann man übrigens gern in Zeitschriften blättern (nicht in Werbe-Annuals, das ist was für Arter!). Da finden sich Absurditäten zuhauf, man erfährt, welches Luder gerade aktuell ist, wie die Aktien stehen und wie man aus verklemmten Teenies eine Popband macht. Auch Bücher mit Zitaten und Bonmots eignen sich als anregende Lektüre. Es gibt eine Headline, die wie ein Schopenhauer-Zitat klingt, aber selbst erfunden ist. Ich wollte sie immer mal wieder als Audi-Anzeige unterbringen, hier ist sie: »Progressive wollen verändern. Konservative wollen bewahren. Innovative wollen durch Veränderung bewahren.« Jean-Remy von Matt fand sie zu intellektuell. Vielleicht war sie aber auch einfach zu lang.

Wer bei einer Bier-Kampagne immer nur an Premiumwelten denkt, dreht hinterher TV-Spots mit weiß gekleideten Leuten auf einer Dachterrasse, die sich zuprosten. Wer neue Löcher gräbt, kommt vielleicht auf »Glück, Glück, Glück«. O. k., man muss nicht dauernd lateral denken. Bei manchen Jobs geht's auch mit Routine und Logik: Auf einer bestehenden Kampagne den zwölften Deckenhänger zu entwickeln, heißt eher, ein Loch tiefer zu graben, als das ganze Feld umzupflügen. Wenn man aber wirklich was Neues sucht, sind standardisierte Abläufe eher hinderlich. Das fängt schon damit an, dass man »in TV-Spots« denkt, also versucht, eine Idee für ein Medium zu finden – statt eine Idee für eine Kampagne.

Das Solo des Texters.

Der Traumjob des Kreativen ist das Neugeschäft. Eine Kampagne für eine klasse Marke. Aber ganz neu, ganz anders. Die Riesenchance, etwas Spektakuläres zu machen, Aufsehen zu erregen, Medaillen zu gewinnen. Nehmen wir mal an, die Kampagnenidee ist gefunden. Die müssen wir jetzt »runterbrechen«, also umsetzen in die verschiedenen Werbemittel. Zehn Doppelseitenmotive mit Headline und Copy, fünf TV-Spots, Funk, Plakat, Vkf, Online und einen Vorschlag für die nationale Konferenz der Außendienstmitarbeiter des Kunden. Aaarghh!! Auch hier denkt man natürlich erst mal zu zweit drüber nach. Aber irgendwann sitzt der Texter dann allein vor dem Rechner. Jetzt geht's ums Schreiben. Und damit sind wir wieder beim Horror Vacui. Wie fang ich an? Was schreib ich auf? Und ob da wohl noch Kaffee in der Küche steht?

Machen wir's uns schwer: Nehmen wir eine Longcopy. Weil die Longcopy die Königsdisziplin des Texters ist. Das ist das Einzige, was nur er wirklich kann: Eine TV-Spot-Idee kann auch vom Grafiker kommen, eine Headline kriegt auch der Berater mal hin. Aber 6000 Anschläge am Stück? Wohl kaum. In meinem Archiv habe ich ein schönes Beispiel gefunden, eine TZ-Anzeige für Porsche von 1993 (siehe unten).

Der Formsatz kommt hier noch erschwerend hinzu, das heißt nicht nur viel texten, sondern auch noch auf Anschlag, damit möglichst wenige hässliche Trennstriche vorkommen. (Dabei ist es übrigens hilfreich, wenn man auch als Texter einigermaßen mit dem jeweiligen Grafikprogramm umgehen kann. Dann setzt man sich nämlich an den Art-Rechner und textet direkt ins Layout.)

Die Headline stammte aus einem bestehenden Print-Motiv. Die Idee für die TZ-Anzeige war dann die extreme Longcopy in der 911er-Silhouette. Wir wollten einfach mal sagen, was den Mythos Porsche ausmacht. Dazu braucht es natürlich jede Menge Information. Für diese Anzeige

Wo sind die Autos, von denen Sie als Kind geträumt haben? An deren Scheiben Sie Nasenabdrücke hinterließen, weil Sie wissen wollten, welche Zahl die letzte auf dem Tacho ist? Sie sind verschwunden, fast alle. Eines allerdings ist noch da. Ein Auto, das seit 30 Jahren als Traumwagen durch viele Köpfe fährt – und in mehr als 350.000 Exemplaren über die Straßen der Welt: Der 911 von Porsche. Dieses Auto ist kein gewöhnlicher Klassiker, der irgendwann eine Wiedergeburt als Replika erleben mußte.

Dieses Auto wird vielmehr seit drei Jahrzehnten äußerlich fast unverändert gebaut. Seine Langlebigkeit resultiert vor allem aus dem Wunsch seiner Fahrer nach Ursprünglichkeit – ohne auf innovative Technik verzichten zu wollen. Man sucht das, was bleibt: den Heckmotor, den Boxersound, die Kernigkeit. Und man nimmt gerne zwei serienmäßige Airbags, robuste Metallkatalysatoren und die besten Bremsen der Welt dazu. Denn während andere Autohersteller jedes ihrer neuen Modelle für eine Revolution halten, finden bei Porsche wirkliche Veränderungen statt. Der Elfer hatte die erste echte Sicherheitslenkung mit geknickter Lenksäule (1965). Der Carrera RS 2,7 trug vor 21 Jahren als

erster S[...] wagen einen [...] spoiler: den berü[...] „Bürzel", der den Au[...] an der Hinterachse um rund [...] reduzierte und den RS 1972 [...] schnellsten deutschen Serienauto [...] te. Der 911 Turbo war zwei Jahre spät[...] erste Seriensportwagen der Welt mit A[...] aufladung. Seit 1976 verwendet Po[...] Karosserien aus beidseitig feuerverzi[...] Stahlblech, was den Wagen rostfrei u[...] mit crashfester macht. Seit 1988 gehö[...] Allradantrieb zur Serienausstattun[...] Carrera 4. 1990 erfand Porsche die Tipt[...] Das erste Getriebe, bei dem der Fahr[...] Wahl zwischen manuellem und auto[...] schem Gangwechsel hat. Immer wiede[...] te das Porsche Entwicklungszentrum [...] daß der Elfer seine Pole Position behiel[...] Aber Technik allein macht noch kein[...] zination. Parallel zum automobilen Fort[...] entstand der Mythos „Elfer". Er sorgt[...] daß man sich auf der Straße nach [...]

Seit über hundert Jahren machen Autos unabhäng[...]

(o. k., nicht nur dafür) habe ich zwei Briefing-Aktenordner vom Kunden gelesen, mehrere Bücher über Porsche, einige über Motorsporthistorie allgemein, 30 bis 40 verschiedene aktuelle Autozeitschriften, 7 Videos angesehen und etwa anderthalb Regalmeter Porsche-Werkstatthandbücher durchgeblättert (»abspeichern«, siehe Regel 2). Damit waren dann schon einige Tage rum, aufgeschrieben hatte ich bisher aber nur Daten und Fakten im Stile von »1972: Carrera RS 2,7: erstes Serienauto mit Heckspoiler«. Nach einer solchen Druckbefüllung fühlt man sich nicht wirklich besser als vorher. Und übrigens ist das auch nicht jedermanns Sache: Es gibt Texter, die lieber nicht zu viel wissen wollen. Ich wollte eigentlich immer mehr wissen.

Das Schwierige an einer Longcopy ist meist der Anfang. Das war hier auch so. Schließlich kann man einen Text über einen Mythos schlecht mit einer PS-Zahl anfangen lassen. Vielleicht mit dem Leichtmetall-Kurbelgehäuse? Der Trockensumpfschmierung? Oder der Vierkolben-Festsattel-Bremsanlage? Tja, irgendwie doch zu viele Infos. Man soll ja nicht mit der Technik ins Haus fallen. Und man soll zwar viel über das Produkt wissen – aber erst dann damit herausrücken, wenn der Leser es auch wissen will. Für einen guten Einstieg denkt man am besten nicht vom Produkt aus, sondern vom Verwender, vom Käufer, vom Autofahrer. Und daraus wurde dann dieser Text:

(Headline:)

Seit über hundert Jahren machen Autos unabhängig.

Eins macht abhängig.

(Copy:)

»Wo sind die Autos, von denen Sie als Kind geträumt haben? An deren Scheiben Sie Nasen-abdrücke hinterließen, weil Sie wissen wollten, welche Zahl die letzte auf dem Tacho ist? Sie sind verschwunden, fast alle. Eines ist allerdings noch da. Ein Auto, das seit 30 Jahren als Traumwagen durch viele Köpfe fährt – und in mehr als 350 000 Exemplaren über die Straßen der Welt: Der 911 von Porsche. (…)«

Gut, das mag ein bisschen schwülstig klingen. Aber es ist glaubwürdig, denn so ziemlich jeder kleine Junge hat seine Nase mal an eine Porsche-Seitenscheibe gedrückt. Und nach diesem Einstieg ist der Leser durchaus bereit, ein paar harte technische Fakten aufzunehmen, die die Behauptung »Traumwagen« stützen. Aber: Nicht übertreiben! Eine Longcopy braucht eine eigene Dramaturgie, fast wie ein TV-Spot. Wie ein roter Faden muss sich das Gefühl vom Anfang durch den ganzen Text ziehen. Zum Beispiel so:

(Copy:)

»(…) Aber Technik allein macht noch keine Faszination. Parallel zum automobilen Fortschritt entstand der Mythos »Elfer«. Er sorgt dafür, dass man sich auf der Straße nach diesem Wagen um-dreht. Er sorgt dafür, dass auch gestandene Autojournalisten mit mehreren Hunderttausend Kilometern Erfahrung am liebsten einen neuen Porsche um den Testkurs jagen. Und er sorgt dafür, dass manche Leute mit Sechzig immer noch nicht reif für ein anständiges Auto sind. (…)«

Hier wird nicht nur die Wirkung des Mythos beschrieben, sondern auch ein Versprechen gegeben – oder sogar gleich drei. »Wenn Sie einen Porsche fahren, wird man sich auf der Straße nach Ihnen umdrehen.« »Vertrauenswürdige Experten lieben diesen Wagen.« »Dieses Auto hält jung.« Wenn man das alles so hinschreiben würde, würde jeder halbwegs intelligente Leser sofort aus-steigen. Aber mit ein paar rhetorischen Tricks klingt der Text nach »Willich-haben!« In diesem Fall überhöht die »Repetitio« (Wiederholung) des »…er sorgt dafür…« den Mythos. Die Anführung der Autojournalisten ist ein »Testimonium« (Autoritätsbeweis), die Behauptung, der Porsche sei eigentlich kein »anständiges Auto« ist pure »Ironia« (Ironie), die Sympathie bringt und den Leser fast schon zum Komplizen macht.

Da Texten eigentlich immer aus dem Bauch heraus geschieht, nutzt ein Rhetorik-Lehrbuch auf dem Schreibtisch wenig. Aber es kann nicht schaden, wenn man mal eins gelesen hat.[6] Die meisten Texter wissen zwar irgendwie, ob ein Text »klingt«, ob er Rhythmus und Melodie hat und warum drei Argumente besser sind als zwei – aber mit ein bisschen Latein oder Griechisch kann man einen Kunden, der am Text herummäkelt, besser einbremsen.

Weiter in der Longcopy: Im letzten Teil werden die sportlichen Erfolge des Porsche 911 geschil-dert, vielleicht das wichtigste Argument für einen Sportwagen. 20 000 Siege bei legendären Rennen wie den 24 Stunden von Le Mans, dem Nürburgring oder der Rallye Monte Carlo; Fahrernamen wie Jochen Maas, Bob Wollek, Jackie Ickx, Walter Röhrl und Hans-Joachim Stuck bauen vor dem inneren Auge des Lesers eine Welt von Benzin und Gummi, von Ruhm und Ehre auf. Die Erfolge im Motor-sport werden auf den Serien-Elfer umgemünzt: »Von Anfang an hat Porsche erfolgreiche Konstruk-tionen aus dem Motorsport weiterentwickelt und serienfähig gemacht.« Und zum Schluss wollen wir natürlich auch noch ein Auto verkaufen:

6) z.B. Wolf Schneider: »Deutsch für Kenner« und »Deutsch für Profis«, Gruner + Jahr 1987;

Chaïm Perelman: »Das Reich der Rhetorik«, C.H. Beck 1980

»(…) das Jubiläumsmodell »30 Jahre 911«, durchnummeriert und gekennzeichnet, in violametallic mit rubicongrauer Ganzlederausstattung. (…) Weitere Informationen und Probefahrttermine gibt's von der Dr.-Ing. h. c. F. Porsche AG (…) Oder Sie kaufen gleich einen Elfer: Schließlich brauchen die Kinder von heute auch was zum Träumen.«

Hier ist dann das Ende des roten Fadens, an dessen Beginn wir den Leser an seine eigenen Träume erinnert haben. In einer Longcopy darf eben auch der Schluss nicht irgendwie mit Adresse und Telefonnummer wegtröpfeln. Denn die schreibt der Leser sich nur auf, wenn er das Gefühl hat, er muss es tun.

Das Schöne an einer solchen Longcopy: Man kann alle stilistischen Register ziehen. Eine Headline ist ein Kanonenschlag. Eine Longcopy ist ein halbstündiges Brillant-Feuerwerk. Und dieses Feuerwerk kann eben nicht jeder abbrennen, es braucht Können, Erfahrung und Kreativität. (O. k., es gibt Leute, die sich schon mit dem Kanonenschlag zwei Finger abreißen, aber die lesen dieses Buch wahrscheinlich sowieso nicht.) Dabei geht es nicht einmal so sehr um gut oder schlecht, sondern eher um »flüssig«. Einen langen, aber flüssig geschriebenen Text kann man immer verbessern: Ideen rein, überraschende Formulierungen, Anekdoten, Beispiele, Zitate oder was auch immer. Aber ein langer Text ohne Struktur und Zusammenhang bleibt unlesbar, auch wenn in Zeile 27 ein genialer Satz steht.

Leider ist das flüssige Schreiben am schwersten zu erlernen. Es ist eher die Basisanforderung für einen Texter: Was für den Fußballer die Ballbeherrschung, ist für den Texter die Sprachbeherrschung. Ja, es gibt Spezialisten für Standardsituationen (einer schreibt prima Funk-Dialoge, ein anderer ist Wortspiel-Experte). Aber wer nur Elfmeter schießen kann, wird selten Torschützenkönig. Das heißt: Nur wer alles mal gemacht hat, kann auch alles. Jede Aufgabe sollte mit demselben (hohen) Einsatz angegangen werden. Es gibt nämlich keine doofen Jobs. Es gibt nur Jobs, auf die man keine Lust hat, darum werden die Texte dann schlecht und gewinnen nix.

So geht also Texten. Oder anders. Auch das ist typisch für Kreation: Es gibt keine Regeln. Sondern nur mehr oder weniger erfolgversprechende Vorgehensweisen, die für jeden Texter andere sein können. Der eine sitzt lieber im Café, der andere im Park. Der eine läuft durch die ganze Agentur, bis ihm was einfällt, der andere sitzt drei Tage grübelnd am Schreibtisch. Der eine braucht absolute Ruhe, der andere braucht Zeitdruck. Das Einzige, was wirklich nicht hilft, sind Alkohol und andere Drogen. Denn zumindest das weiß ich aus Erfahrung: Was man nach fünf Bier aufschreibt, finden nur genauso besoffene Leser gut.

»Du kannst mehr.«

Interview mit Mathias Jahn

Armin Reins MATHIAS, WIE BIST DU EIGENTLICH WERBETEXTER GEWORDEN? **Mathias Jahn** Reiner Zufall. Ich habe in Mainz Publizistik, Psychologie und Soziologie studiert. In den Ferien habe ich zwei Textpraktika gemacht. Das erste bei Baader, Lang, Behnken, bei Detmar Kapinski. Die suchten jemanden, der irre belastbar ist, irre viel Erfahrung hat. Ich habe dann zurückgeschrieben, wenn sie ein dementsprechend irres Gehalt bezahlen, wäre ich bereit, das mitzumachen. Dort durfte ich gleich eine Longcopy für den Lada Niva schreiben, die wurde sogar veröffentlicht. Mein zweites Praktikum war bei S & J, bei Jean-Remy. Der wollte mich gleich dabehalten. Aber ich hab erst mal zu Ende studiert. 1990, nach meinem Abschluss als Kommunikationswissenschaftler, rief Jean-Remy wieder an und gestand mir, dass er plane, seine eigene Agentur aufzumachen. Er würde mir jetzt zehn Argumente sagen, warum ich mitgehen sollte. Die waren auch alle sehr schlüssig, und ich dachte schon, Mensch, das ist eine tolle Sache, da mache ich mit. Zum Schluss sagte er, jetzt ruft dich gleich noch der Rolf Kutzera an, und der sagt dir zehn Gründe, warum du zu Springer & Jacoby gehen sollst. So geschah es auch. Ich hab mich dann aber für JvM entschieden. Am ersten Tag fragte mich Jean-Remy: Wie hast du denn bisher so gearbeitet in der Agentur? Und ich: Wie, in der Agentur? Ich hatte ihm im Bewerbungsgespräch erzählt, dass ich vier Jahre neben dem Studium in einer PR-Agentur war, und er hatte daraus geschlossen, dass ich als Texter gearbeitet hatte. In Wirklichkeit hatte ich dort nur Studentenjobs gemacht: Messestände aufgebaut, Clipings aus Zeitungen ausgeschnitten. Als ich die Wahrheit beichtete, fiel ihm dementsprechend tief die breite Schweizer Kinnlade runter, denn ich war der einzige Texter, den er für seine nagelneue Agentur eingekauft hatte. So bin ich Texter geworden. WODURCH BIST DU BEEINFLUSST WORDEN, TEXTER ZU WERDEN, HATTEST DU VORBILDER? Was ich bis heute nicht vergessen habe, war, wenn ich so 100–150 Headlines geschrieben hatte und Jean-Remy so fünf, sechs kleine Kreuze dran machte. Dann dachte ich, ah ja, prima. Aber er drehte nur langsam den Kopf hoch und sagte: Du kannst mehr. HABEN GUTE TEXTER BESONDERE CHARAKTERLICHE MERKMALE? Ich hoffe nicht. Aber die überwiegende Zahl der Texter, die was geworden sind, hat tatsächlich Macken. Viele tragen die in jungen Jahren als Schild vor sich her: Ich bin ein Kreativer, Achtung, sprich mich nicht von der Seite an, besorg mir jetzt einen Kaffee, ansonsten raus hier. Viele werden das später nicht mehr los und werden unglaubliche Arschlöcher. Die benehmen sich auf Drehs wie eine Madonna und verlangen Mineralwasser mit medium Kohlensäuregehalt. WELCHE FÄHIGKEITEN MUSS EIN TEXTER MITBRINGEN? Man muss nicht unbedingt immer eine Eins im Aufsatz gehabt haben, aber immer eine Fünf ist auch nicht gut. Man muss viel lesen, sonst kann man nicht viel schreiben. Man muss verdammt offen sein und neugierig auf die Welt, weil man alles aufsaugen muss wie ein Schwamm. Damit man es wieder irgendwann rauslassen kann. Jemand, der mit Scheuklappen durch die Gegend zieht und nur noch polnische 50er-Jahre-Filme guckt, verpasst viel von der Welt. Man muss nicht irre intelligent sein. Solange man das Gedachte zu was Sauberem verarbeiten kann, muss man nicht den IQ 150 haben. WAS RÄTST DU EINEM TEXTER, DER BESSER WERDEN WILL? Texten ist eine Tretmühle, eine Waschmaschine von Arbeit. Besser werden geht überhaupt nur durch Menge. Weil dann die statistische Chance größer ist, dass was Gutes dabei ist. Besser wird man nur, indem man später zufrieden ist. Wenn ich zehn Headlines brauche, muss ich 100–150 schreiben. WELCHE AUSSERBERUFLICHEN INTERESSEN HAST DU, UM DIR EINEN UNVOREINGENOMMENEN BLICK AUF DIE DINGE ZU ERHALTEN? Lesen, ich habe sonst kein Hobby. Höchstens: Interesse an allem. Man sollte einfach alles machen, was einem irgendwie angeboten wird. Man geht in Schottland Burgen besichtigen, man geht in Italien gut essen und aus beidem kann man hinterher eine Anzeige machen. WAS TUST DU, WENN DU NICHT SCHREIBST UND EINFACH NUR ABSPANNEN WILLST? Noch entspannender als lesen finde ich Fliegerspiele mit Playstation. Das hat man auf dem Schoß und dann fliegt man das Ding wirklich wie ein Flugzeug, mit scrollen, steigen, senken, zielen, feuern. Ich kann wahrscheinlich so viel fliegen wie diese saudiarabischen Jungs, die da irgendwelche Flugschulen in

Kurzvita

Geboren 1963 in
Frankfurt am Main,

Studierte Publizistik,
Soziologie und Psycho-
logie an der Johannes-
Gutenberg-Universität,
Mainz

Ab 1991 als Texter bei
Jung von Matt, Hamburg,
unter anderem für
Kunden wie Sixt, Jever,
Minolta, Astra, DEA,
Porsche, Audi und BMW.

Ab 1995 als Geschäfts-
führer von JvM technik,
ab 1999 als Geschäfts-
führer von JvM an der
Elbe und Gesellschafter
der JvM AG, ab 2001 als
Geschäftsführer von
Jung von Matt frontend
(Online Konzeption und
Produktion).

ADC Mitglied seit 1997.
Jahn arbeitet seit Anfang
2002 als freier Autor in
Hamburg.

Florida besucht haben. Ich kann sogar einen doppelten Immelmann. WIE STEHST DU ZU DER AUS-
SAGE, DASS DIE MEISTEN IDEEN FÜR DIE WERBUNG IM PRODUKT SELBST ZU FINDEN SIND? Es kommt auf das
Produkt an. Ich habe für Porsche, Audi und BMW gearbeitet. Da bewahrheitet sich schon, dass die
Idee immer aus dem Produkt kommt. Wenn es im Produkt viel zu finden gibt, dann findet man auch
immer eine Idee für die Werbung. Nur, die Hälfte aller anderen Produkte hat keinen echten USP.
Beim Bier wurde den Verbrauchern seit 15 Jahren beigebracht, Premium ist wichtig. Früher gab es ein
Pils, Export, Helles und Weißbier. Alles andere interessierte nicht. Es gab keine Marken im klassi-
schen Sinne. Dann hat man dem Verbraucher versucht beizubiegen, was ein Bier können muss. Dass
sich plötzlich schicke Leute irgendwo versammeln und statt Champagner Bier bestellen. Diese Bit-
Werbung ist so fußnagelhochrollend schlecht, dass man es gar nicht mehr glaubt. Das Gute ist
nur, solche Werbung führt zur Gegenwelt, zu Astra. Und schon hast du die Leute auf deiner Seite.
Oder du kommst auf Glück, Glück, Glück, wo vorher jeder gesagt hat, Jung von Matt, die Markenver-
brenner. Und wenn man jetzt mal in den Kernmarkt guckt, stellt man fest, dass Diebels innerhalb
von einer Woche 86 % an Bekanntheit gewonnen hat. HAST DU EINE TECHNIK, DICH EINEM PROBLEM
ZU NÄHERN? Ich bin jemand, der ein Briefing wirklich von vorne bis hinten liest, womöglich auch mit
einem Marker was anstreicht. Je dicker das Briefing ist, desto mehr steckt drin. Auch wenn es viel
Geschwafel ist, aber auch im Geschwafel findet man manchmal einen Satz, wo man sagt, hoppla,
das könnte was sein. Viele Texter hassen das, einen Aktenordner auf den Tisch zu kriegen. Aber ich
will das Briefing selbst durchleuchten. Ich traue zwar dem Planner zu, das toll zu machen, nur jeder
Mensch bekommt aus dem Briefing zum Schluss einen anderen Satz heraus. Deswegen will ich
das Briefing immer selber lesen, verarbeiten, analysieren und dann Fragen stellen. HAST DU BEIM
ARBEITEN BESTIMMTE RITUALE? Ich kann es nicht haben, wenn ich texte und ein Telefon klingelt. Dann
wird das entweder rausgezogen, ausgestellt oder kaputt gemacht. Ich habe auch gerne immer die
bestmögliche Ausstattung. Ich will immer das neueste Programm auf dem Computer haben, den
besten, den schönsten, den leuchtendsten Monitor. Ich brauche so eine luxuriöse Basisausstattung.
Wenn die da ist, ist mir alles andere egal. WENN DU FÜR EINE PRÄSENTATION ZWEI WOCHEN ZEIT HAST,
ARBEITEST DU DANN KONTINUIERLICH? ODER WIRST DU ERST IN DEN LETZTEN VIER TAGEN AKTIV? Geburts-
wehen brauche ich nicht, denn dann steckt immer das Risiko drin, dass das Kind nicht rauskommt,
und man muss dann am nächsten Tag noch mal ins Krankenhaus. GIBT ES BEI DIR EINE ROTE LAMPE,
DIE ANGEHT, WENN ETWAS SCHLECHTES ENTSTEHT? Die geht grundsätzlich bei jedem Job an. Das ist
eigentlich wie beim Warm-up in der Formel 1. Man fährt erst einmal ein paar Runden, und dann
stellt man fest, dass man zu viele Spoiler in den Wind gestellt hat und deswegen auf der Geraden zu
langsam ist. Also muss man das ändern. Dann stellt man fest, leider in die falsche Richtung geändert,
wieder an die Box, wieder umstellen. Oder die Reifen passen nicht zur Temperatur. Das ist beim
Texten genauso, da stimmt immer irgendetwas nicht. Deswegen nervt es so, wenn in der ersten Abstimmung nichts da ist, denn die erste Abstimmung ist der Boxenstopp, und wenn da nichts kommt,
kann ich nichts ändern. Ich muss aber ändern, um zu einem besseren Ergebnis zu kommen. Das
ist ein Rantasten. In der Formel 1 fahren die auch nicht auf Anhieb die schnellste Runde. Sondern
meistens am Ende vom Qualifying. SIEHST DU DICH ALS HANDWERKER, TECHNIKER ODER ALS KÜNSTLER?
Nichts von alledem. Ich bin eher ein Kopfwerker. WIE WICHTIG SOLLTEN FÜR JUNGE TEXTER AUSZEICH-
NUNGEN UND WETTBEWERBE SEIN? Es ist eigentlich für Kreative die wichtigste Motivation, Qualität
zu suchen. Wenn es die Medaillen nicht gäbe, könnte man ja einfach so aus dem Ärmel heraus was
runterschreiben. Wenn ich aber nach der besseren Headline suche, muss ich mir irgendeine Motivation dafür einimpfen. Und das einfachste ist: Ruhm und Ehre. WAS ANTWORTEST DU, WENN DEINE
TOCHTER ODER DEIN SOHN ZU DIR KOMMT UND SAGT, ICH MÖCHTE WERBETEXTER WERDEN? Viel Spaß.

»Ein Texter sollte einen Gefaselanzeiger haben.«

Interview mit Michael Conrad, Leo Burnett

Veronika Claßen MICHAEL, BIST DU EIGENTLICH TEXTER? **Michael Conrad** Ja, ich bin Texter. WIE BIST DU TEXTER GEWORDEN? Ich hab einen Job gesucht, hab da ein Filmskript geschrieben, hab's einem Freund gezeigt, und der Freund hat ein paar Seiten gelesen, hat gesagt, ich soll als Texter in der Werbung arbeiten. Und da hab ich ihm gesagt: Hey, ich brauch einen Job. Interessant, interessant, hat er gesagt. Und da hat er – ich war gerade auf der Durchreise über Frankfurt nach Wien – mir am nächsten Tag ein Interview besorgt, bei Young & Rubicam. Da hab ich den Wolfgang Krug gesehen, der war Text-Chef. Der hat mich interviewt, und da hab ich den Job gekriegt. So lief das. DU BIST ALSO DURCH ZUFALL IN DIE WERBUNG GEKOMMEN? Ja. Der Freund, der mir das Interview besorgt hat, das war der Walter Lürzer. ACH DER. MICHAEL, HABEN TEXTER, DIE BESSER SIND ALS ANDERE, BESTIMMTE CHARAK-TERLICHE MERKMALE? Also, ich hab noch nie die Qualität von Textern auf ihre Charaktere untersucht. Ich hab schon gute Texter erlebt, da würde man sagen, die haben einen miesen Charakter. Und ich hab gute Texter erlebt, die haben einen wunderbaren Charakter. Ich rede auch gar nicht gerne von Textern, sondern von Ideen-Menschen, die eben Text benutzen, um ihre Ideen zu kommunizieren. WELCHE FÄHIGKEITEN MÜSSEN GUTE WERBER ODER GUTE IDEEN-MENSCHEN HABEN? Ich würde sagen: Eins und eins zusammenzuzählen, um nach drei hinzukommen. Aber auch zu verstehen, was drei bedeutet. EIN BISSCHEN GENAUER NOCH, BITTE. Genauer gesagt: Gute Werbung entsteht, wenn man ein Ziel vor Augen hat, wenn man Zielformulieren kann. Und eine gute Idee entsteht, wenn man zwei Elemente, die nicht zusammengehört haben, zusammenbringt, verheiratet, und die auf den Weg schickt und die dann das Ziel erreichen. MICHAEL, ES GEHT HIER IM BUCH UM KRITERIEN. ES GEHT UM KRITERIEN FÜR GUTE TEXTE. GANZ KONKRET DARUM: WORAN ERKENNT MAN EINEN GUTEN TEXT? Also, ich würd mal sagen: Ein guter Text ist der, der sich spannend liest, und wo man was lernt. Ich glaub, man kann es umdrehen: Ein Text, in dem man was lernt und gerne was lernt, das ist ein guter Text. In der Werbung geht's ja darum, Inhalte zu vermitteln, neue Ideen zu vermitteln – und wenn man etwas lernt, ist schon ein Großteil erfüllt. Und dann kommt es eben darauf an, dass man gerne etwas lernt. Das ist die Kunst, einen Text zu gestalten, der einen Punkt macht und der einen starken Inhalt hat. Ein Texter sollte einen Gefaselanzeiger haben. Der immer ausschlägt, wenn nutzloses Zeug produziert wird. GEFASELANZEIGER. WIR SOLLTEN SO EIN DING GLEICH MAL KONSTRUIEREN UND UNTERS VOLK BRINGEN. HAST DU DAS GEFÜHL, DASS KUNDEN TEXTE AUCH SO BEURTEILEN WIE DU DAS GERADE BESCHRIEBEN HAST? Würde ich schon sagen. Also, ich glaube, jeder Mensch kann eigentlich, wenn er sein Gehirn am richtigen Fleck hat oder wenn das Gehirn auf Normalfunktion gepolt ist, erken-nen, ob ein Text interessant ist oder nicht. Der Howard Gossage hat gesagt: Leute lesen, was sie interessiert – und manchmal ist es eine Anzeige. Also, es muss interessant sein. Wenn ich mir zum Beispiel einen Film angucke, dann stelle ich fest: So ein Film, der hat oft Längen, ja. Diese Längen sind entweder Stilmittel – oder sie sind abträglich. Das heißt, diese Längen produzieren Langeweile. Und bei Werbung ist es eben auch so: Entweder bin ich im höchsten Maße interessiert, das zu lesen – dann dulde ich vielleicht auch Langeweile. Wenn ich nicht interessiert bin, dann muss es schon sehr spannend sein, damit ich einsteige. Und da gibt's eben die unterschiedlichsten Situationen. Man muss als Texter wissen, als Gestalter der Kommunikation: Mit wem rede ich? In welcher Situation? Und da spielen dann eben auch Media-Varianten eine Rolle, die die Spannung erhöhen können. Das ist sehr, sehr wichtig, dass ich weiß, in welcher Zeitung oder in welchem Journal steht der Text? Geht's um Nachrichten oder geht's um Unterhaltung? Was ist das Umfeld, in dem dieser Text steht? WIE BEGEISTERST DU KUNDEN FÜR TEXTE? GIBT'S DA TIPPS FÜR TEXTER? Also, ein interessanter Text, der

Anzeige Hewlett-Packard

Inhalte vermittelt – da hatte ich selten Schwierigkeiten, so einen Text zu verkaufen. Die Schwierigkeit war und ist, diese Texte herzustellen. Man schreibt auf: Was will ich denn kommunizieren? Und dann formuliert man das, und dann reiht man das aneinander, und wenn man das hat, dann nimmt man das Interessanteste heraus und stellt es an den Anfang. Um die Leute reinzuholen. Und dann, zweitens, ist es eben sehr wichtig, dass ich auch mein Zielpublikum kenne. Wenn ich das genau kenne, dann kann ich studieren, was diese Leute gerne lesen, was sie konsumieren. Und dann muss ich mich eben an den Geist dieser Sache halten und lernen. Also, zum Beispiel bei Young & Rubicam, da hat der CCO, das war der Peabody, jedem Texter die Bild-Zeitung auf den Tisch gelegt. **ALS PFLICHTLEKTÜRE.** Ja genau, als Pflichtlektüre, um zu studieren, wie Headlines formuliert werden, wie Inhalte formuliert werden, wie die das machen. Und genau so, denke ich, muss man eben andere Stilmittel studieren und viele Werbetexte lesen. Und klassische Anzeigen, die besten Anzeigen der Vergangenheit, das Lürzer's Archiv. Das ist auch entstanden, weil Walter Lürzer und ich uns permanent mit Werbung aus dem Ausland auseinander gesetzt haben, Anzeigen gesammelt haben, studiert haben, wie man einen Text aufbereitet. **WAS DENKST DU, WAS GUTE TEXTER LESEN SOLLTEN? DIE BILDZEITUNG, DIE HAST DU SCHON GENANNT. WAS NOCH?** Dann ist es natürlich wichtig, dass man sich informiert, was weltweit produziert wird. Ich würde sagen, Discovery Channel, das ist zurzeit das Spannendste. Das ist sehr interessant – überhaupt interessante Sendungen anzuschauen und sich überlegen, warum sind die so interessant? Und dann muss man seine Schlüsse ziehen. Man muss viel lernen. Man muss Bücher lesen. Man muss Balzac lesen. Denn Balzac, der hat es verstanden, die menschlichen Eigenheiten zu beschreiben. Er ist ein brillanter Journalist gewesen, der das menschliche Leben auf allen Ebenen auseinander nehmen konnte und auf die Insights losgehen konnte. Und wenn man das erst mal verstanden hat, dann kann man eben irrsinnig viel damit machen. **JETZT KOMMT EIN ÜBERFALL. ICH WEISS, DASS ES BEI LEO BURNETT IM NETWORK STANDARDS GIBT. ICH WEISS AUCH, DASS DIE VON 1 BIS 10 GEHEN. 1 STEHT FÜR »SCHANDE ÜBER MICH« UND 10 FÜR »ETWAS, WAS DIE WERBUNG EINEN SCHRITT NACH VORNE BRINGT«. JETZT WIRD'S KONKRET: MICHAEL, MAGST DU EINE VON DIESEN ANZEIGEN HIER KOMMENTIEREN? SUCH DIR BITTE EINE RAUS UND SAG SPONTAN, WIE DIESE ANZEIGE AUF DICH WIRKT. UND BEWERTE SIE NACH DEN BURNETT-STANDARDS VON 1 BIS 10.** O.k., Hewlett Packard. Ich würde ganz spontan sagen: Der Text reizt mich überhaupt nicht zum Lesen. Die Headline sagt mir nichts. Das Lächeln auf dem Gesicht interessiert mich nicht, ja? Diese zwei, zweieinhalb Typen, die ich da sehe: so what. Und »Invent. Hewlett Packard« – das ist nicht umgesetzt. Also, das ist für mich keine konkurrenzfähige Anzeige. Und ich würde sogar sagen, für dieses Unternehmen, das den Anspruch erhebt, zu erfinden, ist es eine Anzeige, die den Anspruch einfach entwertet – und damit das Unternehmen. Das heißt, wenn man sich dieses Geld betrachtet, das investiert wurde, nicht nur ins Machen, sondern auch ins Schalten, dann ist das Geld doppelt vergeudet. Hier ist dieses ganze Geld systematisch verwendet, um sich selber herunterzuziehen. **WARUM LASSEN KUNDEN SOLCHE ANZEIGEN ZU?** Ich würde sagen: Die wichtigste Ursache ist, dass sich der CEO in diesem Fall nicht um seine Werbung kümmert, und sein Management eben mediokre Sachen toleriert. Und sie nehmen vielleicht die Werbung nicht wichtig. Und dann muss sich vielleicht auch die Agentur an der Nase ziehen, denn so was legt man dem Kunden nicht vor. **WENN HEWLETT PACKARD EUCH JETZT**

»Ein Texter sollte einen Gefaselanzeiger haben.«

AUFGEFORDERT HAT – ALS BURNETT –, FÜR SIE ZU ARBEITEN: WIE WÜRDEST DU DANN VORGEHEN? DAS IST DIE KAMPAGNE, DIE GERADE ON AIR IST. WAS WÜRDEST DU MACHEN, DAMIT BURNETT EINE GUTE AUSGANGSPOSITION BEKOMMT FÜR EINE KAMPAGNE, DIE SICH DEUTLICH VON DIESER UNTERSCHEIDET? Fangen wir mal an bei »Invent«. Das ist doch sehr interessant. Ich glaube, dass Hewlett Packard patentreich ist, auch als Unternehmen. Dieses »Invent«, das kommt ja nicht von ungefähr. Ich würde mir mal zum einen die Konkurrenz anschauen und würde mal sehen, wie dieses »Invent« im Vergleich zur Konkurrenz spielt. Und dann geht man halt her und liest sich in die Firma ein. Man beginnt, mit dem CEO zu kommunizieren, und dann, denke ich, findet man einen Weg, um dieses »Invent« zum Leben zu bringen. Oder man findet heraus, dass es nicht relevant ist. Es kommt auch darauf an, ob es eine Business-Sache ist, ja? Die interessanteste Tat in diesem Bereich ist meines Erachtens von Steven Jobs vollbracht worden, der zurückkam zu Apple und ziemlich schnell herausgefunden hat, wer die Kunden sind, die Apple die Treue gehalten haben. Und von da aus haben sie operiert. Es ist eben eine Zielgruppengeschichte. Es ist kriegsentscheidend, dass man seine Zielgruppe kennt – die Kernzielgruppe. Und das waren eben bei Apple die kreativen Leute, die dem Unternehmen die Stange gehalten haben über die ganze Zeit. Und da war es der Steven Jobs selbst, der eine sehr, sehr gute Nase gehabt hat. Die hat er wahrscheinlich auch schon vorher gehabt. Als er wieder zu Apple zurückgekommen ist, hat er sofort die Kreativen als seine Community of Interest gesehen. Und natürlich weitergehend auch den ganzen Educations-Bereich, den Schulbereich, und dann hat er als ersten Schritt in der Kommunikation die Arme um diese Leute gelegt und hat ihnen gesagt, was die intellektuellen Rebellen in dieser Welt bewirkt haben. Und damit hat er die Apple-Usership stolz gemacht. DER IST EBEN AUCH ALS CEO NAH DRAN AN SEINER ZIELGRUPPE. Das ist es doch. Das ist doch das ganze Geheimnis. Und nun nimm Hewlett Packard. Das ist doch auch eine brillante Firma. Nur, wenn man sich so eine Anzeige anguckt, dann fragt man sich – wen soll das denn bitte interessieren? Meistens wird so was ja überblättert. Das tut nicht weh, es sieht ja nicht unordentlich aus. Aber es ist rausgeschmissenes Geld. Es ist Geld, das gegen Hewlett Packard arbeitet. Das ist nicht nur rausgeschmissenes, das ist negatives Geld. WIE VERMEIDET MAN, SCHLECHTES ZU PRODUZIEREN? Indem man sich öfter zurücksetzt und darüber nachdenkt, was man tut – und das beurteilt. Und dann eben – und das muss man nicht alleine machen, denn wir arbeiten ja immer im kollegialen Kreis – das tatkräftig verbessern und das Mittelmäßige ausräumen und Wege auftun, um eigenständig zu sein. Und Standards setzen. DAS HEISST, DU FORDERST DIE KREATIVEN AUF, IHRE SACHEN OFFEN AUF DEN TISCH ZU LEGEN UND DIE KOLLEGEN UM IHRE MEINUNG ZU FRAGEN. Wir haben bei Burnett ein so genanntes »globales Produkt-Komitee«. Da setzen wir uns alle drei Monate zusammen und gucken uns 1000 bis 1200 Arbeiten an und beurteilen die nach einer Beurteilungsskala. Aber wir diskutieren sie auch und geben Feedback. Und manchmal kommen in diesen Meetings gute Ideen, was man besser machen kann. GLAUBST DU, DASS DAS DER GRUND IST, WARUM BURNETT ALS NETWORK VIELE GUTE KAMPAGNEN PRODUZIERT? DENKST DU, DASS DIESE STÄNDIGE KONTROLLE, ABER AUCH DAS FEEDBACK, DAZU FÜHRT, DASS DIE ARBEITEN LAUFEND BESSER WERDEN? Das Wichtigste in unserem Geschäft sind die Talente. Die besten Talente zu haben, darauf kommt es an. Für die besten Talente ist das Wichtigste die Arbeit. Wenn man die Arbeit als das Wichtigste im Unternehmen sieht – und nicht den Umsatz und nicht den Profit –, dann wird die Arbeit besser. Dann gibt es auch Umsätze, und dann gibt es auch Profit. Ich glaube, uns ist es gelungen, die Arbeit in den Vordergrund zu stellen. Jeder großartige Kreative weiß, was das für eine Quälerei ist, etwas Besonderes zu machen. Noch mal konkret zu dieser Anzeige, die du mir hier vorgelegt hast: So eine Anzeige wie die hier für Hewlett Packard, das ist keine kreative Leistung. Obwohl so genannte Kreative daran beteiligt waren. Trotzdem ist das ein indiskutables Produkt. Wir sind heute in einem weltweiten Gefüge und müssen

Die Burnett-Standards:
GPC (Global Product Committee) Rating Scale

10. Best in the world, bar none – icon brand
9. Sets new standard in advertising
8. Sets new standard in category
7. Excellence in craft
6. Fresh idea(s)
5. Innovative strategy
4. Cliché
3. Not competitive
2. Destructive
1. Appalling

Kurzvita

Michael Conrad (57) war Mitbegründer der TBWA Frankfurt und arbeitete als CD und Texter für Ogilvy & Mather und Young & Rubicam in Frankfurt.
1975 gründete er gemeinsam mit Walter Lürzer die Agentur Lürzer-Conrad, die 1980 in Leo Burnett aufging und seit 1986 unter Michael Conrad und Leo Burnett firmiert.
Heute ist Michael Conrad Vice Chairman und Chief Creative Officer von Leo Burnett Worldwide, mit 93 Burnett Network Agenturen.
Conrad ist Ehrenmitglied des ADC für Deutschland und der Schweiz, 1996 war er Jury-Präsident der Werbefilmfestspiele in Cannes. Darüber hinaus erwarb er sich als Chairman und Jurymitglied in verschiedensten Kreativwettbewerben und als Sprecher auf Konferenzen internationale Reputation.

Dinge erarbeiten, die global competitiv sind. Ganz egal, ob man ein nationales Unternehmen ist oder ein internationales Unternehmen. Jeder muss sich dieser Challenge aussetzen. Und dann geht es eben los mit den Strategien: dass die innovativ sind. Dass Hewlett Packard eine innovative Strategie verfolgt – wenn man schon drunter schreibt »Invent« –, das kann man hier nicht erkennen. Wenn man die Strategie hat, muss man sie in eine Idee umsetzen. Wenn man die Idee hat, muss man sie bis ins Detail ausführen. Das ist hier überhaupt nicht passiert. Also, es ist ein sehr kompliziertes Geschäft. Und es wird eigentlich gar nicht erkannt. Ich denk mir manchmal, wie naiv es ist, dass ein Kunde seine Werbung selber machen will und nicht die besten Leute daransetzt, die überhaupt zu haben sind. EINE LETZTE FRAGE: NEHMEN WIR MAL AN, DEINE TOCHTER ODER DEIN SOHN KOMMEN ZU DIR UND SAGEN: PAPA, ICH HAB MIR ÜBERLEGT, ICH MÖCHTE WERBETEXTER WERDEN. WAS SAGST DU? Also, erst mal hab ich zwei Töchter und einen Sohn. Wie reagiere ich da drauf? Das fände ich sehr gut, wenn sie den Wunsch haben. Dann werde ich ihnen sofort helfen, die ersten Schritte hineinzumachen. Grundsätzlich denke ich, es ist ein aufregender Beruf. Auf der einen Seite bedeutet es, Ideen zu haben, und zwar solche, die eben noch nicht da waren. Diese Ideen muss man ausbrüten. Das heißt, im Land der Fantasie leben. Auf der anderen Seite bedeutet es, praktisch vorzugehen und sich wie ein Journalist zu verhalten. Man muss auf Entdeckungsreise gehen. Deshalb sagte ich vorhin auch: Bitte den Discovery Channel angucken. Also: Auf Entdeckungsreise gehen und Dinge herausfinden, die man dann für seine Fantasie verwenden kann – das ist doch eine wunderbare Kombination. Ich würde mich freuen, wenn meine Kinder das machen würden. Es ist bisher nicht passiert: Die eine Tochter ist Fotografin, die andere ist Poetin. Aber an der kommerziellen Poesie ist sie noch nicht interessiert. POETIN UND FOTOGRAFIN: DA HAT SICH DOCH WAS VERERBT. Die machen gute Arbeit. Die finden übrigens die Burnett-Standards sehr gut und beurteilen alles Mögliche von 1 bis 10. Mein Sohn hat sich neulich ein paar Filme angeguckt, und dann hat er gesagt: Die sind alle irgendwo bei sechs. AUHA, DANN IST DAS BEI EUCH IN DER FAMILIE JA SCHON SO WEIT GEKOMMEN, DASS IHR EUCH DAMIT WIE MIT EINEM GEHEIMCODE VERSTÄNDIGEN KÖNNT. Nicht in jedem Bereich. Doch ein bisschen hat es sich schon eingebürgert. Da hast du Recht. Ja, es schmunzeln einige drüber.

Gold ist Geld.

Sebastian Turner

Je kreativer, desto effektiver. Gute Ideen verkaufen am besten.

Die Kreativen dürfen sich nicht beschweren, wenn es immer noch Auftraggeber gibt, die kreativer Werbung mit Zurückhaltung begegnen. Sie haben es sich selbst zuzuschreiben – sie sind schlechte Anwälte ihrer besten Ware.

Warum? Weil sie sie so lieben. Man soll ihre Ideen ja um ihrer selbst willen mögen! Wie kann man eine grandiose Werbeidee, eine geistige Schöpfung, profan nur unter dem Gesichtspunkt betrachten, dass sie ihren Auftraggeber wohlhabend macht?

Es musste erst eine Generation von BWL-Studenten in die Cannes-Rolle pilgern und später in Marketingfunktionen aufrücken, bis sich eine ganz andere Erkenntnis durchsetzte: Werbung muss nicht kreativ sein, weil es die Kreativen so wollen, sondern weil es besser ist für Umsatz und Ergebnis.

Das zeigen verschiedene Studien, ob von Donald Gunn, Admap, TU-Berlin, GWA/GfK, oder Y&R's BrandAsset Valuator. Es wurden die Sieger von Kreativwettbewerben untersucht, ob sie auch im Markt wirkungsvoll waren. Oder es wurden die Sieger von Effizienzwettbewerben analysiert, ob sie kreative Meriten sammeln konnten. Das Ergebnis war jeweils eindeutig: Kreativkampagnen sind überdurchschnittlich wirksam, Effizienzkampagnen sind überdurchschnittlich kreativ.

Die Studie des Berliner Marketingprofessors Volker Trommsdorff geht noch einen Schritt weiter: Sie untersucht nicht nur Kampagnen, die bei Kreativwettbewerben Gold und anderes Edelmetall erhalten haben, sondern überprüft nach gleicher Methode Kampagnen für vergleichbare Produkte, die nicht kreativ prämiert wurden. Damit wurde erstmals eine Kontrollgruppe mit untersucht. Das Ergebnis auch hier: Die kreativen Kampagnen sind signifikant erfolgreicher. Gold für die Kreativen bedeutet Geld für den Auftraggeber.

Woran liegt das? Fünf Gründe bieten sich an:

Erstens: Die Werbemenge ist in den letzten Jahren explodiert, eine Anzeige oder ein Spot fällt nur noch auf, wenn sie aus der Menge herausragen. Das Publikum nimmt den grauen Durchschnitt kaum noch wahr. Von 1990 bis 1997 hat sich die Zahl der im deutschen Fernsehen beworbenen Marken von 1.952 auf 5.579 nahezu verdreifacht, die Anzahl der ausgestrahlten Spots hat sich in derselben Zeit von dreihunderttausend auf 1,5 Millionen verfünffacht (vgl. Wiencken 1999, S. 5). Da die Deutschen nicht fünfmal so viel fernsehen, war das vergangene Jahrzehnt für die Werbetreibenden vor allem mit einem drastischen Verlust an Wirksamkeit verbunden. Für immer mehr Geld bekommen sie immer weniger Publikum, das immer weniger aufpasst. 1993 haben drei Viertel der Zuschauer einen Spot tatsächlich wahrgenommen, wenn sie ihn achtmal gesehen hatten. 1996 haben acht Kontakte nur noch bei fünfzig Prozent zu einer erinnerbaren Wahrnehmung geführt (vgl. Wiencken 1999, S. 5).

In der Printwerbung hat sich zwar das Werbeaufkommen nicht so stürmisch entwickelt, aber auch hier ist die Werbung mit einer hohen Barriere konfrontiert: Nicht einmal zwei Sekunden schenkt der durchschnittliche Betrachter der durchschnittlichen Anzeige (vgl. Kroeber-Riel 1993, S. 104). Zweitausend (an anderer Stelle ist sogar die Rede von dreitausend) Werbeimpulse dröhnen auf jeden Bürger jeden Tag ein, Landbevölkerung, Kinder und Feiertage inklusive.

Zweitens ist die Werbung inflationär teuer geworden. Immer weniger Reichweite kostet immer mehr Geld. Nur noch die wenigsten Marken können es sich leisten, durch schieren Werbedruck aufzufallen. Es kostet einfach zu viel. Ein Weg heißt: Wenige TV-Spots oder Anzeigensujets werden über eine vergleichsweise lange Periode massiv eingesetzt. Die Werbemittel erzielen dabei eine sehr hohe Bekanntheit, nicht aber unbedingt eine hohe Akzeptanz oder gar Sympathie für die

Marke. Ein ganz sicherer Nebeneffekt ist allerdings das Ermüden der Zuschauer in den Werbeblocks, wenn sie überhaupt hinschauen.

Hier droht ein Teufelskreis: Je monotoner und marktschreierischer die Werbeblöcke werden, desto weniger werden sie beachtet. Um sich in diesem Umfeld doch noch durchsetzen zu können, muss der einzelne Spot mit noch mehr Druck noch öfter wiederholt werden – die Monotonie nimmt zu, das Interesse weiter ab. Das Ergebnis für alle Werbetreibenden liest sich eindrucksvoll in den Umfragen unter den Verbrauchern: Die meisten sind der Werbung überdrüssig und weichen ihr aus, 45 % würden Werbung am liebsten gesetzlich einschränken lassen (vgl. Wiencken 1999, S. 5).

Drittens werden die Verbraucher immer werbekompetenter. Sie klatschen im Kino an der richtigen Stelle und bilden ihr Urteil über eine Marke durchaus bewusst nach der Werbung. An die Stelle des Mythos vom geheimen Verführer ist die Werbung als wesentlicher Teil des Produktes getreten.

Hinzu kommt aber eine ernüchternde Erkenntnis: Das Interesse an Werbung könnte kaum geringer sein, und es nimmt weiter ab. Eine internationale Studie über Werbeerinnerung zeigt, dass sich 1960 immerhin noch 40 % der Zuschauer eines Werbeblocks an einen Spot erinnern können. Heute sind es nur noch 8 % (vgl. Umfragenserie der Zeitung »Advertising Bureau«, TV-Dimensions, 1996). Vernichtend für die Bemühungen der Werbetreibenden sind die Antworten auf die Frage »Was machen Sie, wenn eine Sendung für Werbung unterbrochen wird?« 19 % zappen zum nächsten Sender, 14 % stellen den Ton ab, 7 % ignorieren die Spots, 53 % wenden ihre Aufmerksamkeit anderen Dingen zu. Nur 7 % sagen über eine Werbeunterbrechung: »Ich habe sie gesehen.« (Morgan 1999, S. 17).

Selbst wenn die Verbraucher nichts Besseres zu tun hätten, als voll konzentriert Werbebotschaften wie Vokabeln zu pauken, sie können gar nicht alles aufnehmen, geschweige denn behalten, was sich ihnen an Werbung aufdrängt.

Viertens werden die Werber professioneller. Die Hochschulen haben sich geöffnet und entdecken die Faszination von kreativer Qualität. Kreative Performance ist inzwischen ein wichtiges Unternehmensziel in nahezu allen Werbeagenturen geworden. Nach den Kreativagenturen haben auch die internationalen Networks erkannt, dass sie gute Mitarbeiter und professionelle Kunden nur noch durch gute Kreation binden können.

In einer gemeinsamen Studie der Gesellschaft für Konsumforschung (GfK) und des Gesamtverbands Werbeagenturen (GWA) wurde nicht nur der Werbedruck, also die Budgethöhe, sondern auch die Werbequalität gemessen. Die überlegene Werbequalität erbrachte »das mit großem Abstand beste Ergebnis« und führte zu dem Fazit: »Nicht die Größten werden die Ersten sein, sondern die Innovativsten.« (GWA 1997, S. 10).

Fünftens: Der Wert der Kreativität wird insgesamt höher eingeschätzt. In allen Bereichen der Wirtschaft zeigt sich, dass neue Ideen – präzise gesagt: Systemwechsel – die höchste Wertschöpfung mit sich bringen. Für die Kreativen ist das eine zweischneidige Nachricht. Ihr Beitrag wird wichtiger – und die Ansprüche an sie werden höher: Große Werbeideen bedeuten vor allem Arbeit, weil erst zahllose schlechte, mittelmäßige und gute Entwürfe weggeworfen werden müssen, bis der sehr gute Einfall hervortritt. Kreative geben das nur ungern zu, weil so viel Fleiß ihre Genialität in Frage stellen könnte.

Es gibt aber eine noch viel größere narzisstische Kränkung: Selbst die leidenschaftlichsten Kreativen müssen einsehen, dass sie von ihren Auftraggebern nicht wegen ihrer Inspiration, sondern aus rein wirtschaftlichen Gründen gehalten werden.

»Wer Texter werden will, gehört in eine geschlossene Anstalt.«

Armin Reins

Ich kann mich an den 26. 3. 1997 noch sehr genau erinnern. Ich war damals Unit-Leiter bei Wilkens Ayer in Hamburg und bekam so gegen 16.00 Uhr einen Anruf vom Chief Creative Officer der AP Lintas, Veronika Claßen. Was mir denn einfallen würde, ihr einen ihrer besten Texter wegkaufen zu wollen. Und vor allem, was für ein aberwitziges Gehalt wir dem geboten hätten, unerhörte Schweinerei. Sie müsste mit mir mal dringend unter vier Augen reden.

So entstand die Texterschmiede. Denn wir stellten beim zweiten Bier fest, dass eigentlich alle Agenturen Probleme mit dem Texternachwuchs haben. Woher nehmen, wenn nicht stehlen. Da musste was unternommen werden. Wie machten das eigentlich die Engländer? Hatten wir nicht in irgendeiner Ad Age gelesen, dass die besten Agenturen in London eine Schule für ihren Werbe-nachwuchs gegründet hatten? Nach dem vierten Bier waren wir uns einig: So was könnte man hier doch auch machen.

Etwa zur selben Zeit lernte ich durch einen glücklichen Zufall Detlef Gerlach kennen. Er war gerade aus der Marketingabteilung der Mobil Oil in den Vorruhestand gewechselt und suchte ein neues Betätigungsfeld. Detlef Gerlach hatte bereits die KAH Hamburg aufgebaut, und er schien Veronika und mir als der richtige Dritte im Bunde. Denn als wir Detlef von unserer Idee einer Schule für Werbetexter erzählten, sahen wir das Funkeln in seinen Augen. Ja, er hatte Lust mitzumachen. (Und ganz ehrlich, Detlef, ohne dich hätten wir es nie gemacht, geschweige denn hinbekommen.)

Und doch brauchten wir noch 12 Monate bis zur ersten Vorlesung. Mit Jan-Oliver Wurl, Christian Storck, Horst-Dieter Martinkus und Torsten Lütjens gründeten wir erst einmal einen ordentlichen, eingetragenen, gemeinnützigen Verein. Denn wer in Deutschland ein Anliegen hat, gründet einen Verein. Auch Dozenten zu finden war nicht das Problem. Denn meine heutigen Mit-Autoren André Kemper, Wolfgang Sasse, Stefan Zschaler, Mathias Jahn, Andreas Grabarz, Olaf Oldigs, Carsten Heintzsch, Thilo von Büren, Hubertus von Lobenstein, Sebastian Turner, Dietrich Zastrow, Michael Weigert waren genauso nach nur einem Anruf davon überzeugt, ins kalte Wasser zu springen wie Professor Werner Gaede, Hermann Vaske, Jürgen Nerger, Michael Barney, Andreas Lehr, Petra Pokorny, Jamal Khan, Hauke Dotzer, Christiane Dirkes, Frank Brendel, Jürgen Kersting, Marc Jahraus, Reinhard Bochem und einige andere mehr.

Das erste Curriculum schrieb sich deshalb eigentlich von selbst. Denn die Dozenten in spe diktierten mir bereits am Telefon, was sie schon immer mal dem Texternachwuchs erzählen wollten. Die Grundmannschaft stand also.

Wir hatten sogar schon eine Geschäftsstellenleiterin, bevor wir eine Geschäftstelle hatten: Gabriela Friedrich. Zusammen mit ihr hausten wir zuerst in einem insolventen Weinlager. Aber Detlef spielte so lange drei Dutzend Immobilienmakler gegeneinander aus, bis wir zu einer unver-schämt fairen Miete unsere heutigen Räume in der Hammerbrookstraße fanden. Matthias Berg orga-nisierte uns günstig Klassenzimmermöbel. Elephant 7 bastelte uns kostenlos einen Internet-Auftritt.

Blieb eigentlich nur noch eine Frage zu lösen: Wie sollten wir das Ganze finanzieren? Die ersten sechs Monate hatten wir dadurch überbrückt, dass Detlef und ich die Hamburger Sparkasse mit unserer Idee so heiß geredet hatten, dass sie sich zu einem Kredit hinreißen ließ. Aber wie sollte es weitergehen?

Sollten wir die Anmeldegebühr so hoch setzen, dass nur die besseren Töchter von der Elb-chaussee sich das Studium leisten konnten? Das war nicht die Lösung, die uns vorschwebte. Die Teilnahmegebühr sollte so niedrig wie möglich sein. Wir wollten die besten Texttalente der

Wir suchen Leser/innen, die gern schreiben!

regor Wöltje,
reativ-Chef der .start Werbeagentur.

Zum Beispiel:

Funkspots · FILME · Headlines · KAMPAGNEN · Anzeigen · Mailings · Folder · Bildunterschriften · Broschüren · STÖRER · Longcopies · Promotions

hre große Leidenschaft ist das chreiben, jetzt möchten Sie endlich

- ✔ mit Ihrem Hobby Geld verdienen,
- ✔ die aufregende Welt der Werbung kennen lernen,
- ✔ Juniortexter oder sogar Texter werden,
- ✔ für hervorragende Kunden arbeiten,
- ✔ berühmt werden und Medaillen gewinnen.

enn auch nur einer dieser Punkte auf Sie zutrifft, lesen Sie tte unbedingt weiter, denn jetzt können Ihre Träume wahr erden. Auch Sie können bald in einer richtigen Werbeagenr arbeiten, witzige Headlines formulieren, spannende Copys hreiben und verrückte Werbe deen ausbrüten. Zögern Sie cht länger:

arten Sie jetzt in Ihre erfolgreiche Zukunft!

äre es nicht schön eine selbst geschriebene Anzeige in der itung gedruckt zu sehen, Ihren Werbespot beim gemeinsaen Kinobesuch Freunden zu zeigen oder zufällig morgens Radio einen selbst erdachten Funkspot zu hören? Das ssen keine geheimen Wünsche bleiben!

as ist Ihre Chance!

e haben bereits Spaß am Schre ben und brennen darauf, Ihre en und Einfälle zu verwirklichen. Dann sind Sie bei .start nau richtig. Hier haben Sie d e Möglichkeit, Ihr Talent zu tiefen, neue Begabungen zu entdecken und den Beruf des rbetexters von der Pike auf zu lernen. Aufgabe gemacht, begabte junge Texter zu fordern und zu dern. In einem nur wenige Jahre dauernden, sorgfältig abgemmten Intensivprogramm werden Sie in die Geheimnisse Werbung eingeweiht und zum Profi-Texter ausgebildet.

as schaffe ich nie!"

ese Zweifel hören wir häufig von Einsteigern und Interessen, die zwar enorme Lust auf das abwechslungsreiche Betätingsfeld haben, sich aber nicht zutrauen bei einer Werbeagenanzufangen. Aufgrund unserer langjährigen Erfahrung könwir sagen: Diese Zweifel hat am Anfang jeder. Alle großen ter haben mal klein angefangen. Machen Sie jetzt den ersten ritt, das sind Sie Ihrem Talent ganz einfach schuldig.

Juniortexter, das können auch Sie bald sein.

Ein Beispiel von vielen – Florian K., Juniortexter bei .start: „Ich habe schon immer gern geschrieben, zu Hause Tagebuch, im Urlaub Postkarten, dann hat mir jemand von .start erzählt. Natürlich war ich am Anfang unsicher, aber als dann meine erste Anzeige erschien, war das Eis gebrochen. Jetzt bin ich Tag und Nacht in der Agentur. Ein Leben ohne Werbung kann ich mir gar nicht mehr vorstellen."

Was er geschafft hat, schaffen Sie auch.

Was müssen Sie dafür tun? Fast nichts, nur den Coupon ausfüllen und zusammen mit einigen Arbeitsproben an .start schicken. Alles Weitere geschieht dann wie von selbst.

Machen Sie Ihr Hobby zum Beruf. Werden Sie Juniortexter bei .start.

Unsere Methode.

„Learning by doing". Im Rahmen eines täglich mindestens 8-stündigen Power-Coaching-Programms werden Sie mit wechselnden Aufgaben aus allen Bereichen der Werbung konfrontiert und können die hohe Kunst der Werbesprache in der Praxis erlernen. Sie packen von Anfang an bei großen Werbeprojekten mit an und bekommen die Möglichkeit, gestandenen Textern bei der Arbeit über die Schulter zu schauen.

Ihre Vorteile auf einen Blick.

- ✎ **Erstklassige Arbeitsbedingungen.** Eigener Schreibtisch mit Computer und Telefon.
- ✎ **Hervorragende Infrastruktur.** Zentrale Citylage mit arbeitnehmerfreundlichen Einkaufsmöglichkeiten bis 20 Uhr, Sonnenstudio sogar bis 23 Uhr.
- ✎ **Kostenlose Sonderleistungen.** Aufzug, Kicker im Keller, Kunst-Wandertage und Fahrradständer im Hof.
- ✎ **Geld-zurück-Garantie.** Sollte Ihnen der Arbeitsplatz nicht gefallen, erstatten Sie uns einfach das bis dahin gezahlte Gehalt zurück und sind uns ansonsten zu nichts verpflichtet.

So fördern wir Sie, so bilden wir Sie aus.

Zusätzlich zu den wöchentlich 40 Unterrichtsstunden gibt es zahlreiche Weiterbildungsmöglichkeiten in der .start-academy. Vorträge kompetenter Gastredner, Diskussionsrunden zu aktuellen Fragen der Werbewelt und eine Vielzahl von Wochenend-Workshops zu wechselnden aktuellen Themen.

Sie wollen Karriere machen? Kein Problem!

Die Aufstiegsmöglichkeiten sind praktisch unbegrenzt. Die Stufen auf der nach oben offenen Karriereleiter sind Juniortexter, Texter, CD und schließlich Unit-Leiter oder sogar Geschäftsführer.

Jetzt heißt es handeln!

Sie brauchen nur den unten angefügten Coupon auszufüllen und zusammen mit Ihrem Lebenslauf und einigen Arbeitsproben an folgende Adresse zu schicken:

.start AG
Pestalozzistraße 31, 80469 München

Bitte heraustrennen, ausfüllen und zusammen mit den Bewerbungsunterlagen in einem frankierten Umschlag einsenden.

Lesen Sie bitte diesen Brief nur, wenn Sie unser Angebot nicht annehmen wollen.

Claudia Langer,
.start Gründungsmitglied

Liebe Leserin, lieber Leser,

darf ich offen sprechen? Ich bin überrascht und etwas bestürzt. Aus langjähriger Erfahrung wissen wir, dass von 1.000 Lesern etwa 100 gern schreiben oder Juniortexter werden wollen. Aber nur drei davon haben den Mut sich zu bewerben. Haben sich die anderen 97 etwa für „unbegabt"? Oder fürchten Sie gar, unser Angebot wäre unseriös und unglaubwürdig?

Das hoffe ich nicht. Um diese Bedenken auszuräumen möchte ich Ihnen versichern, dass Sie mit einer Bewerbung bei .start keinerlei Verpflichtungen eingehen und die oben beschriebenen Arbeitsverhältnisse und Anforderungen voll und ganz der Wahrheit entsprechen.

Sie glauben, dass Ihnen vielleicht das „Zeug" zum erfolgreichen Juniortexter fehlt? Versuchen Sie es! Ich verspreche Ihnen, wir geben jedem eine faire Chance. Schicken Sie einfach den ausgefüllten Coupon zusammen mit Ihren Bewerbungsunterlagen ab und Sie erhalten auf jeden Fall eine Antwort. Kostenlos und unverbindlich.

Darum bitte ich Sie: Lassen Sie Ihr Talent nicht länger brachliegen. Nutzen Sie die Chance. Lassen Sie sich von echten Profis in der Kunst der Werbung unterrichten und lassen und einen abwechslungsreichen, zukunftssicheren Beruf zu erlernen.

Mit freundlichen Grüßen

Ihre Claudia Langer

JA!

Sagen Sie „Ja" zur Zukunft, sagen Sie „Ja" zum Erfolg, sagen Sie: „Ja, ich will Texter bei .start werden!"

Gleich ausschneiden und zusammen mit Ihren Arbeitsproben noch heute einsenden an:

.start AG,
Pestalozzistraße 31, 80496 München, Germany.

Ich schreibe gern und möchte Texter bei .start werden
(Zutreffendes bitte so ☒ ankreuzen):

- ☐ Leider habe ich noch keine Arbeitsproben, bitte schicken Sie mir Ihren Copytest zu.
- ☐ Ich habe schon Werbeluft geschnuppert und lege einige Arbeitsproben bei.

Ich schreibe zwar gern, bewerbe mich aber doch lieber als:

- ☐ Juniorberater/-in
- ☐ Berater/-in
- ☐ Creative Director/-in
- ☐ Grafiker/-in
- ☐ Junior Art Director/-in
- ☐ Art Director/-in
- ☐ Ich möchte etwas ganz anderes werden, nämlich:

Name/Vorname

Straße/Hausnummer

Postleitzahl/Wohnort

Geburtsdatum

Ich habe schon Erfahrung in der Werbung gesammelt
(Zutreffendes bitte so ☒ ankreuzen):

- ☐ ja
- ☐ nein
- ☐ weiß nicht

Und zwar bei folgender Agentur:

Jetzt bewerben!

.start

»Wer Texter werden will, gehört in eine geschlossene Anstalt.«

Republik nach Hamburg holen. Und die arbeiteten zu dieser Zeit wahrscheinlich noch als unterbezahlte Tischler, Scherenschleifer oder Gogo-Tänzerin in Gera, Passau oder Bremen.

Zuerst einmal verzichteten alle Dozenten auf Honorare. (Das ist an der Texterschmiede übrigens bis heute Brauch, wie auch die Tatsache, dass die Vorstände rein ehrenamtlich tätig sind.) Und dann kam uns der rettende Gedanke: Warum sollten nicht diejenigen die Texterschmiede finanziell tragen, die in Zukunft am meisten von ihr profitieren würden: Die Agenturen.

Wir gründeten also den Förderkreis der Texterschmiede. Sechs Agenturen waren sofort bereit, durch eine jährliche Spende »Deutschlands erste Schule für professionellen Texternachwuchs« zu unterstützen. Es konnte losgehen. Torsten Lütjens lotste uns durch das Dickicht des Paragrafen-Waldes. Wir lernten viel über die vorgeschriebene Größe von deutschen Nasszellen. Die IHK teilte uns mit, dass es den Beruf des Texters gar nicht gäbe. Das wollten wir hören.

Der Stern machte ordentlich laut Werbung für uns. Fast 200 junge Menschen forderten unseren Aufnahmetest ab. Knapp 100 schickten ihn zurück. 25 Studenten starteten am 1. 9. 1998 ins erste Semester der Texterschmiede e. V.

Heute, vier Jahre und acht Semester später, erschrickt man sich manchmal vor dem Mut, den alle Beteiligten am Anfang hatten. Aber wir dürfen auch alle zusammen ein wenig stolz sein. Die Texterschmiede ist eine kleine Institution geworden. Längst hat sich der Förderkreis auf 65 Agenturen erweitert. (Besonders freuen wir uns, dass wir Partner aus sämtlichen deutschen Werbemetropolen gewonnen haben.) Sponsoren sind hinzugekommen wie Otto, IKEA, Walbusch, RAKO, Sappi und andere.

Der Kreis der »klassischen Agenturen« hat sich ergänzt um Deutschlands beste Adressen aus den Bereichen Dialog, PR, Event, VKF, B-to-B, Pharma und Neue Medien.
Aus sechs Monaten Studium sind sieben geworden. Bald werden es vielleicht 12 sein.
Inzwischen fordern pro Semester rund 1500 Interessierte den Aufnahmetest ab.

Von 210 ausgebildeten Studenten haben rund 190 einen Job gefunden. Und zwar nicht irgendeinen Job, sondern einen der begehrtesten Junior-Texter- Positionen in den besten Agenturen an Elbe, Spree, Rhein, Main, Neckar und Isar. Ja sogar manche schon an Seine und Themse.

Allein beim ADC-Wettbewerb im März 2002 gewannen 18 »Geschmiedete« 2 x Gold, 3 x Silber, 4 x Bronze und 27 Auszeichnungen. Zum dritten Mal in Folge waren Ehemalige unter den Junioren des Jahres.

Grund für diese Erfolge ist sicherlich das Festhalten an unserem Prinzip: Profis für Profis. Inzwischen unterrichten bei uns pro Semester an 110 Abenden rund 90 Dozenten. Darunter allein 42 ADC-Mitglieder.

An der Texterschmiede ist sowieso vieles anders als an einer normalen Schule.

Alle Studenten erhalten zu Beginn des Studiums von der Texterschmiede einen Praktikumsplatz in einer der Hamburger Förderagenturen zugewiesen. Dieser von den Agenturen honorierte Text-Praktikanten-Job ist elementarer Bestandteil des Studiums. Einem betreuenden Texter zugeteilt, werden die Studenten für sechs Monate ins kalte Agenturwasser geworfen. Im harten Agentur-alltag lernen sie dort das Texterhandwerk vom Briefing bis zur Realisation. Doch das ist nur die Hälfte des Studiums. Montags bis donnerstags, von 18 h – 21 h, heißt es in den Räumen der Texterschmiede Texten, Texten, Texten. Texten lernt man nicht durch Vorträge. Nicht durch Zuhören. Nicht durch Lesen und nicht im Internet. Texten lernt man durch Selber-Texten, Ausprobieren, Verwerfen, Neuschreiben, Korrigieren, Überarbeiten, Überdenken, In-Frage-Stellen, Wiederneu-rangehen, Finetunen. Auf realen Agentur-Briefings. Und das nicht durch hochwohlgeborenen Lehrkörper, sondern durch Dozenten, die selbst jeden Tag ihren Mann oder ihre Frau an der Front

Kreativitätstechniken & Brain-Tools für Werbung & Design

Mario Pricken

Mario Pricken
Kribbeln im Kopf
Kreativitätstechniken
& Brain-Tools
für Werbung & Design

272 Seiten mit 500 vierfarbigen Abbildungen
Schmuckfarbe Silber
Format 25,2 x 28,7 cm
Festeinband mit Schutzumschlag
ISBN 3-87439-582-0
Euro 65,–/sFr. 111,–
3. Auflage
in weniger als 10 Monaten

Von den Besten der Werbebranche lernen

Fundiert, spannend und praxisnah stellt Ihnen der Bestseller »Kribbeln im Kopf« ein geballtes Paket an hochwertigen Brain-Tools und Kreativitätstechniken für Ihren Kreativalltag zur Verfügung. Anhand von 270 preisgekrönten Kampagnen aus der ganzen Welt macht dieses Buch die Denkstrategien Top-Kreativer sichtbar und schafft ein Stück mehr Bewusstsein für die Muster großartiger Ideen. Unzählige Tipps und inspirierende Übungen machen dieses hochwertige Buch nicht nur zum Sourcebook erster Wahl, sondern vor allem zum wertvollen Handwerkszeug für all jene, die von großartigen Ideen leben.

 Verlag Hermann Schmidt Mainz   **www.typografie.de**

I. Du schlagen deutsche Sprache in Tastatur. Dann Computer platzen vor Bildern.

im Gesicht.

Ab sofort auf Deutsch: www.photonica.com
Tel: +49 40 38 99 54-0

»Wer Texter werden will, gehört in eine geschlossene Anstalt.«

stehen müssen. Man lernt also bei seinen Chefs von morgen. Und das in den Fächern Text-Theorie, Text-Praxis, Konzeption und Kreativ-Techniken. Man lernt, wie man eine Anzeigencopy schreibt. Oder einen TV-Spot. Oder ein Mailing. Eine Promotion. Eine Homepage. Eine Pressemitteilung und, und, und. Begleitet durch Kurse in Marketing, Strategie und Produktionstechnik. Abgerundet wird das Studium zum »Ausgebildeten Texter« durch vier benote on-job Hausarbeiten und eine Semesterarbeit.

Nach einem Studium an der Texterschmiede macht einem im Bereich Text so schnell keiner mehr etwas vor. Wer hier durchkommt, hat einen Texter-Job in einer Agentur so gut wie sicher. Wer nicht, kann immer noch Kontakter werden.

Den Aufnahmetest und nähere Informationen zum Studium erhalten Sie in der Texterschmiede Hamburg e.V., Hammerbrookstraße 93, 20097 Hamburg. Tel.: 040-23 68 83 84. E-Mail: info@texterschmiede.de

Lesenswert ist auch die Website der Texterschmiede: www.texterschmiede.de

Weiterer Dank

An Christine Fent und Gilmar Wendt, die ein fabelhaftes Buchdesign geschaffen haben.

An Frederike Ramcke, die auch die unverständlichsten Interview-Tonbänder geduldig zu Papier brachte.

An Reinhard Bochem und seine Firma Custom Mates, die scheinbar Unmögliches locker möglich machen.

An alle Dozenten der Texterschmiede, bei denen ich mir Tipps und Tricks abgucken durfte:
(in alphabetischer Reihenfolge)

Claudia Abraham,
Mario Anspach,
Birgit Bachmann,
Michael Barney,
Alexander Baron,
Stefan Baumann,
Sepp Baumeister,
Wolfgang Behnken
(MAX Verlag),
Matthias Berg,
Reinhard Bochem,
Lothar Böhm,
Claudia Boje,
Sascha Bosio,
Lo Breier,
Thomas Busch,
Veronika Claßen,
Michael Conrad,
Reinhard Crasemann,
Martin Cserba,
Feico Derschow,
Frank Dopheide,
Valentin Eick,
Gerd Fischer,
Nicole Franz,
Johannes Freudewald,
Prof. Dr. Werner Gaede,
Harald Gasper,
Gerrit Gley,
Andreas Grabarz,
John Groves,

Matthias Harbeck,
Sebastian Hardieck,
Peer Hartog,
Christoph Hattemer,
Guido Heffels,
Carsten Heintzsch,
Erik Heitmann,
Kay Henkel,
Steffen Herbold,
Karen Heumann,
Wolf Heumann,
Till Hohmann,
Judith Homoki,
Walter Hönigsberger,
Barbara Huthmacher,
Mathias Jahn,
Marc Jahraus,
Joachim Jeske,
Constantin Kaloff,
Amir Kassaei,
André Kemper,
Wulf-Peter Kemper,
Jürgen Kersting,
Rüdiger Keuchel,
Hartwig Keuntje,
Jamal Khan,
Elke Kilian,
André Klein,
Sabine Köhler,
Stefan Kolle,
Werner Krainz,
Martina Kunert,
Volker Kuwertz,
Christian Labonté,
Lilli Limonius,
Marcel Loko,
Friedrich Loock,
Torsten Lütjens,
Horst-Dieter Martinkus,
Steffen Maurer,
Christoph Mayer,
Michael Mayer,
Thomas Meichle,
Sven Mentel,
Peter Metz,
Katinka Möbuß,
Jochen Mohrbutter,
Jürgen Nerger,
Frank Niemeyer,
Tony Petersen,
Stephan Pfeiffer,
Anke Pflaumer,
Jochen Pläcking,
Walter Plötz,
Petra Pokorny,
Jörg Puphal,
Matthias Rauschen,
Jutta Ribback,

Udo Röbel,
Stefan Rögener,
Ingo Rotermund,
Johannes Roth,
Karsten Ruddigkeit,
Detlef Rump,
Wolfgang Sasse,
Michael Schirner,
Matthias Schmidt,
Andreas Schmutte,
Annette Scholz,
Christian Schroeder,
Axel Schult,
Robert Schützendorf,
Stefan Schwarz,
Marc Schwieger,
Marie-Theres Schwingeler,
Tom Senn,
Henk Slagman,
Martin Sommerhäuser,
Frank Starklauf,
Christoph Steinegger,
Jan-Piet Stempels,
Gabi Stender,
Markus Stoll,
Christian Storck,
Jörg Strauss,
Alexandra Stroh,
Tobias Stutznäcker,
Bernd Thomsen,
Ulrich Tillmanns,
Sebastian Turner,
Hermann Vaske,
Thilo von Büren,
Hubertus, von Lobenstein,
Stefan Vonderstein,
Oliver Voss,
Thomas Walter,
Michael Weigert,
Carola Wendt,
Martin Wider,
Jörn Winter,
Inka Wittmann,
Gregor Wöltje,
Wolfram Wördemann,
Folker Wrage,
Jan Oliver Wurl,
Dietrich Zastrow,
Stefan Zschaler.

An unsere Studenten, von denen wir jeden Tag lernen.

1. Semester
Martin Bardella,
Verena Bardtholdt,
Kay Bashiti,
Michael Benzinger,
Simone Bernhard,
Andree Bock,
Ansgar Böhme,
Andrea Dahlmann,
Dennis Feldhus,
Simon Fink,
Jens Großmann,
Niels Holle,
Julia Jost,
Wiebke Kistenbrügger,
Nina Möller,
Marie-Sophie Müller,
Birgit Rohrbeck,
Anke Röll,
Sven Rumpf,
Kerstin Schäfer,
Timm Schröder,
Sabine Schütz,
Verena Schulte,
Nicole Steffen,
Sonja Wigbels.

2. Semester
Julia Bass,
Jan-Ole Bauer,
Benjamin Bertelsmann,
Alexander Busch,
Carolin Dau,
Jan Elmenhorst,
Oliver Flohrs,
Carsten Fricke,
Britta Grimm,
Vivien Hoppe-Yam,
Grit Hülse,
Tania Kaempffer,
Malte Klein-Luyten,
Jan Köhler,
Torsten Laube,
Katharina Löffler,
Sonja Neuhaus,
Heike Nieder,
Barbara Neumann,
Katja Richter,
Daniela Ruge,
Markus Sehr,
Susanne Sorge,
Tanja Thomas,
Stephanie Völzow,
Clemens Wadepohl,

Bastian Weber,
Michael Wilfer.

3. Semester
Esther Boschatzke,
René Buchgeister,
Heike Gross,
Sven Günzel,
Christian Gutsch,
Silke Hartmann,
Marco Hebeisen,
Marion Hess,
Astrid Hobby,
Katja Hoffmann,
Daniela Kalwies,
Christoph Koblenz,
Hinnerk Landmann,
Silke Maser,
Christine Moll,
Imke Pieper,
Daniel Quade,
Nadja Rishmawi,
Sven Roempp,
Michael Schäfer,
Alexander Schierl,
Petra Schiller,
Steffen Steffens,
Jörg Strunz,
Türker Süer,
Timo von Tümpling,
Torben Wrobel.

4. Semester
Sigrun Abel,
Veronika Angelidou,
Dominik Bauer,
Oliver Dzierzawa,
Jana Elsner,
Beate Ertel,
Rasmus Henicz,
Sandra Irlenkäuser,
Tatjana Kiel,
Julia Kimmerle,
Mia Marike Kraft,
Jan Matullat,
Philipp Mayer,
Catharina Meyer,
Jan Müller,
Diana Odening,
Oliver Palmer,
Andrea Rahmeyer,
Henner Richter,
Katharina Schlungs,
André Schünke,
Thorben Schwitalla,
Stephan Torzewski,
Lennart Wegner.

5. Semester
Christian Altstaedt,
Julia Becker,
Claus Berg,
Ilka Beyer,
Bettina Biermann,
Thomas Borstorff,
Meike Burdich,
Nils Busche,
Henning Dau,
Daniel Dreyer,
Axel Dunkel,
Jutta Ebers,
Ulf Gregor Eisenbeiß,
Bastian Fuhrmann,
Susen Gehle,
Nina Gollnick,
Markus Gölzer,
Matthias Grimm,
Michaela Heikaus,
Jens Helmig,
Robert Herter,
Tina Heyenrath,
Simon Kämper,
Daniela Krause,
Christopher Martin,
Arndt Poguntke,
Clarissa Scherzer,
Ilja Schmuschkowitsch,
Birgit van den Valentyn.

6. Semester
Nadia Al-Mardini,
Einar Armbruster,
Alexander Berg,
Björn Brömmelsiek,
Marek Dorobisz,
Julia Fink,
Philipp Heine,
Daniel Hormes,
Jana Huss,
Lina Jachmann,
Marc-Philipp Kittel,
Jens Mackels,
Anna Meissner,
Andrea Paulus,
Ralf Reinsberg,
Anika Reuner,
Norman Rusche,
Michael Schoener,
Anna Schreiber,
Artur Siemens,
Sarah Sommer,
Eberhard Stett,
Christopher Streffing,
Christoph Voss,
Edna Weissflog.

Lesenswerte Bücher für Texter.

ABWEICHEN VON DER NORM.
Enzyklopädie kreativer
Werbung.
Umfangreich, aber ein Muss.
Werner Gaede,
Wirtschaftsverlag Langen
Müller Herbig, 2001

THE COPYWRITER'S BIBLE.
How 32 of the world's best
advertising writers write
their copy.
Hier findet man die besten Copys
der Welt. Leider gibt es so ein Buch
nur in England.
AD&AD Mastercraft series
publication / RotoVision SA, 1995

KRIBBELN IM KOPF.
Kreativitätstechniken &
Brain-Tools für Werbung
und Design.
Hilft, wenn nichts mehr hilft.
Mario Pricken,
Verlag Hermann Schmidt Mainz,
2001

MOMENTUM.
Die Kraft, die Werbung heute
braucht. Von den Popstars
der Werbung, Holger Jung
und Jean-Remy von Matt.
Lardon, 2002

SPRING!
Das Geheimnis
erfolgreicher Werbung.
Sebastian Turner.
Verlag Hermann Schmidt Mainz,
2000

DISRUPTION.
Overturning conventions and
shaking up the marketplace.
Jean-Marie Dru.
John Wiley & Sons, Inc.,1996

DER TIPPING POINT.
Wie kleine Dinge Großes bewirken
können (z. B. wie man Botschaften
rüberbringt).
Malcom Gladwell.
Berlin Verlag, 2000

**STANDING ON THE SHOULDERS
OF GIANTS.**
Hermann Vaske's Gespräche
mit den Besten der Werbung.
Die Stern Bibliothek, 2001

HEY WHIPPLE SQUEEZE THIS.
A guide to creating great ads.
Schritt für Schritt lernen von einem
absoluten Genie.
Luke Sullivan.
John Wiley & Sons, Inc., 1998

**GESTÄNDNISSE EINES
WERBEMANNES.**
Das Werbebuch an sich.
David Ogilvy.
Econ, 1991

DEUTSCH FÜR PROFIS.
Wege zu gutem Stil.
Doch, sollte man lesen.
Wolf Schneider.
Mosaik bei Goldmann,
überarbeitete Taschen-
buchausgabe 2001

**DER TIEFERE SINN DES
LABENZ.**
Das Wörterbuch der bisher unge-
nannten Gegenstände und Gefühle.
Douglas Adams. Heyne, 1990

**WAS SIEGERMARKEN ANDERS
MACHEN.**
Die Ergebnisse der ersten
Untersuchung über die
erfolgreichsten Markenkam-
pagnen der Welt.
Andreas Buchholz, Wolfram
Wördemann. Econ, 1998

DAS ZEUG ZUM SCHREIBEN.
Eine Sprachschule für
Praktiker.
Höchst vergnüglich.
Dagmar Grassdorf,
F.A.Z.-Institut, 2001

TEXTGESTALTUNG.
Das Buch für Text-Einsteiger.
Mike Barowski.
Cornelsen, 1997

SEX SELLS.
Lust als Motivator?
Thomas Jendrosch.
Git Verlag, 2000

**DIE WERBUNG IST EIN
LÄCHELNDES AAS.**
Vom Macher der
Benetton-Kampagne.
Oliviero Toscani.
Bollmann Verlag, 1995

THE BOOK OF GOSSAGE.
(A compilation of Is there any
hope for advertising plus additional
material.)
Howard Luck Gossage.
The Copy Workshop,
Bruce Bendinger Creative
Communications, Inc., 1986 / 1995

Meine teilweise merkwürdig
kryptischen Interviewfragen
sind größtenteils identisch
mit den Fragen, die 1965-67
in der amerikanischen
Advertising Age an William
Bernbach, Leo Burnett,
David Ogilvy und andere
große Texter gestellt wurden.

LIEBLINGSTEXT

»Liebe KSF, lieber BSF,

wir kennen uns nicht persönlich. Aber über
die Jahre ist doch eine indirekte Freundschaft
entstanden, und ich ertappe mich dabei, dass
ich immer wieder Ihre Bücher kaufe und
auch verschenke.
Schon den »alten« Katalog fand ich vorbild-
lich und habe mit dessen Hilfe auch öfters
Praktikanten erklären können, was für mich
gute Typographie [von mir aus auch mit f]
ausmacht. Mit dem neuen Katalog verhält es
sich wie mit meinem neuen Golf. Den alten
habe ich zehn Jahre lang gefahren und konnte
mir nicht vorstellen, mich jemals von ihm zu
trennen. Seit Frühjahr fahre ich den Nach-
folger, und trotz allem Respekt und aller
Dankbarkeit dem Vorgänger gegenüber: Der
Neue macht richtig Spaß. Also: Großes Lob
für den Relaunch. Wunderschön geworden.
Sie werden mit einem weiteren Anstieg Ihres
Umsatzes im Raum Stuttgart rechnen
müssen!

Freundliche Grüße Eberhard Rapp c/o
Leonhardt & Kern«

Verlag Hermann Schmidt Mainz
Bestellen Sie unser neues
Verlagsverzeichnis – kostenlos:
ksf@typografie.de

Weitere Bücher aus dem Verlag Hermann Schmidt Mainz

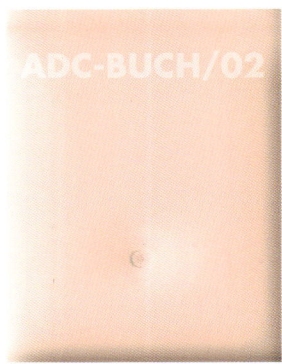

ART DIRECTORS CLUB FÜR
DEUTSCHLAND [HRSG.]
ADC-Buch 2002
mit einer DVD mit TV-, Kino- und
Funkspots
784 Seiten mit über
2000 farbigen Abbildungen
Format 24 x 29,7 cm
Euro 108,– | sFr. 176,–
ISBN 3-87439-598-7

Der Bauch des Werbers ...

Gute Werbung zielt neben dem Kopf auf den Bauch. Dass
dort mehr sitzt als ein gutes Gefühl, beweisen Eva Jung und
Lo Breier im diesjährigen ADC-Buch. Das zeigt die beste
deutsche Werbung in Print, Web, Funk und Fernsehen
sowie prämierte Highlights aus Editorial Design, Fotografie,
Verkaufsförderung etc. und ist Inspiration, Dokumentation
und Benchmark.
Hören Sie auf Ihren Bauch – ordern Sie das ADC-Buch jetzt!

ART DIRECTORS CLUB FÜR
DEUTSCHLAND [HRSG.]
sushi No 4
Jahresheft des Nachwuchs-
wettbewerbs 2001 des ADCs
sushi No 5 erscheint im April 2003
140 Seiten | Broschur
Format 23 x 26 cm
Euro 15,– | sFr. 27,30
ISBN 3-87439-586-3

Der Kreativ-Nachwuchs

Mittlerweile hat sich Sushi als Ideenfibel der Nachwuchs-
talente etabliert! Als erste Begegnung mit den Stars von
morgen gesammelt und in älteren Ausgaben mittlerweile
vergriffen, bietet das Buch viel mehr als die 24 ausgezeichneten Diplomarbeiten und 12 herausragenden Arbeiten aus
der Praxis.
Markus Rasp schreibt zu »Illustration«, Uwe Loesch über
»Unbekannte Gestalter und geniale Dilettanten« und Bazon
Brock über Visionen für eine neue Lehre.

RABAN RUDDIGKEIT [HRSG.]
Freistil
Best of German Commercial
Illustration
erscheint im März 2003
320 Seiten mit zahlreichen vier-
farbigen Abbildungen | Broschur
Format 17 x 24,5 cm
Euro 39,80 | sFr. 66,50
ISBN 3-87439-621-5

Das »who-is-who« der kommerziellen Illustration

In Werbung und Grafikdesign kommt der Illustration eine
radikal wachsende Bedeutung zu. Um diese neu entdeckte
Disziplin zu beleuchten, einen Überblick über Illustratoren
und ihre Stile zu geben, erscheint im ersten Halbjahr 2003
Freistil, ein »who is who« der kommerziellen Illustration,
herausgegeben von Raban Ruddigkeit, in dem sich ca. 150
Illustratoren mit »recent work« vorstellen. Redaktionelle
Beiträge von Klaus Mai, Klaus Voormann u. a. runden das
Buch ab.

VEREIN DER 100 BESTEN
PLAKATE [HRSG.]
the 100 best posters 01
Germany – Austria – Switzerland
180 Seiten mit zahlreichen vier-
farbigen Abbildungen | Broschur
deutsch/englisch
Format 21 x 24 cm
Euro 35,– | sFr. 58,80
ISBN 3-87439-608-8

Die besten Plakate

Gerade in Zeiten knapper Budgets erfreut sich das Plakat als
günstiges Werbemedium ganz besonderer Beliebtheit.
Die 100 besten Plakate aus Deutschland, Österreich und der
Schweiz sind willkommene Quelle von Inspiration. Gerade die
im Wettbewerb ganz besonders erfolgreichen Kulturplakate
gelten stilistisch als Trendsetter und besonders mutig. Low
budget – high impact, Anregungen, die sich auch im Dienst
großer Marken erfolgreich einsetzen lassen.

Überrasche, überzeuge!

Spring! ist nicht nur das Erfolgskonzept von Scholz & Friends Berlin, es ist auch das Geheimnis erfolgreicher Werbung. Spring! – ist die Aufforderung zu Mut [auch Mut zum Regelbruch], zu Überraschung, die überzeugt, zu Kreativität, die sich lohnt. Sebastian Turner verrät in diesem Buch seine Geheimnisse und Regeln erfolgreicher Werbung und belegt die Wirkung anhand vielfach ausgezeichneter Kampagnen von Scholz & Friends Berlin.

SEBASTIAN TURNER
Spring!
Das Geheimnis erfolgreicher
Werbung
400 Seiten mit über
1000 farbigen Abbildungen
Format 17 x 24 cm | 2. Auflage
Euro 46,– | sFr. 80,–
ISBN 3-87439-543-X

Basiswissen Typografie

Auch der beste Text kommt nicht rüber, wenn die Typo nicht stimmt. Phil Baines und Andrew Haslam machen Lust auf Schrift und geben fundierte, praxistaugliche Typo-Basics für den Alltag in Werbung und Grafikdesign. Dabei setzen sie bewusst bei der Sprache an und führen von da aus über kommunikationstheoretische Aspekte zur Form der Schriften zur typografischen Gestaltung [in Print und Non-Print]. Am Schluss finden Sie die wichtigsten Typo-Regeln. Falls Sie davon mehr haben wollen, empfehlen wir Detailtypografie!

PHIL BAINES | ANDREW HASLAM
Lust auf Schrift!
Basiswissen Typografie
192 Seiten
fadengeheftete Broschur
Format 21,5 x 25,6 cm
Euro 32,– | sFr. 53,80
ISBN 3-87439-593-6

Pixel, Pinups und Pistolen

Als virtuell verbundenes Studio 1998 gegründet, hat sich eboy als Kultagentur des Pixelpop etabliert und wird von der nationalen und internationalen Designpresse für den eigenständigen illustrativen Stil gefeiert.
Inspiriert von Science-Fiction, Pornoheften und frühen Commodore-64-Spielen entwickeln die eboys eine neue visuelle Popkultur, einen Illustrationsstil mit subversivem, anregendem Humor. 500 Seiten prall gefüllt mit technology fun!

S. SAUERTEIG | S. SMITAL
P. STEMMLER | K. VERMEHR
eboy – hello
512 Seiten mit ca. 500 vier- und
sechsfarbigen Abbildungen
Broschur mit runden Ecken
Format 28 x 21 cm
Euro 58,– | sFr. 95,70
ISBN 3-87439-596-0

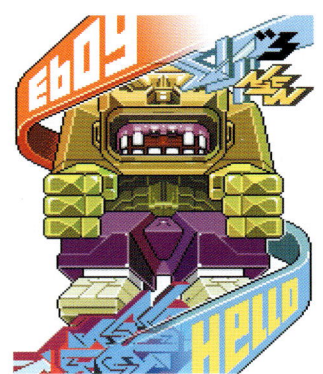

Mehr als rote und schwarze Zahlen ...

Eine wachsende Anzahl von Grafikdesignern und Marketern versteht Annual Reports als Baustein von Markenkultur und Corporate Identity.
Als Plädoyer für die Nutzung von Geschäftsberichten als Träger der Brandmission legt Strichpunkt den Report of Annual Reports mit 24 fiktiven Geschäftsberichten vor. Da findet sich z. B. die Paradise AG von Adam und Eva, die DD AG von Donald Duck, die Vamp AG von Graf Dracula u. v. a. m. mit Prägungen, Stanzungen, Duftfarbe und allen Raffinessen.

JOCHEN RÄDECKER
AGENTUR STRICHPUNKT
Report of Annual Reports
ausgezeichnet vom TDC New York,
ADC New York und Deutschland,
Gold beim reddot award 2002 und
beim BtoB-Preis 2002
124 Seiten mit zahlreichen
vierfarbigen Abbildungen
Hardcover Halbleinen
Format 22 x 30 cm | 2. Auflage
Euro 38,– | sFr. 63,50
ISBN 3-87439-606-1

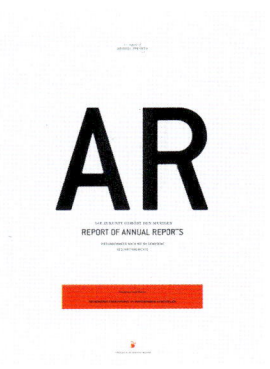

Impressum

HERAUSGEBER
Armin Reins

GESTALTUNG
Christine Fent und Gilmar Wendt

SATZ
Christine Fent

PROJEKTKOORDINATION
Sabine Walter

VERWENDETE SCHRIFTEN
DIN Neuzeit Grotesk
Documenta

DRUCK
Universitätsdruckerei
H. Schmidt, Mainz

PAPIER
Zanders Mega matt 150 g/m^2

BUCHBINDEREI
Schaumann, Darmstadt

ISBN 3-87439-607-X

Printed in Germany

Verlag Hermann Schmidt Mainz
Robert-Koch-Straße 8
55129 Mainz
Tel. 0 61 31/50 60 30
Fax 0 61 31/50 60 80
info@typografie.de
www.typografie.de

© 2002
Verlag Hermann Schmidt Mainz
und bei den Autoren

Armin Reins.

Armin Reins (Jahrgang 1958) arbeitet seit 1997 als Freier Creative Director für Agenturen und Werbekunden in Hamburg. Während seiner festangestellten Zeit (1983-1987 Texter bei McCann-Erickson Hamburg, 1988-1990 Creative Director bei Lowe, Lürzer Frankfurt, 1990-1991 Grouphead bei Michael Conrad & Leo Burnett Frankfurt, 1991-1995 Geschäftsführer Kreation bei DMB & B Frankfurt, 1995-1996 Unitleiter Wilkens Ayer Hamburg)

hat er zahllose nationale und internationale Auszeichnungen gewonnen. Seit 1996 ist er Mitglied im Art Directors Club Deutschland. Vor allem aber ist er ein Streiter für gute Werbung aus Deutschland. 1998 hat er in Hamburg die Texterschmiede e.V. gegründet, die erste praxis-orientierte Schule für den deutschen Texter-Nachwuchs. Zusammen mit den Machern dieses Buches, die allesamt Dozen-ten an der Texterschmiede sind,

bildet er dort die Werbetexter von morgen aus. Für die GWA, den ADC, den VDZ und interessierte Agenturen und Kunden hält er regelmäßig Seminare zum Thema »Kreative und effiziente Texte« und »Der Texter als Stratege«.

Kontakt zum Autor sowie Informationen zu seiner freien Arbeit und seinen Seminaren erhalten Sie unter: armin.reins@t-online.de